## 커뮤니티 임팩트

MASTERING COMMUNITY

Copyright ⓒ 2022 by Christine Porath

This edition is published by arrangement with Grand Central Publishing,
a division of Hachette Book Group, Inc., USA. All rights reserved.

Korean Translation Copyright ⓒ 2025 by SangSangSquare
This translation is published by arrangement with Hachette Book Group, Inc. through
Imprima Korea Agency.

이 책의 한국어판 저작권은 Imprima Korea Agency를 통해
Hachette Book Group, Inc.와의 독점 계약으로 상상스퀘어에 있습니다.
저작권법에 의해 한국 내에서 보호를 받는 저작물이므로 무단전재와 무단복제를 금합니다.

# COMMUNITY
# IMPACT

크리스틴 포래스 지음

이주만 옮김

## 커뮤니티 임팩트
오래도록 함께 성장하는 공동체를 만드는 법

상상스퀘어

**일러두기**

1 도서, 신문, 잡지는 《 》로, 그림, 노래, 방송, 영화, 글 등은 〈 〉로 표기했다.
2 국내 출간된 책은 국역본 제목으로 표기했고, 출간되지 않은 책은 원제를 병기하고 이에 가깝게 번역했다.
3 외래어의 경우, 국립국어원 외래어 표기법을 따랐으며, 이와 다르게 굳어진 용어는 예외를 두었다.

빨리 가려면 혼자서 가고, 멀리 가려면 함께 가라

함께 가려면 서로 즐거워야 한다

마이크Mike, 사라Sarah, 애나벨Annabel,
아이작Isaac, 헨리Henry, 노아Noah.
자랑스러운 우리 가족에게 이 책을 바친다.

 들어가며

> 깊은 사랑과 소속감은 남녀노소 누구나 갖는 욕구이다. 인간은 생리적, 인지적, 신체적, 영적 관점에서 누군가를 사랑하고 누군가에게 사랑받으며, 어딘가에 소속되도록 만들어졌다. 그 욕구가 충족되지 않으면 인간은 본연의 기능을 잃어버린다. 인간은 고장이 난다. 산산이 부서진다. 무감각해진다. 고통스럽다. 타인에게 상처를 입힌다. 병이 든다.
>
> 브레네 브라운(Brené Brown)

우리는 누군가와 연결되기를 갈망한다. 하지만 우리는 단절되어 있다. 사람들은 현실 세계의 공동체가 아니라 소셜미디어 플랫폼에 있다. 게다가 기존의 공동체들은 쇠퇴하거나 사라졌다. 아이들은 여전히 동네에서 모이지만 어른들은 그렇지 않다. 많은 이가 더는 교회를 다니지 않는다. 회사에 출근하지 않고 집에서 일하기도 한다. 원격근무와 자동화로 달라진 직장 환경에서 과거에 우리가 느끼던 공동체 의식은 위협받고 있다.

소속감을 느끼고 싶은 욕구는 간절하지만 많은 이가 팀의 일원이라고 느끼지 못하거나 팀이라 할 것도 없는 상태로 일한다. 우리는 주변부에 있다. 그곳에 꼼짝없이 갇혀 있다. 그곳에 있는 시간이 길어질

수록 더 괴롭다. 자신감이 떨어지고 의지가 약해지고 고립감이 커지기 때문이다. 몸도 마음도 쇠약해진다. 우리는 제 기능을 상실하고 무감각해진다.

하지만 언제까지고 이렇게 지낼 필요가 없다. 생존하는 것에 그치지 않고 함께 성장하고 번영할 수 있다. 나는 우리 가족에게서 그 방법을 배웠다.

⁎⁎⁎

2008년, 내 동생 마이크Mike와 올케 사라Sarah는 인생이 바뀌는 끔찍한 하루를 보냈다. 아침에 의사에게서 태아의 신장과 다른 장기에 결손이 있다는 얘기를 들었고, 오후에는 두 살배기 딸 애나벨Annabel이 희귀염색체질환인 엔젤만 증후군을 앓고 있어 정신연령이 5세 이상으로 발달하지 못할 거라는 소식을 들었다.

마이크는 막막했다. 두려움과 고립감이 엄습했다. 마이크는 어찌할 바를 몰라 구글로 검색했다. 마이크는 내게 "들어본 적도 없는 이 희귀병을 어떻게 받아들여야 할지 알 수 없었다. 아무 준비가 되어 있지 않았다. 이 아이를 어떻게 키워야 할지 막막하기만 했다"고 말했다. 마이크가 온라인에서 찾은 정보는 대부분 도움이 되지 않았다. 그러던 중 장애아를 키우는 부모들의 사연 여섯 편이 담긴 파일을 하나 클릭했다. 자폐증 아이를 키우는 부모도 있었고, 하루에도 30~40번씩 발작을 일으키는 아이를 키우는 부모도 있었다. 이 사연들은 마이크가 여태껏 읽은 이야기 중에 가장 감동적이었다. ABC, NBC, 뉴욕타임스에서 기자로 일했던 터라 웬만한 글에 만족하지 못하는 마이크가 보기에도 좋은 글이었다. 기쁨과 재미가 있었고 절망 중에도 희망을 놓지 않을 이유도 제시했다. 이들 부모가 자녀의 장애에 적응하며 그 과정에서 기쁨을 찾을 수 있었다면 마이크와 사라도 그렇게 할 수 있을 터였다.

마이크와 사라는 애나벨의 소근육 발달 문제를 극복하고 난 뒤 상황에 낙관하게 됐다. 일반적으로 아이들은 엄지와 검지로 음식이나 물건을 집는다. 애나벨은 이 '집게 잡기'에 문제가 있어서 좋아하는 음식은 말할 것도 없고 아무것도 집어 들지 못했다. 마이크와 사라는 물리치료사, 의사, 기타 소아과 전문의에게 도움을 요청했지만 도움이 되지 않았다. 마이크는 다시 구글에서 정보를 검색했다. 도움이 될 만한 사이트를 찾아 게시판에 문제 해결 방법을 문의했고, 엔젤만 증후군 아이를 키우는 엄마가 해결책을 댓글로 남겨줬다. 마이크와 사라는 그 댓글에 적힌 대로 했다. 양말에 작은 구멍 두 개(하나는 검지용, 다른 하나는 엄지용)를 뚫고, 이 양말장갑을 애나벨의 오른손에 끼웠다. 왼손에는 일반 양말을 끼워서 애나벨이 두 손목을 써서 물건을 잡는 '속임수'를 쓰지 못하게 했다. 마이크와 사라는 식사 때마다 애나벨에게 양말장갑을 끼우고 블루베리를 식탁에 올려놓았다. 애나벨이 블루베리를 얼마나 좋아하는지 알았기 때문이다. 애나벨은 한 달 만에 집게 잡기를 시작했을 뿐만 아니라 완전히 숙달했다!

마이크는 건강 문제의 해결책이 단순할 수 있으며 가장 좋은 해결책은 전문 지식보다는 생생한 경험에서 나올 때가 많다는 사실을 깨달았다. 건강 문제에 직면한 사람들에게는 가족과 친구도 좋지만 부족과 같은 공동체가 필요하다고 마이크는 내게 말했다. 어쩌다 질문이 올라오는 게시판이 아니라 사람들이 직접 모이는 공동체, 관리자가 체계적으로 운영하고 중재하는 가운데 논의를 이어갈 수 있는 포럼 말이다. 마이크는 의사, 간병인, 학자, 환자 등 다양한 사람이 모여 친밀하고 편안한 분위기에서 질문하고 도움을 받는 만찬 자리를 상상했다. 이 자리가 거듭되어 크고 지속적인 모임으로 발전하면, 전 세계적 사회관계망이 형성돼 큰 영향력을 미칠 수 있으리라 생각했다. 제대로 실행에 옮기기만 하면 이 사회관계망이 미래 의료 서비스의 청사진이 될 수 있으리라 여겼다.

 2014년에 마이크와 사라는 각종 질병과 장애를 비롯해 건강 이상 문제에 직면한 사람들을 연결하는 디지털 미디어 벤처기업인 더마이티The Mighty를 설립했다. 몇 십 명뿐이었던 작은 팀은 세계에서 참여율이 가장 높은 의료 커뮤니티로 성장했다. 더마이티는 수백만 달러의 벤처 자금을 유치했고, 현재 회원 300만 명 이상이 78개 언어로 서로 조언하고 도움을 제공한다. 회원들의 대면 모임 요청이 쇄도해 2019년에는 1000회 이상 오프라인 모임을 만들었다. 더마이티 게시글들의 조회 수는 매월 1억 회가 넘고 커뮤니티에서 회원들에게 보내는 이메일은 2천만 건이 넘는다. 더마이티에서는 수많은 회원이 질문글에 답변을 단다. 포르투갈 출신의 한 남성은 조울증에 관해 질문했고, 다음날 아프리카 개발도상국을 포함해 15개국 사람들에게서 피드백을 받았다.

 자녀에게 심각한 문제가 있다는 진단을 받고 마이크가 그랬듯이 갈수록 많은 이가 고립감과 단절감을 느낀다. 전통적인 공동체가 제공하던 심리적 안전감, 지원, 정서적 따뜻함은 사라졌고, 갈수록 분열과 갈등이 심화되고 있다. 한 조사에 따르면 '진짜 친구'가 몇 명인지 묻는 질문에 미국인은 1985년도에 평균 3명이라고 대답했다. 2004년에는 그 수가 1명으로 줄었고, 25퍼센트 이상이 개인적인 문제를 공유할 사람이 아예 없다고 답했다. 이와 더불어 미국인의 웰빙지수도 하락했다.

미국의 건강보험사 중 하나인 블루크로스블루실드Blue Cross Blue Shield의 건강 기록 데이터 4100만 건을 분석한 바에 따르면 2013~2016년에 주요 우울 장애가 33퍼센트 증가했다.[1] 미국 질병통제예방센터는 1999~2016년에 미국 내 자살률이 28퍼센트 증가했다고 발표했다.

외로움과 고립감은 비즈니스 성과에도 악영향을 미쳤다. 토니 슈워츠Tony Schwartz와 나는 서로 다른 업종과 조직에서 일하는 세계 여러 나라의 직장인 2만 명 이상을 대상으로 일과 삶의 질에 대해 물었다. 우리가 답을 찾고자 했던 중요한 질문은 다음과 같았다. 직장에서의 만족도와 생산성을 높이는 데 방해가 되는 것은 무엇인가? 이 설문은 《하버드비즈니스리뷰》에 게시했고(이후 《허핑턴포스트》에 게재됐고 거기서도 일부 답변을 수집했다), 조사 결과는 《하버드비즈니스리뷰》와 《뉴욕타임스》에 발표했다. 우리가 조사한 바에 따르면 직장인의 65퍼센트가 공동체 의식을 느끼지 못하는 것으로 나타났다. 또 다른 연구에서는 직장인의 76퍼센트가 동료들과 유대를 형성하는 데 어려움을 겪는 것으로 나타났다.[2] 직장인 가운데 40퍼센트 이상이 물리적으로 또는 정서적으로 일터에서 고립감과 외로움을 느낀다고 답했다.[3] 외로움을 느끼는 직장인일수록 직무 만족도가 낮고, 승진 가능성이 낮고, 이직을 빈번하게 하고, 향후 6개월 내에 이직할 가능성이 큰 것으로 나타났다.[4] 외로움을 느끼는 직원들은 업무 성과도 떨어지는 경향이 있다.[5] 미국 외과 의사 비벡 머시Vivek Murthy는 이렇게 설명했다. "직장에서 느끼는 외로움은 업무 성과를 떨어뜨리고 창의성을 제약하며 추론과 의사결정 같은 실행 기능에도 장애를 일으킨다. 건강과 업무 성과를 고려한다면 외로움이라는 전염병에 신속하게 대처해야 한다."[6]

공동체 의식을 느끼는 직장인은 그렇지 않은 이에 비해 몰입도가 74퍼센트 더 높고, 조직에 계속 남을 가능성이 81퍼센트 더 높았다. 또 이들은 활기와 열정이 넘치고 직장에서 발전하고 성장할 가능성이 83퍼센트 더 높았다. 그레첸 스프레이처Gretchen Spreitzer와 내가 또 다른 연구에서 서로 다른 업종의 6개 조직을 대상으로 조사한 결과, 직장에 성공적으로 적응하며 성장하는 직원들의 업무 성과가 16퍼센트 더 높은 것으로 나타났다(상사들의 평가를 근거로 계산했다).[7] 또 이들은 번아웃 위험성이 훨씬 낮고 병원 방문 횟수가 적어 결근도 적었다. 회사 입장에서 이는 의료비 감소와 근무시간 손실 감소를 의미했다.

이 연구는 개인적으로도 의미가 있다. 다른 사람들은 물론 나 역시도 공동체 의식과 소속감을 느낄 때 직장생활을 잘 유지하고 능력을 발휘하게 된다는 것을 깨달았다. 최악의 경우 일터는 심신에 해로운 환경이 되기도 한다. 구성원들이 서로에게 활력을 불어넣는 관계가 아니라 에너지를 갉아먹는 관계가 되어 생명력을 소진시키기 때문이다. 건장했던 내 아버지가 클리블랜드 외곽의 한 병실에서 맨가슴에 전극을 꽂고 누워 있던 기억이 지금도 생생하다. 무엇이 그를 그렇게 만들었을까? 두 상사가 주는 업무 스트레스 때문이었다.

그 당시만 해도 나는 아버지가 겪은 일이 내게도 일어날 거라고는 생각하지 못했다. 몇 년 후, 나는 대학을 졸업하고 한 글로벌 스포츠 브랜드가 스포츠 아카데미를 설립하는 일을 돕게 됐다. 꿈에 그리던 일이었다. 하지만 안타깝게도 직장 내 괴롭힘이 난무하는 조직이었다. 그 후로 나는 공동체 의식이 끈끈한 직장에서 일하는 기쁨과 그렇지 않은 곳에서 일할 때의 좌절감을 모두 경험했다. 이러한 경험에 영감을 받아 조직문화를 연구하게 됐고, 조직과 구성원이 성장하고 번영하게 하려면 리더가 어떻게 해야 하는지 탐구하게 됐다.

**번영하는 공동체 만들기**

나는 서로의 복지를 염려하는 사람들의 모임을 공동체라고 정의한다. 소규모 공동체를 '팀' 또는 '집단'이라 일컫고, 여러 팀이나 집단을 결합해 더 큰 공동체를 이루는 사람을 '리더'라 부른다. 공동체, 팀, 집단은 어디에나 있다. 가족, 학교, 예배 장소, 지방 자치단체 등 여러 형태로 존재한다. 공동체에는 흔히 의무나 규약이 있고, 구성원들은 아이디어, 관심사, 근접성(물리적 또는 심리적)을 비롯해 여러 가지를 공유한다. 하지만 무엇보다 중요한 공동체의 특징은 구성원 간의 유대감이다. 공동체, 팀, 집단은 구성원들이 서로 얼마나 이어져 있다고 인식하느냐에 따라 달라진다.

안타깝게도 오늘날의 비즈니스 환경에서는 더마이티처럼 공동체에 기반한 조직이 드물다. 수많은 조직이 예나 지금이나 공동체의 가치를 과소평가한다. 그 대신 직원 몰입도, 직원 유지율, 목적의식 같은 요소에 집중한다. 그러나 순서가 바뀌었다. 강력한 공동체 의식을 구축하면 이들 요소는 자연히 향상되기 마련이다. 소속감, 즉 사람들과 관계를 형성하려는 욕구는 자율성, 유능감과 더불어 인간의 기본 심리 욕구에 해당한다. 이견이 있을 수 있겠지만, 이 세 가지 욕구 중에서도 관계 욕구가 가장 중요하다.[8]

나는 모든 고용주가 마이크처럼 공동체를 우선하는 기업을 만들기를 바란다. 그래서 이를 목표로 더마이티 같은 조직을 수백 군데 조사하고, 성공한 공동체의 기반이 된 역학적 요소를 파악했다. 스타트업, 《포춘》 500대 기업, 병원, 비영리단체, 학교, 대학, 스포츠팀, 종교공동체, 정부기관, 지역공동체, 산업협회, 리더십협회, 코칭협회, 학생회를 포함해 전 세계 거의 모든 산업군과 그 조직에서 일하는 수많은 사람을 인터뷰하고 조사했다. 다양한 공동체를 컨설팅하면서 기업과 리더가 좋은 공동체를 구축하는 데 다음과 같은 방법이 있음을 발견했다.

- 정보를 공유한다.
- 통제하지 않고 재량권을 보장한다.
- 구성원을 존중하는 환경을 조성한다.
- 지독하게 솔직한 피드백을 권장한다.
- 목적의식을 부여한다.
- 구성원의 복지를 증진한다.

이 책 1부에서는 ㄷ 방법들을 차례로 살피고, 이를 기반으로 공동체를 구축할 때 구성원들이 잠재력을 최대로 발휘한다는 사실을 보여줄 것이다. 이 내용이 번영하는 공동체를 구축하려는 조직의 리더와 관리자뿐 아니라 직장에서 효율성과 영향력을 높이고 싶은 모든 이에게 실질적인 도움이 되리라 기대한다. 리더가 아니더라도 자신을 비롯해 모든 구성원을 위해 더 나은 조직을 만들 수 있다. 실제로 내가 조사연구를 해보니 건강한 공동체를 구축하는 일이 가장 중요하다는 사실을 확인할 수 있었다. 동료들을 북돋는 작은 친절과 배려, 존중이 장기적으로 조직에 큰 영향을 준다는 사실도 확인됐다. 사소한 행동으로도 공동체를 끈끈하게 만들고 조직에 활기를 불어넣을 수 있다.

2부에서는 구성원으로서 개개인이 자기를 관리하고 책임져 역량을 최대로 끌어내 공동체에 기여해야 한다는 점을 알릴 것이다. 그 기본 사항을 자기인식, 건강 관리, 회복 관리, 마음 관리로 나눠 설명할 것이다. 근육은 우리 몸 곳곳에 이른바 '희망 분자'인 마이오카인을 제공하는 약국과 같아서 외로움과 고립감을 치유할 수 있다. 다만 이 효력은 우리가 몸을 움직일 때만 얻을 수 있다. 수면 부족은 정신 건강과 신체 건강을 해칠 뿐만 아니라 외로움의 원인이 되기도 한다. 수면 부족은 오해와 충돌을 일으켜 대인관계에 악영향을 미친다. 우리는 자신의 마음을 들여다보고, 음식은 물론 뇌에 공급하는 것에도 주의해야 한다. 우리가 소비하는 소셜미디어, 음악, 오락거리는 자신뿐만 아니라 사적 관계와 공적 관계에 영향을 미친다. 우리 기분과 정신 건강은 우리가 일상에서 흡수한 것과 다양한 관계망에서 영향을 받

고, 우리가 느끼는 불안, 우울, 스트레스는 다른 사람에게 쉽게 전염된다.[9]

사실상 우리 몸은 37조 개가 넘는 세포로 구성된 역동적이고 복잡한 '집단'과 같다. 이렇게 자문해보자. 나는 몸 안의 복잡한 생태계와 더불어 건강하게 성장하는가, 아니면 그저 하루하루 버티고 있는가? 살아남는 것에 안주해서는 안 된다. 꾸준히 성장해 활짝 꽃피워야 한다. 내가 다양한 직군의 직장인 수만 명을 대상으로 10년간 축적한 데이터에 따르면 대다수 직장인은 살아남기 급급한 상태다. '자신의 몸'을 최적의 상태로 관리하는 이는 10퍼센트 미만이고, 별 문제 없이 자기를 관리하는 이도 25퍼센트에 불과하다. 40퍼센트는 자기 관리가 부족하거나 건강에 문제가 있고, 심각하게 문제가 있는 이도 25퍼센트에 육박한다. 즉 65퍼센트는 자기 관리나 건강에 문제가 있다고 봐야 한다.

리더가 공동체 구성원을 존중하고 배려하는 문화를 장려하고 먼저 모범을 보일 때 그 효과가 가장 크다. 리더가 직원들에게 지속 가능한 방식으로 일하도록 명시하고 본인이 먼저 그렇게 일할 때, 직원들은 몰입도가 55퍼센트 더 높아지고 집중도가 53퍼센트 더 올라간다. 이들이 회사에 남을 가능성도 매우 높다. 리더와 관리자가 공동체가 성장하고 번영할 수 있는 문화를 조성해 구성원들이 더 행복하고 건강하며 만족스러운 삶을 누릴 때 구성원들도 공동체를 풍요롭게 하는 데 기여한다.

마이크가 경험했듯이 고립감과 외로움을 느끼고 고통스러워하는 이가 너무 많다. 우리 사회는 단순히 금이 간 게 아니라 부러지고 고장 난 상태다. 기본으로 돌아가 인간관계에 우선순위를 둘 때다. 인간은 사회적 동물이다. 공동체는 사람들이 어려움을 나누어 극복하도록 돕고 기쁨은 배가되게 한다. 이 책에서 나는 공동체의 힘을 증명하는 강렬한 이야기와 연구를 소개한다. 여러분이 이 책에서 영감을 받고 힘을 얻어 자신이 건강하게 성장할 수 있는 공동체를 구축하기를 바란다. 조직과 그 조직을 이끄는 리더는 유대감을 강화하는 조직 구조를 설계할 힘이 있다. 이러한 조직은 사람들의 역량을 최대로 끌어내어 다른 팀과 공동체도 발전시킨다. 이 책을 활용하면 소속 직원뿐 아니라 사회 전반에 긍정적인 파급 효과를 일으킬 수 있다.

목차

들어가며 ·········································································································· 7

## 제1부 번영하는 공동체 구축하기

**01 하나로 뭉쳐라** ························································································ 23
환자 경험 공유: 건강을 회복하는 지름길 29 | 시스코의 기업문화 38 | 두려움과 실패 45 | 위기 속에서 다지는 연대감 53

**02 통제를 해제하라** ···················································································· 59
지원군을 자처하는 리더십 65 | 10만 호 공급으로 확장하기 67 | 통제를 해제하는 법 74

**03 정중함을 갖춰라** ···················································································· 95
조직 공동체 붕괴와 무례의 비용 102 | 정중함이 더 강력하고 성과 높은 조직 공동체를 만든다 106 | 정중한 문화를 구축하는 4단계 111

**04 솔직하게 피드백하라** ·········································································· 130
긍정적이든 부정적이든 피드백이 공동체를 성장시키는 이유 137 | 긍정적이든 부정적이든 피드백이 성과 향상으로 이어지는 이유 142 | 솔직한 대화를 확립하고 공동체를 강화하는 방법 154

**05 일의 의미를 제공하라** ·········································································· 171
공동체를 모으는 구심점이 돼라 179 | 공동체와 그 구성원들에게 의미를 제공하라 189

**06 건강한 삶을 지원하라** ·········································································· 206
성장 기회 211 | 다양성과 포용성 214 | 테이크케어 프로그램의 세 가지 영역 217 | 모틀리풀 224 | 구성원을 배려하는 문화를 구축할 때 얻는 이점 239 | 배려하는 문화를 구축하는 법 242

## 제2부 '나'부터 시작하기

**07 자기인식** — 262
자기인식의 우니콘 266 | 자기인식이 개인과 공동체에 끼치는 영향 272

**08 건강한 신체** — 293
엑소스 방식으로 고성능 DNA를 활성화한다 300 | 웨그먼스 304 | 운동: 몸과 마음을 건강하게 하는 만능열쇠 308 | 공동체에 좋은 연료 312 | 소방관처럼 함께 식사하기 314 | 건강을 챙기는 몇 가지 제안 319

**09 회복** — 323
수면은 건강의 열쇠다 331 | 수면은 끈끈한 공동체 의식을 형성한다 334 | 적은 노력으로 더 많은 성과 달성하기 336 | 휴식과 재충전은 팀 전체의 책임이다 337 | 휴식과 재충전을 촉진하는 방법 340 | 비전이 있는 교육부 장관과 곰을 좇는 젊은 여성 349

**10 사고방식** — 358
중립적 사고방식 366 | 부정적 사고는 중립적 사고의 적이다 369 | 부정성은 전염된다 376 | 부정적인 언행에 대응하는 방법 377 | 성장형 사고방식 382 | 긍정적인 사고방식 388

**결론. 우분투 찾기** — 394

**감사의 글** — 401
**주석** — 405

# 제1부

# 번영하는 공동체 구축하기

# 하나로 뭉쳐라

---

잠재력을 모두 끌어내려던 닫힌 마음과 생각을 열어야 한다.

브레네 브라운(Brené Brown)

필 잭슨Phil Jackson은 시카고 불스 감독으로서 미국프로농구NBA 챔피언십에서 무려 여섯 차례 우승을 달성했고, 이후 LA 레이커스 사령탑을 맡아 다섯 차례나 톺에 우승컵을 안겼다. 잭슨은 감독으로서만 전설적인 위업을 달성한 게 아니라 과거 뉴욕 닉스에서 선수로 뛸 때도 NBA 챔피언십 우승컵을 두 차례 들어올렸다. 잭슨과 사제 관계이자 훗날 그에 비견되는 우승 기록을 세운 스티브 커Steve Kerr는 잭슨에게는 뛰어난 능력과 기술 외에도 여느 감독과 다른 특별한 점이 있다고 평가한다. 커는 NBA에서 여덟 차례 정상에 올랐는데 세 번은 골든스테이트 워리어스 감독으로서, 다섯 번은 선수로서였다. 그 다섯 번 가운데 세 번이 잭슨 감독이 이끌던 시카고 불스에서 선수로 뛸 때 얻은 성과다. 커에 따르면 잭슨 감독의 성공 요인은 선수들의 공동체 의식을 강화하는 능력과 관련이 깊다. 다시 말해 잭슨 감독의 지휘 아래 선수들은 공동의 목표를 향해 화합하고, 공동체의 일원으로서 서로를 지지하며, 동료 관계를 넘어 끈끈한 형제애를 형성했다.

스티브 커가 잭슨 감독이 이끄는 시카고 불스에 있을 때 선수들은 매일 영상분석실에서 하루를 시작했다. 여기서 선수들은 자신들의 경기 영상과 상대팀 경기 영상을 시청했다. 이곳에는 전설적인 인디언 추장 타슈카 위트코(영어로 번역하면 Crazy Horse[성난 말])의 이야기를 묘사한 그림 한 점과 수족Sioux이 신성시하는 하얀 새끼 버펄로 그림 몇 점, 나무 화살과 담배 주머니, 곰 발톱 목걸이, 부엉이 깃털 장식품이 걸려 있었다.[1] 커는 인디언의 공예품은 아름다웠을뿐더러 선수들에게 메시지를 전하는 역할도 했다고 설명했다. "잭슨 감독은 팀을 하나의 부족으로 여겼고 선수들을 부족민으로 지칭했다. 하나의 부족으로 뭉치는 일이 중요했기에 그는 같은 부족이라는 의식을 강화하는 데 주력했다. [거기 있으면] 회의실에 있다는 생각이 들지 않았다. 그저 사람들이 함께 어울리고 있는 것 같았다. 선수들은 자연스럽게 대화를 나눴는데, 공격이나 방어 전술을 짜기보다는 서로 소통하는 데 중점을 두었다."[2]

잭슨은 뉴욕 닉스 시절 동료인 빌 브래들리Bill Bradley와 사우스다코타주 파인 리지 인디언 보호구역에서 6년간 농구 클리닉을 지도한 적이 있다. 잭슨은 이때 인디언과 이들의 문화를 처음 접했고, 라코타 수족의 문화에 깊이 영향을 받아 자신의 지도 방식에 인디언 철학을 접목했다. 라코타족 의식에서 '날쌘 독수리'라는 인디언 이름을 얻기도 했다. 잭슨은 인디언 철학을 활용해 매 시즌 신성한 목표를 설정하고 선수들이 이 목표에 전념하도록 했다.³ 라코타 수족이 신성한 의식을 치르듯 시카고 불스도 경기 때마다 특별한 의식을 치렀다. 경기 전에 선수들은 손을 모으고 팀 구호를 외쳤고, 자신들의 신성한 목표를 선포했다. 이를테면 어느 해에 그 목표는 네 번째 NBA 우승이었다.

잭슨 감독 밑에서 여섯 시즌을 소화했던 B. J. 암스트롱B. J. Armstrong에 따르면, 잭슨이 가장 중시했던 지도의 핵심은 '동지애'를 일깨우는 것이었다. 동지애는 선수들에게 농구 지식과 기술만큼이나 중요했다. 잭슨은 한 기자와의 인터뷰에서 "우리는 선수들이 한 공간에서 함께 호흡하고 서로 교류하도록 신경 쓰고 있다. 동지 의식 같은 '영적 요소'를 중시한 덕분에 우리 선수들은 개인보다 공동체를 중시할 줄 알게 됐다"라고 말했다.⁴ 잭슨은 선수 모두가 소속감을 느끼고 각자 수행할 역할이 있음을 확신하도록 전략을 짠다. 대표적인 것이 '트라이앵글 오펜스 전술'인데, 이는 세 공격수가 삼각형 대형으로 움직이며 공격을 전개하는 것이다. 이렇게 하면 특정 선수가 아니라 모든 공격수에게 공격 기회가 돌아가고 선수들은 개인보다 팀의 이익을 우선하게 된다. 잭슨 감독이 이 전술을 개발했을 때 사람들은 의외라고 여겼을지 모른다. 시카고 불스에는 NBA 역사상 최고의 선수로 손꼽히는 마이클 조던Michael Jordan이 있었기 때문이다. 농구 감독이라면 조던을 주축으로 공격 전술을 구상할 터였다. 전임 감독도 그랬다. 하지만 시카고 불스 사령탑으로 부임한 잭슨은 조던이 독주하는 팀이 아니라 모든 선수에게 공이 흘러가고 각 선수가 공격에 기여하는 팀을 만들고 싶었다. 커는 시카고 불스 현역 시절 "트라이앵글 오펜스 전술은 팀워크와 선수 간의 연결성을 중시하는 철학에서 빼놓을 수 없는 요소"였다고 밝혔다. 그는 "코트에서 뛸 때 그 힘을 실감했다. 시카고에서만큼 선수로서의 중요성을 느낀 적은 없었다."[5]

잭슨은 선수들에게 팀워크에 충실하도록 요구했고, 이를 따른 선수에게 보상하는 문화를 조성했다. 이런 환경에서 선수들은 모두 자신이 중요한 선수라고 느꼈다. 잭슨이 중시하는 팀워크 원칙에서는 교체 선수도 주전 선수와 똑같이 중요했다. 벤치 맨 끝에 앉아 대기하는 선수일지라도 자신이 팀에서 중요한 선수임을 알기에 경기가 끝날 때까지 집중하며 언제든 출전할 태세를 갖추었다. 존 샐리 John Salley는 "시카고 불스에서는 열두 번째 선수일지라도 중요한 존재라는 기분이 들었다"고 회상했다.[6] 자신이 팀에서 중요한 선수라는 인식과 소속감은 선수들의 잠재력을 모두 끌어냈다.

지금까지도 깨지지 않은 NBA 챔피언십 최다 우승 기록만 봐도 승리를 향한 잭슨 감독의 집념이 어떠했는지 알 수 있다. 그는 팀을 하나로 묶는 공동체 정신을 다지는 일에도 집념을 불태웠다. 그는 시합에서 이기는 일 외에도 중요한 일이 있음을 알았다. 1990년에 시카고 불스의 스타 선수인 스카티 피펜 Scottie Pippen이 부친상을 치르느라 플레이오프전 한 경기를 놓쳤고, 다시 돌아왔을 때 '제 기량'을 펼치지 못했다. 잭슨은 팀원들이 피펜의 상실감을 이해하고 격려하는 일이 중요하다고 여겼다. 선수들은 잭슨의 독려에 따라 피펜을 둥글게 둘러싸고 기도하는 시간을 가졌다. 잭슨은 그처럼 진심 어린 애정을 나누는 순간은 NBA에서 보기 드물다며 "스카티는 뭉클해했다"고 말했다. 피펜은 팀원들의 격려에 힘을 얻어 그날 코트를 훨훨 누비며 29점을 올렸고, 시카고 불스는 플레이오프전에서 필라델피아 세븐티식서스를 꺾었다.[7]

하지만 다음 시리즈에서 상대 팀과 마지막 7차전을 치를 때 피펜은 스트레스로 힘들어했다. 편두통이 심해 복시 증상까지 나타났고 이 때문에 기량을 제대로 발휘할 수 없었다. 일부 언론에서는 시카고 불스의 뼈아픈 패배가 피펜 탓이라고 비난했지만, 그 누구보다 실망했을 잭슨은 피펜을 응호했고 다른 선수들도 피펜을 지지했다. 잭슨 감독의 말대로 한 몸처럼 공감하는 동지애야말로 챔피언십 우승을 견인한 밑거름이다.[8]

잭슨은 자신의 지도 철학과 경험을 담은 자서전 《신성한 골대 Sacred Hoops》(여기서 'hoops'는 농구 골대를 가리키는 말이자 인디언 신앙에서 말하는 '생명의 고리', 즉 모든 존재가 함께 있는 거대한 고리의 은유이다)[9]에서 '승자에게만 보상하느라 공동체와 연민의 가치를 저버리는 위험한 세태'를 반성한다. 그는 기존 방식과 다르게 선수들을 지도하고 싶어 했다. 모든 구성원이 서르 의지하고, 누가 됐든 혼자서 승리 부담감을 짊어지지 않는 환경을 만들려고 했다. 그의 목표는 "선수들 간에 친밀감을 높이고, 신성불가침한 무언가를 위해 함께 싸우는 일원으로서 공동체 의식을 갖게 하는 것"이었다.[10]

잭슨은 영상분석실 회의시간에 선수들이 항상 농구 이외의 주제로 의견을 나누도록 권장하며 친밀감과 신뢰감을 쌓게 했다. 그는 자서전에서 "해병대식 지옥 훈련으로 유대감을 키우려는 감독들이 있는데 이런 시도는 잘해야 임시방편에 불과하다"고 지적하면서 "진정한 교류로 생긴 유대감이라야 더 끈끈하고 오래간다는 사실을 깨달았다"고 밝혔다. 잭슨은 특히 윤리 문제를 중시했고, 선수들은 그 주제로 종종 의견을 나눴다. 잭슨은 시즌이 시작되면 선수 명단에 오를 열두 명을 선정하고 나서 현대에 맞게 재해석한 십계명을 만들어 선수들에게 나눠주고, 한 선수에게 성경책에서 십계명이 나오는 대목을 낭독하게 하여 선수들 사이에 토론을 유도하기도 했다. 잭슨은 자서전에 "한번은 무기를 소지한 채 팀 전용기에 탑승한 선수가 있어서 그 후에 총기 문제로 열띤 토론을 벌인 적이 있다"라고 회고했다. 몇몇 선수는 자신을 지키려면 총이 필요하다고 생각했는데, 이에 잭슨은 만약 분노로 이성을 잃은 순간 방아쇠를 당기면 어찌 될지 생각해 보라고 반박했다. "불스 선수들은 비극이 발생하기 전에 그 위험성을 깨달아야 했다."[11]

선수들이 거리낌 없이 소통하고 자기 생각과 감정을 솔직하게 드러내면서 깊은 신뢰감이 형성됐다. 스티브 커는 "선수들은 시즌이 끝날 즈음이면 다른 선수들이 보는 가운데 회의 중에 소리 내서 울기도 했다"라고 회상했다. "선수들은 서로를 칭찬하며 격려했다. 그것은 놀라운 경험이었다. 잭슨 감독은 자신의 약한 모습을 숨기지 않고 몸소 솔직하게 드러내며 깊이 소통하고 신뢰하는 문화를 정착시켰다."[12]

시카고 불스가 거둔 성공 뒤에는 선수 모두가 한 부족처럼 느끼고 서로 돕는 공동체 의식을 갖고 약한 모습을 거리낌 없이 드러내며 진솔하게 소통하는 환경을 구축한 잭슨 감독이 있었다. 공동체 의식을 고취하려고 그가 활용한 방법은 모든 조직에 대부분 적용할 수 있다.

제1장에서는 시카고 불스, 시스코Cisco, 클리블랜드클리닉Cleveland Clinic, 스팽스Spanx, 구글엑스Google X 등을 예로 들어 여러 조직에서 구성원들의 잠재력을 끌어내는 데 유용한 환경을 어떻게 조성했는지 그 방법을 설명하고, 우리가 이를 어떻게 적용할지 살핀다.

## 환자 경험 공유: 건강을 회복하는 지름길

공유진찰제shared medical appointments, SMAs가 새로운 의료 체계로 부상할 듯하다. 간단히 개념을 설명하면 기존의 일대일 진료와 달리, 대면으로든 비대면으로든 다수의 환자가 동시에 의사에게 진료를 받는 방식이다. 집단진료의 대부로 불리는 제프리 겔러Jeffrey Geller는 의대생이던 1997년에 처음으로 집단진료를 실험하고 이 진료 방식을 도입한 초창기 의사들 가운데 한 명이다. 겔러는 레지던트 1년 차 때 집단진료의 잠재력을 알아차렸다. 겔러는 레지던트 시절 환자들을 보며 궁금증이 생겼다. '건강 문제에 직면했을 때 완전히 무너지는 사람이 있는가 하면 회복탄력성을 보이는 사람이 있는데 이 차이점은 무엇 때문일까?' 겔러가 처음에 연구한 바에 따르면 외로움을 많이 느끼는 사람들이 그렇지 않은 사람들보다 보건소 이용 횟수가 4~6배 더 많고, 응급실 이용 횟수도 2~3배 더 많았다. 이때부터 그는 외로움을 단순한 개인 문제가 아니라 심각한 건강 문제로 인식했다.

겔러는 자신이 수행한 연구를 기반으로 보조금을 확보하고, 당뇨병 환자를 대상으로 두 모임을 조직해 집단진료 실험을 최초로 실행했다. 이는 자체적으로 환자 모임을 만들어 운영하던 여성 환자에게서 영감을 받은 것이었다. 이후 겔러는 매사추세츠주의 의료 취약 지역에서 주로 일하며 집단진료를 강조했으며 집단진료야말로 외로움이 초래하는 문제를 해결할 해독제로 여겼다. 겔러가 알아낸 사실은 내 동생 마이크가 건강 중심 소셜미디어 플랫폼인 더마이티를 개설하고 발견한 사실과 비슷했다. 환자들은 더마이티에서 질환별로 소모임을 조직해 정보를 나누고 건강을 회복할 뿐만 아니라 나아가 외로움이라는 사회적 문제까지 해결했다.

겔러는 집단진료 과정을 설명하면서 첫 만남 때는 환자가 해당 질환자 모임에 참여한 이유를 알아내고, 친밀감을 형성한다고 말했다. 이를테면 현재 삶을 힘들게 하는 질병뿐만 아니라면 어떤 일을 하고 싶은지 묻는다고 했다. 최근 한 환자는 "소변을 너무 자주 봐야 해서 힘들다"고 토로했다고 한다. 그 환자는 장시간 버스를 탈 수 없어서 가족을 보고 싶어도 뉴욕시에 갈 수가 없었다. 이런 이야기가 나오면 해당 모임에 참여한 사람들은 "혹시 이 약을 먹어봤나요? 식단은 바꿔봤나요?" 하며 이런저런 아이디어를 제안하고, 서로 의견을 교환하며 유대감을 형성한다.[13]

겔러 이후로 집단진료 개념이 뿌리를 내리며 여러 기관에 전파됐다. 의사인 메리앤 수메고Marianne Sumego는 1999년에 클리블랜드클리닉에 공유진찰제를 도입해 관리하고 발전시켰다. 클리블랜드클리닉 기능의학센터에서 실행하는 공유진찰제에서는 동일 질환자 10~12명이 한 그룹으로 구성되고, 간호사, 영양사, 건강 코치를 비롯해 치료에 도움이 되는 여러 전문가 인력이 동참한다. 질환자 모임을 담당하는 의사는 환자 하나하나 인사를 나누고, 현재 건강 상태를 묻고, 어떻게 문제를 해결해나갈지 계획을 세운다. 의사가 차례차례 환자들과 소통하며 질문을 주고받는 동안, 같은 그룹에 속한 환자들은 이 과정을 지켜본다. 20회 진료 모임 중 14회는 담당 의사와 건강 코치가 함께하고, 나머지 6회는 영양사가 진행하며 환자 모임을 지원한다. 이 과정에서 환자는 의사뿐 아니라 다른 환자들에게서도 유익한 정보를 듣고 배우며 자신이 혼자가 아님을 깨닫는다. 수메고는 내게 일대일 진료 방식과 달리 공유진찰제에서는 환자의 두려움을 줄이고 치료 의지를 북돋는 환경을 만들기가 그리 어렵지 않다고 말했다.

수메고는 공유진찰제가 일대일 진료보다 더 효과적인 이유를 설명하며 대장암 가족력이 있는 한 환자 얘기를 들려줬다. 그 환자는 그의 권유에도 오랜 세월 대장내시경 검사를 완강히 거부했다. 나중에 이 환자는 수메고가 이끄는 공유진찰제 프로그램에 참여했다. 이 환자가 모임에서 대장내시경 검사를 받기 싫다고 얘기하자 다른 회원이 정확히 무엇이 두려워서 그 검사를 거부하는지 물었다. 그 회원은 해당 환자가 대장내시경 검사의 중요성을 제대로 이해하지 못했다고 판단하고는 자신의 경험담을 들려주기로 마음먹었다. 이 회원도 처음에는 대장내시경 검사를 꺼렸지만 결국 검사를 받고 암에 걸렸음을 알게 됐다고 말했다. 다행히 조기에 암을 발견한 덕분에 제대로 치료받고 건강을 되찾을 수 있었다. 이 회원은 문제의 환자에게 대장내시경 검사를 받으라고 설득했고, 어떻게 하면 암을 극복할 수 있는지 설명하며 기운을 북돋아줬다. 암을 극복한 회원에게서 용기를 얻은 문제의 환자는 수메고가 권유했지만 거부했던 대장내시경 검사를 마침내 받기로 했다.

　수메고에 따르면 환자들이 모임 안에서 공동체 의식을 형성할 때 외로움이나 고립감을 해소하고, 동일 질환을 겪는 사람들이 제공하는 경험담에서 유익한 정보를 얻는다. 환자들은 "당신도 할 수 있다. 나도 해냈으니까 당신도 어려움을 극복할 수 있을 것이다"라며 서로 격려한다. 환자들은 의사보다 자신과 같은 환자들에게서 훨씬 큰 영향을 받는다. 공유진찰 때 자기 혼자만 고통을 겪는 게 아님을 깨닫고, 서로 배우고, 환우들끼리 격려하면서 힘을 얻고, 병이 완치되면 서로 기쁨을 나눈다. 수메고가 공유한 환자 사례에서 알 수 있듯이 또래압력은 집단역학(집단 내에서 발생하는 상호작용과 행동, 관계 형성 과정을 연구하는 학문 - 옮긴이)의 한 요소로서 의사의 권고보다 더 효과적일 때가 있다.

　베스트셀러 작가이자 울트라웰니스센터 UltraWellness Center 설립자이며 클리블랜드클리닉 기능의학센터 전략 혁신 책임자인 마크 하이먼 Mark Hyman에 따르면, 공동체 관점에서 치료에 접근하는 전략은 기존의 의료 서비스를 혁신할 파괴력이 있다. 특히 하이먼의 전문 분야인 기능의학에서 다루는 문제들을 해결하는 데 유용할 것으로 보인다. 기능의학에서는 영양을 중시하면서 의료뿐 아니라 행동 및 생활 습관을 교정해 만성질환을 치료하고 관리하는 일에 집중한다. 기능의학에서 다루는 만성질환은 심장병에서 당뇨병, 자가면역질환, 비만, 천식, 중독, 관절염, 만성통증까지 다양하다. 2020년을 기준으로 현재 미국 인구의 절반이 만성질환을 앓고 있으며, 25퍼센트는 만성질환을 두 가지 이상 앓고 있다. 만성질환은 미국 내 주요 사망 원인으로

꼽힌다. 전문가들은 2055년까지 만성질환이 초래하는 비용이 95조 달러에 이를 것으로 예상한다.¹⁴

하이먼의 동료인 토니 존스Tawny Jones는 클리블랜드클리닉에서 20년 넘게 근무했다. 클리블랜드 기능의학센터는 개원한 후 환자들이 쇄도해 진료를 받으려면 18개월을 기다려야 할 정도다. 기능의학센터 최고관리자인 존스는 이 문제를 해결할 방법을 고민했고, '최적의 건강관리Functioning for Life'라는 공유진찰제 10주 프로그램을 개설해 환자가 자신에 맞는 질환 모임을 선택하도록 했다. 이 프로그램이 운영되는 모임은 다음과 같다.

- 루푸스, 건선 등의 질환을 포함한 자가면역질환
- 당뇨병, 대사증후군, 당뇨병 전증
- 여성 건강 문제: 폐경, 다낭성난소증후군, 월경전증후군
- 소화기장애: 염증성 장질환, 과민성 대장증후군, 위식도 역류질환, 위장 문제
- 체중 관리
- 통증 관리: 만성편두통, 골관절염, 섬유근육통, 경증 요통

환자는 의사와 보조 의사, 임상전문 간호사, 영양사, 건강 코치, 행동 건강 치료사를 비롯해 다방면의 전문가로 구성된 팀과 매주 상호 작용한다. 아울러 10주 프로그램 동안 전문가팀과 소통하면서 개별 상황에 따라 맞춤 지원을 받는다.

존스에 따르면, 환자의 약 30~65퍼센트가 일대일 진료보다 공유진

찰제를 더 만족스럽게 평가했다. 환자의 40퍼센트가 정신 건강과 신체 건강 측면에서 임상적으로 유의미한 진전을 보였다. 이는 10주라는 짧은 기간을 고려할 때 무척 놀라운 성과다. 게다가 10주 프로그램의 환자 유지율이 80퍼센트에 이르는데, 존스가 "정말 충격적"이라 할 만큼 높은 수치다. 존스는 이 프로그램이 좋은 성과를 거둔 이유로 진료 중에 환자들이 유대감을 쌓고, 서로 배우는 바가 많은 점을 꼽았다. 환자들은 일대일 진료 때는 언급할 생각조차 하지 않는 자신의 경험을 이 프로그램에서는 세세하게 공유했다. 존스의 말처럼 "건강을 되찾는 일은 단체 경기"였다. 10주가 끝날 즈음이면 환자들은 자신의 건강을 스스로 관리하는 데 필요한 모든 것, 즉 식이요법, 영양 결핍이 건강에 미치는 영향, 스트레스 관리법, 긴장 이완법, 건강한 수면 패턴 개발법, 운동 효과 등을 배웠다.

환자들 간에 친밀감을 쌓는 공유진찰제 프로그램에서는 환자들이 자신에게 솔직해진다. 환자들은 다수의 환자 사이에서 편안함을 느끼고 일대일로 의사를 상대할 때보다 훨씬 솔직하게 정보를 공유한다. 정보를 많이 공유할수록 더 많이 배우고 자신의 건강을 돌보는 방법을 깊이 이해한다. 존스는 환자들이 자기 안의 힘을 이용하지 못할 때가 많다고 설명한다. 이럴 때는 다른 사람의 힘을 빌려야 한다. 존스는 "이 프로그램을 절반 정도 진행하면 [환자들이] 자신의 목소리를 찾고, 기운을 차리고, 외로움을 해소하게 되어 … 서로 격려하며 앞으로 나아간다"면서 "카타르시스 효과가 나타나고, 환자들은 혼자서 고통을 겪는 게 아님을 알게 된다"고 말했다.[15]

하이먼과 존스가 함께 소개한 놀라운 성공 사례가 하나 있다. 65세

중증 비만 여성의 이야기다. 이 환자는 당뇨병, 지방간, 울혈성 심부전, 신부전을 앓았고 심장과 신장을 이식받아야 하는 상태였다. 평생 영양이 부실한 음식을 먹고 살았는데 그것이 가족의 식습관이었다. 존스에 따르면 "프로그램에 참여하고 몇 주 만에 이 여성은 설탕과 전분이 적은 항염증 자연식 식단으로 바꾸었고, 수치가 정상화됐다. 3개월 만에 20킬로그램가량 감량했다. 1년이 지나고 이 여성은 누구보다 프로그램을 열렬히 추천하는 사람이 됐다. … 53킬로그램 감량한 후에는 건강 상태가 모두 호전됐다. 이제는 약을 먹을 일이 없으니 연간 2만 달러가 넘는 의료비를 아끼고 있다."

이 여성은 처음에 일대일 진료를 원했지만 기능의학센터 대기자 명단이 너무 길어서 집단진료에 참여했다. 질환자 모임이 제공하는 강점과 다른 환자들에게서 배운 식단, 자기 관리 방법 덕분에 삶이 달라졌다. 존스는 "모임 안에서 마법 같은 일이 일어난다"고 말한다.[16] 존스는 환자들이 서로 마음을 열고 진솔하게 소통할 때 질환자 모임이 질병 치료에 큰 성과를 내는 모습을 거듭 목격했다. 그는 집단진료는 사람들의 건강을 회복하는 지름길이라고 생각한다.

기능의학센터가 공유진찰제를 도입해 성공을 거두자, 클리블랜드클리닉의 다른 분과에서도 공유진찰제를 채택하고 그 효과를 확인하기 시작했다. 클리블랜드클리닉 공유진찰제 프로그램 예약 건수는 2002~2004년에 총 385건에 불과했으나, 2019년에는 한 해에만 3만 5000건에 달했다. 공유진찰제 프로그램이 운영되는 질환자 모임도 매우 다양해졌다. 현재 클리블랜드클리닉 공유진찰제 프로그램은 260개에 이른다. 일례로, 기능의학센터와 협력하는 클리블랜드클리닉의 소수인종남성센터Minority Men's Center 설립자이자 전임 원장인 찰스 모들린Charles Modlin은 대여섯 명씩 환자들을 진찰했는데 이들 모임에서 남성들은 자신의 건강 문제와 성기능장애를 가감 없이 털어놓았다고 말했다. 존스에 따르면 "남자들이 몹시 수치스럽고 부끄럽게 여겨 아내나 의사에게는 좀처럼 이야기하지 않는 주제"이다. 하지만 공유진찰제 프로그램에 참여한 이들은 속 깊이 감춘 문제를 자주 털어놓는다. 이뿐만 아니라 치료 과정에서 끈끈한 유대감을 형성한 남성 환자들은 병원 외에서도 오랜 세월 교류를 지속하며 서로를 돕기도 한다. 클리블랜드클리닉의 공유진찰제 프로그램에 참여한 환자들은 처음에는 망설이고 주저할지 몰라도, 첫 번째 집단진료 이후에는 대부분 공유진찰제를 긍정적으로 받아들인다. 클리블랜드클리닉에서 공유진찰제를 신청한 환자의 약 85~90퍼센트가 후속 진료도 공유진찰제로 예약한다.[17] 클리블랜드클리닉의 최고환자경험책임자chief patient experience officer이자 나와 협업하는 에이드리엔 부아시Adrienne Boissy는 최적의 건강관리 프로그램에 참여한 환자들과 마찬가지로 클리블랜드 공유진찰제를 경험한 환자들은 기존 진료 방식보다 공유진찰제를 두세 배 더 만족스럽게 평가한다고 말했다.

　공유진찰제는 환자들의 만족도가 높았을 뿐만 아니라 치료 결과도 매우 좋았다. 클리블랜드클리닉이 기능의학센터 환자 2455명을 조사한 결과, 공유진찰제 프로그램에 참여한 환자들이 일대일 진료를 받은 환자들보다 신체 및 정신 건강이 크게 향상하고 체중도 더 많이 감소한 것으로 나타났다(3개월 기준). 또 공유진찰제는 일대일 진료에 견줘 비용도 더 저렴했다.[18] 공유진찰제에 참여한 환자들의 건강이 호전되는 것을 목격한 의사들은 대체로 이 프로그램을 누구보다 열렬히 지지하게 된다. 마크 하이먼과 토니 존스에 따르면 처음에는 이 프로그램을 선뜻 반기지 않던 의사들도 태도가 바뀌었다. 환자들의 건강이 좋아졌을 뿐만 아니라 의사들에게도 긍정적인 경험을 선사했기 때문이다. 하이먼은 공유진찰제는 업무 부담이 줄고 진료 과정이 즐거워 피로도가 감소한다면서 "사람들과 소통하며 대화를 나누고, 관계를 형성하고, 서로 웃을 수 있기에 만족도가 매우 높다. 크게 힘들지 않다. 오히려 의사로서 열정을 되찾고 있다. 환자와 의사 모두에게 유익한 프로그램이다"라고 말했다.[19] 또 다른 의사는 "[공유진찰제] 덕분에 새롭고 다양한 관점에서 환자들의 요구를 충족할 수 있게 됐다. 환자들이 직접 치료 아이디어를 내기도 한다. 당뇨병 환자들 중에는 치료에서 겪는 어려움이나 난관을 어떻게 극복해야 하는지 좋은 아이디어를 가진 사람들이 있다. 이 프로그램 덕분에 더 많이 배우며 참으로 유용한 방법과 치료 아이디어를 얻는다. 환자를 일대일로 진료했더라면 결코 배우지 못했을 것들이다"라고 밝혔다.[20]

클리블랜드클리닉은 공유진찰제 모델을 전파하려고 다른 기관이나 단체와 협력할 방법을 모색한다. 일례로, 클리블랜드클리닉은 30개 이상의 지역 교회에 6주 프로그램을 제공했으며, 그 결과 교인들의 체중이 줄거나 약물 복용량이 감소하는 등 증상이 개선되는 효과를 봤다. 나아가 일부 교회는 예배 활동으로 교인들이 건강한 삶을 유지하는 데 도움이 되는 기회를 제공하고 있다.

공유진찰제가 제공하는 여러 장점 중에서도 가장 강력하고 주목할 만한 특징은 환자들 간에 형성되는 공동체 의식이다. 하이먼은

"사람들은 서로 어울리고 소통하기를 갈망한다"고 말한다.[21] 그래서인지 겔러와 하이먼이 이끄는 모임의 회원 상당수가 공유진찰제 프로그램이 끝난 후에도 수년 또는 수십 년 동안 죽 연락하고 지낸다.

의료 서비스 수요가 증가하고 의사 공급은 감소하는 상황에서 공유진찰제는 환자와 의사 모두에게 이로운 변화를 제공하는 '게임체인저'로 주목받는다. 겔러, 하이먼, 수메고, 존스, 마이크가 모두 목격했듯이 질환자들이 함께하는 모임이 중요한 건 그 안에서 얻는 정보 때문만이 아니라 회원들 간 상호작용이 외로움이라는 근원적 문제를 해소하기 때문이다. 서로를 격려하고, 혼자가 아니라는 소속감을 느낄 때 건강 문제를 겪는 환자들의 회복탄력성이 높아진다. 집단진료 방식은 현재는 물론 앞으로도 잠재력이 크다. 공동체 의식과 유대감은 가상 환경에서도 똑같이 효과를 내기 때문이다.

## 시스코의 기업문화

시스코는 '일하기 좋은 기업' 명단에 20년 넘게 이름을 올리며 기업문화를 지켰다. 《포춘》이 '일하기 좋은 100대 기업' 명단을 선정한 첫해인 1998년부터 빠지지 않고 등장한 소수의 기업 가운데 하나다. 이 기록도 대단한데, 놀랍게도 직원을 6000명까지 해고하며 구조조정을 단행한 시기에도 이 명단에 이름을 올렸다.[22] 그 당시 시스코는 기존 사업을 바꾸는 혁신을 앞두고 있었다. 2015년 척 로빈스Chuck Robbins가 최고경영자가 되고 시스코는 과거 30년 동안 겪은 것보다 훨씬 큰 변화를 3년 만에 겪었다. 로빈스가 시스코를 하드웨어 생산 기업에서 소프트웨어 생산 기업으로 전환했기 때문이다.

이처럼 대대적인 변화를 겪으면 구성원들은 불안에 휩싸인다. 구성원들의 사기가 꺾이기 쉽고, 압박감을 이기지 못해 기업이 무너지기도 한다. 하지만 시스코는 예외였다. 경영진이 이 거대한 다국적 기업의 사업을 전환하고 기업 구조를 재편하고 조정하는 동안에도 구성원들은 만족스럽게 직장생활을 했다. 시스코는 2019년과 2020년 연속으로 《포춘》 선정 '세계에서 가장 일하기 좋은 기업' 부문 1위를 차지했다. 전 세계 시스코 직원 7만 7500명 중 무려 95퍼센트가 자사의 경영진을 자랑스러워했고 자사를 다른 어느 곳보다 일하기 좋은 직장이라고 응답했다.

시스코의 이러한 성과는 결코 우연이 아니다. 시스코의 부사장 겸 최고법률책임자인 마드 챈들러Mark Chandler는 "기업 역사를 돌아볼 때 우리 경영진은 주주, 고객, 공급업체와 모든 직원을 우리 자신이 대우받고 싶은 대로 대하려고 노력했다"고 설명했다.[23] 전임 최고경영자인 존 챔버스John Chambers는 협업 문화를 구축하는 데 중점을 두었고, 이를 기반으로 시스코는 명성을 쌓았다. 시스코를 대표하는 직원 주도 프로젝트 중 하나인 '아워 피플 딜Our People Deal'이 처음 선언된 것도 챔버스 재임 시절이었다. 시스코에서 20년간 일한 프랜 카츠오다스Fran Katsoudas는 2014년에 최고인력책임자chief people officer에 오른 직후 직원들에게 의견을 구하고 이를 모두 수렴해 피플 딜 선언문을 작성했다. 노사 간 상호 기대치를 구체화하고, 각자의 역할과 책임을 규정해 기업의 목표와 가치를 확립한 것이다. 노사 간 책임과 이익을 규정한

아워 피플 딜 프로젝트는 상부상조하는 노사관계를 구축했다.[24]

2015년 최고경영자 겸 이사회 의장에 취임한 척 로빈스 역시 시스코의 미래는 기업문화에 달려 있음을 강조하며 이 같은 가치를 지켜 나가겠다고 약속했다.[25] 시스코는 격변의 시기를 헤쳐 나가는 데 꼭 필요한 투명성과 신뢰를 더욱 강화하고자 '책임감 있는 문화Conscious Culture'를 구축했다. 이는 무엇이 효과가 있거나 없는지 또 기업을 개선할 방법이 무엇인지를 파악하고 책임지는 문화를 일컫는다. 카츠오다스(현재는 시스코 부사장이자 최고인사·정책·목적책임자)에 따르면, 피플 딜 앰버서더People Deal Ambassadors 위원회가 책임감 있는 문화를 구축하는 일에 앞장섰다. 시스코는 2018년에 여러 부서에서 직원 15명을 선발해 이 위원회를 구성했으며, 이들은 경영진이 생각하는 시스코와 직원들이 실제 경험하는 시스코 사이에서 발생하는 차이를 줄이는 데 힘썼다. 이들을 가리켜 '앰버서더(친선대사)'라고 부른 이유는 직원들이 경영진에게 직접 말하기 껄끄러운 의견을 대신 전달하는 역할을 맡아서다. 카츠오다스는 책임감 있는 문화를 구축했을 때 "구성원 모두가 책임의식을 공유하며, 말하기 거북한 주제도 서슴없이 이야기한다"고 설명한다.

거북한 주제에는 대개 편견과 차별, 따돌림, 괴롭힘 등과 관련한 불만 사항이 포함된다. 불만이 타당하고 사안이 심각할 때는 이사회에 보고하고, 해당 노무관리부에서 조사한다. 혐의가 심각한 경우에는 필요에 따라 세부 정보를 제공한다. 이사회는 이 정보를 바탕으로 회사가 직원이 성장하는 환경을 조성하는 일에 변함없이 헌신하기 위해 이에 걸맞은 결정을 내린다.

마크 챈들러는 직원들이 제기한 불만을 자신이 어떻게 처리했는지 예를 하나 들었다. 한 엔지니어가 '블록체인이 소중하다Blockchains Matter'라고 적힌 티셔츠를 자신의 칸막이 사무실에 걸어두었는데 이를 본 직원이 불만을 제기한 사건이었다. 처음에 챈들러는 "엔지니어들이 그들의 관점에서 그 문구를 재미나게 여기는 이유를 알 것 같다"고 반응했다. 하지만 흑인 직원과 대화를 나누면서 이를 다른 관점으로 바라보게 됐다. 그 흑인 직원이 "매일 열두 살짜리 아들에게 경찰을 대할 때 어떤 행동을 삼가야 하는지 주지시켜야 하고, 아들이 험한 일을 당할까 봐 노심초사하는 흑인 엄마가 '흑인 목숨도 소중하다Black Lives Matter' 운동을 소재로 말장난한 티셔츠를 보면 어떤 느낌이 들지 생각해보라"고 말한 것이다. 이후 챈들러는 접수된 불만 사항을 이사회에 보고했다. 카츠오다스에 따르면 챈들러는 회의 때 자기 생각이 바뀐 과정을 설명하면서 이 사연을 이야기했다. 카츠오다스가 말했듯이 사람들은 자신이 어떤 영향력을 미치는지 깨닫지 못할 때가 있다. 그래서 이런 문제를 솔직하게 거론할 수 있는 환경을 조성하는 일이 중요하다. 시스코는 책임감 있는 문화를 구축했기에 이 일이 가능했다. 구성원이 성장하고 배우는 일이 기업 성과보다 더 가치 있다.[26]

카츠오다스는 내게 직장 내에서 문제 행동을 보고하는 사례가 증가했다고 인정했다. 하지만 그 수치가 증가했다는 것은 문제되는 사안을 언급할 때 직원들이 눈치 보지 않을 만큼 편해졌음을 의미하므로 이는 긍정적인 결과라고 평가했다.[27]

'호불호Love and Loathe 설문조사' 역시 시스코가 직원들의 목소리를 들으려고 고안한 것이다. 시스코는 연례 성과 평가 대신 매주 이 전자 설문조사를 실시한다. 직원들은 자신의 업무, 상사, 팀원, 회사에 대해 좋은 점과 싫은 점을 답하고, 관리자들은 이를 파악한다. 직원들이 무엇을 싫어하는지 이야기하는 통로를 만든 이유는 문제가 커지기 전에 해결하기 위해서다. 이렇게 의견을 수렴하면 직원들이 힘들어하거나 어려움을 겪는 부분을 파악해 경영진이 신속하게 지원하거나 자원을 공급할 수 있다. 또한 직원 개인이나 팀 전체에서 특정 유형의 문제점을 발견할 수도 있다. 직원들이 좋아하는 일을 파악하면 해당 직원이 장점과 기술을 최대한 발휘하는 방향으로 업무를 배정할 수도 있다. 가령, 누군가 특정 업무를 싫어한다고 답한다면 이는 관리자가 해당 직원에게 맞지 않은 역할을 맡겼다는 신호로 볼 수 있다. 반면 특정 업무를 좋아한다고 답하면, 관리자는 어떻게 해야 그 업무를 해당 직원의 핵심 업무로 만들지 고민해야 한다. 호불호 설문조사는 노사가 서로를 깊이 이해하는 계기를 제공해 신뢰를 쌓고 공동체 의식을 기르는 데 일조한다. 연구에 따르면 일터에서 매일 이루어지는 작은 상호작용이 중요하며, 장기근속을 예측하는 가장 확실한 지표는 직속상사와의 관계다. 카츠오다스도 자신의 직속상사인 척 로빈스에게 매주 보고서를 제출할 때 이 점을 활용한다. 카츠오다스는 어느 금요일 늦은 시간에 로빈스에게 보고서를 제출하면서 "과중한 업무로 매우 힘든 한 주를 보내는 것이 싫다"라고 기술했고, 로빈스는 월요일 오전 8시에 바로 회의를 잡아 카츠오다스의 고민을 들어줬다.

    직원들이 회사 밖 고민도 안심하고 이야기할 수 있는 통로를 제공한다는 점도 시스코의 책임감 있는 문화에서 나타나는 특징이다. 이

점을 분명하게 보여주는 사례가 있다. 디자이너 케이트 스페이드Kate Spade와 요리사 앤서니 보데인Anthony Bourdain이 자살하는 일이 일어났을 때 카츠오다스와 로빈스는 정신 건강 문제로 힘들어하는 사람들의 통계를 확인하고 깜짝 놀랐다. 그리고 직원들을 염려하게 됐다. 로빈스는 카츠오다스에게 이렇게 물었다고 한다. "우리 시스코에서는 스스로 목숨을 끊을 생각을 하는 직원들이 얼마나 있을까요?" 다음 날 아침, 로빈스는 문제의 자살 사건을 언급하며 직원들을 염려하는 진심을 담아 모든 직원에게 쪽지를 보냈다. 요컨대 행여 자살을 생각하고 있다면 혼자 힘들어하지 말고, 시스코 공동체 안에서 언제든 도움을 받으라는 내용이었다. 반응은 엄청났다. 답장이 100통 이상 쏟아졌다. 직원들은 고마움을 표시했고 자기 자신이나 사랑하는 사람의 내밀한 이야기를 공유했다. 반응이 너무 뜨거워 시스코 경영진은 모임을 개최했고, 여러 사람이 무대에 올라 자신의 사연을 들려줬다. 이듬해에도 비슷한 모임을 열었는데 한 직원은 자녀가 자살한 사연을, 또 한 직원은 어린 시절 학대당한 상처를 털어놓았다. 카츠오다스는 그 이후로 개인의 아픔과 상처를 공유하는 일이 시스코의 기업문화를 형성하는 데 중요한 부분이 됐다고 말했다. 직원들은 믿기지 않을 만큼 솔직하게 개인이 겪는 어려움을 회사 웹사이트 게시판에 올렸다. 또한 시스코 경영진은 매달 '시스코 비트Cisco Beat'라는 모임을 열어 직원들이 고민과 어려움을 토로하고 자기 생각을 나누도록 격려했다.

 정신 질환 문제는 사회적 낙인이 찍힐 수 있어 껄끄러운 주제이지만, 시스코 경영진은 이를 안심하고 토로할 공간을 제공해 자신의 취약성을 드러내도 안전하게 일할 수 있는 기업이라는 인식을 심어줬다. 이외에도 사내망에 '세이프 투 토크Safe to Talk community'라는 채팅방을 개설해 직원들이 기업 안팎의 자료를 공유하고, 동영상을 게시할 뿐 아니라 자유로이 이야기하도록 했다. 시스코는 정신 질환의 징후를 파악하는 법을 팀장들에게 교육하고 팀원들을 적절히 지원하도록 훈련한다. 또한 직장건강보험에서 제공하는 정신의학과 진료 요건을 개선하고, 비밀이 보장되는 정신과 상담 횟수를 연간 10회로 늘렸다. 미국 시스코 직원은 자신이 원하는 시간에 이 서비스를 무료로 이용할 수 있으며 이는 시스코 글로벌 기준과 동일하다.

척 로빈스는 문제의 자살 사건 이후 직원들에게 쪽지를 보내고, 시스코 직원 수만 명이 심리 및 업무 문제를 해결하도록 필요한 자원을 제공하고, 관련 프로그램을 마련하는 일에 힘쓰며, 시스코의 기업 문화를 구축하는 데 중심 역할을 했다.

지금까지 열거한 프로그램을 실행한 결과, 시스코의 구성원들은 유대감이 깊어졌고 시스코 공동체는 더 건강하고 행복해졌다. 카츠오다스는 설문조사를 통해 업무에서 자신의 장점을 발휘할 수 있는 직원은 그렇지 못한 직원보다 창의성과 일일 생산성이 20퍼센트 증가했고, 업무 몰입도가 6배 높다는 사실을 발견했다. 카츠오다스는 내게 시스코는 기업문화가 제대로 정착되고 있는지 측정하는 단위로 업무 몰입도가 높은 직원의 비율을 따진다고 설명했다. 해당 비율은 지난 4년간 14퍼센트 증가했다. 카츠오다스는 "직원들의 업무 몰입도를 높이는 데 가장 효과적인 장치는 매주 실행하는 설문조사"였다고 말했다. 참고로 시스코가 지난 4년간 설문조사로 직원들에게 얻은 피드백은 약 600만 건에 이른다. "직원들에게 업무 경험을 묻는 것이 얼마나 큰 효과가 있는지 알 수 있다. 자신의 의견을 피력할 기회가 없는 직원은 시스코를 떠나 이직할 가능성이 8.7배나 높다"고 그는 덧붙였다.

## 두려움과 실패

공동체 의식은 구성원들이 서로 신뢰하고 조직 안에서 안전감을 느낄 때 형성된다. 따라서 실패에 대한 구성원들의 두려움을 없애거나 최소화하는 일은 공동체 의식을 형성하는 또 다른 열쇠다. 실패를 겁내지 말고 도전할 것을 격려하는 조직 구성원들은 거리낌 없이 위험을 감수하며, 그 결과가 좋지 않아도 숨기지 않는다. 구성원 개인뿐 아니라 조직의 성공을 이끄는 원동력은 결국 기꺼이 실패를 각오하는 마음이다. 내 동료이자 수십 년 전부터 심리적 안전감을 앞장서 연구한 에이미 에드먼슨Amy Edmondson이 발견한 사실도 이와 다르지 않다. 사라 블레이클리Sara Blakely도 이 견해를 지지할 게 틀림없다.

2012년에 최연소 자수성가 여성 억만장자로 선정된 블레이클리는 보정 팬티와 레깅스를 만드는 회사 스팽스의 창업자다. 블레이클리는 자신의 성공 비결로 실패를 두려워하지 않는 자세를 꼽는다. 이는 어려서부터 부친에게 배운 사고방식이다. 블레이클리의 부친은 일주일간 어떤 일에 실패했는지 묻곤 했고, 실패한 일이 없다고 대답하면 실망스런 표정을 보였다고 한다. 실패한 일이 없다는 것은 힘들어도 하고 싶은 일에 도전할 용기를 내지 못했으며 자신의 역량을 최대한 끌어올리도록 밀어붙일 기회도 갖지 않았음을 뜻하기 때문이다. 따라서 블레이클리에게 실패란 마땅한 결과를 얻지 못한 것이 아니라 어려운 일에 도전할 의지가 없음을 의미했다. 블레이클리는 자신이 전념할 대상을 찾기까지 수많은 실패를 경험했다. 로스쿨 입학시험LSAT에 두 차례나 낙방했고, 팩스 기계 방문판매원으로 7년을 보냈다.[28]

실패 경험이 성공의 밑거름이 된다고 믿는 블레이클리는 스팽스에 '웁스 회의Ooops meetings' 시간을 도입했다. 블레이클리는 이 시간에 자신의 실수담을 말하고 직원들에게도 그런 경험을 공유하도록 독려한다. 스팽스 구성원들은 이 시간에 안심하고 내밀한 이야기를 털어놓을 수 있다. 사람들은 실수담을 공유하고 서로 배우면서 공동체로서 유대감을 키운다. 직원들이 주로 놀림거리가 될 만한 재미난 실수담을 이야기한다고 해서 웃기만 하는 시간은 아니다. 블레이클리는 "실패하거나 실수하는 것을 [직원들이] 두려워하지 않는 문화를 조성할 때 생산성과 혁신성이 크게 향상한다"고 말한다.[29]

블레이클리가 웁스 회의에서 공유했던 실수담을 하나 예로 들어보자. 운동복 부서에서 방수 소재로 만드는 수영복에 주력할 계획을 세웠을 때 블레이클리는 이를 지지했다. 블레이클리가 열의를 보이자 해당 부서는 프로젝트에 적합하다고 여기는 원단으로 제품을 만들기 시작했다. 문제는 블레이클리가 제품 개발 과정에서 부서가 선택한 원단에 별로 주의를 기울이지 못했고 막상 이들이 개발한 제품을 들고 왔을 때 결과물에 만족하지 못했다는 것이다. 개발된 제품은 피부에 닿는 느낌이 좋지 않았다. 그런데 해당 부서는 블레이클리와 충분히 소통하지 않고, 그가 처음에 보인 열의만 믿고 해당 원단으로 제품을 대량 생산했다. 블레이클리가 해당 제품들을 주의 깊게 살피고 퇴짜를 놓았을 때는 부서 직원들이 이 작업에 수개월을 투자한 뒤였다. 블레이클리는 주기적으로 확인하지 않은 것이 실수였다고 인정했다. 원단을 검증하자고 요청하고 진척 상황을 확인했더라면 부서 직원들이 조기에 이를 수정할 수 있었을 터였다.

직원들 또한 블레이클리에게 진척 상황을 적극적으로 알려 사전에 문제를 예방해야 한다는 교훈을 얻었다. 이들은 블레이클리가 방수성 및 내염소성이 우수한 원단을 원한다고만 생각했기에 신속하게 일을 진행했다. 물론 틀린 판단은 아니었지만, 해당 부서가 최종 선택한 원단은 블레이클리가 바랐던 원단이 아니었다. 원단을 직접 만져보고 나서야 블레이클리는 해당 원단이 마음에 들지 않는다는 사실을 깨달았다. 이 사실을 너무 늦게 파악한 탓에 해당 부서는 중요한 마감일을 놓쳤다. 블레이클리는 웁스 회의에서 전달받은 의견을 제대로 파악했는지 궁금할 때는 주저하지 말고 자기에게 연락해 점검해야 한다고 직원들에게 강조했다. 콘셉트가 마음에 든다고 해서 품질이 떨어지는 제품을 그대로 생산할 생각은 없었다. 블레이클리는 제품 개발 단계에서 더 많은 정보를 공유하지 않고, 더 많은 대화를 주고받지 않은 점을 자책했다. 블레이클리는 제품 라인 개발에 실패한 사실을 기꺼이 인정하고 책임을 져 팀원들에게 심리적 안전감을 심어주었고, 서로 신뢰하고 존중하는 문화를 구축했다. 이 같은 기업 문화는 성과와 성장을 이끄는 밑거름이다.[30]

구글엑스, 지금은 엑스X로 불리는 회사를 이끄는 아스트로 텔러 Astro Teller 역시 성공하려면 반드시 실패를 거쳐야 한다고 여기는 인물이다. 텔러는 자신을 엑스의 기업문화를 구축하는 엔지니어라고 부른다. 텔러가 가장 신경 쓰는 일이 제품 개발이 아니라 혁신을 조직화하는 기업문화를 설계하는 것이기 때문이다. 실패를 용납하는 문화가 구축되고 모든 사람이 이를 자연스럽게 받아들일 때라야 진정한 혁신이 가능하다는 것이 텔러의 신조다. 실패를 혁신의 기회로 체계화할 때 사람들은 실수가 드러나도 심리적으로 안전감을 느낀다.

구글의 리워크re:Work는 기업의 핵심 사업, 인사 관리, 교육 및 개발, 혁신 리더십을 비롯해 기업 생산성을 연구하는 웹사이트다. 관련 회의에서 텔러는 구글의 혁신 공장인 엑스(문샷 팩토리로 불리기도 한다)의 책임자로서 프로젝트를 발굴하고 사업을 진행하려면 반드시 실패를 용납할 줄 알아야 한다면서 그 이유를 설명했다. 리워크 웹사이트에 명시된 바와 같이, 문샷moonshot(달에 탐사선을 보낸다는 의미로 실현 불가능해 보이는 도전을 일컫는다 - 옮긴이) 사고란 실현 불가능해 보이지만 실현되면 인류 역사를 다시 쓸 만한 일을 추구하는 것을 말한다. 엑스의 목표는 (1) 전 세계 수백만에서 수십억 사람에게 영향을 미치는 문제를 파악하고, (2) 과학소설에 등장할 만큼 혁신적인 해결책을 제안하고, (3) 이 해결책을 구현하는 획기적인 신기술을 설계하는 것이다. 이 목표 아래 탄생한 이른바 '문샷' 프로젝트에는 자율주행차 사업, 거대한 풍선을 띄워 인터넷망을 구축하는 룬Loon 프로젝트가 있다. 전자는 엄청난 수익을 창출할 것으로 보이고, 후자는 지구촌 오지의 수십억 명을 초고속 인터넷으로 연결할 것으로 기대된다.

실패한 프로젝트도 여럿이다. 구글 글래스Google Glass, 바닷물로 만드는 청정 연료, 공중 풍력 발전기 프로젝트는 폐기됐다. 안경처럼 생긴 구글 글래스는 머리에 쓰는 웨어러블 컴퓨터로서 출시 당시 조롱거리가 됐고, 바닷물로 만드는 청정 연료는 실현은 가능해도 휘발유 가격과 경쟁이 되지 않았다. 공중 풍력 발전은 이전에 없는 새로운 종류의 풍력 에너지 기술을 개발하려는 시도였지만 지나치게 장기적인 프로젝트라고 판단해 엑스와 모기업 알파벳Alphabet이 프로젝트 지원을 중단했다.

문샷 프로젝트를 추구할 때 따르는 위험은 실패할 확률이 높다는 점이다. 하지만 실패를 용납하고 세상에서 가장 과감하고 획기적인 프로젝트에 도전하도록 팀원들을 장려한다면 세상을 변혁하는 놀라운 일이 벌어진다. 이런 이유로 텔러는 획기적인 창의성을 발휘하는 열 가지 비결을 꼽을 때 "실패를 학습 대상으로 삼아야 한다"고 강조했다.[31]

엑스의 팀원들은 말하자면 혁신을 주도하는 최정예 특수부대다. 엑스에서 시도하는 프로젝트는 위험부담이 무척 큰 만큼 팀원들은 벽에 부딪힐 때도 있고, 파일럿 테스트에서 아이디어가 제대로 작동하지 않는다는 사실을 확인할 때도 있고, 공들여 프로토타입을 제작한 후에도 투자를 중단해야 한다고 결론 내릴 때도 있다. 이는 피할 수 없는 일이다. 엑스에서 실행하는 프로젝트는 수천만에서 수억 달러까지 투자비용이 엄청나다. 위험부담이 클수록 실패를 인정하기가 두려운 법이다. 그래서 프로젝트를 시작할 때는 프로젝트 종료 여부를 판단하는 중간 지표나 데이터 점수, 이른바 '종료 지표kill metric'를 반드시 마련해야 한다. 가령, 프로젝트팀은 기간 내에 정한 목표에 도달하지 못하면 프로젝트에서 손을 떼야 한다. 텔러는 팀원들에게 사람들 앞에서 실패를 솔직하게 인정할 것을 강조한다. 하지만 실패를 인정하는 법을 배우기는 쉽지 않다. 대부분 어려서부터 잘해야 한다는 말을 듣고 자라기 때문이다. 하지만 실패가 없다는 말은 위험을 감수하지 않는다는 말과 같다. 텔러는 팀원들에게 위험을 감수할 것을 강조한다. 위험을 감수하는 도전이야말로 텔러가 이끄는 엑스의 핵심 정체성이다. 텔러는 이렇게 말한다. "엑스에서 획기적인 아이디어를 실현하는 것은 기술이 아니다. 사람들이다. 기존의 틀에 안주하고 싶은 강렬한 욕구를 거스르는 조직을 설계하고 그런 문화를 개발하는 것이 중요하다."[32]

텔러는 엑스의 기업문화를 어떻게 개발했는지 설명하면서 사례를 들었다. 그는 좋은 아이디어라 해도 그리 대단치 않은 것으로 드러나면 솔직하게 실패를 인정하는 팀원들을 칭찬하고 격려한다고 했다. 구글 본사에서 약 800미터 떨어진 캘리포니아 마운틴뷰에 위치한 문샷 팩토리 강당(천장이 높고 콘크리트와 철골 구조가 그대로 노출된 미래지향적인 중앙 아트리움)에서 2주에 한 번씩 전체 회의가 열리는데, 그때마다 이러한 광경을 목격할 수 있다. 프로젝트를 중단하기로 한 팀은 실패 원인과 그동안 학습한 내용을 회의에서 모든 직원과 공유한다. 팀원들이 발표를 마치면 텔러가 이들을 무대에 세우고 청중석에 앉아 있는 직원들을 향해 이 개발팀이 실패를 인정함으로써 여기 있는 누구보다도 엑스가 혁신을 일으키는 데 크게 이바지했다고 추켜세운다. 그런 다음 프로젝트를 포기한 팀원들에게 보너스를 지급한다. 심지어 해당 팀원들에게 휴가를 내서 잠시 쉬라고 권한다. 다음에 무엇을 할지 생각할 시간을 주는 것이다. 이후 이들은 다른 팀에 합류하여 프로젝트 개발을 돕기도 하고, 새로운 프로젝트를 시작하기도 한다. 어느 쪽이든 그 결정은 팀원들에게 맡긴다.

아직 엑스의 기업문화에 익숙하지 않은 직원들 눈에는 실패를 격려하는 일이 지나친 처사로 비칠 수 있음을 텔러는 잘 안다. 어떤 직원들은 화를 낼 수도 있다. "나는 죽어라 일하는데, 이 사람들은 프로젝트를 때려치우고도 나는 받지도 못하는 보너스까지 받네. 이게 맞아?" 하고 말이다. 하지간 텔러는 자신의 방법론이 옳다고 확신한다. 효과가 있음을 알기 때문이다. 엑스의 직원들은 이러한 광경을 다섯 번쯤 보고 나면 교훈을 얻는다. 실패를 자백해도 괜찮다고. 아니 괜찮은 정도가 아니다. 프로젝트를 중단한 결정으로 기립박수를 받는다! 격려받고, 승진도 한다.

텔러는 실패를 격려하는 행사 외에도 대담한 목표 상Aucacious Goals Award을 제정해 도전 정신을 기리는 기업문화를 심었다. 텔러에 따르면, 대담한 목표란 실현 가능성이 10퍼센트에 불과한 목표다. 회사 내에서 높이 평가받는 상이라 이 상을 받으려는 경쟁도 치열하다. 한번은 특히 변호사로 구성된 팀이 이 상을 받았는데 감격해서 눈물을 흘리기도 했다. 위험을 감수하고 대담한 목표를 향해 나아가는 팀에게 분기별로 수여하는데 수상자를 찾지 못해 시상이 1년 연기된 적이 있다. 다음 분기 때 세 팀이 후보에 올랐는데 1등 팀을 가리기가 쉽지 않았다.[33] 이윽고 최종 수상자가 결정되고 축하 자리가 마련됐다. 텔러가 무대에서 우승팀을 맞이해 트로피를 수여했다. 우승팀 대표인 그랜트Grant는 느긋하게 무대에 올라와 이렇게 말했다. "정말 감사하지만, 우리 팀이 그리 대담한 목표에 도전했다고 생각하지 않는다." 그랜트는 자격을 갖췄을 때 이 상을 받고 싶다고 말하고는 트로피를 텔러에게 되돌려주고 무대를 내려갔다.

텔러는 당황했다. 처음에는 자신의 노력이 물거품이 됐다 싶어 속이 상했다! 그러다가 문득 깨달았다. '아니지. 내가 꿈꾸는 구글을 만드는 일에 사람들이 나보다 한발 앞서 나가는 거야.' 텔러는 패배감이 아니라 엄청난 자부심을 느꼈다. 자신들이 목표에 미치지 못한 사실을 솔직하게 인정할 수 있는 기업문화를 마침내 구축했음을 깨달았기 때문이다. 그게 아니라면 수많은 동료 앞에서 사실은 자신들이 그리 대담하지 못했다고 고백할 수 없었을 테다. 텔러는 구성원들이 심리적 안전감을 느끼는 환경을 구축하려고 부단히 노력한 시간이 열매를 맺었음을 확인하고 무척 짜릿했다.

거대한 공동체이든 소규모 팀이든 조직을 이끄는 사람이라면 실패를 숨기지 않고 솔직하게 인정하는 문화를 조성하고, 목표를 완수하기까지 실패를 당연하게 받아들이도록 도울 방법을 모색해야 한다. 킴 스콧Kim Scott은 저서 《실리콘밸리의 팀장들》에서 자신이 구글에 있을 때 도입했던 회의를 예로 들었다. 스콧은 매주 '웁스어데이지whoops-a-daisy'라는 회의시간을 만들어 팀원들이 가벼운 마음으로 실수를 공개하고 인정하는 훈련을 했다. 실수를 숨길 필요가 없는 안전한 기업환경을 구축하고 싶었던 스콧은 이 시간에 팀원들과 한 주 동안 저지른 실수를 공유했는데, 회의에 참석할 때면 데이지 인형 하나를 지참했다. 스콧은 리더로서 자신이 저지른 실수를 먼저 공개하고 인정하며 분위기를 조성했다. 그러면 팀원들이 차례로 자기 실수를 공개했고, 이 가운데 가장 큰 실수를 저지른 사람을 선정해 스콧이 데이지 인형을 수여했다. 이런 시간을 거치며 팀원들은 친밀감과 신뢰를 쌓았으며, 이는 단단한 유대감을 구축하는 기반이 됐다.

## 위기 속에서 다지는 연대감

크나큰 역경은 조직의 공동체 의식을 다지고, 분열됐던 팀과 공동체를 뭉치게 하는 계기가 된다. 리베카 솔닛Rebecca Solnit은 저서 《이 폐허를 응시하라》에서 지진, 화산, 허리케인 같은 대재난에서 살아남은 사람들, 즉 위기를 이겨낸 공동체 이야기를 들려준다. 이 이야기에서 타인과 함께 재난을 이겨낸 많은 사람이 이때를 인생에서 가장 뜻깊은 (그리고 매우 기쁜) 시간으로 떠올린다. 이 책에 인용된 사회학자 찰스 프리츠Charles Fritz에 따르면 재난을 겪으며 위협, 상실, 박탈의 경험을 공유한 사람들은 이를 계기로 끈끈한 유대를 형성한다. 사람들은 시련을 함께 극복하면서 '평소에는 좀처럼 느끼기 힘든 소속감과 일체감'을 느꼈다.

위기의 시기에 리더는 직면한 어려움을 기회로 삼아 구성원들이 하나로 뭉쳐 새롭게 결의를 다지고 위기를 극복할 역량을 끌어내도록 해야 한다. 랄프 보이드Ralph Boyd는 그가 이끄는 조직이 1년간 심각한 위기를 맞았을 때 이 일을 해냈다.

랄프 보이드는 이력이 화려하다. 미국 보스턴 연방 검찰청의 중대

범죄수사과 연방검사보와 보스턴 대형 로펌의 파트너로 일했고, 조지 W. 부시 대통령 시절에는 법무부 차관보로서 민권국을 이끌었다. 또한 프레디맥Freddie Mac의 부사장 겸 법률 고문, 프레디맥 재단 회장, 대표이사, 최고경영자를 역임했으며, 최근에는 워싱턴 DC에서 저렴한 주택을 공급하고 복지 서비스를 제공하는 비영리단체 SOMESo Others Might Eat의 대표이사 겸 최고경영자로 일하고 있다.

프레디맥은 미국 양대 주택담보대출 기관으로 대표적인 정부후원기업government-sponsored enterprise, GSE인데 이곳에서 근무하던 시절 보이드는 그의 경력을 통틀어 가장 큰 위기를 맞았다. 2008년 9월 초 월요일 아침, 그는 사무실에 들어갔을 때 자신에게 곤경이 닥쳤음을 직감했다. 일주일 출장을 떠났다가 막 돌아온 참이었다. 부동산 거품 붕괴로 글로벌 자본시장 위기가 절정에 달했을 때였다. 일찍 출근해 보니 처음 보는 여성이 편안한 얼굴로 사무실에 앉아 있었다. 깜짝 놀란 보이드가 물었다. "무엇을 도와드릴까요?" 그러자 그 여성은 한 치의 망설임도 없이 대답했다. "제가 오는 줄 모르셨나 보네요." 당황한 보이드가 물었다. "누구시죠?" 이 여성은 다소 의외라는 표정으로 자신이 프레디맥을 감독하는 주요 기관인 연방주택기업감독청FHFA 소속 직원이라고 신분을 밝혔다. 이틀 전, 재무부가 주택담보대출기관 프레디맥과 페니매Fannie Mae를 연방정부 관리 아래 두어 GSE 두 곳을 안정시키려는 계획을 세웠고, 두 기관의 이사회가 이를 수용하기로 의결한 것이다. 하지만 어찌 된 일인지 보이드는 연락을 받지 못했다. FHFA는 프레디맥의 중역인 보이드의 활동을 감독하도록 공무원을 파견했고, 바로 이 여성이 감독 초기 단계에 이른바 '후견인'을 맡아

보이드를 감독할 예정이었다.

　프레디맥과 직원들에게 크나큰 고충의 시간이 시작됐다. 랄프 보이드는 내내 자신을 지켜보는 감시자가 생겼다. 감시하러 왔다는 여성의 말은 사실이었다. 이 감독관은 보이드가 전화 통화를 할 때마다 주변을 맴돌았고, 모든 회의에 참석해 팔짱을 끼고 앉아 자신의 존재를 끊임없이 상기시켰다. 심지어 그가 복도에서 사람들과 일상적인 대화를 나눌 때도 그를 주시했다. 보이드는 농담으로 이런 말을 했다. "내가 그 감독관을 떼어놓을 장소는 남자 화장실뿐이었고, 그곳까지도 따라 들어오지 않을까 하는 의심을 떨칠 수 없었다."

　보이드는 압박감 속에서도 믿기지 않을 만큼 긍정적인 사람이다. 아니 압박감을 느낄수록 더 긍정적이 된다. 보이드는 중대범죄수사과에 있을 때 마약 거래, 총기 밀매, 살인, 조직폭력범죄, 폭탄 테러를 수사하고 기소하면서 숱한 경험을 쌓았고, 한때는 살해 위협을 받아 미국 연방 보안관이 그의 거주지와 자녀들의 통학버스 경로를 감시하기도 했다. 또 9·11 테러 이후에는 미국 법무부 차관보를 지내며 여러 측면에서 테러 공격에 대응하고 위기관리를 책임졌다.

　보이는 위기에 대처하는 일에 익숙했으므로 자신을 '그림자'처럼 따르는 존재에 흔들리지는 않았다. 하지만 일부 직원들은 상시 감독 체계로 부정적 영향을 받고 있었기에 이들이 적절히 대처하도록 돕고 싶었다. 보이드는 FHFA 감독관이 9시부터 5시까지 근무시간을 엄격하게 준수하는 것을 눈여겨보고 근무시간 이후인 초저녁에 전체 회의를 소집했다. 이 자리에서 그는 직원들에게 현상황을 보는 관점을 전환하라고 요구했다. 즉, 자신들은 시험대에 올랐으며 지금은 의

지와 자신감을 시험하는 시간이라고 말했다. 주택담보대출기관을 향해 언론이 쏟아내는 온갖 소문과 분석 기사며 비난 때문에 구성원들이 불안해하고 있음을 잘 안다고 알리고, 아울러 조직 구성원들의 우수성, 특히 지난 몇 달간 사업 수행 방식을 최적화하려고 기울인 숱한 노력을 상기시켰다. 정부에서 상시 감독관을 파견했다는 것은 현재 조직이 위기에 처했음을 의미하지만, 달리 생각하면 주요 부문에서 자신들이 운영 방식을 어떻게 개선했는지 보여줄 좋은 기회라고 강조했다.

보이드는 내게 이렇게 설명했다. "우리는 이미 투자 포트폴리오를 철저히 분석해 우리 계산이 정확하다고 확신했다. 정부 관리 체제에 들어가기 이전부터 기금 지원 프로세스의 기준을 엄격하게 강화해 양적으로나 질적으로 더 투명하고 정확한 분석에 근거해 업무를 처리했다." 이렇듯 업무 관행을 개선해왔던 터라 프레디맥과 재단을 향한 비판의 주요 쟁점에 수긍할 수 없는 면이 있었다. 보이드는 직원들에게 "지금까지는 우리 조직을 비판하는 목소리에 반박할 기회가 없었지만 감독관이 우리를 대변할 수 있다. 우리는 똑바로 일하고 있고 당신네들이 틀렸다고 우리가 직접 이야기할 수도 있지만, 파견 나온 감독관이 우리가 일하는 방식을 직접 확인하고 이를 세상에 알리는 편이 더 좋다"고 말했다.

보이드가 보기에 이는 기회가 틀림없었고, 직원들도 그렇게 인식하기를 바랐다. 그는 FHFA 감독관이 자신들을 조사하는 것은 겁낼 일이 아니라 오히려 반길 일이라고 직원들에게 말했다. 아닌 게 아니라 감독관에게 자신들의 진정한 가치를 인정받을 수 있는 절호의 기회였다. 감독관이 자신들이 업무를 얼마나 우수하게 처리하는지 알게 되면 FHFA는 물론 전 세계에 맞서는 최고의 대변인이 될지도 모를 일이었다. 보이드는 직원들에게 이 위기를 최대한 활용하자고 격려했다. 축구선수 딸을 둔 아버지이자 축구 심판이기도 했던 보이드는 아무리 뛰어난 선수라도 자기 쪽으로 공이 날아오면 일단 긴장할 때가 많다는 사실을 알았다. 전 미국 여자 축구 올림픽대표 감독이었던 피아 순드하게Pia Sundhage도 까다로운 패스라든지 직선으로 강하게 날아오는 공을 받기 직전에 선수가 당황할 때면 "즐겨!"라고 외치곤 했다. 어려운 공을 제대로 받으면 공격 기회가 열린다는 뜻이었다. 보이드도 직원들에게 이와 비슷한 메시지를 전하고 싶었다.

FHFA 감독관은 "프레디맥과 페니매의 운영방식이 형편없다"라고 자극적으로 비난을 쏟아내는 미디어의 영향력에서 벗어나 재단이 실제 어떻게 운영되는지 직접 확인하고 나서, 보이드 팀을 인정하게 됐다. 보이드는 이렇게 말했다. "감독관은 교도관처럼 우리를 감시했지만 이후 누구보다 공정하고 객관적으로 우리를 지지했다. FHFA가 의회나 언론에 우리 기업을 긍정적으로 설명한 데는 그 감독관의 영향이 컸다고 생각한다. 특히 프레디맥 재단 폐쇄를 고려하던 FHFA의 계획을 철회하는 데 그가 결정적인 영향을 미쳤다." 결국 재단은 2억 2000만 달러를 재무부로 이관하지 않고, 향후 10년간 이전과 다름없이 운영하며 생활형편이 취약한 성인과 아동에게 주택, 복지 서비스, 교육, 학습능력 강화 프로그램, 직업훈련 기회를 제공하는 비영리단체에 재정과 기술을 지원했다. 사람들은 보이드나 프레디맥 최고경영자가 하는 말보다 프레디맥을 감찰한 FHFA와 감독관의 말을 더 신뢰할 가능성이 높았다. 보이드는 웃으며 "시디신 레몬을 한 트럭이나 받았는데 그걸 레모네이드로 만든 셈"이라고 말했다.

보이드는 극한의 스트레스를 기회 삼아 조직을 더 강하고 효율적으로 만드는 방법을 알았다. 1장에서 소개한 여러 리더들과 마찬가지로 보이드 역시 프레디맥에서의 경험담을 마무리하며 귀한 교훈을 남겼다. "좋은 위기를 허비하지 마라."

공동체의 잠재력을 끌어내고 싶다면 필 잭슨 감독이 그랬던 것처럼 구성원 모두가 유대감을 쌓으며 서로 돕는 안전한 환경을 조성해야 한다. 사람들은 혼자가 아니라 공동체의 일원으로서 소속감을 느끼며 고난을 함께 헤쳐 나가기를 갈구한다. 시스코의 척 로빈스가 말했듯이 구성원 간에 공동체 의식을 조성하면 팀이 성장하고 기업이 번영할 확률이 높아진다. 척 로빈스와 프랜 카츠오다스를 비롯해 시스코의 여러 경영진은 투명성과 신뢰, 배려와 나눔이 있는 기업문화를 설계하고 조성해 직원들이 자발적으로 회사에 헌신하고 자기 업무에 자부심을 느끼도록 했다. 사라 블레이클리, 킴 스콧, 아스트로 텔러의 사례에서 보듯이 실패를 용납할 줄 알아야 한다. 필요할 때면 언제든 조직과 구성원들에게 도움을 받을 수 있다는 믿음을 팀원들에게 심어줘야 한다. 랄프 보이드처럼 두려움을 마주하고 정면 돌파해야 한다. 조직 구성원들이 기회를 최대한 활용할 뿐만 아니라 즐기도록 격려해야 한다!

# 02 통제를 해제하라

---

통제는 순종으로 이어지고, 자율은 참여로 이어진다.

다니엘 핑크(Daniel Pink)

베키 카니스 마르지오타Becky Kanis margiotta는 노숙인 주거 문제를 해결하려는 '10만 호 공급 캠페인'의 책임자이다. 그는 어느 날 커뮤니케이션 담당자에게서 무척 놀라운 이메일을 받았다. 하와이 힐로에 있는 한 기관에서 '노숙인 인구조사'를 완료했다는 내용이었다. 노숙인 인구조사는 미국 노숙인 10만 명에게 주거를 공급한다는 이 캠페인의 장기 목표에 동참하는 지역사회가 5일간 체계적으로 진행하는 절차이다. 노숙인 인구조사 첫날인 월요일에는 자원봉사자들이 모여 취약성 지수vulnerbility index를 이용해 건강 문제가 심각한 사람을 식별하고, 영구주택이 시급한 순서대로 우선순위를 정하는 법을 교육받는다. 화요일, 수요일, 목요일에는 새벽 4~6시에 노숙하는 사람들을 모두 찾아다니며 설문조사를 하고 취약성 지수를 산정한다. 금요일에는 마르지오타와 팀원들이 자원봉사자들이 입력한 데이터와 촬영한 사진을 기반으로 파워포인트 자료를 만들어, 지역주민과 시의원, 시장 등 지역사회 주요 관계자들 앞에서 발표한다. 마르지오타 팀이 자원봉사자들이 수집한 데이터에 이름과 얼굴을 일일이 입력하는 이유는 지역사회가 문제의 시급성을 이해하고, 조치를 취하지 않을 때 목숨을 잃을지도 모르는 사람들이 누구인지 보여주고 싶어서다. 노숙인 인구조사는 10만 호 공급 캠페인에서 매우 중요한 절차이며, 해당 조사 프로그램은 캠페인 측에 소유권이 있다.

마르지오타는 2003~2008년 취약성 지수를 산정하는 노숙인 인구조사 프로그램을 처음 도입했다. 당시 그는 타임스퀘어의 노숙인 문제를 해결하려고 애썼다. 꽤 오랫동안 직접 차를 몰고 밤새 타임스퀘어 주변 20개 블록을 돌며 노숙인들을 만났고, 이들의 이름과 얼굴, 노숙 이력, 취약성 요인을 파악했다. 이후 노숙인 데이터를 수집하고 기록하는 일을 체계적으로 하기 위해 노숙인 인구조사 프로그램을 개발했고, 10만 호 공급 캠페인을 감독하는 비영리단체 커먼그라운드Common Ground의 베스 샌더Beth Sander와 전국을 돌며 노숙인 인구조사 워크숍을 열어 이 캠페인에 자원한 봉사자들에게 설문조사 방법을 가르쳤다. 노숙인 인구조사 주간은 10만 호 공급 캠페인의 상징과도 같다.

마르지오타가 하와이 힐로에 있는 기관이 노숙인 인구조사를 완료했다는 소식에 놀란 건 힐로가 10만 호 공급 캠페인에 참여한 지역이 아니었기 때문이다. 그런데 어떻게 하와이 힐로에 있는 사람들이 노숙인 인구조사 프로그램을 사용했을까?

마르지오타는 힐로의 한 기관이 노숙인 인구조사에서 확보한 정보를 검토한 후 또 한 번 놀랐다. 기준에 맞게 제대로 조사를 했기 때문이었다. 마르지오타는 어떻게 이런 일이 일어났는지 또 캠페인 주관 단체나 본인도 모르게 어딘가에서 실시되는 노숙인 인구조사 프로그램을 어떻게 통제할 수 있을지 알고 싶었다. 그래서 힐로에 있는 해당 기관 대표인 브랜디Brandee에게 2주간 매일 전화를 걸어 연락을 시도했다. 하지만 힐로 측 사람들과는 연락이 닿지 않았다. 이 사건을 회상하면서 마르지오타는 당시 자신이 몹시 분개했노라고 말했다. "10만 호 공급 캠페인의 책임자는 나인데 그 사람이 내 일을 하고 있다는 마음도 들었다"고 고백했다. 그 사람들이 그 조사를 할 거라면 10만 호 공급 캠페인에도 참여했으면 하는 바람도 있었다.

얼마쯤 시간이 흐르고 브랜디와 연락이 닿았다. 마르지오타는 브랜디가 실시한 노숙인 인구조사 자료가 "정말 훌륭했다"라고 운을 뗐다. 그런 다음 "조사 방법을 어디서 배우셨나요?"라고 물었다. 브랜디는 호놀룰루에 사는 소피아Sophia에게 노숙인 인구조사 핸드북을 받았고, 거기에 모든 단계가 자세히 나와 있어서 그대로 따랐다고 답했다. 마르지오타는 이 말이 놀라우면서도 기뻤다. 2년 전 뉴멕시코주 앨버커키에서 있었던 일이 떠올랐기 때문이다. 그때 마르지오타는 6개 도시에서 참여한 사람들에게 노숙인 인구조사 방법을 교육했는데, 호놀룰루 사람들이 시차 탓에 교육 시간 내내 졸았다.

사정을 알고 보니, 설명회 내내 졸았더라도 제대로 조사를 진행할 만큼 노숙인 인구조사 핸드북은 이해하기 쉽고 유용했던 게 틀림없었다. 심지어 설명회에 참석하지 않은 사람도 핸드북만 있으면 이를 잘 수행할 수 있었다. 마르지오타는 이 일로 배운 게 많았다. 그전까지는 자기가 관리하지 않으면 일이 제대로 돌아가지 않을 거라고 여겼다면서 "직접 일일이 교육하지 않으면 효과가 없으리라고 생각했다니 오만하기 짝이 없었다"고 인정했다. "교육 기간 내내 나를 만날 필요도 없고, 하물며 내가 없어도 상관없다. 우리가 만든 핸드북만 읽고도 충분히 조사를 수행할 수 있다는 사실을 깨달았고, 덕분에 겸손을 배웠다. 핸드북을 잘 만들어야 한다는 것도 말이다." 마르지오타는 새로 깨달은 점을 이렇게 말했다.

마르지오타는 자신의 통제를 벗어나서 노숙인 인구조사가 이루어졌다는 사실에 처음에는 두려웠지만, 나중에는 오히려 좋은 일이라고 생각을 고쳐먹었다. "어느 날 일어나보니 누구인지 알지도 못하는 사람들이 내 일을 하고 있다니, 대단하지 않은가! 이 일은 나만 할 수 있다는 생각에 모든 일을 직접 하느라 지치기도 했는데 말이다. 게다가 그 사람들이 일을 정말 잘했다! 이제는 내가 도울 필요가 없다."

힐로 지역에서 일어난 일은 책임자가 의도치 않았지만 '통제 해제 unleashing'가 일어난 경우다. '통제 해제'라는 말은 사회운동을 대규모로 확산하고 혁신을 이끌어내는 데 일가견이 있는 조 맥캐넌Joe McCannon과 마르지오타가 공동으로 설립한 빌리언스인스티튜트Billions Institute에서 만든 용어다. 마르지오타 팀이 앨버커키에서 교육을 실시한 것은 이 사회운동을 확산할 필요성이 있었기 때문이다. 마르지오타는 사업이 너무 커져서 자신의 팀만으로 노숙인 인구조사를 감당할 수 없어 캠페인에 참여하는 지역사회가 자체적으로 조사 업무를 수행하도록 교육했다. 맥캐넌-마르지오타가 강조했던 통제 해제가 가능한 단계에 이르렀던 것이다. 이는 두 사람이 이 운동을 어떻게 확산해야 하는지 정확하게 알고 있었음을 나타낸다. 이들은 사업 확대에 필요한 단계 중 하나로 노숙인 인구조사 핸드북을 개발했고, 이 사업에 귀한 시간을 헌신할 뜻이 있는 사람들을 대거 모집했다. 이후 마르지오타 팀은 맥캐넌과 일하며 우연히 시작된 통제 해제 과정을 깊이 배우게 된다. 다시 말해, 계획적으로 통제 해제를 실행하는 방법과 그 효과를 극대화하는 법을 배운다.

사회혁신 프로젝트 전문가로 정부기관과 비영리단체에서 활동하는 조 맥캐넌은 빌리언스인스티튜트의 공동 설립자이자 셔어드네이션Shared Nation의 창업자다. 그는 사람들을 조직해 사회 혁신을 확장하는 데 중점을 두며 미국을 비롯해 여러 나라에서 사회운동을 조직하고 실행하는 일에 대해 자문을 해주고 있다. 맥캐넌이 정의한 바에 따르면 통제 해제란 리더가 통제권을 해제하고 공동의 목표를 향해 함께 나아가는 사람들의 창의성을 촉진하는 전략이다. 통제 해제 과정은 우선 목표를 명확히 규정하는 것에서 시작해야 한다. 이때 목표는 사람들이 품은 내면의 욕구와 가치관을 자극하고 고양하는 것이라야 한다. 맥캐넌은 내게 이렇게 설명했다. "공동체를 혁신하려면 사람들이 해당 사명에 공감하도록 만들어야 한다. 그 목표가 사람들의 가치관에 부합해야 한다. 그러고 나서 사람들이 자기 방식대로 목표를 달성하도록 허용해야 한다. 그 사람들이 전문가임을 인정하고 그들을 지원하는 것이다."

맥캐넌에 따르면, 위대한 목표를 실현하는 운동에 참여하는 사람들이 잠재력을 발휘하도록 통제를 해제하려면 이들이 따를 기본 규칙을 만들고, 적절한 도구를 제공하고, 이들이 앞으로 나아가도록 돕고 지원해야 한다. 그런 다음 그들이 그 틀 안에서 무엇을 하는지, 또 그 틀을 각자 설정한 목적에 맞게 어떻게 수정하는지 지켜봐야 한다. 맥캐넌은 내게 통제 해제 과정을 설명하면서 질문을 전환해야 한다고 말했다. "어떻게 하면 이 모든 사람이 내가 바라는 일을 하도록 만들까?"라고 질문하지 말고, "어떻게 하면 이 모든 사람이 '자기'가 하고 싶은 일을 하도록 도울까?"라고 질문해야 한다는 것이다. 이렇게 사고방식을 전환할 때 통제 해제의 발판이 마련된다. 맥캐넌이 보기에 사회운동을 확산하는 단계에서는 지도부가 통제권을 내려놓는 것이 무척 중요하다.[1] 지도부가 사회운동을 지휘하지만, 같은 목표 아래 올바른 방향으로 나아가는 사람들에게 통제권을 행사하지 않음으로써 이들이 자신만의 방식을 찾아가도록 한다는 점에서 다소 역설적이다. 혁신 프로젝트의 목표를 규정하고 그 목표에 도달하는 데 필요한 기반을 제공하고 지원하는 일이 리더들의 몫이라면, 혁신 프로젝트에 추진력을 불어넣고 확산하는 일은 공동체의 몫이다.

지도부나 리더 입장에서는 통제 해제 전략이 효과를 보면 처음에는 불편할 수도 있다. 사람들을 관리하는 법을 배울 때 통제하지 않는 법을 배우지는 않기 때문이다. 마르지오타는 당시의 일을 떠올리며 이렇게 말했다. "통제력을 잃어버려서 내가 무슨 잘못을 저지른 것만 같았다." 맥캐넌과 마찬가지로 마르지오타 역시 통제 해제 전략은 역설적이라고 설명했다.[2] "우리가 배운 경영이론, 그러니까 공장의 관리자와 작업자 관점에서 나온 경영학에서는 사람을 통제하는 것이

핵심이다. 하지만 실제로는 [통제권을 내려놓을 때] 비로소 제대로 일을 시작하는 것이다.'³

## 지원군을 자처하는 리더십

통제 해제 전략에서 리더가 통제권을 내려놓는다는 건 자리를 비운다는 의미가 아니다. 오히려 정반대다. 맥캐넌이 분명히 지적했고, 로잔 해거티Rosanne Haggerty도 언급했듯이 통제 해제 단계를 성공적으로 진행하려면 리더가 공동체를 조정하고 뒷받침하는 역할을 담당해야 한다. 해거티는 커먼그라운드의 대표이자 10만 호 공급 캠페인의 창립자이며 권위 있는 맥아더 펠로십MacArthur Fellowship 수상자다. 두 사람이 강조하듯, 리더는 의사결정 권한을 공동체에 대폭 위임하면서도 그 중심에서 사람들을 한데 모으고, 유대감을 형성하고, 구성원들이 효과적으로 사회운동을 펼치는 데 필요한 데이터를 제공해야 한다. 아울러 구성원들이 학습하고 소통하고 일을 체계화하도록 지원하고 뒷받침해야 한다.

10만 호 공급 캠페인에서 통제 해제 전략을 쓸 때도 마찬가지였다. 캠페인 지도부와 지역공동체가 하나의 목표를 향해 사명감을 공유했을 때 리더들은 통제권을 내려놓고 공동체에 필요한 데이터와 도구, 피드백을 제공했다. 맥캐넌이 생각하기에 협업이 성공적으로 이루어지면 상호 신뢰를 기반으로 지역공동체에서 지속적인 학습이 일어나고, 단계마다 지도부에 동의를 구할 필요가 '없는' 문화가 형성된다.[4] 그는 "동의를 기다리는 동안 동력을 잃고 만다"라고 말한다. 팀원 모두가 목표 실현에 전념하는 환경이 조성되면 팀원들이 자발적으로 혁신안이나 돌파구를 모색하고 이전에 없던 새로운 아이디어를 제시한다는 믿음을 공유하는 것이 효과적이라는 얘기다.

사실상 통제를 해제할 때 조직이 바라는 결과가 달성된다. 리더가 통제권을 내려놓을 때 협업이 일어나고 공동체 구성원들은 성취감을 공유하게 된다. 누구나 자신의 발언이 의사결정에 영향력을 미칠수록 의욕이 솟고 열정이 커진다. 문제 해결에 자율성이 부여되고 조직이 구성원들을 신뢰한다고 느낄 때 자신감이 솟는다. 구성원들은 재량권이 커지면 제약에 얽매이지 않고 자신의 경험과 현장 정보를 활용해 보다 효과적이고 혁신적인 방식으로 문제를 해결하며 공동체에 기여할 가능성이 크다. 또 의사결정권이 허용되면 실수를 저질렀을 때 이를 은폐하거나 남 탓을 하지 않고 실수에서 배우고 성장할 기회를 찾을 가능성이 높다.

이번 장에서는 통제 해제 전략에서 성공을 거둔 여러 조직의 지도부나 경영진이 공동체 구성원들의 유대를 촉진하고, 적절한 데이터를 제공하고 분석하며, 학습 방법과 모범 사례를 공유하고, 공동체의 의사소통을 지원하고 체계적으로 계획을 수립하고 실행하는 일들을 통해 어떻게 중추적인 역할을 수행했는지 살펴본다.

## 10만 호 공급으로 확장하기

10만 호 공급 캠페인을 창시한 베키 마르지오타와 로잔 해거티, 팀원들은 어떻게 불편을 극복하고 통제 해제 과정을 편하게 받아들였을까? 먼저 이 독특한 캠페인이 어떻게 펼쳐졌는지 살펴보자. 여러 노숙인 쉼터에서 오래전부터 자원봉사를 하며 소명을 깨달은 로잔 해거티는 스물아홉 살인 1990년에 노숙인에게 임시 주거 및 영구 임대주택을 지원할 목표로 비영리단체인 커먼그라운드 공동체를 설립했다. 당시 맨해튼 미드타운에 위치한 타임스퀘어 호텔은 저렴한 원룸형 주거지로 쓰였는데, 워낙 관리가 부실해 건물주가 쫓겨났다. 커먼그라운드는 이 건물을 인수하고 개조하여 저소득층과 노숙인의 주거시설로 전환할 기회(그리고 시와 연방 정부의 지원금)을 얻게 됐다.[5] 타임스퀘어 호텔은 1994년 미국에서 가장 큰 저소득층 주거 지원 주택으로 새롭게 문을 열었다. 불우한 사람들에게 다양한 사회보장 서비스도 제공했다. 거주자 650명 가운데 절반이 저소득 근로자였는데, 이 가운데 일부는 해당 건물 1층에 입점한 상점과 레스토랑에서 일하는 사람들이고, 나머지 절반은 노숙인이었다.

이러한 노력이 성공을 거두었지만 로잔 해거티는 여전히 뉴욕시 거리에서 수많은 노숙인과 마주쳤고, 어째서 노숙인이 이렇게 많은지 궁금했다. 해거티는 직원들을 내보내 노숙인들을 인터뷰하고 그들이 겪는 문제를 자세히 알아봤다. 그리고 '악몽 같은 관료주의'에 막혀 노숙인 주거 문제는 제대로 감독하거나 '책임지는' 개인도 정부기관도 비영리단체도 없다는 사실을 알게 됐다. 해거티가 사는 지역은 뉴욕시에서 노숙인 인구밀도가 가장 높은 곳으로 노숙인 문제를 담당하는 공식 기관이 13곳이나 됐지만, 각자 자신들 업무만 신경쓸 뿐 힘을 합쳐 문제를 해결하려는 노력은 전혀 하지 않았다. 무엇보다 실제로 노숙인에게 집을 제공한 곳은 없었다. 노숙인에게 집을 제공하는 것은 현실에서는 불가능한 목표라고 여겼다. 이들 기관은 정부로부터 지원금을 받아 샌드위치나 담요를 제공하는 등 여러 경로로 노숙인들을 만나는 일에만 집중했다.

노숙인 지원 사업을 개선하기로 결심한 해거티는 '거리에서 집으로Street to Home'라는 캠페인을 설계하고, 웨스트포인트 육사 출신으로 장교로 복무하며 군대에서 잔뼈가 굵은 베키 마르지오타를 책임자로 채용했다.[6] 해거티는 '두려움이 없고, 좋은 팀을 구축할 줄 알고, 데이터를 활용할 줄 알고, 새로운 길을 개척하는 데 주저함이 없고, 자신만의 방법을 터득할 줄 아는' 사람을 찾았고, 마르지오타야말로 자신이 바라는 역량과 자질을 갖춘 적임자라고 판단했다. 마르지오타라면 3년 내에 미드타운에서 노숙인 수를 3분의 2로 줄이는 목표를 달성할 수 있으리라고 내다봤다.

2003년, 마르지오타는 타임스퀘어에서 '거리에서 집으로' 캠페인을 시작했다. 그는 3년 만에 목표 지역의 노숙인 수를 무려 87퍼센트나 줄였고, 그 주변 미드타운 지역의 노숙인 수를 43퍼센트 줄이는 놀라운 성과를 거두었다. 마르지오타 팀은 노숙인 지원 프로그램을 개선하도록 뉴욕시에 영감을 줬다. 다른 도시에서 활동하는 노숙인 지원 단체들이 이들의 성공 사례에 관심을 보였고, 마르지오타는 비슷한 문제를 해결하고 싶은 단체들을 돕기 위해 이들을 가르칠 도구를 개발하기 시작했다. 그 일환으로 타임스퀘어에서 캠페인을 실행할 때 직접 만들어 사용했던 도구를 변형해 취약성 지수를 결합한 노숙인 인구조사 프로그램을 완성했다.

 2008년, 해거티와 마르지오타는 훨씬 더 많은 사람이 참여하도록 캠페인을 확장할 방법을 찾았다. 그러던 차에 의료개선연구소Institute for Healthcare Improvement, IHI를 알게 됐다. IHI는 '10만 생명 구하기 캠페인'을 펼치며 올바른 인력 관리 정책과 업무를 교육해 병원 내 안전사고를 줄여 환자 생명을 살리는 것을 목표로 삼았다. 3000곳이 넘는 미국 병원이 이 캠페인에 참여했다. 이 캠페인에서 전파한 환자 안전사고 예방 지침은 이미 효과가 입증된 기본 지침이었다. 병균 감염 확산을 방지하는 손 씻기 중요성부터 인공호흡기를 착용한 중환자를 접촉할 때는 침상머리 각도를 최소 45도 이상으로 유지해 폐렴을 예방한다는 조치 등이 그것이다. 이 캠페인을 실시하고 미국 병원에서 18개월 동안 예방 가능한 사망이 12만 2300건 감소했다. 많은 병원이 환자 안전 기준을 새로 마련해 더 많은 생명을 구하고 건강을 개선하는 일이 이어졌다.

 마르지오타는 이 캠페인에서 영감을 받았다. 노숙인 문제도 캠페인으로 해결할 수 있을 듯했다. 2009년, 마르지오타는 10만 생명 구하기 캠페인 매니저였던 맥캐넌에게 연락했다. 맥캐넌은 '거리에서 집으로' 캠페인 직원들과 만나 회의를 마친 뒤 컨설턴트로 함께하기로 했다. 그는 그날을 떠올리며 이렇게 말했다. "회의 마치고 나가면서 이 일을 해야겠다고 말했던 기억이 난다. 저녁이나 주말에 일해도 상관없다고 말했다."[7] 맥캐넌은 직원들과 이야기를 나누면서 그들이

하려는 일이 (그에게 도움을 요청했던 여느 단체들과는 달리) 단순한 '공염불'이 아님을 알았다. 자신들이 해결하고 싶은 문제가 무엇인지 깊이 이해했고, 목표와 전략을 수년간 다듬어와 이제는 다음 단계로 나아갈 준비도 돼 있었다. 이들은 2013년까지 노숙인 10만 명을 영구주택에 입주시키는 것을 목표로 2010년에 '10만 호 공급 캠페인'을 시작했다.

맥캐넌은 컨설턴트로 일하며 여러 지혜를 나눴는데 특히 신속한 의사결정과 실행을 강조했다. 끝없이 회의를 열어 계획을 논의하고 발생 가능한 모든 문제와 우발적 상황을 상상하며 시간을 보내지 말고, 가능한 한 빨리 현장에 뛰어들어 일을 수행해야 한다. 다음에 할 일을 놓고 토론하는 데 시간을 쓰면 그만큼 실제로 사람들을 돕는 데 쓸 시간이 사라지기 때문이다. 마르지오타는 맥캐넌이 조언한 대로 현장에 나갔다. 개 두 마리와 함께 차에서 생활하며 여러 도시를 돌아다녀 노숙인 인구조사 프로그램을 실시했다. 여러 지역에서 '거리에서 집으로' 캠페인을 안내했고 이 일에 참여한 지역 사람들에게 의견을 구했다. 효과적인 점과 그렇지 못한 점을 파악하고, 어떤 제안이든 경청했다.

맥캐넌 역시 현장에 나갔다. 그는 노스캐롤라이나주 샬럿에 갔을 때 한 폐가에서 노숙인을 발견하고 그와 대화를 나누며 취약성 지수를 산정하던 일을 회상했다. "그 남자를 생생하게 기억한다. 처음에는 꽤 거칠었는데, 얘기를 나누면서 놀라운 사연을 들었다. 그때의 경험 덕분에 '노숙인은 이름도 얼굴도 없는 사람이 아니라 사연이 있는 사람'이라고 생각하게 됐다." 그때 그는 마르지오타가 개발한 노숙인 인구조사 프로그램의 효과를 실감했다. 당시 10만 호 공급 캠페인에 참여한 지역공동체 수십 곳에서도 이 프로그램을 사용하고 있었다. 맥캐넌은 마르지오타에게 "당신은 노숙인도 꿈과 열망을 지닌 인간이라는 사실을 우리에게 훌륭한 방식으로 일깨워줬다. 노숙인들을 그저 숫자로 보면 안 된다"라고 말했다.[8]

맥캐넌이 촉구했던 통제 해제는 이후 여러 단계에서 일어났다. 2010년, 해거티는 커뮤니티솔루션Community Solutions이라는 새 조직을 설립했다. 이 조직은 커먼그라운드에서 파생한 조직으로 캠페인을 관리하는 업무를 맡았다. 커뮤니티솔루션은 2011년에 로스앤젤레스와 뉴욕에서 첫 번째 집중교육 프로그램을 실시하고 지역 리더 및 여러 단체와 협업하며 노숙인에게 영구주택을 공급하는 절차를 수립했다. 해거티 팀은 지역 리더들에게 '낙하산과 사다리' 게임판처럼 생긴 지도와 자석 몇 개를 주고 그동안 지역에서 노숙인에게 주거를 제공하는 과정이 어땠는지 복기해보자고 요청했다. 팀마다 차이는 있지만 노숙인 한 명이 주거지를 제공받기까지 거쳐야 하는 절차를 파악하는 데 평균 3시간 20분이 걸렸다! 사업 진행 과정에서 벌어지는 이 정체 현상은 실제로 노숙인 한 명이 주거를 확보하기까지 평균 245일이 걸리는 것과 무관하지 않았다. 그나마도 실현 가능성이 요원해 보이는 이 일에 끝까지 매달리는 경우에만 지원을 받을 수 있었다. 해거티는 지역 구성원들이 낙하산과 사다리 게임판의 길고 구불구불한 길처럼 복잡한 사업 절차에 답답함을 느끼고 있음을 깨달았고, 지도부 승인을 받아 이 절차를 없앨 필요가 있다고 생각했다. 캠페인 참여 지역의 구성원들은 지름길을 찾으려고 애쓰지도 않았다. 그들은 노숙인 주거 문제를 해결하는 데 전력을 다할 방안을 따로 모색하기보다 정해진 절차만 따랐다. 대다수가 그렇듯이 정해진 경로대로 갈 뿐 거기에서 벗어나는 데 익숙하지 않았기 때문이다. 그래서 10만 호 공급 캠페인 지도부는 지역사회 팀들에게 절차를 제거할 수 있는 권한을 부여했다. 다시 말해, 절차에 발목이 잡혀 사업 정체가 발생할 때라든지, 건강 문제나 취업, 금주 등 특정한 사안 탓에 일이 진척되지 않을 때 문제를 신속히 처리할 수 있게 한 것이다. 캠페인 지도부는 낙하산과 사다리 게임판의 정해진 경로를 따라 사람들이 전진하도록 강요하지 않고 지역에서 절차를 스스로 설계하고 신속하게 사업을 진행할 수 있도록 통제를 해제했다. 공동체 구성원들이 기계처럼 긴 경로를 따라가기보다 틀에서 벗어나 대담하게 사고하며 때로 지름길을 찾아내어 사업 속도를 높이기를 바랐다. 캠페인 지도부는 기존 규칙과 규정 내에서 이상적인 절차를 제안하며 지원군 역할을 했다. 맥캐넌은 캠페인 지도부가 맡은 지원군 역할을 이렇게 설명했다. 지원군이란 "모든 준비물을 갖춘 환경을 제공하는 역할이다. 지도부는 목표를 명확히 규정하고, 구성원이 안전하게 협업할 수 있는 공간을 조성한다."

통제 해제가 성공적으로 일어나면 온갖 혁신이 이어진다. 일례로, 내슈빌시가 연방재난관리청FEMA으로부터 홍수 피해 복구 지원금을 받았을 때, 당시 10만 호 공급 캠페인에 참여했던 내슈빌 관계자들은 지원금 일부를 노숙인 주거 공급에 사용하기로 결정했다. 그 일을 떠올리며 마르지오타는 이렇게 말했다. "기회를 포착했다. 이전에 없던 방법을 창조했다. 혁신이었다. 더 나은 방법으로 일하려는 열망이었다."⁹ 맥캐넌에 따르면 관련자들은 이를 가리켜 '재즈 연주'에 비유했다. 현장 상황에 따라 즉흥 연주를 하듯이 기회를 포착하는 것이 중요하다. 내슈빌 팀이 그랬듯이 말이다. '재즈 연주'는 통제가 허제됐음을 보여주는 징표다.

하지만 캠페인은 기대보다 더디게 진행됐다. 캠페인 본부에서 연구를 의뢰한 결과 2013년 7월까지 노숙인 10만 명에게 주거를 공급한다는 목표에 도달하지 못하리라는 전망이 나왔다. 마트지오타는 "정말이지 너무 우울한 날이었다"고 회상했다. 처음 1만 명에게 주택을 제공했을 때 마르지오타는 그 기념으로 '10,000'이라는 숫자를 몸에 새겼다. 10만이라는 목표를 향한 계약금의 의미로 0을 하나 뺀 것이었다. 하지만 마르지오타는 이 문신을 볼 때마다 실패를 되새겨야 할지도 몰랐다. 연구 결과를 받아든 그는 평생 0을 하나 더 그려넣지 못할까 봐 두려웠다. 하지만 마르지오타 팀은 처음 품은 야망을 내려놓지 않았다. 데이터에 더 충실하고 성취 가능한 중간 목표를 다시 수립했고, 목표 달성 기한도 1년 늦췄다. 그리고 어느 날 마르지오타는 팀원에게서 마침내 10만 호 공급 목표를 달성했다는 전화를 받았다. 인생 최고로 손꼽는 순간이었다. 마르지오타는 드디어 자신의 문신에 0을 추가해 '100,000'이라는 숫자를 완성했다.¹⁰ 2014년 6월 10일, 캠페인은 목표 달성을 공식적으로 발표했다. 노숙인 10만 1628명에게 주거지를 제공한 것이다. 한 기관에서 자체적으로 분석을 했는데, 장기 노숙인 10만 명에게 주거지를 제공해 연간 13억 달러 이상을 절감하는 효과를 얻었다.¹¹

## 통제를 해제하는 법

통제를 해제할 때 공동체 구성원들의 잠재력을 끌어내는 효과가 있는데도, 베키 마르지오타가 지적한 것처럼 리더들은 통제권을 내려놓기보다 구성원을 통제하고 구속하는 경향이 강하다. 이유가 무엇일까? 대부분 문제의 본질은 두려움에 있다. 자신이 통제하지 않을 때 무슨 일이 벌어질지 모른다는 두려움. 팀원들이 일을 망칠지 모른다는 두려움. 마르지오타와 해거티도 자신이 직접 통제하지 않을 때 몰려오는 불안과 싸워야 했다. 이 두 사람만 어려움을 겪은 것은 아니다! 지금부터는 통제권을 내려놓는 데 성공한 여러 기업 사례를 살펴보면서, 경영진이 어떻게 했는지 그 아이디어를 소개한다.

### | 사우스웨스트항공 |

50년 역사를 자랑하는 세계 최대의 저비용 항공사인 사우스웨스트항공은 직원들의 역량을 강화하는 데 힘써온 역사가 깊다. 직원 중심 경영은 직원을 채용하고 훈련하는 방식에서부터 시작된다. 사우스웨스트항공은 자사의 기업문화에 부합하는 인재를 선발하기 위해 학력이나 경력보다 태도를 중시하고, 직무는 물론 가치관 교육에도 힘쓴다. 사우스웨스트항공사는 체계적인 직원 교육과 훈련 프로그램으로 자사가 추구하는 가치관을 심는다. 사우스웨스트항공이 추구하는 가치는 공동 창업자인 허브 켈러허 Herb Kelleher의 경영 철학에 기반한다. 켈러허가 했던 발언은 세간에 자주 인용되는데 그중에 "기업은 두려움보다 사랑으로 묶여 있을 때 더 강하다"[12]라는 말에는 그의 경영 철학이 고스란히 드러난다. 켈러허는 규칙을 깨도 좋다는 황금률 아래 언제나 새로움을 추구했고, 대중이 저렴하게 이용하는 비행기를 제공한다는 사회적 대의 아래 회사를 운영했다. 그는 은행에 돈이 많지 않은 보통 사람들도 자유로이 모험을 떠나 새로운 장소에서 새로운 것을 경험하고, 멀리 있는 가족과 친구를 만나 소통할 자유를 누리게 하고 싶었다.

사우스웨스트항공은 신입사원 교육 기간 중에 '플라이 클래스Fly Class' 수업을 실시해 하루하고 반나절에 걸쳐 회사가 추구하는 가치와 회사가 직원들에게 요구하는 지침 사항이 무엇인지 집중적으로 교육한다. 수업이 끝나면 최고경영진 가운데 한 명이 신입사원들과 대화를 나누고 질문에 답한다. 사우스웨스트항공의 투자자 관계를 담당하는 라이언 마르티네스Ryan Martinez 상무는 14년 전 신입사원이었을 때를 떠올렸다. 당시 플라이 클래스 수업에서 사우스웨스트 사장 겸 최고운영책임자 콜린 바렛Colleen Barrett을 만났는데 그때 받은 인상이 지금도 생생하다고 말한다. 그날 신입사원들은 최고경영진과 대화를 나누며 회사 생활 시작부터 회사가 추구하는 가치를 직접 보고 느낄 수 있었다. 바렛은 '최고경영진이 기업의 가치관을 몸소 실천하고 있다'는 사실을 신입사원들에게 확인시켜줬다. 회사가 추구하는 가치를 담은 표어가 회사 곳곳에 게시되어 있지만 마르티네스는 '눈으로 보지 않으면 믿지 않는' 사람이었고, 그의 눈에 비친 바렛은 회사의 가치관을 체화한 인물이었다.

1990년 홍보 담당 이사로 채용된 진저 하디지Ginger Hardage도 비슷한 경험을 했다. 그가 신입사원 오리엔테이션에 참석했던 날, 최고경영자 켈러허가 직접 신입사원들에게 강연하기로 돼 있었다. 하디지는 사원들에게 발표할 게 있어서 강의실에 들어서며 최고경영자가 연단에 있을 것으로 예상했다. 하지만 아니었다. 켈러허는 직원들에게 음식을 나르고 있었다. 음식을 나를 직원이 부족했던 것이다. 하디지는 이렇게 회상했다. "그 모습을 보고 나도 음식이 담긴 접시 두 개를 들고 나르기 시작했다. 리더는 항상 행동이 말보다 우선해야 한다는 점을 배웠다."[13]

여러 해가 지나고, 나는 사우스웨스트항공 본사에서 열린 행사에 강연자로 초대받아 텍사스주 댈러스를 찾았다. 수십 년간 회사를 이끌던 켈러허는 퇴임한 뒤였지만, 직원들을 보면서 그가 확립한 기업 문화가 그대로 유지되고 있음을 확인했다. 최고경영자 게리 켈리$^{Gary\ Kelly}$는 직원들에게 이렇게 설명했다. "여러분이 사우스웨스트에 입사한 것은 우리 기업이 추구하는 사회적 대의에 동참함을 의미합니다. 여러분의 임무는 고객에게 서비스를 제공하고 사람들을 돌보는 것입니다." 켈리는 허브 켈러허와 똑같은 언어로 말하고 있었다. 켈리는 사우스웨스트항공이 추구하는 가치가 조직의 신념 체계로 작동하며 구성원이 자율성을 부여받더라도 궤도를 이탈하지 않도록 울타리가 되어줄 것이라고 힘주어 말했다. 이 말에는 직원들이 고객은 물론 동료 직원에게 올바로 행동하리라고 임원진이 기대한다는 의미가 담겨 있었고, 때로는 조직에서 흡수하는 가치에 비추어 무엇이 '올바른' 일인지 직원들이 찾아내야 한다는 의미도 담겨 있었다.

사우스웨스트 직원들은 교육을 마치고 나면 회사 생활에 필요한 정보를 체계적으로 갖출 뿐 아니라 회사가 추구하는 가치를 흡수하게 된다. 이런 교육을 실시하는 목적은 통제하지 않더라도 직원들이 조직의 기대에 부응하기를 바라기 때문이다. 요컨대, 통제를 해제하여 직원들이 잠재력을 마음껏 발휘하되 사우스웨스트만의 가치관에 따라 일하도록 만들려는 것이다. 하디지는 이를 가리켜 '틀 안에서의 자유'라고 설명한다. 사우스웨스트항공은 직원들에게 스스로 판단하도록 자유를 부여하는 것이 이득이라는 사실을 깨달았다. 어쩌면 사소하지만 이 같은 경영 철학이 잘 드러나는 사례가 있다. 사우스웨스트사 항공편을 이용한 사람은 알겠지만 이곳 승무원들이 안전수칙을 설명하는 방식은 독특하다. 안전벨트와 비상구, 산소마스크 관련 수칙은 모든 항공사에서 승객에게 안내해야 하는 지침이다. 하지만 사람들이 흘려듣는 경우가 대부분이라 사우스웨스트 승무원들은 특이한 방식으로 사람들의 이목을 집중시킨다. 많은 승무원이 농담을 섞어 재미있게 안전 수칙을 전달한다. 노래를 부르는 승무원도 있고, 랩을 하는 승무원도 있다. 이들을 보면서 웃고 즐기는 사이 승객들은 평소에는 흘려들었을 정보를 습득하게 된다.

    이는 사우스웨스트항공이 통제를 해제하고 직원들이 개성을 마음껏 발휘하도록 허용한 덕분에 거둔 수확 중 하나다. 조직 구성원의 개성을 존중하는 문화를 처음 강조한 사람 역시 사우스웨스트항공 창업자인 허브 켈러허다. 그는 말했다. "우리는 여러분이 출근해서 … 틀에서 찍어낸 장난감 병정처럼 똑같이 일하기를 결코 바라지 않습니다. 여러분에게는 자기답게 일할 권리가 있습니다." 직원들에게 상상력, 유연한 대응력, 혁신성을 바란다면 일정한 자율성을 보장해줘야 한다는 것이 켈러허의 소신이었다.[14]

라이언 마르티네스는 경영진이 자율성과 창의성을 강조하는 것을 특히 높게 평가했고, 실제로 이 이유로 사우스웨스트항공에 입사했다. 그전에는 회계법인에서 일했는데 상하관계가 엄격한 곳이어서 정해진 역할에서 벗어나 자기를 드러내는 일이 조금도 용납되지 않았다. 마르티네스는 '조직문화에 맞설' 생각은 없었지만, 사우스웨스트에서 일하는 아내가 갈수록 부러웠다. '자기답게 일할 수 있다'는 사실을 아내를 보며 깨달았다. 아내가 사우스웨스트항공에서 일하는 얘기를 들어보면 조직에 맞춰 자기를 바꿀 필요가 없었다. 더 중요한 대목은 그런 변화를 회사가 요구하지 않는다는 점이었다. 사우스웨스트항공은 직원들이 잠재력을 최대한 발휘할 것을 기대한다. 그것이 조직 번영에 중요하다고 보기 때문이다. 무엇보다도 사우스웨스트에서는 항상 자신이 옳다고 생각하는 일을 할 자유가 있다. 마르티네스 말고도 여러 직원이 내게 들려준 사례에 따르면 사우스웨스트항공에서는 표준 절차에서 벗어난 결정을 내리고 심지어 그 결정으로 회사에 손해가 발생하더라도, 불이익을 받을 걱정 없이 자신의 재량으로 고객에게 서비스를 제공할 권리가 있다.

사우스웨스트항공 체크인 카운터에서 허름한 차림의 고객이 반려견 전용 캐리어가 없으면 반려견과 함께 탑승할 수 없다는 말을 듣고 속상해하는 모습을 한 조종사가 목격했다. 그 조종사는 고객이 캐리어를 살 돈이 없음을 알아차리고 대신 비용을 지불해주고 나서 비행기에 올랐다. 나중에 사우스웨스트항공은 이 고객의 형제에게서 감사 편지를 한 통 받았다. "귀사의 조종사가 했던 일이 그의 가족에게 얼마나 고마운 일인지 짐작할 수 없을 것"이라며 진심으로 감사를 전하는 글이었다. 그 고객은 가족과 떨어져 노숙자로 지냈는데, 자신이 유일하게 소유한 반려견과 탑승하지 못했다면 그 비행기에 타지 않았을 테고 가족의 품으로 돌아가지 못했을 터였다.

또 다른 사례를 보자. 제시카 샤틀리에Jessica Chatellier는 사우스웨스트 항공기를 타고 6개월간 쿠웨이트로 파병 가는 남편을 배웅하러 나갔다. 제시카는 남편이 보안 검색대를 통과하고 뒤돌아서 손을 흔들며 작별인사하는 모습을 어린 자녀들과 지켜봤다. 이들의 작별인사를 지켜보던 고객 서비스 직원 켈리 에반스Kelli Evans는 제시카의 남편이 군복을 착용한 것을 발견했다. 에반스는 고객에게 다가가 해외로 파병을 가는지 물었다. 고객이 그렇다고 대답하자 에반스는 제시카에게 다가가 아이들과 탑승 게이트까지 동행하지 않겠냐고 물었다. 제시카는 너무 기뻐 그러겠다고 했고, 남편이 비행기에 탑승할 때까지 아이들과 함께 기다릴 수 있었다. 곧 탑승할 시간이 됐고, 가족은 포옹을 나눈 후 작별했다. 제시카는 아이들과 비행기가 이륙하는 모습을 지켜보려고 그대로 자리를 지켰다. 그때 운영 요원 펠릭스 조셉Felix Joseph이 다가와 제시카의 어깨를 두드리며 뭔가 해주고 싶은 것이 있다고 말했다. 제시카는 '지금보다 더 좋은 일이 있을 수 있을까?'라는 생각이 먼저 들었다. 조셉은 비행기 출발 시간이 아직 몇 분 남았음을 알고 곧바로 어디론가 전화를 걸었고, 잠시 후 제시카에게 아이들과 비행기에 오르라고 말했다. 제시카는 당시 일을 이렇게 설명했다. "아이들이 탑승 터널을 뛰어 내려갔다. 터널 끝에 도착하자 승무원이 인터폰으로 비행기에 존 샤틀리에가 탑승했는지 물었고, 남편이 손을 들자 아이들이 달려가 마지막 포옹을 나눴다." 조셉은 당시 일을 떠올리며 "모든 승객이 박수를 치기 시작했고 다들 눈시울을 붉혔다. 감동적인 순간이었다"고 말했다. 제시카는 "쿠웨이트에 도착한 남편이 전화를 걸어, 공항에서 그 모든 일을 경험하면서 사람들이 항상 군인들을 지켜보고 있고, 우리 가족을 걱정하고 보살펴줄 거라는 사실을 깨달았다고 말했다"고 전했다.

또 다른 사례를 살펴보자. 한 할머니가 사우스웨스트 항공기를 타고 피닉스로 출발했다. 애리조나주 투손에 사는 아들이 마중 나올 예정이었다. 하지만 차를 몰고 오던 아들이 교통사고로 심각한 부상을 입었다. 사우스웨스트 직원은 피닉스에 도착한 할머니에게 투손으로 가는 항공권을 구해주려고 애썼다. 투손으로 가는 자사 항공편이 없으므로 다른 항공사에 문의했지만 표를 구할 수 없었다. 전 최고경영자 제임스 파커James Parker는 그때 일을 이렇게 들려줬다. "그 직원은 본사에 전화해서 어떻게 해야 할지 묻지 않았다. 직원 전용 주차장으로 바로 가서 차를 가져와서는 약 160킬로미터 떨어진 투손으로 할머니를 직접 모셔다 드렸다."[15]

사우스웨스트항공에서는 '전사의 정신warrior spirit'이라는 말을 자주 사용한다. 심각한 어려움에 처했을 때 사우스웨스트 직원들은 전사의 정신으로 끝까지 문제를 해결해야 한다. 9·11 테러 당시에 세계무역센터가 무너지고 펜타곤이 공격받아 모든 비행기 운항이 중단된 후에 일어난 일은 사우스웨스트 직원들의 몸에 밴 전사의 정신이 어떤 것인지 그대로 보여준다. 그 참담했던 날 동료 직원들이 어떻게 승객들을 돌봤는지 여러 직원이 내게 많은 이야기를 들려줬다. 몇몇 승무원은 발이 묶인 모든 승객에게 제공할 음식을 주문했다. 한 조종사는 항공편을 바꿔 타야만 했던 승객들을 대신해 호텔 숙박비를 지불했다. 이들은 회사의 승인을 따로 받지 않고 개인 신용카드로 경비를 처리했다. 사우스웨스트항공은 이렇게 발생한 비용을 전부 직원들에게 돌려줬다.

9·11일 테러 당시, 비행기들이 강제 착륙했을 때 사우스웨스트의 한 조종사는 활주로에서 4시간을 기다려야 했다. 승객들이 이용 가능한 탑승교가 없었기 때문이다. 사우스웨스트 승무원들은 수하물 탑재 차량을 임시변통으로 구해 승객들이 내리는 데 이용했다. 또 암트랙Amtrak 역까지 승객들을 운송할 버스를 예약하고, 집으로 돌아가는 승객들의 기차표 비용도 지불했다.[16]

이 모든 사례에 한 가지 분명한 공통점이 있다. 사우스웨스트 직원들은 신속하고 자신감 있게 문제를 해결한다. 이 배경에는 직원들의 몸에 밴 서비스 정신과 통제를 해제하고 직원 자율성을 극대화하는 사우스웨스트 특유의 기업정신이 자리한다. 마르티네스는 "우리 직원들은 고객의 이익을 최우선으로 여기고 기업 가치에 부합하는 한 99.9퍼센트 올바른 선택을 한다"고 자신있게 말한다. 한 관리자가 폭력적인 승객을 다른 항공사 카운터로 안내하여 경쟁사의 항공권을 끊어준 일도 있다.[17] 사우스웨스트만의 기업정신을 보여주는 사례이자 내가 가장 좋아하는 (그리고 가장 재미난) 사례이다.

사우스웨스트항공은 구성원이 벗어나면 안 되는 경계선을 제시하고 직원들이 그 안에서 재량껏 올바른 결정을 하도록 요청한다. 10만 호 공급 캠페인과 마찬가지로 서비스 절차를 지연시키는 요소를 직원들이 알아서 제거하도록 권장한다. 제임스 파커는 16년 동안 사우스웨스트 법률 고문으로 일하다가 2001~2004년에 최고경영자로 회사를 이끌었다. 파커에 따르면 직원들이 고객 서비스라는 큰 목표 아래 최선의 서비스를 제공할 재량권과 자기 직무에서 벗어나는 경우에도 문제를 해결할 업무 유연성을 가진 것이 사우스웨스트항공의 성공 요인이다.[18]

허브 켈러허는 사우스웨스트항공이 고객 서비스에 헌신하는 만큼 직원들에게도 헌신해야 한다고 믿었다. 그는 "직원들을 고객처럼 대우하고, 정해진 직무 이상의 일을 했을 때는 이를 칭찬해야 한다"고 말했다. 이 책 제6장에서 소개하는 메리어트호텔 체인의 창업자인 존 윌라드 메리어트J. Willard Marriott도 이와 비슷한 말을 했다. "기업이 직원을 대접하면 직원이 고객을 대접한다. 그러면 고객이 다시 우리 기업을 찾을 테고 주주가 행복해진다."[19] 사우스웨스트항공이 초창기부터 직원들과 이익을 공유한 이유도 여기에 있지 않을까.

기업이 통제를 해제함으로써 직원들이 자기에게 주어진 직무 이상을 수행하도록 격려하고 칭찬한다는 말은 곧 기업 역시 직원들이 잠재력을 발휘하도록 통상적으로 책임지는 범위 이상으로 지원한다는 뜻이다. 사우스웨스트에서 기업문화 및 직원몰입 부문을 총괄하는 휘트니 아이힝어Whitney Eichinger 상무는 다양한 구호 활동과 기금 모금에 참여하는 직원들을 회사가 어떻게 지원했는지 예를 들었다. 합법적인 기금 조성과 집행을 돕기 위해 회사 내에 LLC라는 전담기구를 새로 설치한 일이 대표적이다. 이 LLC는 직원들이 회사 외부에서 참여하는 구호 활동뿐 아니라 재난을 당한 동료 직원, 다시 말해 그들의 '가족'을 도울 기금을 마련하는 일을 지원했다. 내가 듣기로 최고경영자 게리 켈리는 직원들을 '가족'이라고 지칭한다. 일례로 토네이도로 피해를 입어 주택이 파손된 직원이 있으면 LLC 기금으로 주택 재건 비용을 지원할 수 있다. LLC를 따로 설치하기까지 사우스웨스트항공은 시간이나 비용 면에서 상당한 번거로움을 감수했다. 그러나 비용이 크게 발생하고 기업의 책임 범위를 벗어난다는 이유로 반대하지 않고, 소중한 사람을 돕고 싶은 직원들의 바람을 경청해 이들에게 기금 조성 권한을 부여했다.

전담 조직을 따로 마련하면서까지 직원들을 지원하면 비용이 많이 들 수도 있지만 그만한 가치가 있다. 사우스웨스트항공은 지난 반세기 동안 수익성이 가장 높은 항공사에 이름을 올렸다.[20] 승객 불만 건수를 조사하는 미국 교통부에 따르면 사우스웨스트항공은 조사 기간 29년 가운데 26년 동안 불만 건수가 가장 적었다. 이외에도 사우스웨스트항공은 수많은 상을 받았고, 동종 업계에서 직원들의 노동 의욕과 생산성이 가장 높은 회사로 꼽힌다. 다시 말해, 통제 해제 전략이 효과가 있다는 말이다.

| 고대디와 더마이티 사례 |
**타협 불가능한 요소를 분명히 하라**

통제 해제를 시도하기 전에 목표를 달성하는 과정에서 절대 타협할 수 없는 요소가 무엇이고, 상황과 환경에 따라 조정 가능한 요소라든지 반드시 조정해야 하는 요소가 무엇인지 분명히 지정해야 한다. 조 맥캐넌은 이를 칠면조 샌드위치 만드는 일에 비유한다. 그가 볼 때 칠면조 샌드위치는 호밀빵, 스위스 치즈, 양상추, 토마토, 겨자, 양파로 만들어야 한다. 하지만 베이글, 크림치즈, 피클, 오이, 마요네즈, 케첩, 서양고추냉이를 써서 만들 수도 있다. 일단 빵에 칠면조가 들어가면 그것은 칠면조 샌드위치다. 칠면조와 빵은 건드릴 수 없는 요소다. 빵과 칠면조를 빼버리면 그것은 문제다. 베키 마르지오타는 10만 호 공급 캠페인을 칠면조 샌드위치에 비유하자면, 취약성 지수가 칠면조이고 5일간의 노숙인 인구조사가 빵이라고 말했다. 이 두 가지는 필수였다. 이 두 가지를 제외하고 나머지는 모두 유연하게 조정할 수 있었다. 공동체를 이끄는 리더라면 타협할 수 없는 요소를 설정하고 그 외의 것은 얼마든지 조정할 수 있어야 한다.

세계 최대 온라인 건강 커뮤니티 더마이티의 최고경영자 마이크 포래스Mike Porath는 자사에서 타협 불가능한 요소와 변경 가능한 요소를 구분하는 감각을 지니고 있다. 그는 이렇게 말한다. "더마이티는 하나의 공동체라고 할 수도 있지만, 사실 여러 공동체가 모인 곳이다. 집단이라 해도 좋다. 각각 그들만의 관행과 우선순위, 때로는 금기가 있다. 예컨대, 체중 같은 사적 정보를 절대 공유하지 않는 집단이 있다. 하지만 다이어트나 당뇨병 같은 문제로 모인 집단은 체중 같은 정보가 중요한 화제다. 우리는 팀원들에게 통제권을 넘기고 '알아서 하라'고 말하는 법을 배웠다." 힘들고 어려울 때도 있겠지만 이는 통제를 해제할 때 감수해야 하는 일이다.

### 플레이북을 만들지 마라

인터넷 도메인 등록기관이자 웹 호스팅 회사인 고대디GoDaddy의 부사장 겸 최고경영자 고문인 마이클 닉슨Michael Nixon은 '플레이북을 만들지 말라'는 교훈을 어떻게 배웠는지 이야기했다. 여러 해 전에 그는 회사가 합병되는 사건을 경험했다. 닉슨은 내게 이렇게 말했다. "3일째 되는 날 대형 컨설팅 회사 직원들이 흰색 셔츠에 빨간 넥타이, 파란 정장 차림으로 10센티미터쯤 되는 두께의 바인더를 들고 왔다. 그 바인더에 13개월 안에 우리를 어떻게 바꿔놓을지 자세히 적혀 있었다. 그들은 철두철미했다. 그들 말처럼 우리는 13개월 만에 완전히 달라졌다. 경이로울 정도였다." 그는 잠시 말을 멈추고 한숨을 내쉬더니 말을 이어갔다. "하지만 내 직장생활 중 가장 비인간적인 13개월이었다. 꽉 짜인 틀이 숨통을 조이는 것만 같았기 때문이다."

닉슨은 2019년 9월에 최고경영자로 부임한 아만 부타니Aman Bhutani와 고대디에 합류했는데, 두 사람은 그전에도 익스피디아Expedia 등에서 다년간 함께 일했다. 두 사람이 일을 처리하는 방식은 여느 경영진과 매우 다르다. 두 사람이 정하는 경영 방침은 고정 불변하는 것이 아니다. 끊임없이 학습하면서 이해의 폭과 깊이가 달라짐에 따라 진화한다. 닉슨은 "이러한 유연성과 학습 의지는 부타니가 강조하는 과학적 방법론, 즉 가설을 검증해야 한다는 신념에 기반한다"고 설명한다. 부타니는 익스피디아에 재직할 당시 실험정신을 강조하고 데이터 기반으로 '실험하면서 배우는' 문화를 구축했고, 고대디에도 동일한 문화를 조성했다.[21]

### 변화에 대비하라

뉴델리 출신의 마흔네 살인 아만 부타니는 유머 감각과 지칠 줄 모르는 열정을 지녔으며 현명하지만 겸손한 리더로 알려져 있다. 부타니의 부친은 "호랑이는 어떻게 타야 하느냐?"라고 자주 물었고, 부타니는 그 교훈을 기업 경영에 적용하고 있다. 부타니가 그때 배운 방법은 다음과 같다. '호랑이 목에 올라타야 한다. 꼬리에 올라타게 되면 호랑이가 오른쪽으로 갈 때 왼쪽으로, 왼쪽으로 갈 때 오른쪽으로 가게 되기 때문이다. 그러면 매번 몸이 흔들리고 혼란을 겪는다. 하지만 호랑이 목에 올라타면 호랑이가 가는 방향과 언제나 일치한다. 호랑이가 어디로 움직이든 호랑이가 얼마나 빨리 방향을 틀든 간에 똑같이 움직이고 방향을 바꾸게 된다. 실제로 변화는 호랑이와 같으므로 올바른 방법으로 타야 한다.' 엄청나게 많은 것이 빠르게 변화하는 우리 시대에서 부타니 부친의 조언은 그 어느 때보다 중요하다. 호랑이 타는 법을 아는 부타니는 끊임없이 변화에 적응할 준비가 되어 있으며, 호랑이에 탄 직원들이 변화의 바람을 타고 어디로든 갈 수 있도록 허용한다.[22]

부타니의 경영 철학은 효과가 있는 듯하다. 안팎으로 기록적인 변화에 직면한 2020년에 고대디는 2분기에 이어 3분기에도 신규 고객이 40만 명 증가하며 괄목할 만한 성장을 기록했다. 부타니는 "2분기와 3분기에 우리는 역대 최고 성과를 올렸다"[23]고 말했다.

### 직원들을 믿어라

부타니가 통제를 해제하고 구성원들이 변화에 성공적으로 대처하게 만든(또는 허용한) 원칙은 간단하다. (1) 구성원을 믿고, (2) 구성원에게 기회를 주고, (3) 실패해도 용서하는 것이다. 실패한 만큼 배우면 되기 때문이다. 부타니가 이 원칙 아래 갖가지 문제 상황에서 구조적 변화를 단행하며 거둔 성과를 본 닉슨은 이렇게 말했다. "사람을 믿지 않고서 어떻게 잠재력을 최대로 끌어낼 수 있는가? 우리는 구성원들이 잘 해낼 거라 믿어야 한다."

고대디의 전략사업부 부사장 젠 오톰니Jen O'Twomney는 부타니와 닉슨과 익스피디아에서 함께 오래 일했고, 부타니를 따라 고대디에 들어왔다. 오톰니는 사람을 믿어야 한다는 사실을 어렵게 배웠노라며 익스피디아에서 경험한 일을 들려줬다. 당시 부타니는 익스피디아에서 일하던 어떤 사람을 인수합병팀에 합류시키려 했는데 오톰니는 그 사람이 미심쩍었다. 그의 역량에 선뜻 믿음이 가지 않아서 부타니에게 반대 의견을 냈다. 부타니는 그 사람을 믿어주기만 하면 높은 성과로 보답할 것이라며 오톰니를 독려했다.

그 사람은 성과를 내지 못했다. 그런데 부타니는 "자네가 그를 실망시켰기 때문에 그도 실망스러운 결과에 이른 것"이라는 견해를 내놓았다. 오톰니는 내게 이렇게 말했다. "그 말이 사실이었다. 나는 그를 믿지 않았다." 오톰니는 무엇이 잘못됐는지 복기하면서 깨달았다. 다른 팀원들을 대할 때는 매일 업무를 살펴보면서 적극적으로 코칭하고 멘토링했지만, 그 사람에게는 여느 팀원들에게만큼 시간을 쓰지 않았다. 그 사람에게 받은 부정적 인상을 지우지 못했고 그의 역량이나 팀과의 적합성에 끝까지 의구심을 품었다. 오톰니는 "그 사람이 성과를 내는 일에 관심이 없었다. 결과적으로는 실패를 도운 꼴이 됐다"고 말하며, 돌이켜보니 자신이 색안경을 끼고 그 사람이 하는 일에서 단점만 봤노라고 고백했다. 그것은 자기충족 예언이었다. 상대방에게 최악을 기대하면 최악을 끌어내고 만다. 오톰니는 그 사람을 대하는 자신의 몸짓이나 비언어적 소통까지 너무 부정적이어서 그 사람이 팀원으로서 조언을 구하고 뭔가를 배우려는 마음조차 품지 못하게 했다고 자책했다. 그 일을 경험한 뒤로는 직원들을 믿기로 결단했고, 결과는 이전과 사뭇 달라졌다. 물론 오톰니가 직원들을 믿고 도우려고 애쓴다고 해서 모두가 크게 성과를 낸 것은 아니지만 기대에 부응해 크게 성과를 내는 이들도 있었다. 그는 "성과가 크지 않은 경우조차도 내가 믿고 지지하지 않았을 때와 비교하면 매우 좋다. 신뢰의 힘이 조직에서 어떤 성과를 내는지 지금까지 많은 사례를 목격했고 확신하게 됐다"라고 말했다.

**데이터를 사용하라**

데이터는 그저 숫자와 통계 형태로만 존재하는 게 아니다. 데이터는 측정할 수 있는 수치뿐만 아니라 직접 경험하고 관찰한 모든 증거를 포괄한다. 부타니는 아이디어와 가설의 실행 가능성을 검증하려면 데이터를 사용해야 한다고 믿는 사람이다. 그는 사생활에서도 데이터를 이용한다고 농담처럼 말한다. 그의 형이 "앞으로도 같이 살아야지. 지금까지 15년이나 같이 살았잖아"라고 말했을 때 부타니는 자신이 어떻게 했는지를 예로 들었다. 다른 나라에서는 어떨지 몰라도 미국에서는 결혼해서 각각 두 자녀를 둔 형제가 함께 사는 건 대담한 시도였다. 하지만 부타니 형제는 사회적 실험의 일환으로 한동안 함께 살아보기로 했다. 성공하면 부모님도 초대해 3대가 함께 살기로 했다. 그게 2014년이었다. 그 후로 지금까지 잘 지내고 있다.

조 맥캐넌 또한 무엇이 효과가 있고 무엇이 효과가 없는지 판단할 때 데이터를 신봉한다. 10만 호 공급 캠페인 지도부가 맥캐넌과 일하면서 무엇보다 중요하게 배운 것은 통제를 해제하고 난 후 데이터를 이용하는 방법이었다. 그것이 바로 낙하산과 사다리 게임을 하는 요지였다. 맥캐넌은 게임판을 놓고 어떤 것이 사업을 앞으로 진행하는 데 필요한 사다리이고, 어떤 것이 결국은 사업 진행을 지연시키고 후퇴시키는 낙하산 역할을 하는지 검증해야 한다고 말했다. 캠페인 지도부는 목표 달성을 촉진하려면 어느 단계를 제거해야 하는지 참여지역에서 알아서 파악하고 필요하면 제거하도록 재량권을 허용했다.

맥캐넌은 데이터를 구성원들을 비판할 목적으로 쓰지 않고 학습 도구로 쓴다. 그는 리더들에게 데이터 수집과 성과 측정에서 우선순위는 무엇인지 묻는다. 맥캐넌이 보기에 무엇보다 중요한 것은 성공 데이터뿐만 아니라 실패 데이터가 최전선에 있는 사람들 즉, 현장에서 결과를 바꾸려고 새로운 방법을 시도하는 사람들에게 유용하게 사용되는 것이다. 맥캐넌은 10만 생명 구하기 캠페인을 진행할 때 의사와 간호사가 데이터를 이용해 환자의 치료 과정을 개선할 수 있을지 생각했고, 10만 호 공급 캠페인에서는 지역사회가 이 정보를 어떻게 이용하면 더 많은 노숙자에게 주거를 제공할 수 있을지 생각했다. 그러나 맥캐넌도 인정하듯이 사람들은 데이터를 학습 도구로 쓰기보다는 '왜 목표를 달성하지 못했는지' 비판할 때 꺼내든다.[24]

### 스토리텔링을 이용하라

스토리만큼 사람의 마음을 움직이는 도구도 드물다. 바람직한 조직문화와 행동 지침을 교육하기에 더할 나위 없이 좋은 도구가 바로 스토리텔링이다. 직원이나 구성원이 조직의 가치관에 부합하게 재량권을 발휘해 문제를 해결하거나 혁신할 때 이를 칭찬하고 스토리텔링으로 각인시켜야 한다. 사우스웨스트항공의 최고경영자 켈리는 매주 지난 주간을 정리하고 다음 주 일정과 사내 소식을 알리는 메시지를 녹음한다. 직원들은 이 내용을 온라인이나 이메일로 듣거나 읽는다. 메시지 말미에 켈리는 항상 '사우스웨스트 방식'을 실천하는 직원을 선정해 칭찬한다. 하디지에 따르면, 이 전략은 "직원들에게 조직이 가치 있게 여기는 행동 유형이 무엇인지 알려주고, 고객이 만족하는 서비스를 제공할 때 재량권을 어디까지 발휘할 수 있는지 생각하게 한다."[25] 훌륭한 고객 서비스를 제공한 수많은 동료의 이야기를 내게 들려주는 사우스웨스트항공 구성원들의 목소리에는 자부심이 넘쳤다. 사우스웨스트항공이 추구하는 가치관을 직원들에게 학습하는 데 스토리텔링이 중요한 도구라는 사실이 분명하게 드러났다.

## 실수를 학습 기회로 삼아라

조직 내 두려움을 줄이려면 실수를 목표 달성 과정에서 피할 수 없는 일로 받아들여야 한다. 구글은 직원들이 결정적인 실수를 범했을 때 그 실수에서 교훈을 배우도록 사후 분석 시간을 거쳐 정보를 공유한다. 어떤 일이 발생했고, 그 원인과 영향은 무엇이며, 문제의 심각성을 완화하거나 해결한 방법이 무엇인지, 재발을 방지하려면 무엇을 해야 하는지를 함께 정리하고 기록으로 남긴다. 분석할 때 점검하는 문제는 다음과 같다.

- 어떤 점이 잘됐는가?
- 어떤 점이 잘못됐는가?
- 어떤 점에서 운이 좋았는가?
- 어떻게 하면 다음에 더 좋은 결과를 낼 수 있는가?

실수를 책망하지 않고 배우고 성장하는 데 초점을 맞추는 것이 중요하다. 직원들에게 심리적 안전감을 심어주려면 특히 실패를 장애물이 아닌 성장과 발전의 기회로 인식하는 문화를 조성해야 한다.**26** 제1장에서 살펴본 것처럼 직원들의 잠재력을 끌어내려면 실패를 용납하는 문화, 나아가 아스트로 텔러가 이끄는 엑스나 사라 블레이클리가 이끄는 스팽스처럼 실패로 끝난 도전을 격려하는 문화를 조성하는 것이 좋다.

**깔때기로 선별하라**

리더는 통제를 해제하고 구성원에게 재량권을 주면 좋은 아이디어에 투여할 자원과 에너지가 열등한 아이디어로 자꾸 빠져나가는 건 아닐지 걱정하곤 한다. 이럴 때는 '깔때기'로 선별하는 전략을 쓰면 좋다. 직원들에게 재량권을 부여하는 전통을 고수하는 사우스웨스트항공에서는 열정적인 직원들이 흥미로운 아이디어를 많이 내놓는다. 하지만 그 아이디어가 모두 실행 가치가 있는 것은 아니다. 그래서 각 부서 대표가 모인 사장단 위원회 President's Council에서 실행 가능한 아이디어를 선별해 검증하는 단계를 거친다.**27** 사우스웨스트항공은 조종사, 운항 요원, 발권 요원, 게이트 요원, 승무원 등 여러 부서 전문가들로 위원회를 구성했다. 그만큼 다양한 목소리를 듣고 싶어 한다는 뜻이다. 위원회는 어떤 아이디어에 시간과 에너지, 자금을 투입할지, 또 어떤 아이디어를 거를지 토론하면서 우선순위를 정한다. 사우스웨스트항공은 독특하게도 지정석 없이 탑승권에 적힌 번호대로 탑승하는데 이 아이디어도 위원회를 거쳐 실행하게 됐다.

### 팀의 혁신을 수용하라

헬스리즈Health Leads의 창업자이자 최고경영자이며 맥아더 펠로십 수상자인 레베카 오니Rebecca Onie가 볼 때 리더들이 통제를 해제할 때 두려움을 느끼는 주된 이유는 따로 있다. 팀원들이 일을 못할까 봐가 아니라 자신들보다 일을 더 잘할까 봐 두려워한다는 것이다. 가능성이 충분한 이야기다. 10만 호 공급 캠페인의 마르지오타와 샌더는 다른 사람들이 자신들 못지않게 노숙인 인구조사 프로그램을 효과적으로 수행할 수 있음을 뒤늦게 배웠다. 둘은 통제를 해제한 상태에서 발생한 결과물을 확인하고 그동안의 방어적 태도를 버렸다. 샌디에이고의 한 팀이 캠페인 지도부에서 수년간 공들여 제대로 만들었다고 여겼던 교육용 도구와 자료집을 개선할 방법을 찾아냈을 때 기뻐했다. 실제로 마르지오타는 샌디에이고 측과 계약을 체결하고, 함께 캠페인에 사용할 교육 자료를 체계화하는 작업에 들어갔다. 마르지오타는 "이로부터 6주 후 보기 좋게 정리된 표준화 자료집과 관료 정보를 모두 담은 CD-ROM을 갖게 됐다"고 말했다.

통제를 해제할 때 조직이 위험한 모험에 휘말릴 가능성을 두려워하는 리더도 있다. 부타니는 이런 고민을 하는 관리자들에게 "통제권을 조금씩 해제하라"고 말한다. 초기에는 시험 삼아 통제를 조금만 풀고 어떤 일이 일어나는지 지켜보라는 것이다. 그런 다음 재량권을 확대해나간다. 다시 말해, 통제권을 느슨하게 행사하면서 결과를 주시하고, 필요에 따라 이틀 더 조이거나 느슨하게 풀면서 이 과정에 익숙해지도록 한다.

많은 리더가 통제 해제를 안전지대를 벗어나는 일로 받아들이지만, 결과가 그 효과를 입증한다. 로잔 해거티는 통제를 해제해서 발생하는 불편을 받아들였고, 그 덕분에 미국에서만 23만 5000명이 넘는 노숙인에게 주거를 제공했다. 캐나다 및 여러 다른 나라에서는 더 많은 노숙인에게 주거를 제공했다. 해거티는 앞으로 더 많은 사람에게 주거를 제공할 준비가 돼 있다. 맥아더재단은 '100&체인지Change' 프로그램을 만들어 우리 시대가 당면한 문제 해결에 앞장서 실질적이고 측정 가능한 해결책을 제시한 단체를 매년 선정한다. 2021년에 커뮤니티솔루션이 선정되어 1억 달러 보조금을 받았다. 이 덕분에 미국 75개 도시에서 노숙 인구를 줄이는 사업에 더욱 속도를 내고 있다.[28] 해거티는 소중한 깨우침을 얻었다. 리더로서 통제권을 내려놓고 공동체를 조정하고 뒷받침하는 역할을 배웠으며 특히 이 모든 과정에서 발생하는 불편을 감수하는 법을 배웠다. 맥캐넌이 말하듯, 통제 해제 전략이 혁신을 촉진해 더 나은 결과를 얻는다. 또한 수많은 어려움과 도전을 스스로 헤쳐 나가는 자세와 의욕을 북돋운다. 사우스웨스트항공처럼 직원들에게 재량권을 주고 문제를 해결하도록 해야 한다.

통제 해제 전략은 조직 성격에 상관없이 모든 팀과 공동체에 적용할 수 있다. 비록 표현하는 용어는 다를지라도 탁월한 리더 중에는 이를 실천하는 이가 많다. 시카고 불스 필 잭슨 감독은 항상 보이지 않는 리더가 되려고 애썼다. 그의 목표는 선수들이 자기 역할을 스스로 찾도록 더 많은 책임감을 부여하는 것이었다. 리더는 구성원들이 자기 역할을 더 깊이 이해하고 헌신하도록 도와야 한다.

팀이 제 역량을 발휘하도록 하기 위해 무엇을 할 수 있을까?

# 03 정중함을 갖춰라

---

회사에서 무엇을 하든 구성원을 존중하는 태도를
갖춰야 마땅하다.

《대화할 때 지킬 예의범절과 직장 예절(The Rules of Civility and
Decent Behaviour in Company and Conversation)》

어느 날 아침 7시 30분, 제레미 앤드루스Jeremy Andrus는 차를 몰고 오리건주에 있는 야외용 그릴 전문 회사인 트레이거Traeger 사무실로 향했다. 주차장에 도착하니 소방차와 경찰이 있었다. 트레이거의 18륜 대형 트럭 한 대에 불이 난 것이었다. 누가 범인인지는 몰라도 방화라는 느낌이 들었다. 최고경영자로 새로 부임한 앤드루스는 얼마 전 창고와 트럭 운송 사업부를 닫고 해당 업무를 UPS에 위탁하기로 발표했다. 이 조치로 영향을 받는 직원 수십 명에게는 퇴직금을 넉넉히 주거나 UPS에서의 일자리 또는 재취업 지원을 약속한 터였다. 하지만 앤드루스가 알기로는 사업부를 철수한다는 소식만 널리 퍼져 불만을 품은 직원이 많았다.[1]

앤드루스는 트레이거와 인연이 닿기 전 새로운 기회를 찾고 있었다. 그는 회사를 직접 인수해 운영하고 싶었다. 트레이거 최고경영자 자리를 수락하기 전에 여러 회사를 살피고 선택지를 검토했고, 관련 시장 크기에 비춰볼 때 성장 잠재력이 매우 큰 트레이거에 마음을 빼앗겼다. 앤드루스가 2014년 초에 트레이거에 합류했을 당시 그에게 최고경영자 자리를 제안했던 사모펀드[PE] 회사가 소수 지분을 보유하고 있었고, 앤드루스도 자신의 돈을 투자하여 소수주주가 됐다. 트레이거 본사는 오리건주 포틀랜드에 있었지만, 유타주 스프링빌에 소규모 영업점이 있었고, 중국에도 영업점이 있었다. 유타에 사는 앤드루스는 영업점과 본사를 오가며 일하기로 했다.[2]

앤드루스가 부임하고 얼마 안 있어 문제가 발생했다. 대주주는 플로리다에 거주하는 연쇄창업가였다. 이 사람이 사주로 있는 8년간 최고경영자가 일곱이나 바뀌었다. 앤드루스가 여덟 번째였다. 직원들은 전임자와 마찬가지로 앤드루스 역시 오래 버티지 못하리라 여겼고, 뒤에서는 그를 오초(스페인어로 8을 뜻함)라고 불렀다. 많은 이가 앤드루스를 곧 퇴임할 사람처럼 대했다. 앤드루스가 자료를 요청해도 직원들은 대놓고 무시했다. 앤드루스가 프로젝트에 협업할 것을 요청하면 거부하기 일쑤였다. 앤드루스는 본사를 방문했을 때 부하 직원인 최고재무책임자에게 만나자고 요청했는데, 그는 일정상 시간을 낼 수 없다고 버티다가 마지못해 자신의 귀중한 시간 30분을 허락했다.

이는 모두 직원 차원의 문제였지만, 모든 게 윗선에서 비롯된 것임이 명백해졌다. 앤드루스는 대주주가 회의시간뿐만 아니라 작은 교류에서도 매우 거칠고 무례하다는 사실을 알게 됐다. 처음에는 별로 신경쓰지 않았지만, 새 직장에서 일한 지 불과 한 달 사이에 대주주의 공격적이고 거친 언행이 조직 전체에 스며 어딜 가나 두려움이 팽배해 있음을 알게 됐다.[3] 모두가 대주주를 무서워했다. 앤드루스도 예외는 아니었다.[4] 그는 이렇게 설명했다. "전화가 울려서 받았는데 상대가 그 사람일 때면 가슴이 철렁 내려앉았다. 그 사람하고는 모든 대화가 힘들었다." 회사에 출근하는 일도 힘들어졌다. 대주주가 표출하는 적대감이 업무 성과에 악영향을 미쳤다.[5] 앤드루스는 '내가 속이 울렁거릴 정도면 다른 직원들도 틀림없이 그럴 것'이라고 생각하게 됐다.

앤드루스는 조직문화를 바꾸려고 스컬캔디Skullcandy에서 최고경영자로 일할 때 사이가 좋았던 임원 네 명을 영입했다. 그러나 이 같은 조치는 상황을 악화시키기만 했다. 앤드루스와 새로 영입한 팀원들 대 대주주와 고참 직원들, 이렇게 대립 구도가 형성된 것이다.[6]

앤드루스는 취임 5개월 만에 이대로는 안 되고 대책이 필요하다는 생각을 분명히 하게 됐다. 이사회에서였다. 앤드루스 옆자리가 비어 있는데도 대주주가 거기에 앉기를 거부했다. 앤드루스가 장장 4시간에 걸쳐 98쪽 분량의 파워포인트 자료를 제시하며 앞으로 회사를 어떻게 바꿀지 자신의 비전을 설명했지만, 대주주는 단 한마디도 하지 않았다. 그가 화가 나서 부글부글 끓고 있다는 사실만은 분명하게 보였다. 발표가 끝나자 대주주는 주먹으로 책상을 쾅쾅 내리쳤고, 앤드루스를 향해 침을 튀기며 소리를 질렀다. "모조리 말도 안 되는 소리야. 그딴 얘기 하나도 동의할 수 없어!"[7] 그 순간 앤드루스는 자기와 대주주 둘 중 하나는 회사를 떠나야 한다고 생각했다.[8] 그는 사모펀드 파트너에게 전화해 이런 식으로 계속 일하기에는 인생이 너무 짧다며 "이 회사를 사든지 아니면 다른 최고경영자를 구하라"고 말했다. 사모펀드 회사는 신속하게 대책을 강구하고 2014년 6월 20일에 (앤드루스와 함께) 대주주의 지분을 매입했다.

전 소유주가 물러난 후 앤드루스는 여러 문제에 관심을 돌릴 수 있게 됐고, 트레이거의 사업 전략과 운영 방식에 몇 가지 변화를 주기 시작했다. 또 고위 간부 30~40명을 면담하며 그들에게 변화 의지가 있는지 오랜 시간을 들여 면밀하게 평가했다. 긍정적인 협업 문화를 구축할 아이디어를 얻고자 직원들에게 설문조사를 실시하고 익명으로 피드백을 제공하도록 했다. 앤드루스는 자신의 팀원들과 함께 트레이거의 성장을 이끌 새로운 사명과 다섯 가지 가치를 공식화하고, 이를 조직 내에 공유하고 강화하고자 무던히 애썼다. 하지만 별다른 변화가 보이지 않았다. 직원들 상당수가 장기근속 근로자였고, 자녀들까지 같은 회사에 근무하는 경우도 적지 않았다. 이들은 기존과 다르게 일을 처리하거나 앤드루스가 구상한 새로운 조직을 구축하는 일에 그다지 의욕을 느끼지 않는 듯했다. 앤드루스는 자신이 유타 지점과 오리건 본사를 오가느라 너무 많은 시간을 써서 효과가 저조한 것은 아닌지 고민했고, 가족과 함께 오리건주로 거처를 옮겨 본사에 매일 나가 솔선수범하며 조직 공동체를 새롭게 구축하는 방안도 고려했다. 하지만 이렇게 한다고 해서 조직문화를 바꿀 수 있을지 확신할 수 없었다.[9]

회사 주차장에서 18륜 트럭이 전소되는 광경을 본 날, 앤드루스는 근본적인 조치를 취해야겠다고 결심했다. 트럭 화재 처리 방안을 논의하려고 자기 팀원들과 회의를 하는데 터줏대감 격인 직원이 들어와 화재가 일어난 날 듣가 큰일이 터질 거라는 소문을 들은 적이 있노라고 말했다. 또 다른 직원은 앨라배마에 있는 사무실에서 불만을 품은 직원이 동료 둘을 층으로 살해했다는 소식을 전했다. 앤드루스는 직장생활을 하면서 목숨이 위험하다고 느낀 적은 이때가 처음이었다. 과거 경험을 돌아봐도 이렇게 불건전한 조직문화에 직면한 적은 없었던 터라 참고할 거리도 없었다. 그는 이 같은 조직문화를 바꾸려면 조직을 해체하고 뿌리부터 다시 만드는 수밖에 없다고 판단했다.

불건전한 조직문화에서 일하는 직원 대부분이 말 그대로 회사 자산에 불을 지르지는 않지만, 실제로 이들이 기업 수익과 평판에 피해를 입히는 것은 사실이기에 과감하게 특단의 대책을 세워야 했다. 앤드루스는 그 이유를 이렇게 설명했다. "부정적인 태도가 뿌리 깊게 박힌 문화를 바꾸는 것은 불가능에 가깝다. 전략과 운영방식은 고칠 수 있어도 문화를 고치는 길은 처음부터 다시 시작하는 수밖에 없다."[10] 결국 앤드루스는 처음부터 다시 시작하기로 했다. 긍정적인 협업 문화를 조성하려는 자신의 혁신을 차단하는 직원 대부분이 근무하는 오리건 본사를 폐쇄하기로 결정한 것이다. 비용이 많이 들고 고통이 따르는 결정이었지만 반드시 필요한 조치였다. 트레이거는 회사를 나가는 직원들에게 퇴직금을 지급하고 본사를 이전할 때까지 오리건에 남을 주요 직원들에게는 잔류 보너스를 지급했다.

트레이거 경영진은 유타주로 본사를 이전할 때 같이 갈 직원을 선별하면서 오리건에 잔류한 직원 90명을 대상으로 문화 적합성과 역량을 평가했다. 이들은 긍정문화 선도 유형, 중립 유형, 조직문화 훼손 유형으로 분류됐다. 앤드루스는 훼손 유형은 아무리 유능해도 트레이거에 적합하지 않다고 판단했다. 연구 결과에서 알 수 있듯이 불건전한 조직문화는 바이러스와 같기에, 유타 본사마저 감염시킬 우려가 있는 사람은 절대 함께할 수 없었다. 중립이나 긍정 유형으로 분류된 12~15명은 대부분 불건전한 조직문화에 물들지 않은 신입사원이었다. 그중 5명이 유타주에서 근무하기로 했다. 그리고 스프링빌 영업점에서 일하던 직원 15명가량도 유타주, 솔트레이크시티의 새 본사에서 일하기로 했다.

2015년 9월 유타주에 새롭게 본사가 문을 열었고, 2016년에는 오리건주에 남은 마지막 직원과 작별 인사를 나눴다. 2021년 기준으로 트레이거는 전 세계에 직원 720명이 근무한다. 앤드루스는 직원을 채용하기 전에 모든 지원자를 면밀하게 분석해 조직에 적합한 역량과 가치관을 갖추었는지 판단한다. 또한 여러 건축가와 협력해 긍정적 조직문화를 구축하는 사무실 환경을 조성했다. 트레이거 직원들은 매주 월요일에는 아침을, 화요일부터 금요일까지는 점심을 함께 요리해서 먹는다. 앤드루스가 볼 때 함께 음식을 준비하는 시간은 동료를 배려하는 마음을 보여주고, 자사 브랜드가 요리 및 음식 관련 제품을 생산하는 곳임을 상기하는 시간이다.

트레이거는 매출 7천만 달러를 달성하기까지 26년이 걸렸다. 그런데 앤드루스는 최고경영자로 부임하고 7년 만에 그 10배인 7억 달러 매출을 달성했다. 그는 성공 비결로 조직문화를 꼽으며 이렇게 말했다. "우리는 전과 같이 목재 펠릿을 연료로 쓰는 그릴을 만들고 있다. 더 나은 제품을 판매할 뿐 우리가 하던 일을 전면 개편한 것이 아니다. 시장에서 우리 브랜드가 차지하는 위치는 변한 게 없다. 달라진 것은 팀과 조직문화이다. 나는 조직문화가 중요하다고 생각한다." 앤드루스는 본사 분위기가 이전과 눈에 띄게 달라졌다고 설명하며, 소매업체 파트너들과 더 많은 소비자에게 긍정적인 분위기가 전달되어 회사 평판과 매출이 향상됐다고 평가했다.[11] 직원들도 앤드루스의 평가에 이견이 없는 것으로 보인다. 2020년에 직원들이 설문조사에 응답한 것을 보면, 자사 기업문화를 10점 만점에 평균 9점으로 평가했고, 자사의 비전과 미션, 가치와 일체감을 느낀다고 답한 이는 91퍼센트에 달했다. (업계 평균값은 48퍼센트, 기업 간 기준값은 46퍼센트였다.)

앤드루스는 또 다른 사실을 지적했다. "사람들한테서 감사 메모를 수백 통씩 받은 것은 직장생활을 한 뒤 처음이었다. … 옳은 일을 하는 것도 좋지만 옳은 이유로 옳은 일을 할 때 사람들이 결국 알아줄 것이라고 생각한다. 트레이거를 떠나는 사람이 거의 없는 건 회사에서 일하는 게 즐겁기 때문이라고 본다. 우리는 구성원들이 자기 역량을 극대화하도록 격려하고 자극한다. 우리 기업이 경쟁력을 갖추고 시장에서 승자가 되고 싶기 때문이다. 그런데 이 목표를 이루는 일은 구성원이 성장하면서 자기를 실현하고, 연대감을 느끼는 조직을 구축하는 일과 양립한다는 사실을 알아야 한다. 나는 경쟁을 강화하면서 동시에 구성원들이 서로를 보완하고 강화하는 방식으로 일하도록 해결책을 찾아가는 작업이 즐거웠다."

앤드루스는 트레이거에서 대대적인 쇄신 작업을 단행하고 재도약에 성공했다. 이 놀라운 이야기에는 내가 연구한 결과와 비슷한 내용이 담겨 있다. 직원들이 높은 성과를 내게 하고 싶으면 직원들이 존중받는다고 느끼게 해야 한다. 직원들은 노력이 평가절하되고 두려움과 스트레스가 만연한 조직에서 일하게 되면 잠재력을 마음껏 발휘하지 못한다. 앤드루스는 그 사실을 온몸으로 실감했다. 회사 대주주가 조성한 불건전한 조직문화에 둘러싸여 그 사람을 상대하는 것 자체를 꺼리게 됐고 업무 수행능력이 떨어졌다.

조직에서 느끼는 무례는 그저 불쾌한 기분이 드는 것으로 끝나지 않는다. 연구 결과에서 거듭 나타나듯, 기업 성과에 크나큰 손실을 초래한다. 나는 또 다른 저서 《무례함의 비용》에서 이러한 손실을 자세히 설명하며 정중한 언행이 어떻게 조직의 영향력과 효율성을 높이는지 보여줬다. 이 장에서는 정중함의 역학 관계를 살펴보고, 정중함이 조직 공동체의 성공에 얼마나 중요한 역할을 하는지 밝히고자 한다. 또한 다양한 기업을 컨설팅하면서 내가 개발한 '정중함 사이클 Cycle to Civility®' 도구를 이용해 구성원들이 발전할 수 있는 정중한 공동체를 구축하는 방법도 살펴보겠다.

## 조직 공동체 붕괴와 무례의 비용

앤드루스가 트레이거에서 겪은 일에서 보듯이, 구성원을 무례하게 대하는 조직에서 구성원들은 소외감, 외로움, 배신감, 모욕감을 느낀다. 소속감과 유대감은 깨지게 된다. 조직 공동체에서 유대 관계와 신뢰가 훼손되면, 성과가 감소한다. 이는 객관적 수치로 확인된다.

생사를 결정하는 선택이 이뤄지는 기관에서는 무례한 상호작용이 업무에 악영향을 미쳐 치명적인 결과가 초래되기도 한다. 한 의사는 내게 주치의가 팀원들을 비하한 사례를 들려줬다. 얼마 안 있어 그 팀은 차트에 적힌 중요한 정보를 놓쳐 환자에게 엉뚱한 치료를 처방하는 실수를 저질렀고, 그 결과 환자는 사망했다. 이 사고는 주치의가 그 팀을 비하한 일과 무관할까? 전혀 그렇지 않다. 의사와 간호사 4500명에게 조사한 결과, 자신이 알고 있는 환자 안전사고가 조직 내 방해 행동(경멸, 모욕, 무례한 언행을 비롯한 '괴롭힘'을 뜻한다)과 연관 있다고 답한 이가 71퍼센트였고, 환자 사망과 연관 있다고 답한 이는 27퍼센트였다.[12] 무례한 언행에 노출된 의사는 오진을 수정하지 못하고 안전사고를 일으키는 경향이 있다.[13]

한 연구진은 무례한 언행이 의료 환경에서 어떠한 영향을 미치는지 조사했다. 이스라엘에 있는 신생아 집중치료센터 네 곳에서 총 24개 팀을 선정해 의료 품질을 개선하는 훈련 프로그램에 초대했다. 훈련 프로그램에 따라 의료진은 내장 기관 문제가 순식간에 악화된 미숙아를 치료하는 임무를 수행했다(이 훈련은 단순한 모의 훈련이었고 영아의 건강이 위험에 처하는 일은 없었다). 각 팀은 문제를 진단하고, 신생아 상태에 따라 심폐소생술을 포함해 적절한 조치를 취해야 했다. 미국에 있는 한 전문가가 원격으로 그들을 지켜보고 이따금 조언해주기로 했다. 사실 그 '전문가'는 이 연구진의 일원이었다. 전문가는 먼저 12개 팀에게 중립적 메시지를 전달했다. 이 프로그램이 모의로 진행되는 것이며 연습하고 훈련하는 것이 중요하다고 말했다. 의료 품질에 대해서는 전혀 언급하지 않았다. 나머지 12개 팀에게는 이스라엘 의료 수준의 '열악함'을 지적하고 팀원들의 성과를 얕잡아보는 모욕적인 메시지를 전달했다.

연구진이 이 모의 훈련을 촬영했고, 중립적 전문가들이 그 결과를 평가했다. 무례한 언행에 노출된 의료팀은 진단과 치료 지표 모두 나머지 팀들보다 낮은 수준을 보여 영아의 생존 가능성이 현저히 떨어졌다. 무례에 노출된 이들이 마음을 열고 정보를 공유하지 않았고, 도움을 구하지도 않았기 때문이다.[14] 이들은 업무량을 분담하는 일에도 실패했다.

무례가 끼친 영향을 관찰한 내 연구 결과도 이와 다르지 않다. 심리적 안전감(또는 신뢰와 존중)이 결여되면 사람들은 자기도 모르는 사이에 마음의 문을 닫는다. 피드백을 구하거나 받아들이지 못한다. 새로운 실험에 도전하거나 실수를 놓고 논의하는 등 잠재적 위험이나 실제로 발생한 문제에 자기 목소리를 낼 가능성도 크지 않다.[15] 위협적인 상사와 같은 공간에 있지 않더라도 무례가 만연한 분위기에서 일하는 사람은 자기 능력을 발휘하기 어렵다. 다른 구성원들도 무례에 전염되어 생산성이 떨어진다. 생산성이 떨어지면 또 다른 이들이 그 공백을 메워야 한다.

예일대학교 심리학 교수 아담 베어Adam Bear와 데이비드 랜드David Rand가 수학적 모델을 개발하고 설명한 바에 따르면, 무례하고 이기적인 사람이 많은 환경에서 일하는 이들은 자기도 모르게 이기적으로 행동할 뿐만 아니라 그 행동을 성찰하지도 않는다. 협력하는 것이 더 큰 이득일 때도 이기적으로 행동하는 까닭은 그 결과를 깊이 생각해보지 않아서다.[16] 고객, 클라이언트, 환자를 비롯해 조직 공동체 구성원들은 우리가 생각하는 것 이상으로 공동체에 영향을 받는다. 그러다 보니 부적절한 문화에 감염된 이는 또 다른 이들을 병들게 하고 만다. 나는 데비 맥기니스Debbie MacInnis, 발레리 포크스Valerie Fakes와 진행한 연구에서 직원이 다른 사람에게 무례한 태도를 보이는 것만으로도 고객이 이탈한다는 사실을 알게 됐다!

나는 몇몇 동료와 에너지를 갉아먹는 관계가 업무에 미치는 영향을 조사했다. 우리는 '다른 사람을 향한 부정적 평가와 감정, 행동이 지속적으로 반복되는 관계'를 에너지를 갉아먹는 관계로 정의했다. 트레이거의 대주주와 최고경영자인 앤드루스의 관계를 에너지를 갉아먹는 관계라고 묘사할 수 있다. 한 엔지니어링 회사에서는 에너지를 갉아먹는 사람이 조직에 많다고 느끼는 직원일수록 회사를 그만둘 가능성이 2배 더 높게 나타났다. 여기서 놀라운 사실은 조직에서 에너지를 갉아먹는 관계가 문제될 때 유능한 인재일수록 조직을 떠날 가능성이 높다는 점이다. 에너지를 갉아먹는 사람이 평균 이상으로 많은 환경이라고 할 때 고성과자가 이직할 가능성은 보통 성과자나 저성과자가 이직할 가능성보다 '13배' 더 높았다.[17] 인사관리학회The Society for Human Resources management는 직원 1인당 이직 비용을 3500달러로 추산한다. 하위직 직원의 이직으로 조직에 발생되는 비용은 직원 연봉의 30~50퍼센트에 해당한다. 중간직 직원의 경우는 그 비용이 직원 연봉의 약 150퍼센트까지 증가한다. 고위직 직원의 경우는 이 수치가 연봉의 400퍼센트 이상으로 급증하기도 한다.[18] 다른 직원들이 그 인재를 따라 더 나은 곳(경쟁사가 될 수 있는 조직)으로 옮길 경우 이 비용은 순식간에 몇 배로 늘어난다. 귀중한 인재가 에너지를 갉아먹는 관계에 노출되어 회사를 떠날 수도 있음을 인지했다면 앤드루스가 그랬듯이 특단의 대책을 강구해야 한다. 내가 조사해보니 직장 내 상호작용을 개선할 방법은 다양하다. 에너지를 갉아먹는 사람을 반드시 제거해야 하는 것은 아니다.

## 정중함이 더 강력하고 성과 높은 조직 공동체를 만든다

나는 오래전부터 조직에서 무례하고 부정적인 언행을 근절하려고 노력했다. 그 결과 제대로 효과를 보려면 해악을 제거하는 이상의 노력이 필요하다는 사실을 알게 됐다. 해악을 없애는 것만으로는 부족하다. 조직 공동체가 긍정적인 언행을 생활화할 방법을 찾아야 효과가 있다. 상대방에게 감사 인사하기, 상대의 말을 경청하기, 예의 있게 질문하기, 동료를 인정하고 존중하기, 공로를 독점하지 않기, 미소 짓기를 비롯해 기타 비언어적 행동은 아무리 사소한 것일지라도 중요하다. 이는 구성원의 행복과 복지뿐 아니라 기업 성과에도 영향을 미친다.

정중함은 사람들을 끌어들이는 자석과 같다. 언행이 정중한 구성원은 조직 공동체에서 더 호감 있고, 유쾌하고, 매력적인 사람으로 대우받는다. 사람들은 무례한 사람보다 정중한 사람을 더 진실하고 완벽한(더 높은 지위와 권력을 얻는) 사람으로 여긴다.[19] 정중한 언행으로 상호작용하는 조직은 더 많은 인재를 끌어들이고 유지한다.

정중한 사람이 조직 구성원들에게서 헌신과 참여, 성과를 끌어낼 가능성이 크다. 나는 트니 슈워츠와 전 세계 직장인 2만 명을 대상으로 연구한 결과를 《하버드비즈니스리뷰》에 발표했다. 그 결과에 따르면, 리더의 자질 가운데 정중한 언행만큼 강력하게 영향을 미치는 자질은 없다. 직원들의 공로를 인정하고 감사를 표현하는 리더, 도전 의욕을 북돋는 리더, 유용한 피드백을 제공하는 리더, 배우고 성장하고 발전할 기회를 제공하는 리더도 좋지만, 평소 언행이 정중한 점이 리더에게 더 중요하다고 직원들은 답했다.[20]

리더가 자신을 존중한다고 느끼는 직원들은 그렇지 않은 직원보다 건강과 행복감이 55퍼센트 더 높았고, 신뢰와 심리적 안전감을 1.72배 더 크게 느꼈으며, 즐거움과 조직 만족도가 89퍼센트 높았다. 집중력은 92퍼센트 더 높은 것으로 나타났다. 리더가 자신을 존중한다고 느끼는 직원들은 그렇지 않은 직원보다 조직에 남을 가능성 역시 1.1배 더 높았다. 리더가 직원을 존중하는지 여부가 직원 몰입도에도 분명히 영향을 미쳤다. 리더에게 존중받을수록 직원 몰입도가 올라갔다. 리더가 자신을 존중한다고 답한 이들은 몰입도가 55퍼센트 더 높게 나타났다.

동료 연구진과 내가 조사해보니, 상대를 존중하는 언행은 긍정적인 에너지를 불어넣고, 조직 공동체에 참여하고 기여하려는 열의를 촉진하는 것으로 나타났다. 정중함은 성과, 협업, 창의성, 자기주도성을 높이고, 오류를 줄인다. 정중함은 구성원들 사이에 전염되고, 이는 조직 공동체 전반에 긍정적인 효과를 확산하고 증폭한다.

한 생명공학 회사 연구개발 부서의 전 직원을 대상으로 수행한 연구에 따르면, 직원들은 정중한 사람에게 정보를 구할 가능성이 더 높고, 정중한 사람을 리더로 여길 가능성이 2배 더 높았다. 상대를 존중하는 언행에는 보상이 따른다. 정중한 사람은 실적이 13퍼센트 더 높았다. 우리는 정중한 언행에 보상이 따르는 이유를 더 자세히 알아보는 실험을 수행했다. 그 결과 사람들이 무례한 사람보다 정중한 사람과 정보를 공유하려는 의향이 59퍼센트 더 많게 나타났고, 무례한 사람보다 정중한 사람을 위해 열심히 일하려는 의욕이 71퍼센트 더 강하게 나타났다. 이는 대체로 정중한 사람이 다정함과 유능함이라는 강력한 무기를 모두 갖춘 특별한 사람으로 인식되기 때문이다.[21]

우리는 정중함이 미치는 효과가 어떻게 조직 공동체에 퍼져나가는지 궁금했다. 우리는 한 생명공학 회사를 조사하면서 사소한 행동이지만 예의를 갖출 때 상대방도 똑같이 보답하거나 다른 사람에게 똑같이 예의를 갖출 가능성이 크다는 사실을 발견했다.

다른 사람과 상호작용할 때 생기는 긍정적이고 고무적인 감정이 일으키는 효과는 내 동생 마이크의 말을 빌리면 '강력한 마법The Mighty Magic'과 같다. 정중한 언행은 집단에 마법 같은 힘을 발휘한다. 구글은 활발하게 운영되는 프로젝트팀 180개를 대상으로 연구를 진행했는데, 팀을 구성하는 개개인보다 팀원들이 상호작용하고, 업무를 체계화하고, 업무 기여도를 평가하는 방식이 더 중요하다는 사실을 발견했다. 심리적 안전감이 더 높은 팀의 구성원들은, 다시 말해 서로 신뢰하고 존중하는 팀원들은 그렇지 않은 팀원들보다 동료의 아이디어를 기꺼이 활용할 가능성이 더 크고, 이직 가능성은 더 적었다. 그뿐만 아니라 회사에 더 많은 수익을 창출하고, 경영진에게 '생산성이

높은' 팀원으로 평가받는 사례도 2배나 더 많았다.[22]

조직 공동체 구성원들은 자기 의견을 피력하고 아이디어를 공유하려면 반드시 정중함을 기본 요건으로 갖춰야 한다. 내가 실시한 실험에서는 상대가 의견을 무례하게 제시할 때(즉, 무례하게 말을 끊고 이야기할 때)보다 정중하게 제시할 때(즉, 감사하다고 말할 때) 심리적 안전감이 35퍼센트 증가하는 것으로 나타났다. 일터에서 마주하는 사소한 순간들은 중요하다. 특히 리더라면 더욱 예의를 갖춰야 한다.

제2장에서 언급한 아만 부타니는 인도에서 자랄 때 부모님에게서 망고나무 이야기를 들으며 겸손을 배웠다. 일찍이 사회에서 만난 상사가 부타니에게 겸손은 (서구 문화권) 리더가 갖출 덕목이 아니라고 강조했기 때문에 부모님께 배운 겸손은 더욱 큰 도움이 됐다. 부타니는 망고나무 이야기를 늘 되새기며 겸손의 장점을 스스로 다시 규정했다. 망고나무와 겸손을 연관지어 이해하려면 약간의 배경 지식이 필요한데, 부타니의 설명은 이렇다. "망고는 인도에서 과일의 왕이다. 섬유질이 많고, 과즙이 풍부하고, 종류가 수백 가지에 달한다. 이 과일의 왕을 키우려면 씨앗을 땅에 심고서 나무에 크고 무거운 망고가 달릴 때까지 약 5년을 기다려야 한다." 부타니는 열매가 많이 맺힐수록 가지가 아래쪽으로 많이 구부러진다고 설명했다. 겸손은 모든 사람에게 재능이 있음을 인정하는 데서 출발한다. 부타니는 말을 이었다. "우리에게는 엄청난 재능이 있고 그 재능은 망고나무에 달린 망고와 같다. 우리가 할 일은 망고나무처럼 그 재능을 다른 사람들이 쉽게 가져갈 수 있게 하는 것이다. 망고나무는 더 많은 동물이 과일을 먹을 수 있게 가지를 아래로 내려뜨린다. 우리 역시 좋은 아이디어라든

지 자신의 재능을 제공하려 할 때 우리가 할 일은 고개를 숙이는 것이다. 망고나무처럼 말이다." 부타니는 리더가 겸손을 회복할 때 긍정적인 결과가 얼마나 많이 생기는지도 설명했다. 사람들은 겸손한 리더에게 직언을 아끼지 않고, 심지어 혹독한 비평을 들려주기도 한다. 부타니는 "주변 사람 모두가 겸손한 리더에게 더 잘할 수 있는 방법을 알려줄 것이다. 모두가 그 리더를 지지하기 때문이다"라고 말했다.[23] 부타니는 겸손을 조직 규범으로 지정하고 망고나무 이야기를 들려주며 직원들에게 이를 가르친다.

이 이야기와 제레미 앤드루스의 사례를 비롯해 이 책에서 소개할 수많은 사례에서 보듯이 리더가 조직의 분위기를 결정한다. 한 전공의가 내게 들려준 이야기도 이와 같다. 한 마취과 의사가 수술실에서 환자에게 마취제를 투여하려던 찰나였다. 곁에 있던 간호사가 갑자기 "이거 잘못됐어요!"라고 소리쳤다. 집도의가 동작을 멈추고서 당황한 표정으로 "왜 그래요?"라고 물었다. 간호사는 차트에 기재된 정보가 잘못된 게 틀림없다고 설명했다. 환자 체중에 비해 용량이 너무 많아서 이대로 투여하면 환자가 사망에 이를 수도 있다는 것이었다. 집도의는 그 말을 곧이곧대로 믿은 건 아니었지만 의료진에게 정보를 다시 확인하고 적정한 용량을 다시 계산해달라고 요청했다. 의료진은 곧 실수를 찾아내 필요한 용량을 조정했다. 집도의는 동료 의사들 사이에서 평판이 매우 좋고 인기가 많은 사람이었다. 집도의는 수술에 성공한 후 그 간호사를 '메드스타헬스MedStar Health' 후보로 추천했고 그 간호사는 수상자로 선정됐다. 메드스타헬스는 미국 전역에서 120개 기관을 운영하는 비영리단체다. 수술을 집도한 외과의는 불미스러운 사건을 쉬쉬하지 않았다. 오히려 이를 드러내어 병원이 의료인들에게 바라는 책임감 있는 행동이 무엇인지 강조했다. 다른 병원에서라면 눈치를 보느라 상사 행동에 의문을 제기하지 못했을 하위 직급을 비롯해 모든 직원이 거리낌 없이 자기 의견을 밝히는 문화를 강화한 것이다. 이로써 잠재적 위험이나 안전사고를 바로 시정할 수 있게 됐다.

이처럼 강력한 이야기는 구성원들의 입을 거쳐 조직 공동체로 퍼져나간다. 강력한 이야기는 조직의 가치를 변함없이 지킨다. 조직이 진정으로 추구하는 가치가 무엇인지 벽에 붙인 추상적인 표어나 웹사이트에 나열하는 지침보다 훨씬 더 생생하게 전달한다. 기업 웹사이트에서 마주치는 슬로건은 사실 천편일률적이며 그리 설득력도 없다.

## 정중한 문화를 구축하는 4단계

'정중한' 문화를 조성하고 싶은 기업에게는 내가 컨설턴트로 일하며 여러 기업에 소개한 정중함 사이클 4단계 프로그램을 추천한다. 이 프로그램은 채용, 교육, 평가, 실행(역량 개발, 계약 종료, 퇴사)까지 직원생애주기를 전부 다룬다. 이 4단계 중 어느 하나에 집중하는 것도 좋지만, 한 번에 두 단계 이상 다루면 정중한 문화가 조직에 더 빠르게 정착할 것이다. 정중한 조직문화를 구축하는 데 더 많은 노력을 기울일수록 그 영향력이 조직 전반에 나타나는 것을 목격할 수 있다. 예의와 정중함을 강조하는 것은 팀과 조직 공동체의 발전과 복지에 신경 쓴다는 신호다.

| 채용 단계: 정중한 인재를 선발한다 |

공동체 의식을 함양하는 일은 구성원 채용에서부터 시작된다. 어느 기업의 창업자이자 최고경영자가 내게 중요한 고위경영진을 채용할 계획이라고 말했다. 지원자 중에는 뛰어난 경영인이자 수천억 달러의 기술 회사에서 고위급 임원을 지낸 사람이 있었다. 그런 사람이 성장 가능성을 보고 아직은 작은 자신의 회사에서 일하고 싶어 한다는 사실에 이 창업자는 매우 기뻐했다. 이 창업자는 화려한 경력을 지닌 이 지원자를 여러 차례 만났고 뛰어난 지원자가 나타난 사실에 신이 났다. 이토록 대단한 사람이 자신의 회사에서 일하려 한다니 도무지 믿기지 않을 정도였다. 그래도 그에게 입사를 제안하기 전에 신뢰하는 고문역에게 먼저 자문을 구했고, 고문역은 후보자의 이전 상사인 최고경영자에게 전화를 걸어 물어보기로 했다.

고문역은 상당한 정보를 얻은 후 창업자에게 "그 사람은 유해한 사람이니 채용하지 말라"라고 조언했다. 고문역은 그 사람을 채용하면 실리콘밸리와 잠재적 투자자들이 그런 사람을 채용하는 최고경영자의 판단에 의문을 품고 신생 회사도 무시할 것이라고 설명했다. 그러나 이 창업자는 미련이 남았다. 이전 상사는 후보자를 '유해한 사람'이라고 평가했지만 후보자가 그 사람 밑에서 근무한 기간이 길지 않았기 때문이다. 하지만 창업자는 평판을 더 자세히 조회하고 나서 이 후보자를 채용할 경우 사람들에게 미칠 악영향을 가리키는 정보가 너무 많다는 사실을 알게 됐다.

　이 창업자는 운이 좋았다. 그를 진심으로 염려해주고, 그가 채용하고 싶은 후보자가 어떤 사람인지 알아보려고 수고를 아끼지 않는 투자자가 있었으니 말이다. 사례의 후보자처럼 누구나 좋은 추천서를 몇 장쯤은 제출할 수 있다. 그러니 그 서류만으로 후보자를 확인하는 작업을 끝내서는 안 된다. 특히 중요한 자리에 채용할 사람이라면 반드시 따로 평판을 알아봐야 한다. 그 사람과 일했던 상사는 물론 동료와 부하 직원에게도 의견을 구해야 한다. 조직에 유해한 사람은 '강한 사람에겐 아첨을 떨고, 약한 사람에겐 갑질하며' 직급에 따라 페르소나를 바꾸는 경향이 있기 때문이다.

　동종 업계와 관련 조직 내에서 가능한 한 많은 이에게 정보를 수집해야 한다. 전 미국 노동부 차관 크리스 루Chris Lu는 채용 후보를 아는 사람들에게 전화를 돌린다. 그러면 실패하는 일이 없다고 말한다. 그는 자신이 신뢰하는 인맥을 동원해 거의 모든 후보자에 대한 정보를 얻는다고 한다. 지인과 통화할 때는 채용 후보의 장점과 단점뿐 아니라 언행이 저속하거나 무례하지는 않은지도 알고 싶다고 말해야 한다. 조직에 유해한 사람이 입사하면 조직을 오염시켜 오래도록 피해를 입히는 만큼, 채용 전에 그런 정보를 파악하는 것이 좋다.

　앤드루스는 거의 모든 직원을 직접 면접했는데, 그 이유를 이렇게 설명했다. "조직문화에 맞지 않는 사람을 확실히 걸러내고 싶은 이유도 있지만, 첫 단추를 잘 꿰어야 파트너십과 우정을 쌓아나갈 수 있기 때문이다. 내가 거의 매번 듣는 말이 있다. 보통 나보다 직급이 몇 단계 아래에 있는 사람들이 하는 말인데, 최고경영자가 '시간을 내서 만

나준다는 사실이 믿기지 않는다'고들 한다. 그러면 나는 '이건 중요한 일이고, 그 어떤 일보다 의미 있는 일이다. 우리 회사에서는 개개인이 모두 소중하다'고 답한다." 앤드루스는 회사에 들어오는 사람과의 첫 만남에 많은 공을 들여, 회사가 직원을 귀하게 여긴다는 사실을 알려 주고 싶어 한다.

물론 아무리 신중한 고용주라도 직원을 잘못 채용할 수 있다. 고용주가 직원 채용에 실수를 하지 않았더라도, 다른 회사를 인수한 경우 그 직원들이 기존 조직에 어긋나는 문화를 전염시킬 수도 있다. 그럴 때는 가능한 한 빨리 개입하여 무례와 관련된 문제를 해결하는 것이 최선이다.

| **교육 단계: 정중함을 가르친다** |

조직의 리더라면 자기 역할을 코치로 여기는 것이 좋다. 리더는 조직의 핵심 가치와 기본 강령을 직원들과 검토해야 한다.

기업은 사명 선언문에 정중한 언행 지침을 만들어 **구성원에게 기대하는 바를 알린다**. 회사 창업자나 리더가 행동 방침을 구체적으로 정해 사명 선언문에 명시하면 정중하고 올바른 조직문화의 기틀을 다지고 긍정적인 문화를 꽃피울 수 있다.

앞서 제2장에서 내가 사우스웨스트항공 본사에서 열린 행사에 강연자로 초대받은 적이 있다고 언급했는데, 그 행사가 시작되자 다양성과 포용성 부문을 총괄하는 라켈 다니엘스Raquel Daniels가 무대에 올라 음악을 크게 틀고 블랙아이드피스Black Eyed Peas의 〈비 나이스Be Nice〉를 불렀다. 다니엘스는 직원들에게 함께 부르자고 제안하며 "달라져 봐. 다정해져야 해. 그냥 웃어봐. 그대 인생이 바뀔 거니까"라고 힘차게 노래했다. 사람들은 작게 노래를 따라 부르기 시작했다. 다니엘스가 몸을 흔들며 박수를 치자 참석자들도 자리에서 일어나 두 팔을 들고 노래를 불렀다.

사우스웨스트항공의 사명 선언문은 다음과 같다. "우리는 고객을 대하듯이 따뜻한 관심과 존중, 배려로 직원들을 보살필 것이다. 직원들은 이와 동일한 자세로 고객들을 보살펴야 한다." 최고경영자 게리 켈리는 시민들 사이에서 그 어느 때보다 극심한 갈등을 겪는 오늘날에는 존중과 배려가 더욱 중요하다고 믿는다며 이렇게 덧붙였다. "요약하면 이렇다. 옳은 일을 하고, 사람들을 올바로 대우해야 한다. 이는 그저 예의를 차리는 정도를 말하는 게 아니다. 우리 일은 사람들을 섬기는 일이다. 우리가 사람들의 말에 귀를 기울이고, 이해하고, 나와 생각이 다른 사람을 포용한다면 모든 코하트Coheart(사우스웨스트 직원을 가리키는 별칭)와 모든 고객이 존중받는다고 느낄 것이다. 우리에게는 세상을 바꾸고, 사우스웨스항공을 변화시킬 책임이 있다." 사우스웨스트항공의 슬로건인 '한 팀. 한 가족. 한마음'에는 이 같은 가치가 잘 드러난다.

사우스웨스트항공 직원들은 때로는 고객과 사소하게 나눈 대화에서도 고객을 도울 기회를 찾는다. 한 승무원은 다른 주로 가서 변호사 시험을 보는 고객이 정장을 깜빡하고 챙기지 못한 사실을 알게 됐다. 비행기가 공항에 도착한 시간이 밤 11시였기에 고객이 정장을 구입하기 어려웠다. 한 직원이 이 도시에 사는 동료 조Joe'와 고객의 체격이 비슷하다는 사실을 알아차렸다. 직원은 조에게 연락했고, 조는 자신의 정장을 챙겨서 고객이 머무는 호텔로 갔다. 고객은 조의 정장을 차려입고 변호사 시험에 응시했고 좋은 결과를 얻었다.[24]

행사에 참석한 켈리는 사우스웨스트항공이 다양한 의견과 관점, 신념을 넓은 마음으로 포용하지만 직원들의 언행에 대해서는 허용 범위가 넓지 않다고 강조했다. 다시 말해, 사우스웨스트항공은 무례한 직원에게는 책임을 묻는다.

**직원들을 교육한다.** 정해진 행동 규범을 교육하는 것으로 그쳐서는 안 된다. 사람들의 말을 온전히 경청하는 법, (칭찬이든 잘못을 지적하는 것이든) 피드백을 주고받는 법, 차이를 존중하며 일하는 법, 껄끄러운 사람을 대하는 법을 익히도록 도와야 한다. 공감, 협상 기술, 스트레스 관리, 피드백 주고받기, 민감한 주제 다루는 법, 나아가 마음챙김 훈련도 다른 사람을 정중하게 대하는 법을 가르치는 과정에 포함된다.

**직원들이 자발적으로 실천하게 해야 한다.** 나는 기업이나 기관을 상담할 때 '어떤 사람이 되고 싶은가?'라는 프로그램으로 직원들과 훈련한다. 이 모의 훈련에서 구성원들은 자신들의 업무 정체성을 형성할 규범을 스스로 정의한다. 나는 캘리포니아 어바인에 있는 브라이언케이브Bryan Cave 로펌에서 이 프로그램을 진행한 적이 있다. 당시 경영 파트너인 스튜어트 프라이스Stuart Price와 나는 직원들에게 서로에게 적용시키고 싶은 규범이 있으면 말해달라고 요청했다. 직원들은 1시간여 만에 열 가지 규범을 만들고 그 규범을 지키기로 합의했다.[25] 회사는 이렇게 정한 규범을 '예절 계명'으로 삼아 회사 로비에 눈에 잘 띄게 전시했다! 프라이스는 브라이언케이브가 오렌지카운티에서 가장 일하기 좋은 직장 1위에 선정된 것은 이 예절 계명 덕분이라고 말

한다.[26]

조직 구성원들이 서로 언행을 책임지도록 격려해야 한다. 규범을 정해봤자 그저 말뿐이고 바람직한 행동으로 이어지지 않는다면, 사람들은 사기가 떨어지고 냉소적으로 변하게 된다. 내가 상담했던 어느 조직에서는 리더들이 열 가지 예절 원칙을 정했다. 하루는 직원들과 교육 프로그램을 진행하는데 한 사무직 직원이 내게 자랑스럽게 말했다. "우리는 이제 이 원칙에 근거해서 서로 지적한다. '제7조, 이 사람아!' 또는 '제5조, 이 친구야!'라고만 말하면 된다." 열 가지 예절 원칙이 구성원들 사이에 뿌리내려 그저 숫자만 언급해도 충분했던 것이다. 직원들이 규범을 지키고 서로 책임을 물으면 조직이 추구하는 가치는 보호되고 무례한 언행이 확산될 가능성은 최소화된다. 더욱이 직원들이 공식 절차를 밟지 않고 유쾌한 방식으로, 이를테면 "제7조, 이 친구야!"라고 말하는 것만으로도 무례를 견제할 수 있다면 더할 나위 없다.

| **사례 연구: 클리블랜드클리닉** |

클리블랜드클리닉에서 실시하는 직장인 예절 교육은 내가 본 가장 성공적인 사례였다. 이들은 교육 과정에서 무엇보다 공감하는 태도를 강조한다. 클리블랜드클리닉은 병원 최초로 환자 경험 개선을 전략 목표로 삼고, 2007년 에이드리엔 부아시를 환자경험최고책임자 CXO로 선임했다. 부아시는 훌륭한 환자 경험을 제공할 수단으로 공감에 주목했다.[27] 신경과 전문의인 부아시는 공감을 연구하는 신경과학에 정통했기에 공감을 주고받을 때 뇌에 어떤 일이 일어나는지 잘 알

왔다. 그는 공감이 가진 강력한 치유력을 팀원들이 알기를 원했다. 부아시는 공감을 다른 사람의 감정을 상상하고, 직접 느끼고, 그 감정에 따라 행동하는 능력으로 정의한다. 환자와 공감대를 쌓고 싶은 의사는 환자의 생각과 감정을 묻고, 환자의 말을 새기고 있으며 또 이해한다는 사실을 표현해야 한다.

부아시는 공감이 환자뿐만 아니라 의사에게도 도움이 된다고 믿었다. 의사들은 대체로 사람들의 안위를 돌보고 싶어서 이 직업을 선택했다. 하지만 시간 압박이라든지 보험 청구와 관련된 서류 작업, 의료과실 소송의 위협까지 현대 의학이 운영되는 방식에는 의사와 환자 간 유대를 망치는 요소가 너무 많다. 공감 훈련은 의사와 환자 간 유대감을 회복하는 데 도움이 된다. 유대감을 형성할 때 의사들 사이에 만연한 번아웃 증상도 감소한다. 번아웃 증후군으로 미국에서 발생하는 비용은 연간 46억 달러에 이른다. 미국 의사들 가운데 절반가량이 번아웃을 경험하며,[28] 이는 불안장애, 우울증, 자해(의사들은 자살률이 매우 높은 편이다), 의료과실 소송으로 이어진다.[29]

환자의 말을 경청하고 공감하는 능력은 의사가 쓸 수 있는 강력한 치료 도구이며, 이로써 인간의 몸과 마음에 끼치는 피해는 물론 결과적으로는 경제적 피해까지 줄일 수 있다는 것이 부아시의 소신이었다. 통계에 따르면 환자가 의료과실 소송을 제기하는 가장 큰 이유는 의사의 부적절한 의료행위가 아니라 인간적 유대감 부족이다. 환자와의 공감 부족이 수백만 달러 소송으로 이어지는 것이다.

부아시는 자신이 해결할 문제가 무엇인지 알고 있었다. 의사라는 직업은 스트레스가 많다. 환자의 건강을 다루는 만큼 책임이 막중하고, 답이 보이지 않는 상황에서도 방법을 찾아야 할 때가 많다. 시간에 쫓기다 보니 환자의 말을 끝까지 들어주지 못하고 말을 끊게 된다. 특히 수련의와 전공의 시절에는 수면 부족에 시달린다. 한 연구 결과에서 의사의 공감 능력은 수련 기간 내내 감소하다가 전문의가 되고 나서야 다시 상승하는 것으로 나타났다. 부아시에 따르면 공감 훈련은 의사들이 느끼는 스트레스를 완화하고 행동을 변화시킨다. 하지만 의사들은 이 훈련을 '허울 좋은 소리'로 치부할 뿐 핵심 도구로 보지 않는다. 부아시도 저항에 부딪히리라는 사실을 모르지 않았다.

부아시는 클리블랜드클리닉 의사들에게 경청하고 공감하는 법을 가르치기 위해 의사소통 훈련 프로그램을 개발했고, 누구에게 해당 교육을 맡길지 전략적으로 검토했다. 처음에 고려한 대상은 클리블랜드클리닉에서 30~40년간 근무한 사람, 특히 외과의였다. 클리블랜드클리닉 직원의 60퍼센트가 외과의였기 때문이다. 그는 상위 직급부터 교육을 담당할 사람을 물색하다가 신경의과 과장에게 연락했다. 하지만 과장은 "저를 강사로 고려해주어 고맙지만, 최근 입사한 젊은 분이 더 좋을 듯하다"며 사양했다. 부아시는 갓 입사한 사람이 아니라 권력의 중심에 있는 사람이 필요했다. 그는 지원을 요청하려고 병원장을 찾아가 "조직 전체에 영향력을 미칠 수 있는 사람이 누구인지 전략적 관점에서 판단하고 있으며, 신경외과 과장이 이 임무에 적임자라고 생각한다"라고 말했다. 결국 신경외과 과장이 이 프로그램 교육을 담당하기로 동의했고, 이 소식에 그무된 사람들은 선뜻 참여 의사를 밝혔다. 부아시는 "사람들이 아무개 의사에게 이 교육 프로그램을 맡겼다는 소식을 듣고서야 이 과정에 참여하게 됐노라고 말했다"고 했다. 입소문은 매우 강력한 효과를 발휘한다. 부아시는 "한 사람의 영향력을 과소평가해서는 안 된다. 특히나 영향력의 중심에 있는 사람이라면 더더욱 그렇다"고 강조했다.[30]

클리블랜드클리닉 교육 프로그램은 처음에는 1천여 명을 대상으로 진행했지만, 나중에는 전공의와 전임의를 비롯해 의료진 4천여 명으로 참여자가 늘어나 전체로 확대했다. 8시간의 교육 과정은 모든 의사가 거쳐야 하는 필수 과정이 됐다. 지금까지 클리블랜드클리닉에서 이 교육을 받은 의료인은 총 4만여 명에 달한다.[31]

부아시는 이 교육 과정에 두 가지 의제가 있었다고 설명한다. "하나는 콘텐츠를 교육하는 것으로 효과적인 의사소통 기술을 알려주는 것이 목표였다. 또 하나는 주로 관계의 맥락에서 의료진의 생각과 태도, 신념을 근본적으로 바꾸는 것이었다. 누군가에게 그저 약을 복용하게 하는 것이 목표가 아니라 관계를 형성하는 게 목표라면 우리가 하는 말이 어떻게 들릴까?"[32]

의사들은 이 질문을 탐구하면서 시나리오에 따라 역할극을 하고 환자와 대화를 더 잘 나누는 법을 배웠다.

부아시는 의사와 환자 간 통상적인 대화를 예로 들어 그 원리를 설명했다.

**의사**: 금연 이야기를 해야겠어요. 지난번에도 이 문제로 이야기했는데 어째 진전이 없는 것 같네요.
**환자**: 어머니가 돌아가신 후로 정말 힘들었어요.
**의사**: 담배를 끊지 못하면 또 심장마비가 오고 폐암에 걸려요. 그

게 늘 걱정하던 거잖아요.

부아시는 역할극 과정에 개입해 대화를 분석하고 더 효과적으로 금연이라는 목표를 환자에게 전달하는 법을 제시한다.

**부아시**: 그렇게 말하는 의도가 무엇인지 말씀해주시겠어요?
**의사**: 환자가 담배를 끊었으면 합니다.
**부아시**: 좋아요. 환자에게 금연을 권하는 '이유'를 말씀해주세요.
**의사**: 폐가 망가질 겁니다.
**부아시**: 환자의 폐를 왜 걱정하는지 이유를 말해보세요.
**의사**: 그 환자의 건강을 염려하기 때문이죠.
**부아시**: 이제 그렇게 말씀해보시겠어요?[33]

환자가 이해할 수 있는 방식으로 표현하는 법을 훈련하는 것은 의사와 환자 모두에게 도움이 된다. 부아시는 환자를 염려하는 마음을 제대로 전달하는 법을 의사에게 가르친 것이 성공 비결이라고 말한다. 부아시를 비롯해 여러 강사가 시나리오에 따라 역할극을 수행하며 교육 때마다 거듭 발견하는 것은 의사들이 다음과 같이 말하는 것을 자주 까먹는다는 사실이다. "환자분 건강이 걱정돼서 드리는 말씀입니다", "제가 환자분과 함께합니다", "우리는 이 문제를 같이 해결해나갈 거예요." 이런 말들이 환자들이 들어야 하는 말이고 듣고 싶어 하는 말이다. 부아시에 따르면, 이 역할극의 목적은 "[환자를] 한 인간으로 대하는 플랫폼을 만드는 것이다. 이것이 훈련의 비결이 됐고, 이 교육 프로그램의 힘이 됐다."[34]

　클리블랜드클리닉은 공감이 공감을 낳는다는 사실을 배웠다. 공감을 더 많이 표현할수록 공감할 능력이 더 많이 생기고, 더 많이 공감하고 싶어진다. 다양한 특질이 사회 안에서 어떻게 전염되는지 연구하는 니컬러스 크리스태키스Nicholas Christakis는 공감도 전염된다고 말한다. 내가 상대방에게 공감하면 그 사람이 다른 사람에게 공감한다. 그렇게 공감이 전염된다.

　클리블랜드클리닉의 의사소통 및 공감 교육 과정에 참여한 의사 1500명을 조사해보니 이 교육은 환자 경험, 의사들의 공감 능력, 번아웃 감소에 통계상 유의미하고 긍정적인 영향을 미쳤다.[35] 특히 의사들이 느끼는 정서적 소진 현상이 감소했는데, 교육 과정 종료 후 3개월(연구가 종료된 시점)까지 꾸준히 감소세를 보였다. 클리블랜드클리닉 의사 가운데 번아웃을 경험한 의사가 이직할 가능성은 직무에 몰입하고 만족하는 의사보다 2배나 높았다. 당연히 병원에서 이들을 대체할 인력을 구하는 데는 상당한 시간과 에너지, 비용이 소요된다.[36] 따라서 앞서 말한 여러 효과 외에도 의사 유지율 증가는 경제적 이득으로 이어졌다.

　부아시는 교육 과정을 마친 후 모든 의사가 근무 기간이나 전문 분야, 의사소통 능력 정도와는 별개로 의사소통 능력이 향상됐다고 밝히며 이렇게 덧붙였다. "이 점이 중요한 교훈이라고 생각한다. 우리 모두 여전히 배울 것이 있다는 사실 말이다." 처음 교육에 참가한 의사들은 이런 교육을 받는다고 뭐가 달라지겠느냐고 의심했지만 실제로 이들은 바뀌었다. 거의 모든 참가자가 교육을 마치고 나서 교육이 도움됐다고 인정했다. 이는 공감 능력을 스스로 평가한 점수와 환자들이 평가한 점수가 '모두' 상승한 사실로도 입증됐다. 부아시는 이 같은 결과를 보고 깨달은 점을 이렇게 이야기했다. "이 교육은 단순한 의사소통 교육이 아니었다. 인생이 바뀌는 큰 깨달음을 얻는 시간이었다. 의사소통 기술을 배우는 과정은 환자를 한 인간으로 이해하고, 환자의 의견을 경청하고, 환자의 선택을 존중하는 법을 배우는 시간이었다. 환자들을 대하는 기술을 동료에게도 똑같이 적용할 수 있다. 참가자들은 상대에게 공감과 존중을 받고, 또 상대를 존중하고 공감할 때 어떤 기분인지 경험하고 나서 기존의 언어 습관을 바꿨다." 부아시는 자신의 교육 프로그램으로 의료인들의 잠재력을 끌어냈고, 조직 내에 긍정적인 파급 효과를 불러일으켰다.

| **평가 단계: 정중한 언행을 평가하고 보상한다** |

정중한 언행을 높이 평가한다면(지금쯤이면 그 가치를 인정하리라 믿는다!) 실제로 조직에서 정중함이 얼마나 중요한지 보여줘야 한다. 이러한 메시지를 전달하는 가장 효과적이고 설득력 있는 방법은 **정중한 언행의 가치를 인정하고 보상하는 것**이다. 조직에서 현재 적용하는 성과 평가 및 보상 체계는 어떤가? 성과를 측정하는 지표는 조직의 성공을 견인하는 데 실제로 얼마나 기여하는지 설명할 수 있게 설계돼야 한다. 현재 성과 관리 체계는 조직이 바라는 정중한 언행을 장려하는 데 도움이 되는가? 이를테면 다른 사람과 협업하는 것과 같은 행동을 장려하는가? 그런 성과 지표를 만드는 데 중요한 사항을 지금부터 설명하고자 한다.

성과 평가 체계는 조직이 중시하는 가치를 실천하는 직원을 제대로 평가하고 보상할 수 있게 만들어야 한다. 《포춘》 선정 50대 기술 기업 중 한 곳을 예로 들어보자. 이 회사는 일하는 방식이 기준에 미치지 못할 경우 성과에 낮은 점수를 줬다. 다시 말해, 눈부신 실적을 올린 영웅이라 해도 '고지에 도달하기까지 수많은 사상자를 낸' 사람이라면 그 실적을 깎아서 평가했다. 내가 여러 로펌이나 컨설팅 회사와 협업했을 때도 비슷한 일이 많았는데, 무례한 파트너들은 자신들의 잘못된 행동으로 (지분이 감소해) 금전적으로 손해를 보기 전까지는 무례한 행동을 바꾸지 않았다.[37] 무례한 언행을 바꾸도록 압박하려면 진급 심사에서나 재정적 보상 부문에서 관련 항목을 평가해야 한다.

클리블랜드클리닉에서는 정중한 언행으로 환자 중심 의료 서비스를 실시하는지로 모든 의료진을 평가한다. 연례 평가를 실시하기에 앞서 평가 대상 의료인에게 자신의 업무와 성과를 직접 설명할 기회를 제공한다. 그런 다음 동료 의사로 구성된 이사회 위원이 해당 의료인을 만나 업무 성과, 환자의 안전 지표, 환자의 만족도, 향후 성장 방안을 논의한다. 이때 환자들이 평가한 내용도 해당 의료인과 공유하고 함께 토론한다. 부아시는 이러한 평가 체계를 "사람들을 지원하는 멋진 기회이고 … 엄청난 노력"이라고 묘사했다.

직원들이 조직에 기여한 공로에 감사를 표현하는 일은 매우 중요하다. 그런데도 감사를 표현하는 데 인색한 조직이 너무 많다. 구성원들에게 감사를 표현해야 한다. 감사 인사는 간단한 일이지만 그 효과는 매우 강력하다. 다음 장에서 이 점을 자세히 살펴보겠다.

| 실행 단계: 개선과 책임 |

평가 체계에 따라 언행이 무례한 팀원을 발견하면 그다음에는 어떻게 해야 하는가? 두 가지 선택지가 있다. **계속 함께 일하거나 내보낸다.** 내가 컨설팅한 회사들은 대체로 무례한 직원과 함께하려고 상당한 노력을 기울이기로 결정했는데, 이는 올바른 결정이었다. 무례하게 행동하는 직원은 주변에서 잘못을 인식하도록 도와주면 대개 행동을 개선할 수 있다. 한 최고경영자의 표현을 빌리자면 '재활용'이 가능하다. 이는 해당 직원과 협력하여 개선 계획을 세우고, 후속 조치로 (또는 피드백 순환 과정을 실행하며) 행동이 개선됐는지 추적하고, 필요에 따라 이 과정을 반복하면서 행동을 조정하는 것을 의미한다.

나와 동료들이 조직에서 에너지를 갉아먹는 사람을 연구해보니 그 원인이 성격이나 인격에 내재된 결함이 아니었다. 이들은 어떤 이유로든 업무에 흥미를 잃었거나 어쩌면 필수 역량을 갖추지 못한 직무에 종사하고 있을지도 모른다. 우리 연구진이 확인했듯이 경영진이 적시에 개입하면 이 문제를 해결할 수 있다. 관리직으로 바로 승진한 상사 밑에서 근무하는 직원 10여 명이 업무를 수행하는 데 어려움을 겪고 있을 때, 회사는 원인을 바로 파악하고 신임 관리자에게 업무 수행에 필요한 교육을 실시해 문제를 해결했다.

그러나 재활용이 불가능한 경우도 있다. 이때 조직은 이 사실을 속히 인정하고 조치를 취해야 한다. 무례한 언행이 조직문화와 회사 수익에 초래하는 비용이 너무 크기 때문이다. 제레미 앤드루스의 말처럼, 조직문화에 부정적 영향을 미치는 사람을 용인하는 것은 비즈니스에서는 가장 해로운 일 가운데 하나다.

한 병원의 최고경영자는 리더십 컨퍼런스 전날 만찬 자리에서 회의 때 있었던 일을 내게 들려줬다. 회의에서 한 베테랑 의사가 발표하며 전도유망한 젊은 의사 한 명을 연신 비하하고 공격적인 발언을 쏟아냈다. 당시 최고경영자는 무척 불쾌했지만 아무 조치도 취하지 않았다. 자신이 나서서 그 상황을 정리하는 게 옳다고 생각하면서도 가만있었다. 최고경영자는 나중에 사건을 성찰한 뒤 그 베테랑 의사에게 그런 행동은 용납할 수 없다는 점을 분명히 밝혔다. 이 사건에서는 경영진이 개입했지만 그리 효과를 보지 못했다. 그 베테랑 의사는 이미 자신이 무례한 언행으로 악명이 높다는 사실을 인지하고 있었지만 같은 행동을 반복했고, 병원에서는 너무 오랫동안 그의 무례를 모른척하고 있었다. 결국 문제의 의사는 병원을 떠나야 했다.

이 대화를 나눈 이튿날, 최고경영자는 유능한 의사와 팀원들 1천여 명이 참석한 리더십 컨퍼런스에서 이 사례를 들며 자신의 실수를 인정했다. 자신이 적시에 조치를 취하지 못했으며 그 상황에서 어떻게 대처했어야 했는지 자세히 설명했다. 최고경영자는 직원들에게 상대가 무례하게 행동할 때는 자리를 피하라고 권했다. 자신을 불편하게 만드는 언행을 접하면 그냥 일어나서 자리를 떠나도 좋다고 말했다. 내가 듣기로는 그날 이후 병원 의료진은 최고경영자가 제시한 방안을 행동 지침으로 삼았고, 조직 내 다른 사람들에게도 이 지침을 교육했다고 한다.

안타깝지만 무례한 언행은 대부분 알려지지 않을 때가 많다. 이는 직원들이 윗선에 보고해 봐야 아무 조치도 없을 것이라고 생각하기 때문이다. 설문조사에 따르면 무례한 언행을 조직에 보고한 사람은 응답자 가운데 절반에도 미치지 못했는데, 회사에서 아무 대응도 하지 않을 것이라고 생각한 이가 많았다. 조직에서 이 문제를 해결하려면 상호 존중하는 규범을 명시하고 누군가 이를 준수하지 않을 때 조치를 취해야 한다. 리더는 구성원들이 자신의 언행에 책임을 지도록 독려할 뿐 아니라 무례를 범한 사람이 있으면 바로 보고하도록 격려해야 한다.

뉴욕에 위치한 20개 레스토랑의 소유주이자 쉐이크쉑Shake Shack의 창업자인 대니 마이어Danny Meyer는 정중한 태도를 강조하고 무례한 언행은 절대 용납하지 않는다고 말한다. 아무리 뛰어난 요리사라도 잘못된 행동을 하면 그 자리에서 바로잡고, 언행을 개선하지 않으면 해고한다. 무례한 요리사를 그대로 두면 레스토랑을 찾은 고객이 무례를 '맛본다'는 것이 마이어의 소신이다.

여건상 (빠른 시일 내에) 유해한 직원을 내보내기 힘들 때도 있다. 이때는 악영향이 확산되지 않게 전염성을 차단할 방법을 찾아야 한다. 무례한 사람과 나머지 직원들 사이에 물리적 거리를 둘 방법은 많다. 프로젝트를 재배정하거나 사무실 배치를 변경할 수 있고, 전체 회의 일정을 줄이거나 재택근무를 권장할 수도 있다.[38] 《포춘》 선정 100대 기업 가운데 한 곳은 조직에 유해한 사람이지만 핵심 기술 개발에 없어서는 안 될 유능한 인재를 영입한 적이 있다. 그 회사는 해당 직원이 일할 실험실을 별도로 마련하기로 했는데, 다른 직원들에게서 그를 떼어놓으려는 게 가장 큰 이유였다. 그와 접촉하는 사람이 적으면 적을수록 좋았다. 유해한 직원이 원격으로 일할 수 있다면 그것이 가장 수월한 해결책이다. 유해한 직원이 혼자 일할수록 부정적

영향을 더 많이 차단할 수 있다.[39]

　세계 최고의 스포츠팀으로 꼽히는 몇몇 팀도 무례한 언행에는 무관용 원칙을 적용한다. 노르웨이 스키 대표팀은 2018 올림픽에서 다시 우승을 차지했고, 세계선수권 대회에서 종합 순위 4위 안에 세 명의 선수가 이름을 올렸다. 선수들은 일상에서도 항상 겸손하게 행동하고, 사람들을 평등하게 대하고 존중해야 한다.

　올림픽 슈퍼대회전super-G 디펜딩 챔피언인 셰틸 얀스루드Kjetil Jansrud는 이렇게 말했다. "좋은 선수가 되겠다면서 무례하게 행동할 이유는 없다. 그래서 우리 팀은 어떤 무례한 짓도 용납하지 않는다. 모든 사람과 사이좋게 지내야만 한다." 그의 팀 동료인 악셀 룬 스빈달Aksel Lund Svindal도 같은 생각이다. "우리 팀에는 이런 말이 있다. 팀의 유대를 망쳐도 될 만큼 뛰어난 기술이나 능력은 없다." 스빈달은 팀원들이 무려 250여 일 동안 함께 식사하고, 훈련하고, 생활한다는 사실을 언급하며 이렇게 말했다. "250일 동안 함께 지내려면 눈 덮인 경기장 밖에서의 생활도 건전해야 한다."[40]

　서로 존중하는 조직문화를 조성하려면 꾸준한 관심과 세심한 배려가 필요하지만, 그만한 노력을 기울일 가치가 있다. 구성원들이 소속감을 느끼는 환경, 자신의 가치를 인정받고 최선을 다하고 싶어 하는 환경이 조성될 때 잠재력이 표출된다. 동료를 정중하게 대하는 사람을 보기만 해도 기분이 좋아지고, 긍정적인 감정이 생산될 뿐 아니라 의욕이 고취돼 실적도 향상된다. 트레이거 같은 사례는 극한 상황에서도 리더들이 '초기화' 버튼을 눌러 다시 시작할 수 있다는 희망을 준다. 제레미 앤드루스는 이렇게 설명한다. "리더라면 목숨을 걸고 조직문화를 지켜야 한다. 조직문화를 지키는 일보다 더 중요한 일은 없다."[41] 무례한 언행은 바이러스와 같아 순식간에 전염된다. 다행스럽게도 정중한 언행 역시 전염성이 강하다.

    조직 공동체 안에서 사람들을 격려하고 긍정성이 선순환하는 구조를 만들려면 어떻게 해야 할까?

# 04 솔직하게 피드백하라

---

사람들은 당신이 얼마나 많이 아는지 관심이 없다.
당신이 그들을 얼마나 염려하는지 알기 전까지는
말이다.

**시어도어 루스벨트**(Theodore Roosevelt)

데이터 관리 회사의 소프트웨어 엔지니어인 매트 데일리Matt Dailey는 '지독한 솔직함'이라는 전략을 다루는 킴 스콧의 강연 영상을 시청하면서 그 개념에 크게 공감했다. 이 전략은 솔직한 피드백을 요청하고 칭찬은 구체적으로 하고 유익한 비판은 정중하게 전달하는 것인데, 공적 관계는 물론 사적 관계에도 큰 도움이 되리라 여겼다. 데일리는 이 두 영역 모두에서 도움을 받고 싶었다. 얼마 후에 친한 친구가 스콧이 스타트업 회사를 운영한다는 사실을 언급하며 데일리에게 그 회사에 지원할 생각이 있는지 물었다. 데일리는 스콧에게 연락했고, 스콧은 훗날 뉴욕타임스 베스트셀러에 오르는 《실리콘밸리의 팀장들》의 초기 원고를 이메일로 보내왔다.

데일리는 그 내용에 빠져들었고 거기에 담긴 메시지를 흡수하고 확신하게 됐다. 데일리는 스콧이 창업한 회사에서 소프트웨어 엔지니어로 일하기로 마음먹었다. 스콧은 피드백 순환과정을 효과적으로 실행하는 자신의 아이디어를 정리해 규모가 크든 작든 전 세계 모든 기업이 사용할 수 있는 관리자 교육 과정을 개발할 예정이었다. 데일리에게 이번 이직은 단순한 이직이 아니었다. 당시 데일리는 가까운 사람을 떠나보내는 아픔을 겪었고, 인간관계와 유대감의 중요성을 더욱 실감한 터였다. 그는 유용한 교육 도구가 있다면 사적 관계와 공적 관계에서 도움을 받을 수 있으리라고 생각했다. 그리고 스콧이 말하는 '지독한 솔직함'이 유용한 도구가 되리라 확신했다.

스콧은 이렇게 말했다. "안타깝지만 비틀스가 틀렸다. 인간관계에서는 사랑만 필요한 게 아니다. 다른 차원도 고려해야 한다. 지독한 솔직함을 구성하는 요소 중 하나인 '직접적 대립'이 필요하다. 상대가 속상해할지 몰라도 반드시 들어야 하는 이야기를 어떻게 전달할지 방법을 찾아내야 한다. 그 사람을 걱정하기 때문에 쓰라린 비판을 해주는 것이 지독한 솔직함의 핵심이다."[1]

젊은 나이에 관리자 역할을 맡았던 데일리는 '지독한 솔직함'이라는 개념을 진즉 알았더라면 도움을 받았을 텐데 하는 아쉬움이 들었다. 그가 관리했던 팀은 엔지니어 한 명과 협업했는데, 그 엔지니어는 조직 구조상 데일리에게 따로 보고를 해야 하는 위치가 아니었다. 한번은 이 엔지니어가 성과를 내지 못해 업무 실적이 좋지 않았다. 이 사실은 데일리도 그 직원도 모르지 않았다. 데일리의 말을 빌리면 그 엔지니어는 상황을 개선할 방법을 찾지 못했다. 결국 데일리의 팀은 마감 기한을 놓치고 말았다. 데일리는 그 엔지니어와 팀원들에게 필요한 피드백을 자신이 제때 제공하지 못한 것도 실패의 한 원인이었음을 뒤늦게 깨달았다. 데일리는 "그때는 그 일을, 그러니까 그런 대화를 어떻게 나눠야 하는지 방법을 몰랐다"며 안타까워했다.

스콧이 말하는 '파괴적 공감'이 뿌리내린 조직에서 일한 것도 데일리에게는 문제였다. 파괴적 공감이란 당장 상대의 감정을 상하게 하지 않으려고 상대에게 반드시 필요한 조언이나 피드백을 하지 않을 때 발생한다. 데일리는 자신의 상사나 상사와 함께 일하는 사람에게서 적절한 피드백을 받지 못했다. 데일리가 업무상 만나는 사람들 중에 프로젝트 체계와 마감일, 업무 역량 등을 제때 솔직하게 지적하는 사람이 아무도 없었다. 그래서인지 '지독한 솔직함'이라는 개념을 알게 됐을 때 데일리는 그것이 팀의 성과뿐만 아니라 인간관계를 다지는 데도 참으로 유용한 도구라고 봤다.

데일리는 스콧이 이러한 가치를 소중히 여기는 사람이라 확신했고 그와 함께 일해보고 싶었다. 스콧의 회사에 들어간 후 데일리는 관리자가 팀과 지독히 솔직한 피드백을 주고받는 연습을 하는 '캔더코치Candor Coach' 앱을 개발하는 일에 합류했다. 관리자는 이 앱으로 팀을 선택하고, 다양한 유형의 피드백을 제공하는 법을 연습할 수 있다. 일례로, 월요일에는 건설적인 피드백을 정중하게 전달하는 연습을 하고, 수요일에는 구체적으로 칭찬하는 연습을 하는 식이다.

하지만 캔더코치 앱을 완성하기 전에 스콧은 문득 지독한 솔직함을 실천하는 목적은 전화기를 내려놓고 팀원들과 직접 만나 대화를 나누는 것인데, 앱은 본래의 목적을 훼손하는 왕복 여행에 지나지 않다는 생각이 들었다.² 그리고 피드백 기술을 습득하는 방법은 결국 연습뿐이라는 사실을 깨달았다. 아무리 책을 많이 읽고, 적절한 문장으로 채워진 대본을 알기하더라도 사람과 실제 소통을 주고받지 않는다면 변화는 일어나지 않을 것이다. 그렇다면 어떤 연습이 도움이 될까?

2019년, 스콧은 매우 독특한 행보를 보였다. 획기적인 즉흥극으로 명성을 쌓은 세계적인 극단 세컨드시티Second City의 수석부사장인 켈리 레너드Kelly Leonard와 협력관계를 맺었다. 세컨드시티의 즉흥 코미디는 흔히 이런 식으로 전개된다. 먼저 배우 한 명에게 특정 상황(이를테면, 결혼식이나 디너파티의 하객)이 주어지고, 그 배우는 그 상황에 맞게 즉흥연기를 시작한다. 그러면 다른 배우들이 이 배우와 호흡을 맞춰 대사를 주고받는다 이 모든 과정은 각본 없이 진행된다. 1959년 시카고의 작은 카바레 극장으로 시작한 세컨드시티는 세계에서 가장 영향력 있고 많은 작품을 공연하는 코미디 제국으로 성장했다. 세컨드시티 출신으로는 앨런 아킨Alan Arkin, 댄 애크로이드Dan Aykroyd, 존 벨루시John Belushi, 존 캔디John Candy, 스티브 카렐Steve Carell, 스티븐 콜베어Stephen Colbert, 티나 페이Tina Fey, 빌 머레이Bill Murray, 에이미 포엘러Amy Poehler 등 수많은 스타가 있다.

진정성 있게 피드백을 제공하는 방법을 고객에게 가르치고 싶었던 스콧은 이것이 즉흥연기에 필요한 기술과 무관하지 않음을 깨달았다. 스콧은 책을 출간한 직후, 레너드가 진행하는 팟캐스트에 출연해 즉흥연기가 지독한 솔직함을 실천하는 데 실제로 얼마나 도움이 되는지 이야기한 적이 있다. 두 사람은 역할극을 좋아하는 사람은 없겠지만 이는 훌륭한 연습 도구라고 강조했다. 스콧은 이렇게 말했다. "어떤 면에서 역할극은 악기를 배우기도 전에 교향악단에서 연주를 하라거나 공 던지는 법도 배우지 못했는데 연습 경기에서 뛰어보라고 요구하는 것과 같다. 하지만 즉흥연기에 쓰이는 기술은 관리자가 지독하게 솔직한 피드백을 제공하는 데 필요한 기술을 익히기에 틀림없이 유용하다." 스콧에 따르면 사람들은 상대에게 단순하게 반응하는 사람보다 상대를 이해하려고 말을 경청하는 사람에게 공감한다. 즉흥연기도 마찬가지다. 세컨드시티 극단에서는 사람을 웃기는 법을 가르칠 뿐 아니라 상대의 감정에 깊이 공감하며 경청하는 법을 가르친다고 스콧은 말한다.

세컨드시티가 공연하는 즉흥극의 성공 여부는 배우들이 각자의 신호를 잘 읽고 그들이 무대에서 형성하고 공유하는 작은 세계, 즉 공동체를 적절히 구축하는 능력에 달렸다. 배우들이 상대의 말에 주의를 기울이지 않으면 조화를 이루며 공동체를 구축할 수 없다. 아울러 배우는 관객, 다시 말해 더 큰 공동체의 반응을 주시하면서 거기에 따라 연기에 변화를 줘야 한다.

레너드는 이렇게 설명한다. "즉흥연기는 대인관계 기술을 기르는 요가와 같다. 즉흥연기를 하려면 다른 사람들은 보지 못하는 상대의 몸짓까지 면밀하게 파악해야 한다." 상대방이 몸을 뒤로 젖히고 있는가 아니면 앞으로 숙이고 있는가? 이메일을 확인하고 있는가? 시선은 무슨 말을 하는가? 몸짓에는 어떤 의미가 담겼나? 상대방은 내 의도를 파악했는가 아니면 놓쳤는가? 레너드의 말대로, 즉흥연기란 "무에서 유를 창조하는 것이기에 자신이 처한 환경에 주의를 기울이는 법도 배워야 한다."³ 데일리는 레너드가 즉흥연기를 요가에 비유한 것에 동의하며, 이 비유를 활용해 '지독한 솔직함'을 설명했다. "균형을 잃는 순간이 있기 마련이다. 열심히 배우고 익히지만 … 실패할 때가 있다." 학생이 자세가 흐트러지며 넘어질 때 좋은 요가 선생이라면 긍정적인 피드백을 건넬 것이다. 넘어졌다는 것은 어려운 자세를 연습하려는 의지가 있고, 넘어질 위험을 기꺼이 무릅썼음을 의미하기 때문이다.

요가 비유가 적절한 또 다른 이유는 요가가 지속적인 실천이어서다. 요가는 다양한 움직임과 자세를 완벽하게 한다고 해서 완성되는 운동이 아니다. 동작을 거듭 실천하면서 내 몸과 마음을 깊이 들여다보며 새로운 나를 찾고 깨달음을 얻는 과정이다. 데일리가 갈했듯이 지독하게 솔직한 피드백을 제공하는 일 역시 즉흥연기와 같기 때문에 완성이란 없으며 실천만이 있을 뿐이다. 자기 자신이 아니라 자신이 대면하는 조직 구성원들에게 언제나 주의를 집중해야 하기 때문이다.

리더가 조직 구성원의 마음을 읽고 소통하는 법을 배우면 리더의 영향력과 효과성이 향상한다. 적절한 피드백을 주고받는 능력도 마찬가지다. 이 능력은 조직을 발전시키는 열쇠다. 리더로서 팀원에게 지독하게 솔직한 피드백을 주려면, 그 이전에 상대를 걱정하고 염려한다는 사실을 보여줘야 한다(스콧은 이를 가리켜 "개인적인 관심을 기울이고 직접적으로 대립하는 것"이라 말한다). 이때 비로소 리더는 구성원들의 잠재력을 극대화할 수 있다. 지독한 솔직함을 실천하는 조직은 더 혁신적이고 좋은 성과를 달성하는 경향이 있다. 또 해당 공동체의 구성원들은 더 강력하고 진정성 있는 관계를 구축한다.

스콧이 말하는 '지독한 솔직함'과 '세컨드시티'의 협력관계가 타당한 이유가 또 하나 있다. 코미디는 메시지를 전달하는 무척 인상적이고 강력한 방법이다. 여느 때라면 전달하기 힘든 어려운 메시지까지 전달할 수 있다. 레너드는 이렇게 말했다. "코미디는 현실에 거울을 들이댈 수 있는 안전한 방법이다. 경영진이 그 방법을 사용한다면 큰 신뢰를 얻는다."[4] 세컨드시티와 협력관계에 있는 시카고 컬럼비아대학Columbia College Chicago 코미디 학과장인 앤 리베라Anne Libera가 말했듯이 "우리는 웃을 때 배운다."

이는 세컨드시티라는 조직에도 적용된다. 세컨드시티 직원들은 매년 연말 파티에서 공연을 선보이는데, 이 연극에서는 경영진을 놀림감으로 삼는 전통이 있다. 한번은 공연장 서비스 요원들이 사장을 향해 노래를 지어 불렀다. "당신은 청바지를 입어도 되는데 어째서 우리는, 어째서 직원들은 건강보험이 없나요?" 레너드는 그때 일을 떠올리며 이렇게 말했다. "나는 그냥 의자에 몸을 파묻고 쥐 죽은 듯 있었다. 그 친구들이 해고당할 거라 생각했다. 나도 살아남지 못할 것 같았다." 하지만 그런 일은 일어나지 않았다. 이튿날 사장은 경영진을 불러 '어떻게 하면 저 친구들을 보험에 가입시킬 수 있는가?'를 물었고, 서비스 요원들은 보험에 가입됐다. 레너드는 코미디라는 형식이 있었기에 가능한 일이었다고 설명했다.[5]

레너드에 따르면, 지독한 솔직함으로 권력자에게 진실을 말할 수 있는 구조가 형성된다. 지독한 솔직함을 실천하는 조직에서는 사람들이 보복을 두려워하지 않고 입에 올리기 부담스러운 메시지를 전달할 수 있다. 세컨드시티는 연말 파티에서 볼 수 있듯이, 구성원은 누구나 모든 구성원의 이익에 영향을 미치는 문제에 대해 자기보다 직급이 한참 높은 사람에게도 거리낌 없이 말할 자유가 있었다. 그리고 이 자유 덕분에 진정한 변화가 일어날 수 있었다.

## 긍정적이든 부정적이든 피드백이 공동체를 성장시키는 이유

킴 스콧은 이제 지독한 솔직함을 **배려하는 솔직함**compassionate candor이라고 부른다. 스콧이 볼 때 긍정적이든 부정적이든 피드백은 상대를 배려하는 행동일 수 있다. 그가 이야기하는 솔직함은 바꿔 말하면 행동으로 옮기는 배려다. 상대를 배려하는 솔직한 피드백을 받은 공동체 구성원은 업무 역량이 향상하고 여러 이득을 본다. 이러한 피드백은 생산성 및 실적 향상으로 이어질 뿐 아니라 대체로 더 나은 의사결정과 협업으로도 이어진다. 개인은 물론 공동체 전체에도 이익이 되는데 개인이 조직에 더 헌신하고 기여하게 되면 전체가 함께 혜택을 누리기 때문이다. 이러한 혜택이 선순환되고 눈덩이처럼 불어나면 엄청난 성과를 얻을 수 있다. 나와 동료들이 여러 산업과 조직을 대상으로 2만 명 넘게 조사한 연구 결과, 피드백 수준이 높을수록 업무성취도가 89퍼센트, 직원 몰입도가 63퍼센트, 직업 만족도가 79퍼센트 더 높은 것으로 나타났다. 또한 피드백을 더 많이 받는 사람이 조직을 떠나지 않을 가능성이 1.2배 더 높았다.

조직 구성원 개개인의 공로를 인정하는 형태로 피드백을 제공하는 것, 특히 이를 조직에서 일상화하는 것은 조직의 사기를 올리는 가장 좋은 방법으로 꼽힌다. 이는 구성원들의 소속감을 고취하는 방법으로 직원 유지율에도 긍정적인 영향을 미친다. 워크휴먼Workhuman은 우수한 업무 성과와 직무 태도를 칭찬하도록 촉진하는 소프트웨어를 개발한 회사다. 워크휴먼은 자사 고객들의 경험을 토대로 서로를 인정하고 칭찬하는 문화가 건강한 조직을 구축하는 데 유용하다는 사실을 증명했다. 일례로, 제트블루JetBlue를 분석한 데이터에 따르면 회사에서 인정받고 있다고 답한 직원 수가 10퍼센트 증가할 때마다 직원 유지율이 3퍼센트 증가하고, 직원 몰입도가 2퍼센트 증가했다. 아이비엠스마터워크포스인스티튜트IBM Smarter Workforce Institute와 워크휴먼의 연구에서는 긍정적인 경험을 제공하는 조직이 그렇지 않은 동종 업계 회사보다 자산 수익률이 3배, 매출 수익률은 2배 높은 것으로 나타났다.[6] 또한 공로를 인정받는 직원의 몰입도는 그렇지 않은 직원보다 거의 3배나 높았다.

영국 석유회사 브리티시페트롤리엄(이하 BP)은 워크휴먼이 설계한 동료 간 보상 및 칭찬 솔루션인 '에너자이즈!Energize!'를 도입한 후 직원 이직률이 감소했다. 조직 내에서 인정받는다고 느낀 신입사원의 이직률은 그렇지 않은 동료보다 50퍼센트 낮았다. 헝가리에서는 단 3회뿐이지만 보상을 받은 BP 직원들의 이직률이 66퍼센트나 감소했다. 또한 워크휴먼이 설계한 칭찬 및 보상 프로그램인 '브라보!Bravo!'를 도입한 링크드인LinkedIn 데이터를 살펴보면 성과 측면에서 긍정적인 파급효과(3회 이상 보상을 받은 직원의 54퍼센트가 전년 대비 고과

등급이 상승했다)를 확인할 수 있다. 칭찬받은 직원이 동료를 칭찬하는 태도로 바뀌기도 했다. 사람들이 더 기분 좋게 일하면서 직원 몰입도가 높아지자 동료들에게도 영향을 미쳐 긍정적으로 업무에 몰입하는 문화가 만들어진 것이다. 이것이 바로 건강한 공동체를 구축하는 방법이다.

조직 구성원들이 서로 배려하며 솔직하게 피드백을 제공할 때 보다 친밀하고 가치 있는 유대관계가 형성된다. 지독하게 솔직한 피드백을 주고받는 일이 정착하면 동료 간에 서로를 이끌어주고 가르쳐주는 문화가 형성된다. 구성원들이 서로 성장을 돕고, 잘못된 행동에는 책임을 물을 때 조직 내에서 피드백 순환과정이 일어나 각 개인이 유용한 피드백을 주고받게 된다. 피드백이 선순환을 이룰수록 조직 구성원 간 유대감은 더 단단해진다. 피드백을 받은 구성원은 피드백을 제공하는 사람을 긴밀한 파트너 관계 또는 자신의 성장을 중요하게 생각하는 코치로 느끼게 된다. 이때 조직은 구성원들을 보호하고 구성원들이 안전하게 성장하는 인큐베이터가 된다. 개인에게 피드백을 제공할 때는 공동체의 다른 구성원이나 리더가 피드백을 받은 사람과 함께 피드백을 어떻게 느끼는지 또 조직이 더 지원할 방안이 있는지 확인하는 것이 가장 좋다. 이 같은 조치는 모두 고립감을 최소화하고 결속력을 강화하며 공동체 구성원들 사이의 인간관계를 돈독히 하는 데 보탬이 된다. 이는 제1장에서 다뤘듯이 스티브 커가 설명한 시카고 불스의 조직문화와 흡사하다.

긍정 피드백을 받거나 조직에서 인정받을 때 구성원은 자신을 가치 있게 느낀다. 또한 조직 내 권한과 지위 차이에서 오는 위화감이 완화되어, 구성원 모두의 소속감이 강화된다. 칭찬하기는 사실상 비용이 거의 들지 않지만 조직에서 리더들이 제대로 활용하지 않는 도구로 손꼽힌다. 나와 동료들이 2만 명 넘게 조사한 연구 결과에서 관리자에게서 업무 성과를 인정받는다고 답한 이는 42퍼센트에 불과했다.

나와 함께 여러 논문을 공동 집필한 토니 슈워츠는 기업 복지를 중시하는 컨설팅 회사인 에너지프로젝트Energy Project의 창업자다. 그 회사에서 어느 유명 대형병원의 심장외과 의사들과 중환자실 간호사들을 인터뷰한 적이 있다. 당시 해당 병원은 인력 부족과 장시간 근무, 만연한 번아웃 증상 등 고질적인 문제를 안고 있었다. 슈워츠 팀은 이들을 인터뷰하고 직장인에게 가장 중요한 것이 무엇인지 생생한 교훈을 얻었다. 먼저 중환자실 간호사 수십 명에게 일터에서 겪는 가장 큰 어려움을 물었다. 슈워츠 팀은 간호사들의 업무 강도를 고려할 때 기력 소진이라든지 한숨 돌리거나 긴장 풀고 휴식할 시간이 너무 부족한 것이 문제라는 답을 들을 거라 짐작했다. 하지만 간호사들은 헌신적으로 환자를 돌봤음에도 의사들이 그 노고를 알아주지 않는 점을 가장 큰 고충으로 꼽았다.

그다음으로 의사들을 만났다. 의사들은 간호사들보다 연봉이 훨씬 높았지만, 그들 역시 수술 할당량이 너무 많아서 스트레스와 격무에 시달렸다. 의사들에게 가장 큰 고충은 무엇이었을까? 이번에도 팀원들은 의외의 답변에 놀랐다. 병원 측이 그들의 노고를 제대로 인정하지 않아서 불만이라는 답변이 가장 많았기 때문이다. 한 외과의는 "매일 생명을 구하지만 가끔 공장에서 일하는 기분이 든다"고 말했고, 이에 여러 동료가 공감을 표했다.

칭찬을 받으면 일반적으로 행복이나 기쁨과 관련된 신경전달물질인 도파민이 분비된다. 칭찬을 들으면 기분이 좋아지는 이유다. 인간에게는 자신이 중요하고 가치 있는 존재임을 인정받고 싶은 욕구가 있다. 조직에서 이 욕구를 충족할 때 자존감이 올라가고 심리적 안전감을 느낀다. 단절감, 고립감, 외로움을 느끼는 사람들이 갈수록 늘면서, 가치를 인정받는 일은 점점 줄고 그 필요성은 날로 커지고 있다. 이러한 환경에서 상대의 가치를 인정하는 행동이 가져올 효과는 더욱 커질 수밖에 없다! 구성원들에게 인정받을 때 사람들은 그 조직에 끈끈한 유대감을 느끼게 된다.

제레미 앤드루스가 트레이거를 이끌면서 매주 월요일 아침 회의에서 동료에게 인정받은 사원을 주목하고 칭찬하는 이유도 여기에 있다. 앤드루스는 이렇게 말했다. "회사의 가치를 실천한 직원을 리더가 칭찬하고 경제적으로 보상하는 것도 중요하지만, 동료들이 인정해주는 것도 중요하다고 생각한다. 사실은 동료에게 인정받는 것이 정서적으로 훨씬 더 큰 가치가 있다." 트레이거에서는 '우리의 가치를 중시하라 Value Our Values' 프로그램의 일환으로 분기마다 한 번씩 각 직원이 우수한 성과를 낸 동료를 칭찬하고 회사에 추천할 수 있다. 추천서에 동료가 기여한 일을 간략히 설명하고, 그 일이 트레이거가 추구하는 어느 가치에 해당하는지를 적는다. 동료에게 추천받은 직원은 100달러를 상금으로 받는다. 앤드루스는 매주 월요일 회의에서 이렇게 제출된 추천서 중 하나를 공유하며 트레이거의 가치와 구성원들의 유대감을 강화한다.

# 긍정적이든 부정적이든 피드백이 성과 향상으로 이어지는 이유

조직에서 지독하게 솔직한 피드백을 추구할 때, 실패나 보복을 두려워하지 않고 기꺼이 위험을 감수하고 변화와 기회를 좇을 수 있는 환경이 조성된다. 내가 만난 여러 전·현직 최고경영자와 고위 임원들은 지독하게 솔직한 피드백을 제공하는 조직문화를 조성함으로써 성과를 개선하고 혁신을 이뤘음을 거듭 강조했다. 일례로, 크리스타 퀼스Christa Quarles는 레스토랑 예약 웹사이트 오픈테이블OpenTable의 최고경영자로 취임했을 때 조직문화를 바꿔야 한다는 사실을 깨달았다. 당시 직원들은 자신들이 '착하고 좋은 직원'이라는 사실에 자부심을 느꼈다. 하지만 그것은 바꿔 말하면 '명령하고 복종하는 문화'에 지나지 않았다. 그 문화를 바꾸기는 쉽지 않을 터였다. 하지만 퀼스는 지독히 솔직한 피드백을 제공하고(이는 때로 '못된 사람'이 된다는 뜻이다), 실패해도 안전하다고 느끼는 문화를 조성하는 것을 목표로 삼았다. 퀼스는 임원 코칭을 제공하는 킴 스콧과 이 일을 시작했다. 스콧이 말하는 '지독한 솔직함'이 옳다고 믿었기 때문이다. 퀼스는 스콧이 말하는 파괴적 공감이 만연한 환경 또는 '큰 망치로 사람의 머리를 때리며 해를 입히고, 사람을 망치는 행위를 어쩌면 즐기고 있을지도 모르는 상황'에 처해 있었다. 퀼스는 이렇게 말했다. "지속적으로 망치로 위협하는 방법은 효과가 없다. 전두엽이 제대로 기능하지 못하면 리더는 부하 직원에게 원하는 것을 끌어내지 못한다. 위협을 느끼면 사람들은 투쟁 또는 도피 반응을 보일 뿐 리더가 무슨 말을 하는지 알아듣지 못하게 된다. 또 리더에게 제대로 피드백을 받은 적이 없는 경우에도 사람들은 리더의 말을 듣지 않는다."

퀄스는 조직문화를 바꾸는 일이 험난한 여정이 될 것을 각오했다. 오픈테이블은 파괴적 공감 문화에 젖어 있었다. 직원들은 자신들이 서비스업에 종사하기 때문에 누구에게나 늘 친절해야 한다고 믿었다. 하지만 퀄스가 보기에 일을 제대로 완수하는 사람은 아무도 없고, 발전하고 성장하는 이도 없었다.

기존 조직문화가 오픈테이블 직원들에게 장기간 끼친 악영향은 퀄스가 예상한 것보다 훨씬 컸다. 그는 지독한 솔직함을 장려하며 직원들과 대화를 나눴고, 솔직한 피드백을 얻으려면 먼저 자신이 그런 피드백을 주어야 한다는 사실을 깨달았다. 퀄스는 공개적으로 자기 자신을 비판하며 자신이 바라는 조직문화를 조성해나갔다. 그는 자신에게 어떤 고충이 있는지 솔직하게 직원들에게 알리고 싶었다. 퀄스는 자신의 역할을 '벌을 주는 상사나 옳은 소리를 하는 꼰대가 아니라 코치 또는 조력자'로 설정했다. 퀄스는 이렇게 설명했다. "피드백을 주는 진짜 목적은 사람들이 산에 오르도록 돕는 것이다. 피드백을 제대로 제공하지 않으면 어떤 산도 오를 수 없다."

퀄스가 보기에 파괴적 공감 유형의 또 다른 문제점은 사람들이 위험을 감수하지 않는 데 있다. 퀄스는 오픈테이블이 혁신적인 기업이 되기를 바랐지만, 지독한 솔직함 없이는 불가능하다고 생각했다. 파괴적 공감 유형이란 사람들이 실제로 어떤 의견도 제시하지 않는 것 또는 새로운 시도를 하지 않는 것을 의미했다. 퀄스는 조직문화를 "리더가 회의에 참석하지 않을 때 의사결정이 이루어지는 방식"이라고 설명했다. 직원들이 회의실에 앉아 시종일관 화기애애하게 아이디어를 교환한다든지 잘되는 사업 얘기만 하면서 아무런 걱정이 없다면 혁신을 이끌어내지 못한다. 그는 지독하게 솔직한 피드백을 주고받는 문화를 정착시킬 때 비로소 두려움 없이 위험을 감수하고 도전할 마음을 끌어낼 수 있다고 생각했다.

퀄스는 사업 현황을 이야기할 때 지독히 솔직하게 이야기했다. 당시 오픈테이블은 '하얀 식탁보를 갖춘 고급 레스토랑'에 사업 초점을 맞추고 있었는데, 퀄스는 직원들에게 "그 시장에서는 더 이상 성장이 불가능하다"고 선언했다. 퀄스에게는 도전하는 직원들이 필요했고 그러려면 안심하고 위험을 감수할 수 있는 환경을 조성해야 했다. 그는 직원들을 이렇게 격려했다. "실패할 때 굉장히 많은 피드백을 얻는다." 그는 실패하는 것을 두려워하지 않았고, 실패했다고 해서 직원들이 무너지는 것을 원하지 않았다.

직원들은 덕분에 지독히 솔직하게 이야기하며 사업 모델을 재고할 수 있었다. 당시 오픈테이블은 고급 레스토랑 위주로 사업을 진행하고 있었기에 그 외의 레스토랑은 오픈테이블 검색엔진에서 찾기가 힘들었다. 그런데 검색 데이터를 조사한 결과 피에프창P.F. Chang's처럼 상대적으로 저렴한 가격대의 레스토랑이 호황을 누리고 있었다. 퀄스와 직원들은 고객들이 중상급 레스토랑도 예약 사이트에서 선택하기를 원한다는 사실을 깨달았다. 퀄스와 해당 팀은 해결책을 생각했다. 당장은 자사의 예약 시스템과 연동되지 않은 저렴한 가격대의 레스토랑이라도 사이트에서 이용 후기 및 상세설명과 함께 소개하면 어떨까? 퀄스와 팀원들이 이 아이디어를 내놓았을 때 사람들은 기존 수익 모델에서 벗어나는 파격이라고 반응했다. 하지만 이 아이디어를 실행에 옮겨 성공했다. 그들에게는 오픈테이블 사이트에 접속해서 특정 레스토랑을 검색했지만 예약 시스템과 연동되지 않아 예약을 못 한 수많은 고객 데이터가 있었다. 팀원들은 이 가망고객 데이터로 무장한 채 여러 레스토랑을 직접 방문했고 그곳들을 자사의 예약 시스템에 연동시켰다. 이 사업 아이디어는 오픈테이블에서 가장 수익성이 높고 인기 있는 도구로 이어졌다. 퀄스는 지독한 솔직함이 없었다면 그 같은 성과를 얻지 못했을 것이라고 내게 말했다. 그는 오픈테이블이 해외 사업을 재고하고, 새로운 비즈니스 모델(레스토랑 측에 소프트웨어를 설치하게 만드는 방식)을 개발하는 데도 지독한 솔직함이 도움이 됐다고 말했다. 그들은 현재 처한 문제를 공개적으로 지적하고 비판적인 피드백을 교환하며 새로운 전략을 모색하고 성장을 도모했다.

퀄스는 인재를 개발하는 일에도 지독히 솔직하게 소통하는 전략을 활용했다. 팀원 중에 아이비리그 학위를 세 개나 취득한 똑똑한 인재가 있는데 워낙 내성적이어서 의견을 말하는 법이 없었다. 이 직원은 좋은 자질이 있는 것은 분명했지만 좀처럼 자기를 드러내지 않아 전체 회의 때 편안한 마음으로 토론에 참여하도록 이끌어줄 필요가 있었다. 퀄스는 이 직원이 억지로라도 입을 열도록 격려했고 때로는 서너 번씩 의견을 제시할 기회를 줬다. 또 의견을 말할 때는 괜히 긴장해서 어색하게 웃거나 목소리를 높여서는 안 된다고 조언했다. 퀄스는 사람들이 자기 의견을 말할 때 흔히 저지르는 실수가 무엇인지 코치해줬다. 자꾸 그런 실수를 저지르다 보면 의기소침해져서 아예 입을 열지 않고 침묵할지도 모르기 때문이다. 퀼스는 그 직원에게 여전히 믿음을 갖고 있다고 말했고('관심'을 나타내는 메시지), 따라서 그 직원이 머릿속으로 생각만 하고 공유하지 않는 아이디어가 있다면 알고 싶다고 말했다('도전의식'을 심어주는 메시지). 퀼스는 그 직원이 자기 목소리를 낼 수 있는 환경을 만들어주려고 애썼고, 그 직원은 차츰 자신감을 얻어 자기 생각을 자유롭게 말하게 됐다. 퀼스는 조직문화를 바꾸는 싸움에서 승리했다. 이는 유능한 팀원, 조직, 오픈테이블이라는 거대한 공동체를 위한 싸움이었다.

에버노트Evernote 전 최고경영자이자 구글의 캐나다 지사 상무이사를 지냈고, 구글엑스의 글로벌비즈니스 운영을 총괄한 크리스 오닐Chris O'Neill은 구글에서 근무할 때 배운 게 있다. 직원 중에 좋은 인재가 많지만 '좋은 인재'와 '훌륭한 인재' 또는 킴 스콧의 표현을 빌리자면 '록스타'와 '슈퍼스타' 사이에는 큰 차이가 있다는 사실이다. 스콧은 뛰어난 성과를 내지만 성장 궤적이 완만한 사람은 지브롤터 바위Rock of Gibraltar를 닮았다며 '록스타'로 분류한다. 웃자고 하는 말이지만 믹 재거Mick Jagger 같은 록스타에서 따온 말이 아니다. 록스타 유형의 사람은 자기 일을 사랑하고 정상급 실력을 갖추었지만 조직에서 최고의 자리를 욕심내지 않는다. 그들은 지금의 자리에 만족한다. 반면에 슈퍼스타 유형은 성장 궤적이 가파른 사람이다. 즉 1년 후에도 여전히 같은 일을 하고 있다면 절대로 참지 못할 사람이다. 오닐은 록스타를 슈퍼스타로 만들고 싶었고, 그러려면 때로는 뼈아픈 지적일지라도 솔직한 피드백을 제공하는 수밖에 없었다. 하지만 오닐이 미처 생각하지 못한 부분은 본인도 그러한 피드백을 기꺼이 받아들여야 한다는 사실이었다.

    구글 캐나다에 부임한 직후, 오닐은 자신이 장차 어떤 일을 하려는지 야심찬 미래계획을 발표했다. 앞으로 2년에서 3년 안에 매출액 10억 달러를 달성하겠다고 선언했다. 윗선에서는 오닐의 야망을 반겼다. 하지만 직속 팀원들은 현실감각이 떨어진 터무니없는 목표라고 여겼고, 오닐에게 이를 솔직하게 얘기했다. 자신감에 한껏 들떴던 오닐은 비판에 직면하고 몸을 낮췄다. 오닐은 팀원들의 피드백을 경청했고, 팀원들 반응을 조직 공동체와 공유하며 자신의 문제점을 그대로 드러냈다. 오닐은 이 일이 오히려 조직에 생기를 불어넣었다고 전했다. 그가 솔직하게 문제점을 노출하는 바람에 팀원들은 물론 전체 직원들 사이에 이 문제에 대한 토론이 활발하게 일어났다. 어찌 보면 의견 대립에서 오닐이 패배한 상황인데 이를 계기로 좋은 결실을 얻은 셈이다. 오닐의 투명한 태도는 의사소통 방향을 결정하고 지독히 솔직하게 소통하는 문화를 촉진했다. 야심찬 경영진 사이에서도 지독히 솔직하게 소통하는 문화를 조성할 수 있었다. 오닐은 누구나 거리낌 없이 자기 의견을 말할 수 있는 환경이 필요하다는 사실을 배웠다. 일류 기술 기업의 경영진 한 명은 리더들 중에 가장 높은 평가를 받은 사람들은 공통점이 있다고 내게 말했다. 설문조사 결과, 이들은 '상사가 정기적으로 피드백을 요청한다'라는 직원 평가 항목에서 특히 높은 점수를 받은 것으로 나타났다. 이는 오늘날 관리자들에게 보기 드문 자질이다.

    이후 오닐은 어떤 성과를 거뒀을까. 오닐이 있을 때 캐나다 지사는 전 세계 구글 지사에서 가장 높은 평가를 받았다. 얼마 지나지 않아 오닐을 비롯해 그와 함께했던 임원들은 구글 본사에 영입됐다. 오닐은 캐나다 지사가 최고 수준의 성과를 거둘 수 있었던 비결로 지독한 솔직함을 들었다. 지독히 솔직하게 소통한 덕분에 오닐은 젊은 팀원들의 의욕을 끌어올릴 수 있었다.

오닐은 에버노트 최고경영자로 일할 때도 이와 비슷한 전략을 적용했고, 팀원들은 물론 본인도 크게 효과를 봤다고 말한다. 오닐은 위기에 처한 에버노트를 살리려면 에둘러 말하지 않고 "직접적으로 대립하며 직언하는 일이 중요했다"고 설명했다.

오닐은 적응력이 뛰어난 경영진일수록 좋은 성과를 낸다고 믿는다. 그는 이렇게 말한다. "이 사람들은 늘 호기심을 갖고, 관련 경험이 누구보다 풍부하지만 정해진 각본대로 움직이지 않으며, 상황에 따라 유연하게 접근한다." 호기심과 열린 자세, 유연성을 유지하려면 솔직한 피드백이 필요하다. 오닐은 그것이 성공의 원동력이라고 말한다.

제2장과 제3장에서 만났던 고대디의 최고경영자 아만 부타니는 재임 기간 내내 지독하게 솔직한 피드백을 장려한 것으로 유명하다. 그는 "피드백은 산소이자, 사람들을 연결하는 도구"라고 말한다. 부타니는 부하 직원이 자신보다 직급이 낮은 신임 리더 때문에 몹시 화를 낸 사연을 들려줬다. 이 부하 직원과 신임 리더는 특정 사안을 두고 충돌했다. 그때가 늦은 저녁 시간이었고, 부타니는 조언을 구하는 부하 직원에게 작심하고 문제점을 지적하며 이렇게 말했다. "당신이 감정적으로 반응하고 있어요." 그러자 부하 직원은 눈물을 터트렸다. 부타니는 눈물을 보이는 부하 직원을 배려하고 나서 직급이 한참 아래에 있어도 먼저 찾아가 대화를 나눠야 한다고 강권했다. 부타니는

그 신임 리더가 사실은 도움이 필요한 상태이고, 상대방 관점을 제대로 이해하지 못해서 벌어진 일일 수 있다고 지적했다. "당신도 사실은 그 신임 리더를 잘 모르잖아요"라고도 달랬다. 이 부하 직원은 아래 직급에 있는 신임 리더의 권한을 뺏을 수도 있었지만 그것은 조직이 추구하는 문화에 배치되는 행동이었다. 부타니는 부하 직원에게 고대디에서는 지독히 솔직하게 소통하는 문화를 장려하고 있음을 상기시켰고, 그가 직원들을 지원하고 늘 기회를 주기를 기대한다고 말했다. 이 부하 직원은 심기일전하고 신임 리더를 찾아가 만났다. 이후 그는 부타니에게 후속보고를 했다. 직접 만나 대화하기가 쉽지는 않았지만 문제를 잘 풀었다고 했다. 부타니는 내게 "정말 놀라웠다. 두 사람은 사흘 만에 서로를 이해하게 됐다. 친구나 다름없는 사이가 돼서 이제 자녀들 이야기도 나눈다. 두 사람이 협력하는 법을 배운 뒤 고대디도 성과가 좋아졌다"라고 말했다.

　부타니는 퀄스와 오닐처럼 자신의 장점과 단점, 수치스러운 과오까지 숨기지 말고 피드백을 달라고 사람들에게 요청해 솔직한 의사소통이 일어나도록 분위기를 조성했다. 부타니 역시 솔직하게 피드백을 주는 것을 두려워하지 않는다. 제2장에서 만난 젠 오톰니는 이러한 방식이 자신의 성장에 어떤 도움이 됐는지 공유하며 최근 사례를 들려줬다. 오톰니는 고대디의 북극성 프로젝트를 설명하는 중요한 발표를 준비하고 있었다. 오톰니는 특출한 인재였지만 스스로 인정하듯이 사람들 앞에서 발표하는 것만은 (도무지) 좋아할 수가 없었다. 그래서 발표를 다른 사람에게 부탁했다. 부타니는 발표 초안을 본 뒤 전달하려는 의견이 제대로 표현되지 않았다고 지적했다. 오톰니는 내게 이렇게 말했다. "부타니는 발표 자료에 내 목소리가 담기지 않았다고 말했다. 나는 그가 조언한 대로 진정성 있게 목소리를 내기로 했다. 애정 어린 조언이었기 때문이다." 오톰니는 부타니가 진심으로 자신을 아끼고 자신의 의견을 소중히 여긴다는 사실을 알았기에 그 피드백을 받아들여 발표 자료를 수정했다. 발표는 다른 사람이 했지만 부타니 덕분에 오톰니는 자기 목소리를 명확히 전달할 수 있었다.

부타니는 "한 번에 한 사람, 한 번에 한 가지 생각이나 마음을 바꾸면 공동체 내에서 그 파급효과로 변화가 일어난다"고 내게 말했다.

고객과 소통할 때 직접적으로 대립하는 전략은 재무설계사들에게도 유용하다. 캐피털프레퍼런스Capital Preferences, 티로웨프라이스T. Rowe Price, 재무설계협회Financial Planning Association가 실시한 연구에 따르면, 시간을 투자해 고객을 이해하고 그 과정에서 고객을 배려하는 마음으로 적극적으로 대립하며 의견을 제시한 재무설계사는 그렇지 않은 재무설계사보다 성장 기회가 훨씬 더 많고, 고객과의 관계도 더 좋았다. 요컨대 성공한 재무설계사들은 지독한 솔직함을 실천했다. 다시 말해, 고객을 향한 배려와 관심으로 적극적으로 대립했다. 이 연구는 재무설계사에 초점을 맞추었지만, 연구에서 드러난 사실은 교사, 변호사, 코치를 비롯해 자문이나 멘토 역할을 맡아 타인과 소통하는 사람에게 모두 적용된다.

그렇다고 해서 부정 피드백을 적절하게 주는 능력만이 성장과 발전의 열쇠라는 의미는 아니다. 긍정적인 말로 칭찬하는 것은 최적의 업무 성과를 끌어내는 기본 동력이다. 링크드인의 전 최고경영자 제프 와이너Jeff Weiner는 이렇게 말했다. "칭찬은 사기를 북돋는 귀중한 원천이며 사람들이 최선을 다하도록 동기를 부여한다."

마커스 버킹엄Marcus Buckingham과 애슐리 구달Ashley Goodall은 《일에 관한 9가지 거짓말》에서 이렇게 지적했다. "팀 실적을 높이는 효과는 긍정적 관심이 부정적 관심보다 서른 배 더 강력하다." 부정 피드백을 더 효율적으로, 더 자주 주고받는 일에만 조직의 모든 노력을 기울인다면, 엄청난 잠재력을 놓치는 것이다. 사람들은 자신이 가장 잘하는 일에 남들이 관심을 가져주기를 바란다.[7] 고성과자는 동료에게 부정 피드백보다 긍정 피드백을 더 많이 제공한다. 실제로 높은 성과를 올리는 팀은 보통 팀보다 긍정 피드백을 거의 6배나 더 많이 공유한다.[8] 반면 성과가 저조한 팀은 보통 팀보다 부정 피드백을 거의 2배 더 많이 공유한다.

칭찬이란 근육과 같아서 자주 사용할수록 강해진다. 당연히 강해진 근육은 더 자주, 더 자연스럽게 쓰게 된다. 직원들을 칭찬할 순간을 적극적으로 찾을 때 매일 사람들을 눈여겨보게 되고 그전까지는 눈에 띄지 않았을 사소한 성취도 칭찬할 수 있게 된다.

연구에 따르면 상대를 알아보는 단순한 행위만으로도 놀라우리만치 강력한 효과를 낼 수 있다. 일례로, 중학교 교사가 학생이 교실에 들어올 때 친근하고 긍정적으로 인사하면 학생들의 학업 몰입도가 20퍼센트 증가하고 수업 방해 행동이 9퍼센트 감소했다.[9]

사람들은 간단한 인사말도 소홀히 할 때가 많다. 내가 컨설팅을 제공하면서 늘 접하는 불만 가운데 하나가 동료가 자기를 알아보지 못하거나 인사를 하지 않는다는 내용이다. 내가 가르쳤던 학생 중에 재능이 특출했던 우등생 한 명은 상사가 복도에서 자신을 투명인간 취급하며 그냥 지나쳐 그 회사를 떠났다. 한 전도유망한 전공의도 그런 냉대가 자기 자신과 동료 전공의들에게 악영향을 미친다고 안타까워했다. 유능한 외과의와 두 달간 로테이션 근무를 끝마친 다음날 복도에서 마주쳤는데 그 외과의가 한마디 인사도 없이 지나쳤다는 것이다. 그 전공의는 이렇게 말했다. "그 사람은 제 이름을 부르며 인사하기는커녕 한마디도 하지 않았다. 내가 투명인간은 아니지 않은가!"

아무리 간단한 인사도 우리가 생각하는 것보다 훨씬 중요하다. 게다가 비용도 들지 않는다. 그런데도 우리는 왜 이토록 인색할까? 상대를 알아봐주는 간단한 몸짓만으로 공동체 일원으로서 소속감을 고취할 수 있는데도 이를 소홀히 하며 유대감을 형성할 기회를 깨뜨리고 만다.

스킨십(긍정의 의미가 담긴 비언어적 신호)은 유대감을 강화하는 방법 중 하나다. 가볍게 맞대는 주먹이나 하이파이브 같은 스킨십은 긍정적 메시지를 전하는 데뿐 아니라 개인과 팀 전체가 성과를 올리는 데도 효과적이다. 마이클 크라우스Michael Kraus, 캐이시 황Cassey Huang, 대커 켈트너Dacher Keltner는 2008-2009 시즌 NBA 팀을 모두 조사한 결과, 스킨십이 많은 팀일수록 승리 횟수가 많다는 사실을 발견했다.[10] 선수 상태, 시즌 전 기대치, 시즌 초반 성적 같은 변수를 통제한 후에도 스킨십은 성과 향상에 유의미한 예측 지표임이 드러났다.[11] 켈트너에 따르면 "스킨십은 좋은 성과를 예측하는 지표가 될 수 있다. 팀원 간 협력을 촉진하기 때문이다. 짧은 스킨십만으로도 감사, 연민, 사랑, 분노 같은 중요한 감정이 전달된다."[12] 또 켈트너는 이렇게 분석했다. "스킨십은 신뢰를 심는다. 스킨십은 선수 간에 친밀함을 쌓고 팀워크를 강화한다."[13] 연구진은 스킨십이 많은 팀일수록 수비할 때 서로 더 많은 도움을 주며 상대 공격을 차단하고, 더 많은 협력 플레이를 한다고 밝혔다.[14] 일부 감독들은 이 연구 결과를 선수들에게 실험하면서 스킨십이 미치는 긍정적 효과를 확인하고 있다.

스킨십할 때 우리 뇌에서는 신뢰와 유대감을 유도하는 화학물질인 옥시토신이 분비된다. 팀원이나 동료의 등을 토닥이는 것으로 신뢰감을 주고 상대방과 유대감을 형성한다는 뜻이다. 고객에게 친밀하게 스킨십하는 웨이터가 팁을 더 많이 받고, 환자에게 친밀하게 스킨십하는 의사가 더 좋은 평가를 받으며, 길거리에서 서명을 받는 사람들은 행인에게 친밀하게 스킨십할 때 더 많은 이에게 서명을 받는다는 연구 결과도 있다.[15]

실수했을 때 따뜻한 신체 접촉으로도 기분이 실제로 개선된다. 나는 대학 농구팀 선수였는데, 자유투를 실패했을 때 스킨십이 크게 도움이 됐다. 득점을 놓쳤는데 감독님이나 동료 선수가 "다음에는 성공할 수 있으니 걱정하지 말라"라고 위로하며 가볍게 토닥이거나 하이파이브를 하거나 주먹을 맞대는 인사를 해주면 큰 힘을 얻었다. 스포츠 심리학자인 재로드 스펜서Jarrod Spencer는 이렇게 말한다. "일이 잘 풀리지 않을 때 나누는 신체 접촉은 일을 잘했을 때 나누는 하이파이브보다 훨씬 큰 효과를 발휘한다. 머릿속에서 일어나는 부정적인 자기 대화를 차단하기 때문이다."[16]

스킨십은 소속감도 강화한다. 인간은 어딘가의 일원으로서 받아들여지고자 하는 강한 욕구를 가지고 있다. 과학자들은 이를 가리켜 '소속감'이라 부른다.[17] 자율성과 유능감에 이어 소속감은 인간의 기본 심리 욕구에 해당한다. 이견은 있겠지만 가장 중요한 욕구라 할 수 있다.[18] 소속감을 북돋는 비언어적 신호(온라인 가상 캐릭터를 이용한 비언어적 요소 포함)는 다양하다. 상대를 긍정하거나 인정한다고 표현하고 싶을 때, 박수도 좋고, 하이파이브도 좋고, 미소도 좋고, 고개를 끄덕여도 좋다.

## 솔직한 대화를 확립하고 공동체를 강화하는 방법

### │지독히 솔직하게 의견을 제시하고 위험을 피하는 법│

킴 스콧은 지독한 솔직함을 실천하도록 돕기 위해 간단한 지침과 피드백 틀을 개발했다. 구성원들과 소통하는 데 이용할 수 있으며, 이를 이용하면 피드백을 제공할 때 너무 좋은 말만 하거나 반대로 너무 잔인하지 않게, 또 아무 말도 하지 않거나 반대로 너무 말을 많이 하지 않게 균형을 찾을 수 있다.

개인적 관심을 배제한 채 상대와 직접적으로 대립해 비판하는 것은 불쾌한 공격이 될 뿐이다. 진심이 느껴지지 않는 칭찬이라든지 무례한 지적이나 비판도 불쾌한 공격이 될 수 있다고 스콧은 덧붙였다. 오픈테이블의 최고경영자를 지냈고, 포트폴리오 소프트웨어 회사인 코렐코퍼레이션Corel Corporation의 최고경영자가 된 크리스타 퀄스는 사람들이 불쾌한 공격과 지독한 솔직함을 혼동할 때가 있다고 지적했다. 말로는 지독히 솔직하게 피드백을 주고 싶다면서 사실은 비판만 하는 이들이 있다는 것이다. "지독히 솔직하게 말하고 싶다"라고 운을 뗀다고 해서 그 대화가 건설적인 대화가 되는 것은 아니다. 상대를 향한 관심과 배려가 닿지 않은 피드백이라면 지독하게 솔직한 피드백이라 할 수 없다.

파괴적 공감은 불쾌한 공격과 정반대 개념이다. 파괴적 공감 유형은 개인적 관심이 있어서 상대를 너무 배려한 나머지 직접적 대립을 피하는 경우다. 칭찬이 구체적이지 않아서 어떤 점을 잘했다고 하는지 애매하고, 상대에게 도움이 되지 않는 막연한 칭찬이나 말만 번지르르할 뿐 알맹이가 없는 비판도 여기에 해당한다. 파괴적 공감 유형은 스스로 친절한 사람이라고 느낄 수 있지만 그런 공감은 아무 도움도 안 될뿐더러 오히려 해가 될 수도 있다. 스콧은 사적이든 공적이든 모든 대인관계와 공동체에서 일어나는 실수의 85퍼센트가 파괴적 공감 유형에서 발생한다고 지적한다. 이러한 유형이 흔한 이유는 상대에게 정직하게 말하는 것이 상처를 준다고 생각해서고, 정직하게 이야기할 용기가 부족해서다.

켈리 레너드 역시 오랜 세월 파괴적 공감에 해당하는 피드백을 제공했다고 말했다. 지금은 그 일을 자책하고 있다. 정직하지 않은 피드백은 사람들에게 아무 도움이 되지 않는다는 사실을 깨달았기 때문이다. 2015년에 세컨드시티 극장 운영에서 물러난 레너드는 옛 동료에게 너무 미안한 마음이 들어 그를 점심 식사에 초대해 자신이 정직한 피드백을 주지 않고 피해를 끼친 일을 사과했고 끝내는 눈물을 보였다.

퀄스는 회사에서 가장 흔히 보이는 실수가 파괴적 공감이라는 사실에 동의한다. 오픈테이블에 부임했을 때 그는 '우리는 좋은 사람'이라는 프레임에 갇힌 조직문화를 해체해야겠다고 마음먹었다. 누구에게나 좋은 사람이 된다는 것은 대립해야 할 때도 대립하지 않는다는 의미이다. 이는 성과에 악영향을 미친다. 퀄스는 지독한 솔직함이 직원들 역량을 끌어올리는 데 도움이 되리라 믿었기에 직원들에게 솔직한 피드백을 먼저 제공했고, 자신에게도 솔직하게 의견을 말해달라고 분명하게 요청했다.

고의적 거짓 유형은 수동적이지만 공격적인 행동이다. 상대에게 개인적 관심도 없고 직접적으로 대립하지도 않는다. 상대방 앞에서는 아첨하고 뒤에서는 가혹하게 비판하는 유형으로 이런 사람이 하는 칭찬은 진정성이 없다. 킴 스콧에 따르면 이는 피드백이 실패한 경우이며 피드백으로서는 최악의 유형에 해당한다.

'개인적 관심'과 '직접적 대립' 이 두 요소가 균형을 유지할 때만 지독하게 솔직한 피드백이 이뤄진다. 스콧이 말했듯, 상대를 대면하고 솔직하게 피드백을 주는 것이야말로 상대를 배려한다는 사실을 보여주는 가장 좋은 방법일 때가 많다. '개인적 관심'과 '직접적 대립'이라는 두 요소를 조합한 피드백은 분명 성공적이다.

| 피드백이 제대로 전달됐는지 검증한다 |

피드백이 전달한 의도와 다르게 받아들여질 때가 있다. 투자자문 서비스업체 모틀리풀Motley Fool은 '관점Point of View'이라는 프로그램으로 이러한 불일치를 찾아낸다. 관리자는 직원에게 피드백을 제공한 후 피드백에 담긴 의도가 무엇인지 묻는 시험지에 답하고, 직원은 관리자에게 피드백을 받고 무엇을 깨달았는지를 답한다. 그런 후 관리자

와 직원의 답변을 비교해 내용이 일치하는지 확인한다. 일치하지 않는 부분이 있으면 관리자는 직원을 다시 만나 피드백을 명확하게 전달해야 한다. 이 과정을 거치면 당사자 간에 발생하는 오해를 초기에 정정할 수 있고, 관리자의 내용을 오해한 직원이 엉뚱한 조치를 실행할 가능성을 차단할 수 있다. 건강한 대화는 감정이 상할 가능성도 최소화한다.

| 피드백을 전달하는 방식을 개선한다 |

대다수 사람은 '관점' 같은 프로그램의 도움을 받아 의사소통에서 발생하는 차이를 포착하기 힘들다. 하지만 건설적인 방식으로 피드백을 제공하는 요령 몇 가지가 있다.

- SBI(상황Situation-행동Behavior-영향Impact) 모델을 활용한다. 행동이 발생하는 상황을 구체적으로 설명한다. 설명은 짧고 간결해야 한다. 문제되는 행동을 특정해서 설명한다. 이때 상대를 도발하거나 자극하는 표현은 피한다. 해당 행동의 결과가 어땠는지 또 그 행동이 다른 사람들에게 어떤 영향을 미쳤는지 기술한다.
- 샌드위치 방식의 피드백을 제공하지 않는다. 지적 사항이 있을 때 칭찬으로 시작해서 중간에 부정적인 '고기'를 넣고 다시 긍정적인 말로 마무리하는 방식을 좋아하는 이가 많다. 하지만 샌드위치 방식으로 피드백을 제공하면 핵심 메시지가 전달되지 않을 수 있다.[19] 왜 그럴까? 연구에 따르면, 사람들은 처음과 마지막에 들은 긍정적 메시지를 주로 기억하기 때문이다. 중간에 넣

은 비판은 기억에서 아예 사라지기도 한다. 또 이 방식에 익숙해지면 특히 성과와 관련해 칭찬을 들어도 부정적 메시지를 예상하게 된다. 사람들은 칭찬을 들으면 곧 꺼낼 혹독한 비판을 누그러뜨리려고 그냥 던지는 말이라고 생각하고, (어서 본론을 얘기하기를 기다리면서) 방어 태세에 돌입하기 때문에 긍정적인 메시지 자체가 효과를 잃는다.[20]

- 피드백을 주는 이유를 설명한다. 피드백을 주는 의도를 먼저 설명하면 상대의 방어 심리를 줄일 수 있다. "지금 이 문제를 지적하는 건 당신에게 기대하는 바가 크고, 당신이 그 기대에 부응할 수 있음을 알기 때문이다"라고 서두를 꺼낼 때 피드백 효과가 40퍼센트 더 증가한다는 연구 결과도 있다.[21] 정신과 의사 에드워드 할로웰Edward Hallowell은 부모들에게 자녀를 교육할 때 이렇게 말하라고 조언한다. "너에게 더 많은 것을 요구하는 건 너에게 그마한 힘이 있음을 알기 때문이란다." 성장에 필요한 도전 과제를 제시하되 위협하거나 벌을 주는 방식으로 말하면 안 된다고 할로웰은 설명한다.[22]

- 공평한 눈높이에서 대화한다. 사람은 부정적인 피드백을 받으면 위협을 느끼기 마련이다. 이런 반응을 최소화하려면 피드백을 제공하는 쪽에서 먼저 자신의 약점을 드러내고 인간미를 보여줘야 한다. 이를테면 이런 식으로 말을 건네는 것이 좋다. "저는 지금까지 여러 상사와 친구들에게서 피드백을 받으며 성장했고, 저도 그 보답을 하려고 노력하고 있습니다." 또는 "훌륭한 리더는 솔직한 피드백을 제공한다는 것을 배웠고, 그 기술을 발

전시키려고 저도 노력하고 있습니다." 또는 "피드백을 주고받으며 함께 성장할 수 있다면 좋겠습니다."[23]

- 상대가 피드백을 원하는지 묻는다. "최근 당신의 업무에서 몇 가지 눈에 띄는 사안이 있어요. 피드백을 받고 싶으신가요?"[24] 스스로 피드백을 받기로 선택하면 방어기제가 발동하지 않고 보다 열린 마음으로 피드백을 경청하게 된다. 대체로 사람들은 피드백을 받고 싶어 하고 상사나 동료에게 피드백을 많이 받지 못할 때 실망한다.

- 문제가 보이면 상황에 따라 즉시 또는 직후에 피드백을 제공한다. 피드백은 빠를수록 좋다. 문제 상황을 설명해도 기억하지 못할 수 있기 때문이다. 또 연례 성과 검토 때까지 기다리면 상대가 문제 상황을 기억하지 못할 뿐만 아니라 불안해하고 방어적인 태도를 보일 가능성이 크다.

- 부정적 피드백은 가능한 한 다른 사람들이 보지 않는 곳에서 전달해야 한다. 일반적으로 긍정적 피드백은 다른 사람들 앞에서 전달해도 환영받는다. 바람직한 행동을 강화하는 좋은 방법이기도 하다. 하지만 사람에 따라 공개적인 피드백을 부끄러워하고 불편해하는 사람도 있으므로 구성원의 성향과 선호도를 파악하는 것이 좋다. 잘 모르겠으면 상대에게 직접 물어보자.

**| 상세한 피드백을 제때 지속적으로 제공하는 메커니즘을 구축한다 |**

피드백을 업무 환경에서 일상화하는 방법을 다각도로 찾아보자. 징거맨Zingerman's은 40년 전 미시간주 앤아버에서 동네 식품점으로 시작해 여러 사업체를 둔 식품 기업으로 성장했으며, 배달 서비스로 미국 전역에 자사 제품과 식품을 배송한다. 700명이 넘는 직원을 보유한 징거맨은 일류 기업으로서 그 명성을 유지하며 끊임없는 혁신으로 더 나은 서비스를 추구하고 있다.

징거맨에서는 사업체별로 주간에 한 번 '작전 타임' 회의를 짧게 소집하는데, 직원들은 자발적으로 회의에 참여한다. 이 회의에서는 개별 구성원의 성과와 전체 사업의 성과를 곧바로 공유할 수 있다. 각 팀은 성과를 추적하고, 기록하고, 다음 주 성과를 예측한다. 고객 불만을 기록한 '적색 신호'와 칭찬을 기록한 '녹색 신호'를 문서화하고 토론함으로써 모든 직원에게 구체적인 피드백에 근거해서 배우고 성장할 기회를 제공한다. 징거맨은 주간 매출 실적을 분석하여 이 수치가 목표치에 부합했는지, 초과했는지, 뒤처졌는지를 공유하고 조직의 성공과 실패를 투명하게 공개한다.[25] 회사는 경영 정보를 모두 공개하고, 직원들은 '주인의식'을 갖고 일하기 때문에 성과가 기대에 미치지 못하면 여러 아이디어를 내 방안을 모색한다. 이 회의시간은 구성원들이 함께 상호작용하면서 협력하는 과정이자 선의의 경쟁을 통해 유대감을 형성하는 과정이다. 사업체 경영주 한 명은 이처럼 경영 정보를 투명하게 공개하고 소통하는 이유를 이렇게 설명했다. "우리는 모든 구성원이 사업 운영에 참여하기를 바라고, 모두가 주인의식을 갖고 사업성과에 책임지기를 바랐다."

징거맨의 몇몇 자회사에서는 '간단한 게임' 또는 (사업목표, 성과표, 보상을 포함하는) 단기 인센티브 프로그램을 도입해 문제를 해결하거나 서비스 개선 기회로 삼았다. 징거맨 로드하우스 레스토랑에서는 일명 '그리터 게임Greeter Game'을 만들어 직원이 고객을 맞이하기까지 걸리는 시간을 추적했다. 고객이 자리에 앉고 5분 이내에 맞이하는 것을 목표로 하는 게임인데, 직원들은 이 목표를 50일 연속 '달성'하면 금전적 보상을 받는다. 직원들은 이 게임을 실행하면서 서비스 프로세스의 문제점을 빠르게 수정하기 시작했다. 한 달이 지나면서 서비스 점수는 큰 폭으로 개선됐다. 다른 자회사에서도 사업장 성격에 맞게 이와 비슷한 게임을 도입했다. 배달시간을 단축하고, 제과점에서 칼을 사용하다가 발생하는 부상을 줄이고(이는 보험료 절감으로 이어진다), 더 청결하게 주방을 유지할 때 인센티브를 제공했다.

| **리더는 자신이 어떤 직원들에게 어떤 관심을 보이는지 알아야 한다** |

한 연구 결과를 보면, 성별과 인구통계 변수에 따라 리더가 제공하는 피드백에 차이가 있다. 여성들이 불이익을 받는 사례를 하나 들면, 팀워크 측면에서는 그 성과를 인정받을 가능성이 1.5배 더 높지만, 리더십 측면에서는 그 성과를 인정받을 가능성이 이보다 훨씬 낮게 나타났다.[26]

리더는 자신이 어떤 직원들에게 많은 관심을 보이고 피드백을 제공하는지 알아차려야 한다. J3P헬스케어솔루션J3P Healthcare Solutions은 미국의 주요 병원 및 의과대학과 협업하는 컨설팅 회사다. 이 회사 설립자이자 사장인 앨런 프리드먼Alan Friedman에 따르면 의료계 리더들은 상위 10퍼센트 고성과자들과 하위 10퍼센트 저성과자들을 지원하고 피드백을 제공하는 데 지나치게 많은 시간을 소비한다. 조직 대부분을 차지하는 직원 80퍼센트에게는 적절한 관심을 보이지 않는다는 뜻이다. 하지만 조직의 성과를 높일 수 있는 열쇠는 이 80퍼센트가 쥐고 있다. 이들은 충분히 성장할 여지가 있지만 리더에게 별로 관심을 받지 못한다고 프리드먼은 내게 말했다. 이 연구를 진행한 책임자(내가 컨설팅하는 고객사이자 세계에서 손꼽히는 병원에서 최고로 평가받는 외과의다)는 프리드먼의 지적에 동의했다. 병원에서는 하위 10퍼센트 저성과자에게 상당한 시간과 에너지를 쏟고, 상위 10퍼센트 고성과자들 위주로 리더십 개발 프로그램을 제공한다는 것이다.

조직을 지탱하는 사람들은 누구일까? 이들에게 관심을 기울이지 않을 때 그 결과는 어떠할까?

## | 권력자에게 진실을 말할 수 있는 통로를 만든다 |

권력을 쥐고 있는 사람에게 진실을 말할 수 있는 절차를 개발해야 한다. '스킵 레벨 미팅 skip-level meeting'을 하는 것도 좋다. 1년에 한 번은 사원들이 직속상사를 배제하고 임원들을 만나는 시간을 갖는 것이다. 예컨대, 내가 이끄는 조직에 케이트가 팀장을 맡고 있다면 케이트 없이 내가 그 팀원들을 직접 만나 이렇게 물어보는 것이다. "케이트가 더 나은 상사가 되려면 또는 리더십을 기르려면 무엇을 해야 할까요? 또는 케이트가 하지 말아야 할 일은 무엇입니까?" 케이트와 일하는 팀원들이 케이트에게 직접 직언하고 솔직하게 소통하는 것이 이상적이지만, 직속상사에게 진실을 말하기가 현실적으로 쉽지 않다. 연구 결과도 이 점을 잘 보여준다. 이런 이유로 스킵 레벨 미팅 같은 도구를 활용해 권력자가 진실을 듣는 시간이 필요하다. 킴 스콧은 "우리는 위계질서의 장벽을 극복하고 있다"라고 말한다. 스콧은 관리자 시절

에 받았던 의견 중 스킵 레벨 미팅에서 나온 의견을 가장 유용했던 것으로 손꼽는다.27

| 조직 구성원들을 옆에서 지원하는 사람을 칭찬한다 |

투자자문업체 모틀리풀은 모든 직원의 배우자나 연인에게 꽃을 선물한 적이 있다. 일터 밖에서 조직 구성원들을 지원하는 사람이 중요하다고 생각해서다. 2년 전에는 세상에 하나뿐인 아름다운 감사인사 카드를 보냈다.

팀원들이 서로 도움을 줄 때도 이를 칭찬해야 한다. 노스캐롤라이나대학교 채플힐(이하 UNC)의 여자 축구팀 감독이자 전 미국 여자 축구 국가대표팀 감독인 앤슨 도런스Anson Dorrance만큼 이 점을 잘 아는 사람도 없다. 도런스 감독이야말로 이런 노력을 칭찬하는 전략으로 최고의 효과를 창출한 리더다.

도런스 감독은 UNC를 이끄는 동안 (총 24회 가운데) 무려 22회나 전국 챔피언십을 석권했고,28 미국 대표팀 감독으로서 팀에 월드컵 우승을 안겼다. 도런스 감독이 이끄는 UNC팀이 보유한 기록은 전무후무하다. 도런스 감독하에서 UNC가 처음 우승한 해가 1981년이었다. 이때는 미국여자대학체육연맹에서 인가한 12개 팀이 토너먼트를 벌였다. 나머지 21회 우승은 전미대학교체육협회NCAA 챔피언십 대회에서 거둔 성과다.

이는 정규 시즌 승률보다도 훨씬 높은 승률이다(정말 대단한 기록이다!). 도런스 감독은 팀원들에게 목적의식을 심어준 것과 각 선수들이 목적을 실현하는 과정에서 기여한 바를 구체적으로 언급하며 칭찬한 것을 팀의 성공 비결로 꼽았다.

도런스 감독에게는 전국 챔피언십 대회 결승전에 출전할 때처럼 압박감이 심할 때 활용하는 비장의 무기가 있다. 그는 출전명단에 뽑힌 모든 고참 선수에게 편지를 쓴다. 고참 선수들이 팀에 기여한 내용을 짚고 특히 후배 선수들을 잘 이끌어준 노고를 칭찬하고 감사를 표한다. 도런스 감독은 경기 전날 밤 늦게까지, 때로는 꼭두새벽까지도 편지를 쓴다. 잠이 부족해서 다음날 경기 중에 조는 일이 생길지라도 그에게는 편지를 쓰는 일이 더 중요하다. 그는 고참 선수 한 명 한 명에게 정성을 다한다. 그 선수가 어째서 좋은 선수인지, 또 어째서 훌륭한 사람인지 보여주는 모든 순간을 떠올리며 그 사건들을 세밀하게 엮어 깊은 의미가 담긴 편지를 완성한다. 경기 당일 그는 각 고참 선수에게 편지를 건네고, 선수들은 감독이 자신을 어떻게 생각하는지 확인한다. 그런 다음 감독은 각각의 편지를 복사한 사본을 선수들 앞에서 직접 읽으며 참으로 멋진 선배 선수들과 경기를 뛴다는 사실을 후배 선수들에게 상기시킨다.

그가 지도한 선수 중에 캐롤라인 본파스Caroline Boneparth는 슈퍼스타는 아니었다. 팀에 워낙 재능 있는 선수가 많았기에 본파스는 출전 기회가 많지 않았다. 도런스 감독이 보기에 본파스는 다른 팀으로 가면 곧바로 주전 자리를 꿰찰 능력이 있었다. 하지만 본파스는 주전으로 뛰는 시간이 적어도 팀을 떠나지 않고 동료들을 전폭적으로 지원하고 자신을 희생하며 UNC팀에 기여했다. 도런스 감독은 이 부분을 특히 고맙게 생각한다고 편지에 썼다. 도런스 감독은 본파스가 놀라울 정도로 강인하면서 온유하고 배려심이 많은 리더였다고 말한다.

모든 팀원을 세심하게 챙겨줬기에 '케어Care'라는 별명까지 붙었다. 도런스 감독은 본파스에게 쓴 편지 말미에 전기작가 칼 샌드버그Carl Sandburg가 에이브러햄 링컨을 칭송하면서 했던 말을 인용했다.

> 인류 역사상 이처럼 강철 같으면서도 동시에 부드러운 벨벳 같은 사람은 드물다. 바위처럼 단단하면서도 동시에 공기 중에 부유하는 안개처럼 부드러운 사람, 그 마음과 정신에 강렬한 폭풍이 일면서도 형언하지 못할 완전한 평화가 일렁이는 사람, 그런 사람은 극히 드물다.

그리고 이어서 말한다.

> 자네가 그런 사람이야. 자네는 강인하고 다정한 사람이야. 나는 그런 자네를 소중하게 생각해. 재학 4년 동안 모든 팀원을 잘 '챙겨줘서' 고마워. 많이 보고 싶을 거야.
>
> ―앤슨(Anson)

도런스 감독이 선수들을 경기장에 내보내기 전에 고참들에게 쓴 편지를 읽으며 하는 격려가 선수들에게 어떤 영향을 미쳤을지 눈에 훤하다. 편지를 받은 선수들은 물론, 출전 명단에 든 모든 선수가 선배 선수들이 전국 챔피언으로서 졸업할 수 있게 의지를 불태웠으리라. 이 편지가 바로 전국 챔피언십 결승전에 앞서 도런스 감독이 사용한 비장의 무기였고, 이 무기의 위력은 놀라웠다.

어느 해인가 한번은 UNC팀이 4강에 진출했는데 상대가 너무 강해서 결승이 아닌 준결승에서 고참 선수들에게 편지를 쓴 적이 있다. 준결승 상대는 포틀랜드대학이었는데, 상대팀에는 크리스틴 싱클레어Christine Sinclair가 버티고 있었다. 캐나다 국가대표팀 간판스타인 그는 남녀 통산 국제대회 득점 부문 세계 1위이자 월드컵에 5회 출전해 득점을 기록한 단 두 명 가운데 한 명이었다. 이에 도런스 감독은 준결승 경기에 앞서 고참 선수들에게 편지를 썼고 여느 때처럼 선수단 앞에서 읽었다. 그 전략은 어김없이 효과를 발휘했다! UNC는 포틀랜드를 꺾고 결승에 올랐다. 애석하게도 결승전에서 무릎을 꿇고 말았지만 말이다. 도런스 감독의 말처럼, 선수들의 노고를 치하하는 편지는 전국 챔피언십 대회를 앞두고 스물네 번 가운데 스물세 번이나 마술 같은 힘을 발휘했다.²⁹

| **피드백은 명확하고 상세하게, 가능한 한 구체적으로 한다** |

"개나 소나 들을 수 있는 말은 칭찬이라 할 수 없지." 이 말은 효과적인 의사소통 원칙을 생생하게 전달하려고 래디컬캔더Radical Candor(킴 스콧이 설립한 컨설팅 회사 - 옮긴이)가 의뢰해서 제작한 5부작 직장 코미디 시리즈인 〈피드백 루프The Feedback Loop〉에서 켈리 레너드가 가장 좋아하는 대사다. 다시 말해, 피드백을 제공할 때는 누구에게나 적용 가능한 조언이나 정해진 대본처럼 뻔한 말을 하면 안 된다.

피드백을 제대로 제공하려면 먼저 동료들을 이해해야 한다. 그들이 지닌 특별한 자질이 무엇인지 또 각자 지닌 고유한 재능으로 어떻게 조직에 기여할 수 있는지 관찰하고 사기를 북돋아 잠재력을 끌어낼 방법을 찾아야 한다. 도런스 감독처럼 유려하고 능숙하게 사람 마음을 움직이지는 못하더라도 진심으로 관심을 쏟으면 그들이 지닌 놀라운 재능을 알아볼 수 있다.

내가 서던캘리포니아대학교 마샬경영대학원(이하 USC 마샬경영대)에서 조교수로 일하던 초창기에 우리 학과에서는 일 년에 두 차례 워크숍을 떠났다. 점심시간에 열리는 세미나나 초청 연사 발표 모임과 달리 이 워크숍에서는 구성원들이 서로 교류할 기회가 많았다. 한번은 학과장 톰 커밍스Tom Cummings가 간단한 과제를 냈다. 남들은 모르는 자기만의 재미난 비밀을 하나씩 적으라는 것이었다. 사람들은 재미난 비밀을 휘갈겨 적은 쪽지를 야구 모자에 던져 넣었다. 우리는 모두 회의주의자의 시선으로 비밀이 공개되는 순간을 진지하게 기다렸다. 이 활동이 얼마나 무의미하고 우스꽝스러운지 비판할 준비가 되어 있었다는 뜻이다.

행사 진행을 맡은 커밍스는 무작위로 뽑은 첫 번째 쪽지를 읽었다. "나는 자동차에 직접 기름을 넣은 적이 없다." 뭐라고? 교수들은 어리둥절한 표정으로 참석자들을 훑어봤다. "그게 어떻게 가능하지?" 누군가 외쳤다. "말도 안 돼!" 한 선임교수가 주먹으로 책상을 내리치며 소리쳤다. 캘리포니아에는 직원이 있는 주유소가 많지 않았고, 나 역시 그런 주유소를 본 적이 없었다. 모두가 믿을 수 없다는 얼굴로 몇 분간 설왕설래하는 사이 전략학과 부교수가 입을 열었다. "제가 한 번도 안 해봤어요. 항상 남편이 기름을 넣었거든요." 이 교수의 남편이 무척 친절하고 배려심이 깊은가 싶었지만, 그래도 믿기 어려웠다. 마흔이 넘은 두 아이 엄마가 캘리포니아에 살면서 주유기를 잡아본

적이 없다고? 여기저기 아이들을 데리고 참여할 활동도 많고, 식료품점에도 가고, 시어머니도 챙겨야 하는데? 게다가 이 교수는 도심에서 한참 떨어져 있는 산 아래 마을에 살기 때문에 상당히 먼 거리를 출퇴근했다. 그 사이에 주유하러 멈출 일이 한 번도 없었다니 도저히 믿기 어려웠다.

커밍스는 다음 쪽지를 꺼내 읽더니 몸을 앞뒤로 흔들며 킥킥거렸다. "나는 우리 학과장 톰 커밍스를 들어올릴 수 있다." 진짜로? 결코 쉬운 일이 아니었다. 우리 중에 탄탄한 몸매의 보디빌더나 철인대회 출전자는 없었다. 참석자들을 빠르게 훑어봤지만 이에 적합한 후보는 보이지 않았다. 방을 나간 사람도 없었다. 그럼 누가 이 비밀의 주인공일까? 사람들은 덩치가 가장 큰 남자부터 한 사람씩 추적해나갔다. 하지만 다들 자기는 그 글을 쓰지 않았다고 했다. 네 명쯤인가 후보가 탈락하고 나니 더는 마땅한 후보도 없었다. 당혹스럽게도 그 쪽지를 쓴 사람을 아무도 밝혀내지 못했다. 그때 군살 없는 모델 같은 몸매를 가진 젊은 여성이 자신 있게 외쳤다. "제가 147킬로그램을 들어 올릴 수 있어요!" 이럴 수가! 새로 온 조교수에게서 이런 말을 듣게 되리라고 예상한 사람은 아무도 없었다. 나는 '멋져, 진짜 멋있어'라고 속으로 연신 감탄했다.

커밍스는 무척 재미있어 하는 얼굴로 진행을 이어갔다. 그는 활짝 미소를 짓더니 또 다른 쪽지를 읽었다. "나는 3월의 광란에서 선수로 뛰었다." 무슨 말인지 몰라 당황할 사람들을 고려해 진행자는 일명 '3월의 광란'은 미국에서 매년 봄에 열리는 전미 대학농구 단판 토너먼트를 가리키는 말로 64개 여자대학 농구팀과 68개 남자대학

농구팀이 우승컵을 놓고 경쟁한다는 설명을 더했다.

이번에도 이 비밀에 적합한 후보자가 딱히 보이지 않아 사람들은 고개를 갸우뚱거렸다. 후보자를 찾으려고 사람들이 여기저기 방 안을 훑었다. 사람들은 가장 키가 큰 남자들 이름부터 하나씩 부르기 시작했다. 하지만 다들 자신은 아니라고 손을 저었다. 그러자 작전을 바꿔서 가장 가능성이 적어 보이는 남자들 이름을 대기 시작했고, 마지막에는 공이라고는 한 번도 만져본 적 없고 경기장 구경도 못 해 봤을 남자까지 불러냈다. 나는 거기 앉아서 시선을 내 무릎에 고정한 채 삐져나오는 웃음을 참느라 최선을 다했다. 나는 속으로 외쳤다. '어서 좀 맞춰봐요.' 나는 얼마 전 면접 볼 때 이력서에도 이 사실을 적었다. 그리 오래전 일도 아니었다. 그때 나처럼 얌전하고 자그마한 몸집의 여성이 깜짝 놀라던 모습이 생생했다. 면접이 끝나고 점심 식사를 하면서 사람들은 내가 농구팀에서 경험한 일들을 이것저것 물어봤다. 그런데 3월의 광란에서 퀸 선수로 아무도 나를 지목하지 않으니 혹시 내가 이력서에 거짓 경력을 쓴 거라고 사람들이 의심한 것은 아닌지 궁금하기까지 했다. 사투들이 그 쪽지의 주인공이 나일 거라고는 감히 생각도 못 하고 추측하기를 포기해서 내가 입을 열었다. 나는 미소를 지으며 "제가 3월의 광란에 출전한 적이 있는데 정말 멋졌어요"라고 말했다. 비밀 맞추기 게임은 즐거운 시간이었다.

오후에 진행된 비밀 맞추기 시간에 참석자들은 자기 안에 있는 수많은 편견과 고정관념이 뒤집히는 경험을 했다. 어느 경영대학원 워크숍이라면 무의식적 편향을 인정하고 해결하는 수업시간이 될 수도 있었겠지만 우리는 달랐다. 우리에게 그 시간은 유대감을 형성하는 시간이었다. 구성원들의 성장 배경, 성격, 관심사, 재능, 열정을 들여다보고 구성원들을 깊이 이해하는 시간이었다. 그때의 경험은 우리가 서로에 대해 생각하고 관계 맺는 방식을 완전히 바꿔놓았다. 우리는 순식간에 공동체의 일원으로 더 단단하게 결속됐다. 그 후로는 서로 하이파이브를 하며 스킨십을 나누는 일도 기하급수적으로 증가했다.

성과를 칭찬하고, 피드백을 주고받는 조직문화는 높은 성과를 불러온다. 공동체 구성원을 의미 있는 방식으로 결속해 협업과 성과, 창의성을 더 효과적으로 끌어내기 때문이다. 또 구성원들은 더 건강하고 만족스러운 관계를 구축한다. 하지만 현실에서는 조직에서 인정받지 못한다고 불평하는 이가 너무 많다. 이는 그들이 지닌 잠재력을 낭비하는 것이나 마찬가지다.

건설적인 피드백을 제공할 때 느끼는 불편함에 익숙해져야 한다. 지독히 솔직하게 소통하는 근육을 길러야 한다. 리더와 구성원 모두 이 근육을 기르는 훈련 방법과 기법을 배워야 한다.

켈리 레너드가 적절하게 지적했듯이 "의미는 순식간에 만들어지기도 하지만, 순식간에 깨지기도 한다. 상대방을 동등한 인간으로서 존중하는 법을 배우기만 해도 하루아침에 달라진다."[30] 또 정중한 언행에는 승수효과가 있다. 제3장에서 설명했듯이 정중함도 무례함도 모두 전염성이 강하다.

## 05 일의 의미를 제공하라

빛은 언제나 있다.
우리에게 빛을 바라볼 용기가 있다면.
우리에게 빛이 되려는 용기가 있다면.

**아만다 고먼**(Amanda Gorman)

보험대리점 파트너인 에이미 담브라<sup>Amy D'Ambra</sup>는 남편 고향인 이탈리아의 아름다운 섬, 이스키아에 있는 작고 조용한 마을에서 가족과 함께 5일째 휴가를 보내고 있었다. 하지만 담브라는 코딱지만 한 인터넷 카페에서 전자기기를 여러 대 들고 밀려드는 업무를 처리하며 대부분의 시간을 보냈다. 인터넷 카페로 달려가 한창 성장하고 있는 대리점 일을 처리하지 않을 때도, 그러니까 가족과 식사할 때도, 해변이나 교회에서도 심지어 근사한 중세시대 석조건물 아라곤 성으로 조깅을 다녀올 때도, 머릿속에는 온통 업무 생각이었다. 하루는 남편 앤서니<sup>Anthony</sup>가 아내를 바라보며 간청했다. "이제 그만해요. 당신 가족은 여기 있는데 당신은 우리 곁에 없네요." 남편은 아내의 핸드폰과 컴퓨터를 자신이 맡아두겠다고 제안했고, 로스앤젤레스에 있는 사무실에 연락해 남은 휴가 기간 동안 어떤 연락도 받지 않겠다고 못 박으라고 말했다. 담브라는 휴가지에서 업무와 관련된 일은 일체 하지 않기로 동의했다.

한결 마음이 평온해진 담브라는 가족과 함께 성 안토니오 성당에 들어섰다. 담브라는 성 요한 요셉의 지하묘지 앞에 무릎을 꿇고 기도를 드렸다. 간단한 감사말로 기도를 시작한 담브라는 신에게 물었다. "제가 당신을 위해 무엇을 할 수 있을까요?" 세 자녀를 둔 담브라는 훤칠한 키에 추진력이 있으며 천성이 밝고 활달한 여성이었는데, 자신에게 더 나은, 더 의미 있는 길이 있을 것만 같았다. 담브라는 그 당시를 회상하며 이렇게 말했다. "나는 숨 가쁘게 인생을 달려왔고 누가 봐도 성공한 사람이었다. 하지만 내 안에서는 무언가가 부서지고 있었다. 무너져내리고 있었다. 그대로 무너져내리거나 아니면 벗어나야 했다. … 기도하는데 마음속에서 '우리 이야기를 사람들과 나누고, 성자들을 젊은이들이 좋아할 영웅으로 만들라'는 목소리가 들렸다." 담브라는 밖으로 뛰어나가 남편에게 기도 중 목소리를 들었노라고 말했다. 남편은 아내를 바라보며 "다시 들어가서 그분께 어떻게 해야 하는지 물어보라"고 했다. 담브라는 성당으로 달려가 성 요한 요셉 앞에 무릎을 꿇고 방법을 물었다. 그러자 자기 안에서 목소리가 들려왔다. "성자의 형상을 멋지게 새긴 목걸이와 팔찌를 만들고, 거기에 덕목을 적은 꼬리표를 매달아라. 성자 한 명당 덕목을 하나 새긴다. 청년들은 한 단어만으로도 충분히 알아들을 것이다. 그들은 장신구에 새겨진 성자나 덕목을 매개로 유대감을 형성할 것이다. 나머지 일은 신에게 맡겨라!"

마이세인트마이히어로My Saint My Hero, MSMH는 2009년에 설립됐다. 회사 홈페이지에 명시한 사명은 다음과 같다. "우리는 착용 가능한 축복 상징물을 제작한다. 전 세계 지역공동체가 의미 있는 노동으로 제작한 이 상징물은 신이 우리를 사랑하고, 축복하고, 보호하고 있음을 일깨운다." 담브라는 집에서 사업을 시작했다. 오랜 기간 공들여 디자인하고 재료를 하나하나 엮어 팔찌와 목걸이를 만들었다. 현재 영업과 마케팅 이사를 맡고 있는 장녀 엘리Ellie는 담브라가 좌식탁자를 앞에 놓고 부지런히 일하던 모습을 기억한다. 보스니아헤르체고비나의 작은 마을 메주고리예는 성모마리아의 환상과 발현 전설로 수십 년간 순례자들의 발길이 끊이지 않았다. 2010년 10월, 담브라는 이곳에서 묵주를 만드는 한 여성을 만났다. 담브라는 이 여성을 직원으로 고용하고 팔찌 100개를 주문했다. 팔찌는 잘 팔렸고, 담브라는 매주 100개씩 제품을 주문하게 됐다. 수요가 계속 늘어나 곧이어 한 달에 1천 개로 주문량을 늘렸다. 그렇게 3년 반이 지나고 담브라가 세운 회사는 그 마을 여성들을 고용해 매달 팔찌 3만 개를 주문하기에 이르렀다. 지금은 메주고리예뿐 아니라 인접한 여러 마을에서도 여성들을 팀으로 고용해 제품을 만든다. MSMH는 지역 여성들의 자립을 돕는 데 주력한다.

많은 여성이 팔찌를 제작하며 번 돈으로 빈곤에서 벗어났다. 버려진 기차 차량에서 가족과 함께 살던 한 여성은 이제 집을 갖게 됐다. 이웃 마을의 또 다른 여성은 "사는 형편이 조금씩 나아졌고 경제적으로 안정을 얻었다. 매주 주급을 받으리라고 확신하기에 불안하지 않다"라며 고마움을 표했다. 이 일이 가져다주는 축복은 돈뿐만이 아니다. 또 다른 여성은 "매주 팔찌 재료를 받으러 사람들이 모여 화기애애하게 웃음꽃을 피운다. 노동은 고되지만 잠시 시간을 내서 함께 커피를 마시고, 이야기를 나눈다. 특히 팔찌를 만들면서 우리가 받은 축복과 아이들에게 엄마로서 해줄 수 있는 것들에 대해 자주 이야기한다"고 말했다. 메주고리예에서 여성들은 대개 삼삼오오 탁자에 둘러앉아 함께 팔찌를 만들며 서로 격려하고 동지애를 나누는데, 이는 오늘날 현대인의 삶에서는 사라진 풍경이다. 한 여성은 이렇게 말했다. "팔찌 덕분에 한 몸처럼 뭉치게 됐다. 처음에는 그저 얼굴만 아는 사이였는데 팔찌를 만들면서 훨씬 가까운 사이가 됐다." 여성들은 진정한 공동체 의식을 형성하고 서로 응원하게 됐다. 한 여성의 16세 딸은 이렇게 말했다. "이 일로 신발과 음식을 사고 우리를 가르칠 돈만 얻은 게 아니다. 동네 사람이 일거리가 필요할 때 우리 엄마가 그 집에 이 일을 주선했다. 엄마가 그 가족뿐 아니라 이 지역사회에 도움을 준 것이다."

담브라의 회사는 계속 성장했고 회사 비전도 커졌다. 첫 달에 100개였던 매출이 매월 300개로 증가했을 때 담브라는 그것도 엄청난 성과였다고 내게 말했다. 매출은 기하급수적으로 늘어났다. 2017~2020년에 매월 평균 2만 개에서 2만 5천 개의 장신구를 판매했다. 이러한 성장과 더불어 전 세계 여러 지역사회 여성들에게 힘을 실어주며 여성 권리를 개선했다. MSMH는 이탈리아에서 여성 약 20명을 고용하고 있다. 이들은 MSMH가 생산하는 팔찌와 기타 장신구에 부착할 메달을 수작업으로 제작한다. 멕시코에서는 여성 10명을 고용했다. 또한 캄보디아에 진출해 센호아재단Senhoa Foundation과 협력해 그곳 여성을 돕는다. 인신매매 생존자들을 지원하는 이 재단은 인신매매 생존자 재활, 교육, 사회재통합, 고용 문제를 다룬다. 센호아재단은 여성들에게 직업 훈련을 제공하고 장신구를 제작해 다양한 제품을 웹사이트에서 판매한다. 센호아재단에서 일하는 한 사제에 따르면, 그곳 여성들에게 장신구를 만드는 일은 "돈이 될 뿐만 아니라 그들의 삶에서 엄청난 의미가 있다." 거듭 강조하지만 이곳 여성들에게 일은 돈 이상의 가치를 지닌다. 관광 리조트에도 일자리가 많고, 마사지 치료사로도 일할 수 있다. 하지만 인신매매 피해자였던 여성들은 센호아재단이 제공하는 안전한 피난처에서 일하며 사람들과 불필요한 접촉을 피할 수 있다. 고객이나 의뢰인을 상대하다가 고통스러운 기억을 떠올리거나 심지어 위험에 처하는 일이 더는 없는 것이다. 이 여성들은 피난처에서 함께 구슬로 장신구를 만들며 노동의 즐거움을 누린다. 그 사제는 "구슬을 꿰는 작업은 안전할 뿐 아니라 명상 효과와 심리치료 효과도 있다"라고 말한다. 센호아재단이 구출한 여성 중에는 열여섯 살 소녀도 있었다. 이 소녀는 엄마의 수술비를 마련하고자 열네 살에 몸을 팔았다. 이 소녀는 MSMH에서 제공한 일자리를 설명하며 가슴이 벅찬 듯했다. "스와로브스키 크리스털을 손에 쥐었을 때 정말 감동이었다. 그 귀한 물건을 다루도록 허용한다는 것은 나를 그만큼 신뢰한다는 의미기 때문이다. 가치 있는 존재로 새로 태어난 기분이다."

MSMH는 아프리카로 활동 무대를 넓혀 나이지리아의 한 고아원 그리고 우간다에 있는 한 학교 여교사들과도 협력관계를 맺고 팔찌를 제작하고 있다. 우간다 여교사들은 일해서 번 돈으로 학교에서 사용할 책상을 구입하고, 학생들에게 교복과 기타 물품을 제공한다. MSMH는 원대한 목표 아래 '친절 캠페인'을 펼치고 있는데, 우간다와 나이지리아에서 회사가 얻는 수익은 대부분 이 캠페인을 지원하는 데 쓰인다. 이 캠페인의 목표는 '한 번에 한 가지 친절을 베풀며 사랑으로 세상을 변화시키는 것'이다. 2019년, MSMH는 모스 부호로 '친절'이라는 의미를 담아 구슬 팔찌를 제작했다. 타인에게 친절을 베풀 것을 상기시키는 긍정의 도구를 사람들에게 제공하려는 의도였다. 오늘날처럼 사람들이 서로 단절된 채 지내는 세상에서 친절은 더없이 귀중한 미덕이다. MSMH는 다양한 경로로 친절 캠페인을 벌였고, 이 기간에 제품을 주문한 고객들에게 친절 팔찌를 무료로 제공했다. MSMH는 사람들이 이 팔찌를 착용하고 다니거나 사람들과 공유하며 친절을 베풀기를 바란다. 포장이 돼 있어 핸드폰 뒤에 달고 다니거나 지갑에 넣어두고 있다가 마음을 나누고 싶을 때 누군가에게 바로 선물할 수 있다. 사람들은 이 팔찌가 자신의 일상을 때로는 인생을 어떻게 더 나은 방향으로 바꿔놓았는지 MSMH에 소식을 전한다. 학교에서 괴롭힘을 당하던 한 10대 소녀는 힘들어하는 자신에게 같은 반 친구가 팔찌를 선물하자 따뜻한 보살핌을 받는 듯했다. 친절 팔찌는 소녀와 같은 공동체에 있는 누군가가 소녀를 걱정한다는 사실을, 즉 소녀가 혼자가 아니라는 사실을 보여주는 역할을 했다. 2019년에 MSMH는 친절 팔찌 7만 개를 무료로 나눠줬다. 2020년도에는 14만 개를 나눌 목표를 세웠다. 언젠가는 100만 개를 달성하기를 희망한다.

MSMH는 제2장에서 설명한 통제 해제 전략에 충실하다. 협력 단체가 회사가 추구하는 핵심 사명 즉, 의미 있는 노동으로 공동체에 힘을 실어주는 목표에 충실하기만 하면, 해당 지역사회, 양품점, 학교, 기관 및 단체의 고유한 문화에 맞게 업무 방식을 조정하는 것을 수용한다. 메주고리예의 여성들이 일하는 방식은 우간다, 나이지리아, 이탈리아의 여성들이 일하는 방식과 다르다는 사실을 고려하는 것이다. 운영 방식과 물류는 국가마다 다를 수밖에 없다. 이는 문제 삼을 일이 아니다. 담브라는 오히려 이러한 차이가 회사의 강점일 수 있음을 깨달았다. 일례로, 메주고리예에서 MSMH 사업을 책임진 아니타 Anita는 엄격한 품질 관리 기준을 통과하지 못한 장신구를 한 수도원 사제에게 기부한다. 사제는 그 물건들을 수도원 기념품 가게에서 판매한다. 사제는 수익금으로 기금을 마련해 알바니아(테레사 수녀의 고향)에 있는 고아원 아이들이 사용할 물품을 구입했다. 담브라는 자사 사업을 설명하며 "사람들에게 파급효과를 미치는 내재 가치가 있다"고 말하는데, 이러한 활동이 바로 그 '파급효과'다.

담브라는 MSMH가 단순한 회사가 아니라 공동체에 가깝다고 설명한다. 담브라는 MSMH 공동체 구성원(회사 직원과 영업사원은 물론 고객, 공급업체, 구독자, 자사의 사명에 호감을 느끼고 지원하는 유명인들도 포함된다)이 서로 연대하고, 강인함과 기쁨, 희망을 키우면서 고립과는 정반대되는 환경을 구축한다는 사실에 감격한다. 자사의 사명감 안에서 모두 하나 된 느낌을 갖는 것이야말로 MSMH가 추구하는 '사명의 본질'이다. 담브라는 "사람들은 의미 있는 일을 갈망한다"고 말한다.

많은 경영주가 그러듯, 담브라도 회사 사명과 목표를 놓고 여러 번 시험에 빠졌다. 사업이 궤도에 오르자 규모를 확장할 기회가 찾아왔다. 사업 초기 단계에 구매력이 엄청난 사업자가 중국 내 플랜트를 이용해 장신구 10만 개를 신속하게 생산할 수 있도록 해주겠다고 말했다. 하지만 담브라는 지역사회 여성 고용과 여권 신장이라는 회사 사명에 충실하기로 선택했다. 한 TV 프로그램은 대대적으로 광고를 노출해 매출을 신장하라고 제안했다. 다만 MSMH가 추구하는 종교적 요소를 배제하도록 요구했다. 담브라는 그 제안도 거절했다. 또 한 번은 대형 백화점에서 팔찌를 눈에 띄게 진열하겠다며 매력적인 제안을 해왔다. 그런데 각 팔찌와 함께 제공하는 카드를 제외하자는 조건을 달았다. 하지만 그 카드는 팔찌를 제작한 지역공동체와 그 팔찌의 의미를 설명한 것이었다. 이럴 때마다 담브라는 회사를 설립한 이유를 되짚어봤다. 담브라는 "잠시 숨을 돌리고 무엇이 회사의 가치에 부합하는지 생각하면, 최선의 선택을 할 수 있다"고 말한다. 당장 눈앞에 보이는 수익뿐 아니라 장기적 관점에서 수익성 높은 사업 제안도 있었지만 자사 사명과 어울리지 않아 모두 거절했다. "우리는 가능성이 보이면 '예스'라고 답하고 그 일이 되게 하라고 교육받기 때문에 이런 제안을 거절하는 일은 쉽지 않다. 하지만 회사가 추구하는 사명에 진심을 다하는 것, 진정성을 지키는 것이 중요하다. … 우리는 팔찌 하나하나가 우리 공동체 여성이 손수 제작한 것이라고 말한다." 담브라는 자신이 흔들리면 여태껏 쌓아온 공동체가 무너질 수도 있음을 안다. 그는 "수익을 많이 내려고 공동체 구성원들을 버릴 생각은 없다. 이 공동체를 지키는 일이라면 모든 위험을 기꺼이 감수할 것이다"라고 소회를 밝혔다.

담브라는 자신의 사명이 무엇인지 명확히 안다. 당신은 자신의 사명을 명확히 아는가? 이는 특히 조직의 리더라면 생각할 가치가 있는 문제다. 당신이 추구하는 사명이 여러 공동체 구성원에게 어떤 의미인지 고민해야 한다. 담브라처럼 자사의 사명 아래 공동체 의식을 고양하려면 또는 뜻 깊은 사명에 헌신할 새로운 구성원을 모으려면 어떻게 해야 할까?

## 공동체를 모으는 구심점이 돼라

미국에서 손꼽히는 아이스크림 회사 솔트앤스트로우Salt & Straw의 공동 창업자 킴 말렉Kim Malek 역시 직원과 고객, 더 나아가 매장이 자리한 지역공동체 안에서 연대의식과 목적의식을 불어넣는 데 헌신한다. 말렉은 어린 시절부터 공동체를 향한 열망이 있었다. 그 열망이 회사를 설립하고 비전을 향해 나아가는 원동력이 됐다.

말렉의 부모는 각각 여섯 자녀를 둔 가정에서 성장했고, 둘은 결혼과 동시에 가족을 모두 불러 모아 함께 살았다. 말렉은 유대감이 끈끈한 대가족의 일원으로서 공동체의 가치를 배웠다. 말렉은 "대가족의 일원으로 살면 세상을 전혀 다른 방식으로 헤쳐 나간다. 자신이 혼자가 아니라고 느끼며 살아간다. 가족 안에서 느끼는 유대감을 더 큰 세계로 확장하고 싶은 욕구가 생긴다"고 말한다. 말렉은 대가족(할머니, 할아버지, 삼촌과 고모 다섯, 그들의 배우자, 사촌 열넷)이 자신과 함께 고등학교 행사에 참석했던 추억을 떠올렸다. 말렉은 대가족 덕분에 든

든했다. 말렉은 공동체의 일원으로서 언제나 이득을 많이 본다고 생각했다. "우리 가족은 행사에 참석할 때면 보통 열두 명 이상이 함께 몰려다녔다. 몇 시간씩 차를 타고 이동해서는 그날 저녁 한집에서 잠을 청한다. 긴 의자에 눕기도 하고 에어 매트리스를 깔고 자기도 했다. 아침은 스웨덴식 팬케이크를 먹었다. 가족들이 집안 행사에 참석하는 이유는 그것이 중요하기 때문이다. 식구들은 그런 순간에 혼자가 아님을 되새긴다. 그게 무엇보다 중요하다."

어디를 가나 모르는 얼굴이 없는 동네에서 성장기를 보낸 것도 말렉에게 큰 영향을 미쳤다. "나는 몬태나주 빌링스시를 맘껏 돌아다니며 놀며 자랐는데 지금까지도 어릴 때 경험한 공동체 의식이 강렬하게 남아 있다. 길에서 만나는 사람은 다 아는 사람이었다. 그때 느낀 감정이 무엇인지 곰곰이 생각했던 기억이 난다. 그 감정이 정확히 무엇인지, 내게 어떤 의미가 있는지. … 그 감정은 내 인생에 엄청나게 큰 영향을 미쳤다."[1] 그런 까닭에 어려서부터 장래 희망에 대한 질문을 받으면 모르긴 해도 공동체와 관련한 일을 할 거라고 예감했다.

말렉은 서점 안에 커피숍을 열고 싶다는 꿈이 생겼고, 여름 캠프에서 상담사에게 그 꿈을 설명했다. 그때 겨우 열 살이었다. 스타벅스Starbucks가 골목마다 생기기 전이었다. 말렉은 사람들이 대화하고 교류하고 아이디어를 나누는 수단으로 커피숍을 열고 싶었다고 말했다.

말렉은 일찌감치 근면함을 몸에 익힐 수밖에 없었다. 대학에 입학하고 얼마 안 있어 부친이 운영하던 소규모 사업이 망해 학비를 스스로 마련해야 했기 때문이다. 말렉은 바로 일자리 두 개를 구했다. 그

중 하나가 스타벅스 바리스타 자리였다. 카페 사업에 갓 진출한 스타벅스에서 일하게 된 것은 운명 같은 일이었다. 졸업 후에는 마케팅 부서로 옮겨 일했다. 부모님은 당시 매장이 30개밖에 되지 않고 그다지 유명하지도 않은 커피숍 체인점 일자리가 대학 학위 소지자에게 유망한 직종은 아니라고 여겼기에 말렉의 선택을 아쉬워했다. 하지만 말렉은 자기 선택에 확신이 있었다. 말렉은 입버릇처럼 "머지않아 나는 크게 성공할 것이다. 나는 하워드 슐츠를 믿는다"라고 말하고 다녔다.[2] 말렉은 사람을 중시하는 비즈니스 모델을 개발할 수 있다는 사실을 슐츠에게서 배웠다. 신입 시절부터 스타벅스에서 존중받으며 일한 경험 덕분이었다.[3] 또 공동체에 중점을 두면서도 사업이 번영할 수 있음을 스타벅스에서 일하며 목격했다. 말렉이 보기에 스타벅스는 늘 공동체를 생각했다. 고객을 생각하고, 커피를 재배하는 지역사회를 생각하고, 어떻게 투자해야 공동체에 이바지할 수 있는지를 생각했다.

1996년, 스타벅스 순환근무제에 따라 말렉은 시애틀에서 포틀랜드로 근무지를 옮겼다. 거기서 느낀 공동체 의식과 협업 분위기 때문에 말렉은 포틀랜드에 반했고, 포틀랜드에 살면서 아이스크림 가게를 차린다면 어릴 적 꿈을 실현할 수 있으리라는 생각을 하게 됐다. 아이스크림은 남녀노소 누구나 좋아하니까 늘 즐거움을 주는 아이스크림으로 사람들을 하나로 모을 수 있을 것 같았다. 하지만 그의 사업계획서를 본 투자자들은 모두 부정적인 반응을 보였다. 사업계획서 곳곳에 빨간 글씨로 지적 사항을 적어 돌려보낸 사람도 있었다. 1쪽 상단에는 이렇게 적혀 있었다. "당신은 이걸 해낼 수 없다. 당신이 스타벅스 사장이라도 된다고 생각하나?"

낙담한 말렉은 아이디어를 보류하고 마케팅 경력을 계속 쌓아나 갔다. 야후Yahoo!와 아디다스Adidas를 거쳐 가수 보노Bono가 설립한 에이즈 퇴치 비영리단체 레드RED에서도 일했다. 2010년, 말렉은 레드에서 일하려고 뉴욕으로 이사를 준비하고 있었다. 이사하기 전에 친구 생일파티에 참석하려고 포틀랜드에 갔다가 지금의 남편인 마이크Mike를 만나 사랑에 빠졌다. 이후 두 사람은 함께 살며 세 자녀를 입양한다. 말렉은 뉴욕에서 다니던 직장을 그만두고 포틀랜드로 이사했다. 어느 날 아침 말렉은 수제 아이스크림이 유행이라는 잡지 기사를 읽었다. 말렉은 마이크에게 "내가 생각했던 아이디어였는데!"라고 말하며 아쉬워했다. 마이크는 미국 경기가 불황인 데다 포틀랜드 날씨가 춥고 비가 많이 오는 편이라 아이스크림 회사를 차리는 것이 현실적으로 어렵다는 사실을 알았지만, 말렉에게 시도해보라며 격려했다. 아무도 사업 자금을 지원해주지 않았기에 말렉은 자신의 퇴직연금으로 자금을 마련했다. 마이크는 사귄 지 몇 달밖에 되지 않은 애인이 회사를 차릴 수 있도록 자신의 집을 담보로 대출을 받았다.[4]

때마침 사촌인 타일러Tyler가 해외에서 일하려는 계획을 접고 중국에서 돌아와 요리학교에 다닐 계획을 세우고 있었다. 타일러는 말렉의 아이디어를 듣자마자 모든 계획을 내려놓고 말렉의 '초라한' 지하실로 이사했다. 그들은 창업은 물론 아이스크림 제조에서도 완전 초보였지만, 타일러는 사회복지단체 굿윌Goodwill에서 16달러에 구입한 아이스크림 제조기 4대로 아이스크림 조리법을 연구하기 시작했다. 말렉의 지하실에서 타일러는 수많은 시간을 쏟으며 다양한 맛과 배

합을 실험하고 또 검증했다. 2011년 봄, 둘은 앨버타 스트리트에 카트를 끌고 나가 처음으로 아이스크림을 판매했고, 그해 여름이 첫 번째 매장을 열었다.

 회사 홈페이지에 소개된 것처럼 두 사람은 처음부터 "자신들의 공동체, 그러니까 요리사, 초콜릿 제조업자, 양조업자, 농부를 만나 조언을 구하고 자신들을 둘러싼 세상 모든 곳에서 영감을 얻었다."[5] 두 사람은 식품혁신센터Food Innovation Center의 지원을 받았다. 이곳은 오리건주립대학과 오리건 농무부가 협력해서 운영하며 지역 식품 산업과 농가를 지원하려는 기업에 도움을 준다. 그 덕분에 둘은 최첨단 시설을 이용하며 식품 과학자들과 협력해 아이스크림 제조법을 개발했다. 둘은 맛있는 아이스크림을 개발하기 위해 사람들과 다양한 방법으로 협력하면서 언제나 공동체를 중심으로 생각했다. 말렉은 "공동체 구성원의 의견을 아이스크림 맛에 빠르게 반영했다"라고 말했다. 메뉴에 오른 아이스크림 맛은 전부 사연이 있고, 워낙 특이해서 생전 처음 먹어보는 맛도 많다. 이를테면 스모크드 체리 앤 본 매로smoked cherry and bone marrow, 피어 위드 블루 치즈pear with bluecheese, 스트로베리 허니 발사믹 위드 블랙페퍼strawberry honey balsamic with black pepper, 허니 라벤더honey lavender, 고트치즈 매리언베리 하바네로goat cheese marionberry habanero 등이 있다. 말렉은 특이한 맛을 개발할 때 사람들과 함께 만들었다. 아이스크림마다 어떤 사연이 있는지도 모두 기억한다. 그러니까 고객이 먹는 아이스크림에는 공동체 의식이 구현되어 있는 것이다. 말렉은 어디선가 전문가들이 나타나 그들을 도와줬다고 말했다. 씨 솔트 아이스크림sea salt ice cream을 예로 들어보자. 어느 날 아침, 가

05. 일의 의미를 제공하라    183

가게를 열기도 전에 누군가 문을 두드렸다. 그 사람은 제임스 비어드 상James Beard Award(요리계 아카데미상이라고 불린다 - 옮긴이)을 수상한 거물로 《소금맛Salted》의 저자이며 국제적으로 명성이 높은 소금 전문점을 포틀랜드에서 운영하는 '소금전문가selmelier' 마크 비터맨Mark Bitterman이었다. 비터맨은 두 사람이 소금을 제대로 사용할 줄 몰라서 이야기를 나누러 왔다고 했다. 그가 연 서류 가방에는 소금이 가득 들어 있었다. 비터맨은 그 자리에서 소금을 맛보라고 제안했다. 비터맨에게 배운 지식을 바탕으로 두 사람은 아이스크림 맛을 개발했고 고객의 사랑을 독차지하게 됐다. 그 제품이 바로 씨 솔트 위드 카라멜 리본sea salt with caramel ribbons이다.

솔트앤스트로우는 시작부터 대성공을 거두었다. 《월스트리트저널》은 극찬을 아끼지 않았고, 《오매거진O magazine》은 오프라Ophra가 가장 좋아하는 아이스크림 중 하나라고 소개했다. 솔트앤스트로우는 포틀랜드에서 시애틀, 로스앤젤레스, 샌프란시스코와 베이 지역의 여러 도시, 샌디에이고, 애너하임, 마이애미 등지로 사업을 확장했다. 이들은 창업하고 사업을 확장할 때마다 각 지역 낙농업자와 과일 농장주, 기능공, 치즈 제조업자, 양조업자, 차茶 제조업자, 양봉업자 등과 협력했다. 반드시 지역 특성을 아이스크림에 접목해 고유한 맛을 개발하는 방식으로 사명을 충실히 구현했다. 말렉은 이렇게 설명한다. "와인 업계에서 말하는 테루아르 개념이 바로 이와 같다. 각 지역의 특성이 제품에 담겨 독특한 향미가 생긴다는 뜻이다." 말렉 역시 지역 특성을 반영한 아이스크림을 개발하고 싶었다.

말렉이 추구하는 공동체는 에이미 담브라와 마찬가지로 아이스크림을 만드는 지역뿐 아니라 아이스크림을 만드는 데 관여한 사람과 이를 구매한 고객까지 아우른다. 말렉은 스타벅스에서 배운 대로 '사람이 먼저'라는 기업 철학을 고수했다. 말렉은 "진부하게 들리겠지만 직원뿐 아니라 공급업체, 판매업체, 파트너를 아울러 공동체 전체를 우선시하는 비즈니스 모델이 결국에는 더 현명하고 지속 가능하다"고 강조하며, 이것이 자사가 번창할 수 있었던 비결이라고 밝혔다. "기업의 성공을 일궈나가는 것은 사람들이다. 사람들을 잘 챙겨야 한다. 기업과 그 구성원이 하는 일이 선한 영향력을 미쳐 세상을 바꾼다는 사실을 믿길 바란다."[6]

말렉은 창업한 지 1년도 되지 않아 직원들에게 건강보험을 제공하고 유급 휴가 제도를 확대했던 순간을 매우 자랑스럽게 여긴다. 그리고 두어 해쯤 지나 말렉이 성과를 보고한 바에 따르면, 솔트앤스트로우는 전년도에 직원당 40시간 교육을 제공했고, 복리후생도 동종업계 기업들보다 2배나 더 많이 제공했다. 모든 직원(파트타임 직원 포함)에게 제공하는 건강보험, 장애보험, 3개월 유급 육아휴직, 근로자 지원프로그램 등 창립 이래 매년 적어도 하나 이상씩 직원 복지를 확대했다.[7]

솔트앤스트로우는 고객들이 아이스크림을 사려고 줄을 서서 기다리는 일이 이웃을 만나고 새로운 사람을 사귈 수 있는 교류의 기회가 되기를 바란다(실제로 출시 첫날부터 고객들이 장사진을 이루었다). 매장에서 이루어진 만남이 비즈니스 거래나 연애로 이어질 수도 있을 것이다. 매장을 방문한 고객들이 아이스크림을 먹는 즐거움에 그치지 않고 특별한 즐거움이나 소중한 만남을 가진다는 사실을 알게 될 때 말렉은 가장 큰 보람을 느낀다.

　말렉은 한 여성 고객이 자주 생각난다며 그 이야기를 내게 들려줬다. 그 고객은 말렉에게 이렇게 말했다고 한다. "금요일 밤에 집에 오면 완전 편한 옷으로 갈아입고 그대로 쓰러지고 싶어요. 그냥 침대에 파묻히고 싶죠." 하지만 그 고객은 그렇게 하면 안 된다고 여겨 솔트앤스트로우에 가서 줄을 서고, 거기 있는 사람들과 대화를 나눈다. 그렇게 사람들을 만나고 돌아오면 항상 기분이 좋아진다고 한다. '사람을 만나고 인연을 맺을 수 있는 기회', 말렉은 아주 오래전부터 사람들이 상호작용하는 이런 기회를 자사 매장에서 제공하고 싶었다. 그리고 이 기회로 고객에게 좋은 하루를 선사하거나 고객의 나쁜 하루를 좋은 하루로 바꿔주고 싶었다.

　회사 웹사이트에 소개된 이야기에는 솔트앤스트로우 점장 가운데 모니크Monique의 경험담도 있다. 어느 날 한 소년이 슈퍼히어로 의상을 입고 매장에 들어왔다. 모니크는 소년에게 슈퍼히어로만 먹는 특별한 아이스크림이 있다고 귀띔했다. 소년은 얼굴이 환해지며 자신이 슈퍼히어로라고 외쳤다! 그 후, 소년의 엄마가 모니크에게 감사하다고 인사하며 아이가 학교에서 괴롭힘을 당해 집에 와서 내내 울었는데 모니크와 대화를 나누면서 처음으로 웃음을 찾았노라고 말했다고 한다.[8] "우리가 일을 제대로 하고 있고, 우리가 지향하는 문화를 건강하게 지키고 있음을 실감할 때가 있는데 바로 이런 이야기를 들을 때다. 우리가 회사를 건강하게 유지할 문화를 가꾸고 있음을 깨닫게 된다. 내가 성공을 판가름하는 기준도 여기에 있다. 우리는 그날 소년에게 시나몬 아이스크림만 준 게 아니라 다른 것도 제공했다. 작은 친절을 베풀었고, 소년이 자존감을 회복할 기회를 제공했다. 사람들이 갈수록 고립되어가는 세상에서 그러한 교감은 소중하다!"[9]

말렉은 내게 또 다른 소년의 이야기도 들려줬다. 솔트앤스트로우는 매년 학생들을 초대해 새로운 맛을 개발하는 대회를 여는데 여기서 우승한 소년의 이야기다. 참고로, 이 대회는 ㅈ역 학교와 협력하여 진행하며 각 지점이 지역사회에 녹아들고 또 이바지하는 통로 가운데 하나다. 대회에 우승한 소년이 다니는 학교에서는 조회 때 소년에게 상을 주기로 했다. 이때 소년은 자신이 개발한 아이스크림에 대해 쓴 시를 낭독하기로 예정돼 있었다. 사람들은 단상으로 향하는 소년과 하이파이브를 나누며 환호했다. 반면 소년의 어머니는 아들이 말더듬증이 심해 걱정이 많았다. 그런데 놀랍게도 아들은 한 번도 말을 더듬지 않고 낭독을 마쳤다. 소년의 어머니는 이런 일은 처음이었으며, 이 경험으로 아들이 큰 자신감을 얻었을 것이라고 고마워했다. 말렉은 "우리가 이 일을 하는 이유가 여기에 있다. 한 사람씩 바꿔가는 것이다"라고 말했다.

말렉은 이제 더 멀리 바라보고 열망한다. 그는 사회생활 초기에 시애틀에서 빵집을 운영하는 매기 웨이스먼Maggie Weissman 밑에서 일했던 때를 떠올렸다. 웨이스먼은 교도소에서 갓 출소한 남성을 고용할 마음을 먹고, 먼저 남자를 가게에 데려가 데오드란트를 사줬다. 웨이스먼은 출소자가 일터에 나가 적응하려면 무엇이 필요한지 깨닫도록 도와준 것이다. 말렉은 그때 웨이스먼을 보며 선한 영향력을 펼치는 사업에 눈을 떴다. 말렉은 이렇게 말했다. "이게 바로 고용주가 하는 일이다. 한 사람에게 진심으로 다가가 자신이 할 수 있는 방법을 동원해 그를 도울 수 있다." 이 경험 말고도 말렉이 경영 철학을 형성하는 데 크게 영향을 미친 영화 한 편이 있다. 영화 배경은 나이지리아 니제르 델타Niger Delta 지역으로, 다국적 에너지 기업이 주민들 터전을 뺏고 환경을 파괴하고 생존 기반을 위협하자 주민들이 이에 맞서 싸운 이야기다. 말렉은 영화를 보고 나서 기업이 지역사회를 파괴하는 게 아니라 긍정적으로 기여하려면 어떻게 해야 하는지 깊이 고민하게 됐다. 말렉은 지역사회에 기여하는 것이 옳은 일일 뿐만 아니라 사업에도 이익이라고 믿는다. 고용주는 정부를 비롯해 여러 이해관계자와 공동체를 발전시키는 일에 나서야 한다고 생각한다. 사회 정의에 헌신하는 자세 역시 솔트앤스트로우를 대표하는 특징이다.

말렉의 배우자와 세 자녀는 모두 아프리카계 미국인이다. 그래서 말렉은 인종차별이 사회에 스며드는 모든 방식, 그것이 노골적이든 은밀하든 민감하게 반응하게 됐다. 조지 플로이드George Floyd가 경찰에 살해당한 직후, 말렉은 자사 홈페이지에 "공동 창업자가 보내는 메시지: 흑인의 생명도 소중하다"라는 제목으로 자신의 가족이 겪은 인종차별 경험을 이야기했다. 말렉에게 선한 영향력을 행사한다는 것은 회사가 구축한 플랫폼이 변화를 일으키는 주체가 되는 것이다. 요컨대, 솔트앤스트로우는 '흑인의 생명도 소중하다'는 캠페인을 지원하고, 갓 출소한 여성에게 직업 훈련 프로그램을 제공하고, 아동 기아 문제에 경각심을 울리고, 위험에 처한 청소년들에게 직업 교육을 제공한다. 아울러 말렉 본인이 중시하는 가치를 조직에서도 구현한다. 솔트앤스트로우 팀의 50퍼센트가 백인이 아닌 유색인종이고 관리자의 70퍼센트가 여성이다. 말렉은 이 사실에 자부심을 느낀다.

솔트앤스트로우는 독특한 맛과 고급 품질로 큰 인기를 얻었지만, 그 성공의 원동력은 고객과 직원에게 의미 있는 경험을 제공하며 공동체에 헌신하는 노력일지도 모른다.

## 공동체와 그 구성원들에게 의미를 제공하라

미국 근로자들이 직장에서 가장 중요하게 여기는 요소는 의미 있는 일, 목적과 사명감을 향한 열망이다. 2017년 워크휴먼이 2700명 넘는 미국 직장인을 조사했는데, 약 3분의 1(32퍼센트)이 직장을 옮기지 않는 주된 이유로 자신이 하는 일이 의미가 있어서라고 답했다.[10] 앞에 소개한 두 기업가의 사례처럼 의미 있는 일을 하는 것이 곧 수익성 좋은 사업이 되기도 한다. 슈퍼히어로 복장을 한 소년과 모니크의 이야기에서 보듯이 의미 있는 일은 직원들의 근로 의욕을 높이고, 직무에 명시된 일뿐 아니라 다른 일도 솔선하게 만든다. 자신이 하는 일이 의미 있고, 개인의 이익을 넘어 원대한 가치에 기여한다는 자부심은 무엇보다 강력한 동기부여의 원천이 된다.

구성원들이 자신의 일에서 가치를 발견하는 조직문화를 조성할 때 개인은 물론 조직 성과에도 이익이라는 사실을 보여주는 연구 결과는 수없이 많다. 일례로, 취업을 앞둔 대학생, 밀레니얼 세대, X세대, 베이비붐 세대를 포함해 현재 재직 중인 대졸자 1726명을 대상으로 실시한 설문조사에 따르면, 자신들이 하는 일이 사회나 환경에 영향을 미친다고 생각하는 직원은 그렇지 않은 직원보다 직업 만족도가 2배 더 높았다.[11] 토니 슈워츠와 나는 서로 다른 산업과 조직에서 일하는 직장인을 2만 명 넘게 조사하고 일과 삶의 질을 분석한 결과를 《하버드비즈니스리뷰》에 발표한 바 있다. 조사 결과, 개인의 업무 생산성을 이끄는 원동력 1위는 일에서 느끼는 의미였다. 이는 배움과 성장의 기회, 자신에게 가장 잘 맞는 일이나 심지어 가장 좋아하는 일을 하는 것보다 영향력이 더 컸다! 또한 일에서 의미를 느끼는 직원은 조직에 남을 가능성이 그렇지 않은 경우보다 3배 이상 높았다. 아울러 직업 만족도는 1.7배, 직원 몰입도는 1.4배 더 높았다. 또 서로 다른 6개 조직을 대상으로 내가 조사한 바에 따르면, 본인 업무가 의미 있다고 답한 직원들이 관리자의 평가에서 19퍼센트 더 성과가 높았고, 조직에 대한 헌신도는 47퍼센트 더 높았으며, 번아웃 노출 가능성은 71퍼센트 더 낮았다.

조직심리학자이자 베스트셀러 작가인 애덤 그랜트Adam Grant는 업무에서 의미를 찾도록 도와주는 관리자나 리더는 조직의 생산성을 20퍼센트 이상 향상시킬 수 있다고 말한다.[12] 일의 의미는 개인의 삶에도 유익하다. 전 세계 장수 마을Blue Zones 연구 결과를 보면, 삶에서 명확한 의미나 목적이 있는 사람은 그렇지 않은 사람보다 7년 더 오래 산다.[13]

직장인들은 자신이 하는 일에서 숭고한 가치를 찾고 싶어 한다. 블룸버그Bloomberg가 실시했던 한 직업 만족도 설문조사의 결과가 흥미롭다. 사람들이 바라는 '가장 행복한 직업'은 연봉이 가장 높은 직업이 아니라 잠재력과 삶의 목적을 중시하며 신뢰와 인간관계를 바탕으로 일하는 직업이었다. 그렇다면 가장 행복한 직업은 무엇이었을까? 소방관은 업무 위험성과 적은 급여에도 직업 만족도에서 가장 높은 점수를 받았다. 소방관이라는 직업은 자신보다 더 큰 공동체에 이바지한다는 목적의식이 강하다. 또한 조직에서 끈끈한 유대감을 형성하는데, 공동체 의식은 직업 만족도를 높이는 또 다른 원천이다.[14] 소방관들은 24시간 교대 근무를 할 때가 많아서 함께 일하고, 생활하며, 음식도 만들어 먹는다. 동네 가게에서 식재료를 구입하는 소방관들을 마주친 이들은 그들의 동료애를 확인했을 것이다.

여러 연구로 증명된 사실이지만 일의 의미를 전략적으로 활용하는 기업은 그리 많지 않다. 나와 동료들이 조사한 바에 따르면, 2만 명 가운데 65퍼센트는 자기 업무에서 중요한 의미나 가치를 느끼지 못했다. 글로벌 여론조사 회사인 갤럽Gallup이 발표한 보고서 〈미국 직장의 희소식good news in the American workplace〉의 결과도 이와 비슷하다. 2019년 기준으로 미국에서 '일에 몰입하는' 근로자, 즉 자신의 업무와 직장에 열정을 품고 헌신하며 부지런히 일하는 근로자의 비율은 35퍼센트(직원 4700명을 대상으로 무작위로 표본을 추출함)에 달했다. 이는 갤럽이 2000년부터 이 지표를 추적한 이래 역대 최고치다. 이외에 13퍼센트는 '적극적으로 일을 멀리하는' 유형으로 직장생활을 불행하게 느끼며 직장에서 자신의 부정적 에너지를 전파할 가능성이 크다. 나머지 52퍼센트는 '일에 몰입하지 않는' 유형으로 시간은 투자하지만 에너지나 열정을 쏟지 않는 경우를 말한다. 즉 회사에서 요구하는 최소한의 일만 하는 직원이다.[15]

이는 2018년도 조사 결과보다 좋은 소식일지는 몰라도 최적의 상황은 아니다. 이러한 결과는 개인의 재능과 잠재력이 엄청나게 낭비되고 있으며 결과적으로 조직 성과도 그만큼 실현되지 못하고 있음을 의미한다. 직원 몰입도는 수익성과 긍정적 상관관계를 보였다. 192개 기업을 대상으로 한 263건의 메타 분석 연구에서 직원 몰입도가 가장 높은 회사는 직원 몰입도가 가장 낮은 회사보다 수익성이 22퍼센트 더 높았다.[16]

일의 의미를 찾는 작업에서 한 가지 흥미로운 대목이 있다. 일의 가치가 특정 직업이나 업종, 심지어 자신이 다니는 회사의 간판과 밀접하게 연관되지 않는다는 사실이다. 어떤 이들은 자기 일에서 의미를 찾아내는 데 재능이 있는 것으로 보인다. 내 동료이자 일찍부터 일의 의미를 연구한 에이미 브제스니에프스키Amy Wrzesniewski와 제인 더튼Jane Dutton은 병원 미화원들을 대상으로 연구를 진행했다. 미화원이 하는 일에서 대단한 의미는 찾기 어려울 거라고 생각할 수도 있겠지만 그렇지 않다. 특히 직무 경계를 넘어 자발적으로 일하는 미화원일수록 자기 일에서 가치를 발견할 확률이 높았다. 일례로, 일부 미화원들은 아무도 병문안을 오지 않는 환자를 눈여겨봤다가 찾아가서 그가 말동무를 원하면 곁에 있어주곤 했다. 의식 불명 환자들이 있는 층에서 일했던 미화원 중 한 명은 병실 벽에 걸린 그림을 떼 다른 병실 그림과 바꿔주곤 했는데, 환경을 바꾸는 것이 환자에게 어떤 식으로든 도움이 되고 나아가 회복을 촉진할 수도 있다고 믿었기 때문이다. 연구원은 그런 일도 미화원이 할 일에 들어가는지 물었다. 그러자 미화원은 이렇게 대답했다. "그것이 내 업무는 아니지만 내게는 의미 있는 일이다."[17]

브제스니에프스키가 지적했듯이 자신이 하는 일을 단순한 돈벌

이가 아니라 의미 있는 일로 바라보는 일은 일상 업무를 대하는 개인의 관점에 달려 있다. 그러나 경영진은 구성원들이 일의 의미를 발견하도록 나서서 할 수 있는 일이 많다. 일부 기업은 '자발적 직무 설계job crafting'를 도입한다. 구성원들이 일상 업무를 조절해 일의 의미를 찾도록 장려하기 위해서다.

제인 더튼과 저스틴 버그Justin Berg는 친환경 화장품 제조업체인 버츠비Burt's Bees의 직원 4명을 대상으로 사례 연구를 수행했다. 넷은 서로 업무가 매우 달랐지만 일에서 의미를 찾도록 경영진이 적극적으로 지원한 덕에 각자 자신만의 의미를 찾는 데 성공했다. 유지보수 기술자인 앤디Andy를 예로 들어보자. 그는 제조 공정을 더 효율적으로 만드는 방법을 찾는 일에 열정이 컸다. 앤디는 경영진의 지원을 받아 데이터를 수집하고 공정을 개선할 방법을 실험했다. 이 일은 정해진 업무 범위를 벗어난 것이었지만 앤디에게는 훨씬 큰 의미가 있었고, 효율성을 높이는 결과를 가져왔기에 회사에도 이익이었다. 이번에는 민디Mindy를 예로 들어보자. 고객 관리 담당자인 민디는 주문을 받고 고객 불만 사항을 처리하는 업무를 담당했는데, 반복적인 업무 특성상 지루함을 느낄 때가 많았다. 민디는 새로운 기술을 배우고 여러 행사에 참여하는 것을 좋아했다. 민디의 상사는 그런 민디에게 때때로 출장 갈 기회를 주고 버츠비 팀의 일원으로 무역 박람회에 다녀오도록 했다. 그곳에서 민디는 자신의 뛰어난 대인관계 기술을 활용해 사업자나 고객사들과 긍정적인 관계를 맺었다. 민디는 자신을 그저 고객 불만을 접수하고 데이터를 입력하는 사람이 아니라 조직에 의미 있는 역할을 수행하는 사람으로 인식하게 됐다. 버츠비는 직원들에

게 업무의 경계를 넘어설 수 있는 재량권을 줘 구성원 개인과 조직 모두 이익을 얻는다.[18]

지금부터는 일의 의미와 목적을 중시하는 문화를 조성하는 데 유용한 몇 가지 전략을 소개한다. 이 전략은 채용 단계부터 적용해야 한다. 회사가 추구하는 가치를 구현할 사람들이 해당 가치에 부합하는 인재여야 하니 말이다.*

| 목적의식과 의미를 추구하는 사람을 채용하라 |

킴 말렉은 솔트앤스트로우가 아이스크림보다 사람을 더 열심히 개발하고 있다고 농담한 적이 있다. 말렉은 내게 이렇게 말했다. "우리 사업과 성공에는 사람이 중요하다. 모든 일은 채용 단계부터 시작된다." 솔트앤스트로우는 '뻔뻔할 정도로 긍정적인 사람'을 채용한다. 긍정성은 이력서만으로는 포착하기 어려운 자질이지만, 공동체를 구축하는 데 매우 중요한 자질이라고 말렉은 말했다. 채용 단계에서 지원자에게 묻는 질문은 다양하다. 성장기에 누구에게 영감을 받았는지, 존경하는 사람은 누구인지, 함께 일했던 최고의 리더는 어떤 사람인지를 묻는다. 또 지원자가 직장에서 압박감을 크게 느꼈던 사례를 묻고, 그 상황을 어떻게 처리했으며, 거기서 무엇을 배웠는지 설명해달라고 요청한다. 어떤 방식으로 피드백 받는 것을 좋아하는지, 자신이 받은 피드백을 어떤 식으로 업무 경험에 반영하는지, 이전 직장에서 정해진 업무를 벗어나 고객을 만족시키려고 노력한 적이 있는지,

---

\* 연구 결과에 따르면 사회적 영향력을 지녔다고 믿는 직장인은 그렇지 않은 직장인보다 자신의 직무에 2배 더 만족했다.

있다면 어떤 일이었는지 들려달라고 요청한다. 솔트앤스트로우는 스토리텔링에 재능이 있는 사람을 찾는다. 직원들의 입으로 연결과 유대에 관한 이야기가 지속적으로 퍼져나가는 것을 바라기 때문이다. 말렉은 언제나 공동체 구성원(고객, 공급업체, 함께 일하는 지역 장인들)의 이야기를 찾는다. 솔트앤스트로우는 공동체 의식을 다지는 구성원들의 이야기를 발굴해 칭송하고, 보상하고, 모범으로 삼는다.

환경 친화적이고 안전한 유아용품과 미용용품을 공급하는 어니스트컴퍼니Honest Company는 지난 2년간 직원을 3배로 늘려 직원이 600여 명이 되었다. 이 회사의 채용을 담당하는 수석매니저 레이가 메이Leigha May는 인사팀을 조직문화를 지키는 문지기라고 여긴다면서 채용의 중요성을 이렇게 설명했다. "우리 팀이 인재 선발을 망치면 조직문화가 바뀌는 결과가 초래될 수도 있다. 우리는 직원을 채용할 때마다 지원자를 이끄는 목표와 열정, 동기가 무엇인지 파악하면서 우리 브랜드에 적합한 인재인지 확인한다."

스타벅스의 글로벌 인사 수석부사장인 존 필립스John Phillips도 비슷한 말을 한다. "채용 담당자의 역할은 막중하다. 세상이 필요로 하는 것을 대신 챙긴다는 자세로 임해야 한다."[19]

| **내부인에게 듣는 일의 의미** |

말렉은 스토리텔링의 중요성을 대외적으로 표방하지는 않지만, 회사에서 직원을 채용할 때 스토리텔링 능력을 고려할 정도로 이를 매우 중요하게 생각한다. 회계감사, 세무, 재무 자문을 제공하는 회계법인 KPMG는 일의 의미와 목적을 언뜻 생각하면 사람들을 감동시키

는 이야기에 어울리는 회사로는 보이지 않는다. 하지만 직원들의 만족도가 높은 이유를 조사해보니 뜻밖에도 이 회사나 직원 모두 그들이 하는 일과 관련해 사람들과 공유할 이야기가 많았다. 회사에서 오래전부터 실시한 임직원 만족도 조사 결과를 보면 2만 9천여 명에 달하는 전문가 가운데 무려 80퍼센트가 일하기 좋은 회사라고 답했음을 확인할 수 있다. KPMG는 《포춘》이 매년 발표하는 '일하기 좋은 100대 기업' 목록에도 꾸준히 이름을 올렸다. KPMG 경영진은 이처럼 구성원들의 사기를 끌어올린 요인을 파악하고 더 나은 성과를 낼 방법을 찾고 싶었다.[20] 그래서 연례 임직원 설문조사 결과를 면밀히 검토했고, 직원 몰입도, 직원 유지율, 자부심 측면에서 특히 두드러지게 영향을 미치는 항목을 하나 발견했다. '내가 하는 일은 단순한 직업이 아니라 특별한 의미가 있다'는 항목에 그렇다고 대답한 직원이 많았던 것이다.*

사회적 사명과 목적의식이 중요하다는 사실을 알게 된 경영진은 오래전 일이라 대개는 기억에서 사라진 KPMG의 자랑스러운 역사를 다시 들려주면 직원들의 자부심을 한층 더 끌어올릴 수 있을 거라고 판단했다.[21] 말렉과 마찬가지로 KPMG 경영진은 스토리텔링의 강력한 영향력을 알고 있었다. KPMG 경영진은 2014년에 〈우리가 역사를 만든다 We Sahpe History〉라는 동영상을 게시하고 '목적의식 강화 Higher Purpose' 프로젝트를 추진했다. 이 영상에는 KPMG가 기여했던 역사적

---

\* 이러한 정서는 에이미 브제스니에프스키의 연구 결과를 뒷받침한다. 브제스니에프스키가 관찰한 바에 따르면 자기 일을 (돈벌이나 경력이 아닌) 소명으로 여기는 사람들에게 일은 삶의 기쁨과 의미의 원천으로 작동한다.

사건이 등장한다. 예컨대, KPMG는 나치 독일을 물리치는 발판을 마련한 무기대여법Lend-Lease Act이 통과됐을 때, 1981년 미국에 동결된 이란 자산을 반환하는 조건으로 미국 인질을 석방시키는 발판을 마련했을 때, 1994년 남아공에서 넬슨 만델라가 대통령에 당선됐을 때 현장에 있었다.

KPMG 경영진은 여기서 한 걸음 더 나아갔다. KPMG에서 일하면서 의미 있는 변화를 일으키는 데 일조한 경험이 있는 구성원이라면 인턴에서 회장에 이르기까지 누구나 그 이야기를 공유해달라고 요청했다. 구성원들이 직접 전하는 이야기로 목적의식을 고취하기 위해서였다. 한 직원은 KPMG가 남극에서 중요한 기후 연구를 수행하는 국립과학재단National Science Foundation을 지원하며 과학 발전에 일조한 사실을 소개했다. 또 다른 직원은 보스턴 저소득층 지역을 활성화하는 개발 프로그램들을 감사하는 업무를 맡아, 지역 거주민에게 새로운 가능성을 열어주는 일에 기여한 경험을 소개했다. 또 다른 직원은 KPMG가 가족 농장 및 가족 목장이 자금을 확보할 수 있도록 신용 평가 기관과 협력해 대출을 지원함으로써 미국의 자랑스러운 전통인 가족농을 지키고 미국 농가의 성장을 돕는다고 말했다.[22] 경영진은 처음에 2만 9000명 직원에게서 1만 개의 이야기를 수집하는 것을 목표로 삼았는데, 놀랍게도 4만 2천 개의 이야기가 모였다! KPMG는 인쇄물을 비롯해 디지털, 실시간 커뮤니케이션 형식으로 이 이야기들을 담았다.[23] 이 프로젝트를 실시한 이후 직원들의 만족도는 더욱 향상됐고, KPMG를 일하기 좋은 직장이라고 생각하는 직원 비율은 89퍼센트에 이르렀다. 직원 몰입도 설문조사 점수는 사상 최고 수준을 기록했고 이직률은 급감했으며《포춘》선정 '일하기 좋은 100대 기업 목록'에서 세계 4대 회계법인 중 최초로 1위에 올랐다. 아울러 그해에는 근래 가장 높은 수익률도 기록했다.[24]

스토리텔링의 강력한 효과를 목격한 KPMG는 그 파급력을 자세히 평가하려고 목적의식을 고취하는 관리자 밑에서 일하는 직원과 그렇지 않은 직원의 설문조사 점수를 비교했다. 자신들의 업무가 사회에 미치는 긍정적 가치를 상사와 논의한다고 답한 직원 중 94퍼센트는 KPMG가 일하기 좋은 회사이며 이곳에서 일하는 것이 자랑스럽다고 말했다. 그에 비해 일의 의미와 목적에 대해 논의하지 않는 상사와 일하는 직원들 중에는 KPMG가 일하기 좋은 회사라고 답한 이는 66퍼센트였고, KPMG에서 일하는 것이 자랑스럽다고 답한 이는 68퍼센트였다. 목적의식을 이야기하지 않는 상사와 일하는 직원은 이직을 고려하는 비율도 3배 더 높았다.

KPMG는 기존의 리더십 개발 프로그램에 스토리텔링 교육을 더했다. 직원들의 목적의식을 고취하도록 관리자들을 장려하고 그 방법론을 교육하기 위해서였다. 관리자가 자신의 경험을 이야기에 녹여 설득력 있는 서사를 개발해 구성원들의 목적의식을 일깨우도록 하는 것이 이 프로그램의 목적이다.[25]

KPMG는 개인적 경험이 담겨야 이성뿐 아니라 감성에도 호소하는 좋은 이야기가 된다는 것을 알고 있었다.

MSMH를 이끄는 에이미 담브라 역시 좋은 스토리텔링이 회사의 사명을 달성하는 데 얼마나 중요한지 잘 안다. 한번은 담브라가 영업사원들을 초청한 행사에서 이런 일이 있었다. 행사를 시작할 참인데 정장을 말끔히 차려입은 신사가 행사장 구석자리 책상에 노트북을 올려놓은 채 가만히 앉아 있는 게 보였다. 담브라는 그 신사에게 다가가 불편을 끼치게 되어 죄송하다고 사과하고 나서 곧 직원들이 모여 행사를 시작할 예정이라고 양해를 구했다. 그 신사는 시무룩한 얼굴로 무슨 행사인지 물었다. 담브라는 싱긋 웃으며 재빨리 자신의 손목을 가리켜 MSMH에서 판매하는 팔찌를 보여줬다. 담브라는 이 축복의 팔찌가 지닌 의미를 설명하고 손목에서 팔찌를 풀어 신사에게 선물했다. 그러자 신사의 눈가에 눈물이 차올랐다. 신사는 목멘 소리로 자기 사연을 들려줬다. "이 선물이 내게 얼마나 큰 의미를 지니는지 당신은 모를 겁니다. 실은 내 아들이 5년 전 오늘 세상을 떠났어요. 해마다 이날 나는 아내와 교회에 가서 아들이 잘 지내기를 기도합니다. 우리 부부에게는 힘든 날인데 오늘 처음으로 아내와 함께 하지 못해서 온종일 속이 말이 아니었지요. 중요한 회의가 있었거든요. 종일 힘들었어요. … 하루 종일 아들 생각만 나고 그랬는데. … 고맙습니다. 정말 고마워요. 이제야 아들이 잘 지내고 있다는 기분이 드네요."
사연을 들은 담브라는 그를 행사에 초대했고, 그는 행사장에서 영업사원들에게 자신의 이야기를 들려주고 그들이 의미 있는 일을 한다면서 고마움을 전했다. 담브라는 본사에 돌아가 회의시간에 다른 직원들에게도 그 신사의 이야기를 들려줬다.

| **외부인에게 듣는 일의 의미** |

담브라는 자사 직원들이 그 신사의 이야기를 들으면 보람을 느낄 것으로 확신하고 그 이야기를 모든 직원과 공유했다. 나는 이 사례를

'내부인에게 듣는 일의 의미'에서 먼저 소개했는데, 그 이야기를 활용해 목적의식을 고취한 사람이 내부인이기 때문이다. 하지만 동시에 이 사례는 외부인이 브랜드의 가치를 증명한 사례이기도 하다. 이 사례의 신사는 MSMH 구성원들이 하는 일이 무척 중요하고 고통을 겪는 이들에게 크나큰 위로가 된다는 사실을 알려줬다. 직원들은 이렇게 일의 가치를 일깨우는 경험담을 매우 듣고 싶어 한다.

앞서 살핀 KPMG처럼 조직의 리더가 말과 행동으로 일의 중요성과 목적을 전달하는 방법도 있지만, 애덤 그랜트의 연구에 따르면 제품과 서비스를 직접 경험하고 혜택을 입은 사람들이 전하는 이야기가 더 강력한 동기부여 수단이 된다. 그랜트는 미시간대학교에서 박사 과정을 밟던 시절, 대학 기부금을 모집하는 캠퍼스 콜센터에 걸린 표지판 하나를 우연히 보고 나서 이 주제를 연구하기 시작했다. 거기에는 이렇게 적혀 있었다. "여기서 좋은 일을 하는 것은 어두운 색 양복바지에 소변을 찔끔하는 것처럼 티가 나지 않는다. 혼자 따뜻함을 느낄 뿐 이를 알아보는 이는 없다."

콜센터 직원들은 노동에서 아무 의미도 느끼지 못하고 사기가 크게 저하된 것이 분명했다. 그랜트는 이들의 노력으로 모금된 금액이 수혜자들에게 얼마나 큰 힘이 되는지 콜센터 직원들에게 보여준다면 사기가 진작될 것이라고 생각했다. 그래서 콜센터 팀장에게 직원들이 전화로 모은 기부금이 어떻게 쓰이는지 설명해주도록 요청했다. 그 기부금으로 캠퍼스에 새 건물을 짓고, 교직원에게 급여를 주고, 미시간대학교 축구팀과 농구팀을 운영한다는 사실을 말이다. 그런데 그랜트와 연구진이 그 결과를 추적해보니, 이러한 조치가 아무 영향도 미치지 못했다. 콜센터 직원들은 그들이 하는 일의 가치를 듣고도 의욕이 올라가거나 생산성이 향상되지 않았다.

그랜트는 그 메시지를 전달한 사람이 팀장인 것이 문제라고 의심했다. 팀장에게는 팀원들이 더 열심히 일하도록 만들어야 하는 분명한 동기 또는 숨은 동기가 있기 때문이다. 그 메시지를 다른 사람이 전달했다면 어땠을까? 이를 알아보려고 연구진은 콜센터 직원들을 무작위로 세 그룹으로 나누어 연구를 진행했다. 첫 번째 그룹은 장학생인 윌Will을 직접 만났다. 윌은 콜센터 직원들과 5분간 대화를 나누며 그들 덕분에 장학금을 받았고 그 일로 자신의 삶이 달라졌다고 설명하며 그들의 노고에 고마워했다. 두 번째 그룹은 윌을 직접 만나지는 않고 윌이 한 말과 비슷한 메시지가 담긴 편지를 받았다. 세 번째 그룹은 윌을 만나보지 못했고 윌이 전한 메시지도 접하지 못했다.

연구진이 한 달 후 성과를 조사했더니 윌과 만났던 팀원들의 경우 주간 평균 통화 시간이 142퍼센트, 주간 모금 실적이 171퍼센트 증가했다. 이들은 자신이 하는 일 덕분에 긍정적인 변화가 일어난다는 사실을 생생하게 느껴 자존감이 높아졌다. 또한 이들은 기부금을 모을 때 윌과 만난 이야기를 사람들에게 들려줄 수 있었다. 하지만 윌의 편지만 접한 두 번째 그룹과 윌과 전혀 접촉하지 않은 세 번째 그룹은 통화 시간이나 실적에서 아무런 변화도 나타나지 않았다.

그랜트와 연구진은 또 다른 장학생과 콜센터 직원들을 대상으로 같은 연구를 5회 반복했다. 한 사례에서는 장학생과의 짧은 대화만으로 콜센터 직원들의 주간 모금 실적이 400퍼센트 이상 급증했다. 장학생이 전한 것과 동일한 메시지를 팀장에게 들었을 때나 기존 팀원들에게 개인적 이점(학습 기회와 경력 개발)에 대해 들었을 때는 근로 의욕과 실적에 별다른 변화가 일어나지 않았다. 직원들의 근로 의욕과 성과가 크게 향상한 경우는 자신들의 업무로 공동체 구성원들에게 어떤 혜택이 돌아가는지를 수혜자에게 직접 들었을 때였다.[26]

다른 직종을 대상으로 조사한 연구에서도 비슷한 효과가 발견됐다. 일례로, 수술 기구와 장비를 조정하고 의사와 직접 소통하는 간호사들은 근무시간이 더 길지만 근로 의욕과 성과가 높은 것으로 나타났다. 방사선과 의사들의 경우에는 환자 파일에 사진이 포함됐을 때 판독 정확도가 더 높았다. 구조대원들의 경우에는 실제로 구조된 사람들의 사연을 읽은 사람이 근무시간이 더 길었고, 직속상관이 평가할 때 구조 활동에 기여하는 비율도 21퍼센트 증가했다.[27] 자신이 하는 일이 다른 사람에게 미치는 영향력을 실감할 때 강력한 동기가 부여된다.

온라인 건강 플랫폼인 더마이티 역시 이러한 동기부여 효과를 알기에 각 그룹 리더들에게 회원들의 뜻깊은 사연을 많은 이가 볼 수 있도록 게시하기를 권장한다. 자신의 고민과 건강 문제를 해결하는 데 도움을 준 사람들과 회사 측에 고마움을 표현하는 회원들의 글은 직원들에게 큰 힘이 된다. 마이크는 로스앤젤레스에서 열린 더마이티의 두 번째 연례 연찬회에서 그런 사연을 하나 직원들과 공유했다. 진 샤론 애버트Jean Sharon Abbott는 어렸을 때 뇌성마비 진단을 받고 33년 동안 뇌성마비 환자로 지냈다. 그러다 어느 날 이렇게 말하는 의사를 만났다. "그런 병에 걸린 것 같지 않아요." 그 의사는 애버트에게 알약을 처방해줬다. 그리고 다음날 애버트는 수십 년 만에 처음으로 혼자서 일어섰다. 이 놀라운 사연을 처음 접할 당시에 더마이티는 직원이 겨우 세 명뿐이었다. 이들은 다른 업무를 다 중단하고 이 이야기를 알리기로 했다. 뇌성마비 커뮤니티가 활성화되지 않았던 때라 이 사연을 언론에 노출하는 데 중점을 두었다. 애버트는 2주 만에 〈투데이〉 쇼에 출연했고, 그의 이야기는 입소문을 타기 시작했다. 몇 달 후 애버트는 마이크에게 더 좋은 소식을 알렸다. 더마이티가 애버트의 이야기를 알리기 시작한 후로, 20명이 애버트처럼 뇌성마비가 아니라는 사실을 뒤늦게 알게 됐다는 것이다. 이들 모두 자기 병에 맞는 약을 새로 복용하고 나서 일어서서 걸을 수 있게 됐다고 했다! 마이크는 이렇게 말했다. "하나의 이야기가 그 모든 사람의 삶을 바꿔놓았다는 사실을 생각해야 한다. 그런 이야기를 더 많은 사람에게 알릴 방법을 찾는 것이 우리가 할 일이다." 마이크는 애버트의 이야기를 세상에 널리 알리려고 애쓴 덕분에 많은 이의 삶이 바뀌었다는 사실을 직원들에게 전했다. 열심히 일하는 이들이 의욕을 잃지 않도록 격려하기 위해서였다. 애버트의 이야기는 자사 회원을 비롯해 더마이티가 세상 사람들을 어떻게 도왔는지 보여주는 수많은 사례 가운데 하나다. 더마이티 직원들은 이러한 사실을 인지할 때도 있었지만 모를 때도 많았다. 마이크는 더마이티가 회원뿐만 아니라 세상 사람들에게 큰 도움이 되고 있다는 사실을 직원들이 분명히 인지하도록 만들었다.

| 조직이 끼치는 영향력을 수치로 알린다 |

사람들의 삶을 변화시키는 데 조직이 어떻게 기여했는지 직원들과 조직 공동체 구성원들에게 알려야 한다. 탐스TOMS는 창립 첫날부

터 '일대일 기부' 정책을 선언하고 신발 한 켤레가 팔릴 때마다 신발이 없는 이들에게 한 켤레를 기부했다. 2019년 말에 발표한 보고서에 따르면, 탐스는 미국 내 38개 주와 전 세계 82개국에 걸쳐 9500만 켤레 이상을 기부했다. 2020년에는 1억 켤레를 기부할 것을 목표로 삼았다. 2011년에 설립된 탐스아이웨어 TOMS Eyewear는 78만 명에게 시력 회복 수술비를 지원했고, 커피 원두를 판매하는 탐스로스팅 TOMS Roasting Co.은 2014년 설립된 이래 1억 리터 이상의 안전하고 깨끗한 물을 도움이 필요한 지역사회에 제공했다. 설립자 블레이크 마이코스키 Blake Mycoskie는 "탐스가 존재하는 '이유'(모두가 더 나은 삶을 살도록 돕는 것)는 내 자신은 물론, 우리가 판매하는 신발이나 앞으로 출시할 제품보다 더 크고 중요하다"라고 말한다.[28] 마이코스키는 이 사실을 구체적인 수치로 직원들에게 주지시킨다.[29]

## 구성원들에게 자율권을 주고 역량을 강화한다

몇 년 전 시스코는 직원들의 자선 활동을 지원하는 방식을 변경했다. 이전에는 회사에서 정한 자선단체에 직원들이 기부했는데, 이 제한을 풀어 직원들이 직접 기부할 단체를 선정하도록 허용했다. 당시 시스코는 비더브릿지 Be the Bridge 기부캠페인을 실시하고 있었다. 직원들이 기부한 금액만큼 회사가 매칭 기부하는 방식이다. 직원들이 저마다 단체를 선정하게 되자 지원할 단체가 수천 곳으로 늘어났다. 직원들의 기부 활동 역시 급증했다.[30]

기부에 참여하는 직원들이 수혜자들과 만날 기회를 제공하는 것 역시 직원들의 역량을 강화하는 방법이다. 탐스에서 일하는 모든 정규직은 1년 차와 3년 차에 기부 여행을 가게 된다. 그리고 이후로는 3년마다 기부 여행을 떠난다. 이들은 네팔, 온두라스를 비롯해 여러 국가에서 비영리단체를 도와 형편이 어려운 사람들에게 신발을 나눠주고 시력 검사를 실시해 안경을 제공한다.[31]

　직원들의 목적의식을 키우는 일은 곧 그들이 성장하도록 돕는 일이다. 목적의식과 소속감을 가지면 오늘날 수많은 이가 겪는 고립감과 외로움을 해소하는 데도 도움이 된다. 기업이 꿈꾸는 가치와 목적을 널리 공유할 방법을 찾아야 한다. 이 일에는 직원뿐 아니라 기업 생태계를 구성하는 모든 구성원이 적극 참여하도록 격려해야 한다. 여러 연구 결과에서 알 수 있듯이, 일의 의미는 큰 동기부여 효과가 있다. 그 파급력은 공동체 전체에 퍼져 직원들의 사기를 진작하고 생산성을 향상시키며, 직원 유지율을 높이고 수익성을 증진한다. 다음 장에서는 조직 공동체의 건강과 행복을 챙기는 일이 어떻게 결실을 맺는지 살펴보겠다.

# 06 지원하라 건강한 삶을

주변 사람을 예를 갖춰 정중하게 대하면 그들은 성장하고 번성할 것이다.
무례하게 대하면 그들은 시들고 무너질 것이다.

리처드 브랜슨(Richard Branson)

2016년 9월 23일, 메리어트인터내셔널Marriott International은 스타우드호텔앤리조트월드와이드Starwood Hotels & Resorts Worldwide를 인수해 세계 최대 호텔 체인으로 거듭났다. 메리어트인터내셔널은 이 인수합병에 130억 달러 이상을 투자했다. 큰 기대를 안고 시작했을지라도 이 같은 인수합병은 실패하는 사례가 많은데, 대개는 두 기업의 문화가 다르기 때문이다. 특히 이 두 회사처럼 조직문화가 동떨어진 경우 통합에 어려움을 겪는다. 규율과 일관성으로 명성이 높은 메리어트인터내셔널과 경계 없는 실험 정신과 '앞서가는 감각'으로 유명한 스타우드호텔의 합병을 두고 우려하는 목소리가 많았다. "메리어트인터내셔널은 스타우드호텔의 앞서가는 감각과 그들의 고객을 유지할 수 있을까?"라는《뉴욕타임스》기사 제목에 이러한 우려가 여실히 드러난다.

　인수합병의 어려움을 다룬 한 연구진이 경직된 문화와 유연한 문화로 설명한 대표적 사례가 메리어트인터내셔널과 스타우드호텔이다. 연구진에 따르면 경직된 문화에서는 규칙과 규율, 일관성과 질서, 위계적 구조가 강조된다. 반면에 유연한 문화에서는 의사결정 과정에서 직원들의 융통성과 자율성이 높이 평가되고, 개방적이고 창의적인 사고, 수평적 구조가 선호된다. 연구진은 1989~2013년에 있었던 4500건 이상의 국제 인수합병을 조사했고, 경직된 조직문화와 유연한 조직문화가 만났을 때 합병 3년 후 자산 수익률이 평균 0.6퍼센트포인트 감소하거나 연간 순이익이 2억 달러 감소한 것을 확인했다. 특히 조직문화가 대조적인 경우 합병 후 순이익이 연간 6억 달러 이상 감소하기도 했다.[1]

　결과가 이렇게 실망스러운 이유는 서로 다른 두 조직문화가 합쳐질 때 직원 몰입도를 비롯해 업무 이해력과 집중력이 크게 떨어져 생산성이 감소해서다. 연구진은 2017년 아마존Amazon이 홀푸드Whole Foods를 인수했을 때 이 같은 현상이 발생한 것을 확인했다. 아마존은 수직적 구조와 규율, 중앙집중식 의사결정으로 유명했고, 홀푸드는 직원들이 고객의 취향을 신속하게 반영할 수 있게 각 매장에 재량권을 부여하고, 다양한 실험을 장려한 것으로 유명했다. 두 기업이 합병하고 1년 뒤에 연구진이 발표한 논문에 따르면 홀푸드 일부 직원과 고객이 불안감과 불만을 드러냈다. 지역주민의 기호를 고려하지 않고 철저하게 데이터 기반으로 중앙집중식 재고관리 체제를 운영한 아마존은 툭하면 식품 공급에 차질을 빚었다. 또 직원들은 홀푸드에 있을 때와 달리 재량권이 충분히 주어지지 않아 분노와 불만이 생겼다. 2018년, 홀푸드 일부 직원들이 모든 직원에게 노조 가입을 지지해달라는 이메일을 보냈다. 하지만 노조 설립 시도는 실패로 돌아갔다.[2] 이후 아마존은 노조 설립 시도를 예의주시하며 노조 설립 가능성이 높은 홀푸드 매장을 예측하는 알고리즘을 비롯해 이를 무력화하려는 정교한 전략을 개발했다. 2018년, 홀푸드는 20년 만에 처음으로 《포춘》이 선정한 '일하기 좋은 100대 기업' 목록에서 탈락했다.[3]

하지만 메리어트인터내셔널과 스타우드호텔의 합병은 많은 이의 우려를 보기 좋게 잠재웠다. 총 75만 명(스타우드의 직원 수는 약 35만 명)이 넘는 직원이 결합한 대규모 인수합병 2년 후, 이 두 경쟁사는 예상을 깨고 명실상부한 가족이 됐다.

메리어트인터내셔널그룹에는 현재 30개 호텔 브랜드가 있고 전 세계 130여 개국에 7천 개 이상의 호텔이 있다.[4] 합병 후 메리어트인터내셔널은 로열티 프로그램을 하나로 통합해 고객에게 제공하는 혜택을 대폭 확대했는데, 총주주수익률은 오히려 증가했다. 또 직원 몰입도를 조사한 결과, 별다른 혼란 없이 하나의 조직문화로 통합되는 양상을 보였다. 인수합병 당시 스타우드호텔은 직원 몰입도 점수가 높은 편이었고, 메리어트인터내셔널호텔은 이보다 점수가 더 높아서 5점가량 차이가 났다. 합병 3년 차인 2020년 초에 재조사한 결과, 격차가 사라져 두 기업의 직원 몰입도 점수는 비슷했다.

메리어트인터내셔널의 글로벌 최고인사책임자인 데이비드 로드리게스David Rodriguez는 두 조직문화 간 공통점 즉, 직원 복지를 중시하는 특성을 파악하고 거기에 초점을 맞춘 점을 합병의 성공 요인으로 꼽았다. 직원들을 보살피고 챙기는 일에 집중한 덕분이라고 판단한 것이다. 메리어트인터내셔널의 정체성이나 다름없는 이 문화를 구축한 사람은 창업자 J. 윌라드 메리어트Willard Marriot다. 메리어트가 했던 말 중에 자주 인용되는 말이 있다. "우리가 직원을 잘 챙기면 직원들이 고객을 잘 챙길 것이고, 그러면 고객은 다시 우리를 찾을 것이다." 메리어트인터내셔널 창업자들은 사업이 확장하자 1930년대부터 전담 주치의를 따로 고용할 정도로 직원들의 건강을 최우선으로 여겼다. 이러한 유산은 메리어트인터내셔널이 2010년에 시작한 '테이크케어TakeCare' 프로그램으로 이어졌다. 테이크케어 프로그램은 처음 실행됐을 때, 스트레스 관리, 운동과 피트니스, 영양과 체중 관리, 금연을 비롯해 다양한 전략에 따라 신체 건강을 증진하는 일은 물론 재무 건강을 챙기는 일에 초점이 맞춰졌다. 곧 살펴보겠지만, 이후 테이크케어 프로그램은 개인과 지역공동체뿐 아니라 사회 전반으로 적용 범위가 확장됐다. 그리고 이는 메리어트인터내셔널 조직문화와 정체성을 규정하는 핵심이 됐다. 데이비드 로드리게스는 이렇게 말한다. "직원들은 인생의 많은 시간을 고용주와 보낸다. 직원들의 복지를 증진하는 일이 중요한 이유다. 직원들은 고용주에게 그야말로 삶의 동반자나 마찬가지다."[5]

스타우드호텔 본사 직원들은 메리어트인터내셔널의 고위 경영진을 처음 만난 자리에서 메리어트인터내셔널의 조직문화를 경험하고 앞으로 어떤 날들이 펼쳐질지 예상할 수 있었다. 로드리게스는 "[회장] 빌 메리어트와 [고인이 된 최고경영자] 아르네 소렌슨Arne Sorenson

06. 건강한 삶을 지원하라

209

은 여러 사무실을 돌며 모든 직원과 일일이 악수를 나누느라 몇 시간을 보냈다"고 당시 일을 회상했다. "누군가가 '합병 소식을 발표할 대규모 기자회견이 곧 있다는데 그걸 모르는 걸까?'라고 물었다. 하지만 그들에게는 직원들과 인사를 나누는 일이 기자회견보다 더 중요했다."6

스타우드호텔의 총지배인 한 명은 각국 호텔에서 우수한 직원을 선정하는 사내 시상식 자리에서 "처음에는 두 회사 합병을 걱정했지만 인터넷에 접속해 테이크케어 사이트를 둘러보면서 우려할 일은 없으리라 예감했다. 메리어트인터내셔널도 스타우드처럼 '사람이 우선'이라는 신념을 지녔기 때문이다"라고 말했다. 밀레니얼 세대를 겨냥한 감각적이고 현대적인 목시호텔Moxy Hotels과 전통적이고 고급스러운 리츠칼튼Ritz-Carlton, 세인트레지스St. Regis가 하나의 포트폴리오 안에서 편안하게 조화를 이룰 수 있었던 건 '사람이 우선'이라는 신념 덕분이다. 각 브랜드의 문화와 특성은 달라도 그들이 추구하는 핵심 가치는 다르지 않았다. 메리어트호텔과 스타우드호텔은 고객을 성심껏 대하려는 사명감을 공유했고, 사람을 중시하는 정책에 따라 사원들의 기본 욕구를 돌보고 챙기는 일에 매진했다.7

메리어트인터내셔널은 이 핵심 가치를 흔들림 없이 굳건하게 지켰다. 경영평가 기관인 GPTWGreat Place to Work Institute가 최근에 각국 기업을 평가하고 발표한 바에 따르면, 전례 없이 변동이 많았다. 일부 기업은 급격하게 순위가 하락했는데 메리어트인터내셔널은 예외였다. 메리어트인터내셔널은 1998년부터 세계에서 가장 일하기 좋은 기업 명단에 이름을 올린 후 한 번도 빠지지 않은 6개 기업 중 하나다.[8] 메리어트인터내셔널은 다양한 경로로 직원들의 복지를 증진한다. 다음에서 살펴보자.

## 성장 기회

사람은 누구나 성장하고 싶어 한다. 메리어트인터내셔널은 이 사실을 인식하고 직원들에게 새로운 역량을 기를 기회를 다양하게 제공한다. '이머징 리더 프로그램Emerging Leader Program'을 실시하고 성과가 우수한 직원을 선발해 1년짜리 리더십 개발과 멘토링 프로그램에 참여시킨다. 직원 1500명 이상이 이머징 리더 프로그램을 마쳤거나 참가 중이다. 참가자의 절반 이상이 여성이고, 3분의 1 이상이 소수민족이다.[9] '보이지 글로벌 리더십 개발 프로그램Voyage Global Leadership Development Program'도 역량 개발을 목표로 한다. 12~18개월 과정이다. 대학을 졸업하고 갓 입사한 직원들은 회계, 재무, 조리, 엔지니어링, 이벤트, 식음료, 객실관리 등 각 분야에 대한 전문 지식을 습득하고 실무 리더십 경험을 쌓는다. 50개국이 넘는 곳에서 일하는 새내기 직원들은 온라인 시뮬레이션으로 호텔 운영에 필요한 전문성을 익히며 서로 협력하고 경쟁한다. 온라인 학습 프로그램은 리더십 역량을 길러 관리자 직급으로 빨리 진급하고 싶은 신입사원들을 지원하고 의욕을 자극한다. '메리어트 개발 아카데미Marriott Development Academy'는 관리자 직급을 대상으로 더 높은 수준의 리더십을 개발하도록 돕는 교육 프로그램이다. 개인이 자신의 관심사와 전문성에 따라 가장 필요한 교육을 선택할 수 있다. 메리어트인터내셔널은 각자 익히고 싶은 역량에 맞게 관리자들에게 다양한 교육을 제공한다.[10]

치 응우옌Chi Nguyen은 메리어트인터내셔널이 제공하는 다양한 교육 프로그램의 수혜자다. 그는 베트남에 있는 르네상스리버사이드호텔사이공Renaissance Riverside Hotel Saigon의 객실부 지배인이다. 2019년 통계에 따르면 이 호텔 직원들은 '투 더 저니To the Journey' 과정을 비롯해 평균 53시간 교육 프로그램을 이수했다. 투 더 저니는 부서별 업무를 체험하는 교육으로 일주일 과정이다. 직원들은 하루씩 타 부서를 체험하며 여러 직무의 지식과 기술을 배우고, 다른 부서 및 지점의 선임 매니저와 대화를 나눈다. 마지막으로 총지배인과 대화하며 경력 개발에 유용한 정보를 얻는다.

치 응우옌은 1999년에 이 호텔에서 웨이트리스로 일하며 경력을 쌓기 시작했다. 응우옌은 호텔에서 제공한 다양한 교육을 받은 덕분에 자신의 적성을 발견하고 객실부로 직무를 변경했다. 프런트 사원으로 5년간 일하다가 클럽층 교대근무 관리자로 승진했고, 1년 뒤 클럽층 담당 매니저가 됐다. 이어 프런트오피스 매니저 보조가 됐고, 2010년에는 프런트오피스 매니저로 승진했다. 내가 그를 만났을 때는 객실부 지배인으로서 프런트오피스와 객실관리부, 헬스클럽 부서를 이끌며 직원 77명을 관리하고 있었다. 응우옌은 20년 넘게 호텔에서 일하며 경력을 차곡차곡 쌓았다. 르네상스사이공 인사 책임자인 민 탐 꾸엉 티Minh Tam Quang Thi는 응우옌이 메리어트인터내셔널의 주요 교육 프로그램에서 얻은 경험과 기술을 능숙하게 활용했다고 극찬했다. 지금도 응우옌은 메리어트인터내셔널에서 제공하는 온라인 관리자 교육 프로그램을 활용해 지식과 기술을 계속 보완하고 있다. 민 탐꾸엉 티는 오랜 전통을 자랑하는 스타우드호텔이 베트남에 진출했을 때 응우옌이 호텔 매니저들을 교육하며 자신이 배운 것을 전수했다고 말했다.

응우옌처럼 메리어트인터내셔널에서 경력을 쌓은 매니저들은 매니저가 되고 싶은 이들을 교육하는 일에 기꺼이 나선다. 또 회사에서는 매니저들이 동료 직원들의 잠재력을 알아보고 이들을 지원하는 일을 장려한다. 아벨리노 마르티네스Abelino Martinez는 아직 고등학생일 때 메리어트인터내셔널 계열의 호텔인 코트야드마리나델레이Courtyard Marina Del Rey에서 로비 안내원으로 일하기 시작했다. 하루는 직속 매니저가 마르티네스를 앉혀놓고 물었다. "호텔 일에 열정이 많군요. 어떤 도움이 필요한가요?" 마르티네스는 우선은 학업을 마치는 것이 최우선 과제라고 말했고, 매니저는 마르티네스가 그렇게 할 수 있도록 근무 일정을 조정해줬다. 그 덕분에 마르티네스는 호텔에서 일하며 경영학 학사과정을 무사히 마칠 수 있었다. 마르티네스는 "정말 감사한 일이다. 절대 잊지 못할 거다. 지금은 나도 직원들에게 똑같이 배려해주려고 노력한다"라고 말했다. 학위를 취득한 뒤 마르티네스는 르네상스로스앤젤레스에어포트호텔Renaissance Los Angeles Airport 객실관리부 매니저로 승진했고, 이후 어바인스펙트럼Irvine Spectrum 센터에서 근무하게 됐다.[11]

플로리다에 있는 르네상스월드골프빌리지리조트Renaissance World Golf Village Resort의 총주방장 디앤 홉스DeeAnn Hobbs도 열정 있는 동료 직원을 격려해 꿈을 실현하도록 도운 적이 있다. 홉스는 15년 전 리조트 객실관리부에서 일을 시작한 한 여성의 이야기를 내게 들려줬다. 그 여성은 알바니아 이민자였고, 이 리조트가 미국에서 얻은 첫 직장이었다. 그 여성이 일을 더 많이 하고 싶다며 홉스가 일하는 주방 일에 관심을 보였을 때 홉스는 기초적인 주방 업무를 가르치고 요식업이 어떻게 돌아가는지 이해하도록 도왔다. 그 여성은 일을 잘했고 재미있어했지만 영어가 능통하지 않아서 제약이 많았다. 홉스는 그 여성이 잠재력이 있음을 알고 영어 수업을 받을 수 있도록 주선했다. 그 여성은 영어 실력이 향상된 뒤, 홉스 주방의 슈퍼바이저가 됐고, 나중에는 리조트 '인근에' 위치한 은퇴자 마을의 레스토랑 부주방장이 됐다. 호텔을 떠난 뒤에도 홉스와 꾸준히 유대감을 쌓았다. 홉스와 내가 이야기를 나누던 날에도 홉스는 그 여성으로부터 임원으로 승진했다는 문자를 받았다.

규모가 큰 다국적 기업이라도 끈끈한 조직 공동체를 구축할 수 있다. 공동체를 우선으로 챙기고 공동체가 성장하도록 꾸준히 지원한다면 얼마든지 가능하다. 앞서 다룬 사례에서 보듯 공동체 의식을 강화하는 일은 주로 팀이나 지역을 이끄는 리더 또는 메리어트인터내셔널의 유산을 적극적으로 실천하는 관리자에서 비롯된다.

## 다양성과 포용성

메리어트인터내셔널은 모든 직원이 소속감을 느끼는 환경을 구축하고 싶어 한다. 다시 말해, 메리어트인터내셔널이라는 대가족 안에 자신의 자리가 있고 조직에서 성장할 기회가 열려 있음을 의심하지 않기를 바란다. 약 34만 5000명에 이르는 직원들을 대상으로 해마다 실시하는 글로벌 설문조사에서 데이비드 로드리게스가 가장 먼저 살펴보는 것 중 하나가 인종과 젠더 또는 기타 인구통계적 변수에 상관없이 직원 복지가 공평한지 여부다. 로드리게스는 권리를 박탈당했다고 느끼는 구성원이 없는지 주의 깊게 살핀다.

로드리게스는 메리어트인터내셔널이 다양성과 포용성을 제대로 실천하고 있는지 평가할 때 통계 지표뿐 아니라 자신의 직감에도 의존한다. 일례로, 로드리게스는 다양한 민족과 인종이 구내식당에서 함께 식사하는지 확인하고, 이들이 어울려 식사하는 것을 조직이 건강하다는 신호로 여긴다. 그는 "구내식당에 가면 어느 부서가 포용성이 낮은 편인지 알아차릴 수 있다. 그런 부서는 같은 인종끼리만 모여서 식사한다. 객관적 데이터에 근거한 평가는 아니지만 조직에 문제가 있다는 것만은 거의 확실하다"고 말했다.[12] 로드리게스는 어릴 때부터 무리에서 소외된다는 것이 어떤 느낌인지 익히 알고 있어서 포용성을 증진하는 일에 누구보다 헌신적이다. 로드리게스는 사우스브롱스에서 자랐는데, 자신을 "적갈색 머리에 피부가 하얀 푸에르토리코인이었다"라고 표현했다. 라틴계 아이들은 로드리게스가 자신들과 생김새가 다르고 스페인어에 서툴다는 이유로 깔보고 업신여겼다. 그래서 할렘에서 초등학교에 다닐 때는 흑인 친구들과 어울렸고 오히려 흑인에게 동질감을 느꼈다.[13] 로드리게스는 "다양성과 포용성을 중시하는 태도는 대체로 내 경험에서 비롯됐다. 인간으로서 소속감을 느끼고 싶은 게 당연한데, 나는 어디에도 속하지 못한 이방인이었

다"고 말했다.[14]

다양성을 중시하는 메리어트인터내셔널은 여성에게 동등한 기회를 제공하는 일에도 비중을 둔다. 사장인 스테파니 리나르츠Stephanie Linnartz는 임원 가운데 여성이 많다는 사실이 이를 증명한다고 설명한다. 스타우드호텔 직원들도 합병 당시 이를 메리어트호텔의 조직문화로 받아들였다. 메리어트인터내셔널 이사는 11명 가운데 4명이 여성이다. 최고경영자의 직속 보좌진은 최근 한 명이 은퇴하기 전까지만 해도 정확히 50퍼센트가 여성이었다. 이는 《포춘》 선정 200대 기업 가운데도 전례 없이 높은 수치다. 또 부사장급 이상 고위간부 850명 가운데 40퍼센트가 여성이다. 미국 기업에서 일하는 중간관리자 가운데 31퍼센트가 소수민족 출신인데, 메리어트인터내셔널은 전체 직원 가운데 65퍼센트가 소수민족 출신이다.[15]

메리어트인터내셔널은 임원진의 다양성 면에서도 동종 업계보다 훨씬 앞서 있다. 2020년 온라인 잡지 《다이버시티잉크DiversityInc》가 선정한 '다양성을 존중하는 상위 50대 기업'에서 1위를 차지했다.[16] 이외에도 2020년에는 장애 포용성 부문 일하기 좋은 기업, 성소수자 평등성 부문 일하기 좋은 기업으로 선정됐으며, 라틴계 여성이 일하기 좋은 상위 50대 미국 기업에도 이름을 올리는 등 다양성 우수 사례로 여러 차례 선정됐다.

## 테이크케어 프로그램의 세 가지 영역

메리어트인터내셔널의 테이크케어 프로그램은 처음에는 신체 건강에 초점을 맞췄지만, 점점 그 범위를 넓혀 지금은 나, 내 동료, 기업의 사회적 책임이라는 세 영역에서 건강한 삶을 지원하고 있다. '나' 활동 영역에서는 우리가 흔히 아는 건강한 생활 습관을 기르는 프로그램(체력 단련, 체중 감량, 정서적 안녕, 명상 등)이 제공된다. 메리어트인터내셔널은 이 프로그램이 일회성이 아닌 지속적인 생활의 일부가 되는 것을 목표로, 2019년에 게임형 앱 '테이크케어 레벨30 TakeCare Level30'을 출시했다. 이 앱은 직원과 투숙객뿐 아니라 일반 대중도 이용할 수 있는데, 맞춤형 도전 과제를 제시해 날마다 건강한 습관을 기르도록 유도한다. 앱의 이름은 하나의 습관을 기르는 데 최소 30일이 걸린다는 의미를 담고 있다.

'내 동료' 활동 영역에서는 직원들 간에 유대를 형성하는 프로그램이 제공된다. 예컨대, '동료 칭찬 카드 Happiness Hero Card'는 동료가 지닌 역량부터 동료가 베푼 친절, 동료의 개성까지 무엇이든 칭찬할 거리를 찾아 동료를 높이 평가하는 프로그램이다. '단짝 맺기 Buddy Up'는 팀워크를 향상하는 프로그램 중 하나이고, '회복하기 On the Mend'는 우울하거나 건강이 좋지 않은 사람에게 필요한 조언을 제공하는 프로그램이다. '하이파이브 프라이데이 High Five Fridays'는 일주일 동안 '가장 좋았던 경험'을 90초 동안 팀원들과 공유하는 프로그램이다.

'기업의 사회적 책임' 활동 영역에서는 회사 차원에서 지역사회에 봉사하는 여러 프로그램이 제공된다. 메리어트인터내셔널은 현지에서 지역공동체와 지역의 현안을 해결하는 데 힘쓴다. 예를 들어, JW메리어트푸켓리조트앤스파JW Marriott Phuket Resort and Spa는 태국에 마이카오바다거북재단Mai Khao Marine Turtle Foundation을 설립해 해양을 보존하는 데 힘쓴다. 재단에서는 특히 기금을 마련해 멸종위기에 처한 태국의 대형 바다거북을 보호한다. 또 해변의 쓰레기를 줄이고 바다를 깨끗하게 보존할 필요성을 홍보하고, 생태계를 보존하고 바다거북을 지킬 수 있는 방법을 대중에게 교육한다.

JW메리어트호텔은 르메르디앙푸켓비치리조트Le Méridien Phuket Beach Resort와 공동으로 푸켓 해변에서 바다거북 알을 구출하고, 알이 부화하도록 안전한 서식처를 제공하고, 어린 거북이를 바다로 방류하는 프로그램을 실시해 바다거북을 보호하고 있다.[17]

르메르디앙푸켓비치리조트는 또 다른 지역사회 프로젝트에도 참여한다. 이 호텔은 '지구의 날'에 2킬로미터 바다 수영 대회를 개최하고, 대회 참가비를 그 지역 해변 정화 활동에 힘쓰는 트래시히어로Trash Hero에 기부한다. 또 사내 엔지니어링팀은 현지 10개 학교에 지원 활동을 나간다. 한 학교에서 도서관, 구내식당, 교사 회의실을 수리하고, 건물 벽과 책상, 의자를 페인트칠하고, 학교에 필요한 기본 장비를 제공했다. 또 예산이 부족해 3년 동안 문을 닫았던 학교가 다시 문을 열 수 있도록 대규모 개조 공사를 지원하기도 했다.

| 목적의식 |

메리어트인터내셔널은 목적의식을 고취하는 것이 직원들의 정서적 욕구(나아가 영적 욕구까지)를 충족하는 길임을 알고 있다. 그래서 전

세계에서 가장 시급한 사회문제, 환경문제, 경제문제와 관련해 회사가 실천할 수 있는 사회적 책임을 다루기 위해 '서브 360Serve 360'이라는 프로그램을 도입했다. 현지 호텔들은 이 프로그램을 현지 사정에 맞게 조정해 실행한다. 예를 들어, 로드리게스는 발리를 방문했을 때 도로에서 차를 타고 가다가 헬멧도 쓰지 않은 여성과 어린아이가 자전거나 스쿠터를 타고 옆을 지나가 신경이 곤두섰던 적이 있다. 이때의 경험을 바탕으로 발리에 있는 리츠칼튼Ritz-Carlton에서 현지 어린이들을 초대해 헬멧을 나눠주고 꾸미는 행사를 열었다.

메리어트인터내셔널은 직원들의 범죄 대응 역량을 강화하는 데도 힘쓴다. 그 일환으로 심각한 사회문제인 인신매매에 대한 인식을 높이고 이에 적절히 대응하도록 교육하는 프로그램을 개발했다. 인신매매범들이 호텔을 자주 이용하는 만큼 직원들에게 평소 유의할 점을 교육하며, 이때 역할에 따라 지침을 세분화한다. 프런트데스크 사원이 보는 것과 객실 청소 매니저나 바텐더가 관찰할 수 있는 인신매매 징후가 다르기 때문이다. 런던 세인트판크라스르네상스호텔St. Pancras Renaissance Hotel의 분실 방지 책임자인 요세프 라다니Jozsef Ladanyi는 이러한 교육의 담당자 중 하나다.

헝가리 데브레첸에서 태어난 라다니는 1996년 부다페스트메리어트호텔Budapest Marriott Hotel에 취직하고 나서 부다페스트로 거주지를 옮겨 밤에는 도어맨으로 일하고 낮에는 영어를 배웠다. 다양한 교육 프로그램을 거친 후 2005년에 전 매니저에게서 런던으로 오라는 요청을 받았다. 런던으로 건너가 메리어트인터내셔널호텔 한 곳에서 일하게 됐고 고객 서비스 매니저가 됐다. 2005년 7월 런던 폭탄 테러 이

후 라다니는 보안 업무에 초점을 맞춰야겠다고 마음먹고, 특히 호텔에서 테러를 예방할 수 있는 방법을 강구하는 데 주력하기로 했다. 라다니는 유명 인사의 방문에 대비해 보안 사항을 세부적으로 점검하고, 범죄 가능성을 조사하고, 효과적인 비상 대응책을 마련하는 법을 포함해 다양한 종류의 보안 문제를 다루는 법을 훈련받았다. 이 훈련 덕분에 주변을 면밀히 분석하고 살피면서 보안 취약점과 위협 요소를 식별할 줄 알게 됐다. 도어맨으로 일했던 경험도 도움이 됐다. 라다니는 "도어맨은 호텔 보안과 밀접하게 연계되어 있다. 도어맨은 사람들을 가장 먼저 접촉한다. 그때마다 혹시 수상한 점은 없는지 재빠르게 파악해야 한다. 보안요원만이 아니라 호텔 입구 쪽에서 일하는 직원은 모두 경계태세를 늦추지 말아야 한다"고 말했다. 직원들이 보안 책임자를 편안하게 느껴야 잘못된 것을 발견했을 때 거리낌 없이 정보를 전한다는 점도 강조했다.

2016년 라다니는 세인트판크라스르네상스호텔 로비에서 어린 소녀를 만나 친분을 쌓고 조종하는 소아성도착자에 대한 정보를 입수했다. 라다니는 팀원과 함께 무슨 일이 일어나는지 감시하고 이를 경찰에 알렸다. 경찰은 용의자의 영상을 원했고 라다니는 현장을 촬영한 영상을 제공했다. 경찰은 해당 영상을 여러 증거 중 하나로 제출해 소아성도착자를 체포했다(이 남자는 징역 4년의 실형을 선고받았다).

2018년, 이 남자가 체포된 지 2년 반 만에 다시 호텔에 모습을 드러냈다(모범수로 가석방 출소한 것이다). 라다니는 이렇게 말했다. "라운지 구역의 슈퍼바이저 한 명이 그 남자를 발견하고는 몇 년 전에 봤던 안내문(호텔을 이용해 특정 범죄를 저지르는 인물을 신고하도록 직원들에게 제공하는 내부 보안 전단지을 기억해냈다. 그는 우리에게 달려와 이 사실을 알려줬다!"

라다니 팀은 그 전과자를 주시했고, 범죄를 저지르지는 않았지만 경찰에 어쨌든 이 사실을 알렸다. 그로부터 한 달이 채 지나지 않아 그 전과자는 호텔 라운지 좌석을 예약했다. 라다니는 라운지 매니저에게 이 사실을 들었다. 라다니 팀은 무슬림 소녀 두 명과 있는 이 전과자를 유심히 지켜봤다. 라다니는 이 전과자가 가석방 조건을 어기고 미성년자에게 접근하고 있음을 알고 이 사실을 경찰에 알렸고, 경찰이 와서 남자를 체포했다. 라다니는 이렇게 말했다. "우리가 개입해 현장에서 바로 그 남자를 교도소에 돌려보냈다."

인신매매범을 체포한 토니 포란Tony Foran 형사는 사건 발생 일주일 후 라다니를 만나러 왔다. 포란은 인신매매범이 전직 경찰관이었기에 "추적당하지 않는 법을 세세하게 알고 있었다"고 말했다. 그래서 더더욱 민간인이 이 같은 검거 성과를 냈다는 사실에 굉장히 놀랐다. 포란은 당시 메리어트인터내셔널 최고경영자인 아르네 소렌슨에게 이메일을 보내 감사인사를 전했다.

메리어트인터내셔널은 2017년 1월부터 직영점과 가맹점 직원 모두 인신매매 인식 교육 과정을 반드시 이수하도록 방침을 정했다. 호텔 측은 2년 남짓한 기간에 무려 호텔 직원 50만 명에게 인신매매 징후를 발견하는 법과 관련 대응법을 교육했다. 로드리게스는 이렇게 말했다. "인신매매범이 호텔에서 눈에 띄게 폭력을 사용하는 일은 없다. 무엇을 주시해야 하는지 모르는 사람들이 보면 대체로 문제가 있다고 생각조차 못 하는 미묘한 상황이 대부분이다. 그렇기에 성착취와 강제노역의 징후를 감지할 수 있도록 호텔 직원들을 교육하는 것이 중요하다. 이러한 지식을 갖춘 직원들은 문제를 발견하면 자신 있게 어떤 조치라도 취하기 마련이다." 메리어트인터내셔널은 이 교육의 중요성을 확신하고 필수 교육 프로그램으로 만들었고, 범죄자를 검거하는 데 일조함으로써 전 세계 많은 젊은이를 위험한 상황에서 구해냈다. 아울러 이 프로그램을 메리어트인터내셔널의 경쟁사를 포함한 다른 호텔과도 공유했다. 지금은 수많은 호텔이 이 프로그램으로 직원을 교육한다.

###

직원 복지를 중시하는 헌신이 시험대에 오른 적도 있었지만, 메리어트인터내셔널은 그 가치를 충실히 지켜나갔다. 9·11 테러 이후 전 세계 여행 산업이 급락하면서, 메리어트인터내셔널은 75퍼센트에 달하던 객실 점유율이 5퍼센트까지 떨어졌고, 직원들은 근무시간을 줄여야 했다. 아르네 소렌슨은 직원들이 건강보험과 기타 혜택을 받을 자격을 상실하지 않도록 창업자 빌 메리어트의 지원을 받아 건강보험과 복리후생 수급 자격에 필요한 주당 최소 30시간 근무 요건을 면제했다.

2008년 경기 침체 때도 비슷한 일이 벌어져 직원들이 최소 근무시간을 채우지 못해 건강보험 수급 자격을 상실할 위기에 처했다. 로드리게스는 직원회의에서 이 문제를 제기했던 날 아침을 기억한다. "[빌 메리어트가] 내가 건의하는 말을 30초 만에 끊으며 우리가 할 일은 자명하다면서 그 규정을 유예하라고 말했다."[18]

코로나19로 인한 피해는 메리어트인터내셔널이 지금까지 겪었던 그 어떤 위기보다 극복하기가 어려웠다. 9·11 테러와 2008년 경기 침체가 끼친 영향을 모두 합친 것보다 더 심각했다. 전 세계 각국 정부가 여행을 제한하면서 메리어트인터내셔널은 경영상태가 어려워졌고, 2020년 3월 일부 직원을 무급 휴직 조치했다. 이는 해당 직원들이 그나마 건강보험과 기타 복리후생 자격을 유지할 수 있게 배려한 조치였다. 하지만 2분기에 2억 3400만 달러의 손실 즉, 매출의 72퍼센트 손실을 기록하면서 전체 직원의 17퍼센트를 해고할 계획을 세웠고, 2020년 12월에 비노조 직원 800여 명에게 3월에 일자리를 잃게 될 것이라고 통보했다.[19] 직원과 주주, 고객을 대상으로 한 영상 연설에서 지금은 고인이 된 소렌슨은 회사가 정리해고를 단행할 수밖에 없는 이유를 설명했다. 또 본인과 빌 메리어트가 2020년에 급여를 받지 않을 것이고, 나머지 임원들도 급여를 50퍼센트 삭감할 것이라고 발표했다.[20] 코로나 대유행으로 적지 않은 직원이 일자리를 잃었지만 소렌슨과 메리어트가 자신들의 급여를 포기하고 다른 임원들이 급여를 삭감하지 않았다면 더 많은 직원이 일자리를 잃었을 것이다.

⁂

창업자의 신념을 고수하는 메리어트인터내셔널 경영진은 직원 복지를 우선시하는 정책을 충실하게 이행한다. 직원 복지가 향상되면 직원 몰입도와 충성도가 오르고, 직원 유지율이 높아지며 서비스도 개선된다. 이어 고객 경험이 향상돼, 수익이 증대한다. 메리어트인터내셔널이 제시한 데이터에 따르면 직원 몰입도가 높은 호텔일수록 수익성이 높은 것으로 나타났다.[21] 로드리게스는 이렇게 말한다. "서비스 산업에서는 직원 복지가 뒷받침돼야만 회사도 그만큼 좋은 성과를 낼 수 있다."[22]

이제 곧 소개할 사례에서 확인하겠지만 직원 복지를 챙기는 문화를 조성하는 일은 반드시 재정이 넉넉한 굴지의 기업만 할 수 있는 건 아니다. 전 세계 고객을 대상으로 더 나은 투자를 하도록 조언하는 투자 전문 매체 모틀리풀은 작지만 탄탄한 기업으로 남다른 직원 복지 문화로 유명하다. 일하기 좋은 기업으로도 선정됐다. 메리어트인터내셔널과 모틀리풀은 하는 일은 매우 다르지만 직원 복지라는 핵심 가치를 공유해서인지 닮은 점이 참 많다.

## 모틀리풀

내가 모틀리풀의 공동 창업자이자 최고경영자인 톰 가드너Tom Gardner를 처음 만난 건 아스트로 텔러를 만났던 구글의 리워크 컨퍼런스 자리에서였다. 가드너는 발표자로 나와 자사 투자 전략에서 조직 문화의 역할과 그 중요성을 주제로 얘기했다. 모틀리풀은 25년 넘게 투자 전략을 연구했으며 그 기간 동안 꾸준히 시장 수익률보다 더 높은 성과를 올렸다(모틀리풀의 '스톡어드바이저Stock Advisor' 프로그램이 2002년 이후 수익률 505퍼센트를 기록하는 동안 S&P 수익률은 101퍼센트였다). 가드너는 모틀리풀의 스톡어드바이저의 장점으로 월스트리트와 달리 투자할 기업의 조직문화를 면밀히 살핀다는 점을 강조했다. "전략은 문화의 아침 식사용에 불과하다"라는 리더십 전문가 피터 드러커Peter Drucker의 말을 인용하며 이런 농담도 던졌다. "문화가 그 정도 위치는 아니더라도 전략과 아침식사 자리에서 겸상할 정도는 된다." 그러면서 "조직문화가 전략만큼이나 중요하다는 사실을 인정한다면 경영진과 모든 구성원은 자신들이 참여한 모든 조직(회사, 자선단체, 학교 등)에서 다양한 혁신을 추구할 때 조직문화도 그와 발맞춰 빠르게 혁신하도록 노력해야 한다"고 말했다.

그날 저녁 식사를 마치고 호텔로 돌아오는 버스 안에서 나는 가드너와 내 친구 브제스니에프스키와 이야기를 나눴다. 브제스니에프스키가 내게 모틀리풀 사람들과 기업 문화를 연구해보라고 제안했다. "자신들이 표방하는 기업문화를 그대로 구현한 사람들이다. 사무실에 가서 직접 확인해보라."

그로부터 얼마 뒤 나는 친구의 조언을 따랐다. 친구의 말이 맞았다! 1993년 톰 가드너와 데이비드 가드너 형제가 설립한 모틀리풀은 직원 575명과 함께 웹사이트, 팟캐스트, 서적, 신문 칼럼, 라디오 쇼, 뮤추얼 펀드, 프리미엄 투자 서비스를 제공하며 수백만 명이 경제적 자유를 얻도록 돕고 있다.[23] 가드너 형제는 설립 초기부터 직원들에게 초점을 맞췄고, 직원 몰입도를 높여야 동기부여를 촉진하고 나아가 성과를 향상시킬 것이라고 믿었다. 두 사람은 직원들이 모틀리풀을 떠나지 않기를 바라기 때문에 직원들의 행복과 복지를 보장하는 조직문화를 구축하고 사회적 책임을 실천하며 뚜렷한 목적의식을 심는 데 힘썼다.

그 결과가 궁금한가? 모틀리풀의 이직률은 2퍼센트 미만이다. 이는 업계 기준으로 매우 놀라운 수준이다.* 또 미국 비즈니스 잡지 《잉크Inc.》가 선정한 2020년도 '일하기 좋은 기업'에 이름을 올렸고, 조직문화 관련 상도 여럿 받았다. 모틀리풀이 이룬 성과는 여러 상으로도 입증되지만, 그들의 사무실에서 일정 시간 있기만 해도 알 수 있다. 한 직원은 직원 몰입도 설문조사에서 이렇게 답했다. "인격은 위기 때 드러나는 법이다(내 소신은 그렇다). 우리 회사 직원들이 위기 때 보여준 배려와 유대감은 그들의 인격이 드러난 증거다. 이는 내가 직접 경험했으므로 보장할 수 있다. 우리 회사에는 좋은 사람들이 모여 있다. 이 점에서 우리 회사에 견줄 만한 곳은 없다고 믿는다."[24] 깨어있는자본주의연구소Conscious Capitalism organization에서 '깨어 있는 자본주의의 영웅'을 선정하고 23개 기업의 리더 28명을 발표했을 때, 모틀리풀의 공동 창업자인 가드너 형제 역시 명단에 이름을 올렸다. 이 연구소는 다음과 같은 신조를 지지한다. "깨어 있는 기업은 신뢰, 진정성, 혁신, 배려를 우선시하는 문화를 구축하므로 이 안에서 일하는 직원들은 개인적 성장과 직업적 성취감을 모두 얻는다. 아울러 깨어 있는 기업은 모든 이해관계자가 경제적, 지적, 사회적, 문화적, 정서적, 영적,

---

\* 회사가 성장하면서(이 해에 직원 수가 375명에서 575명으로 증가했다) 직원들에게도 성장할 기회가 생겼다. 하향식 직무 설계를 허용해 일의 의미를 제공한 것도 도움이 됐다(제5장 참조). 톰 가드너는 직원들에게 이렇게 말했다. "급여 15퍼센트가 삭감되는 대신 자기 직무를 직접 설계할 수 있다면 무엇을 하고 싶은지(또는 무엇을 하고 싶지 않은지) 생각해보라." 직원들의 급여를 삭감하고 싶어서가 아니었다. 직원들이 자신들의 직무를 스스로 설계하고 의미 있는 일에 몰입하기를 바라서였다. (구글과 함께한 리워크 컨퍼런스. [2014, November 10]. Motley Fool's Tom Gardner on Investing in Culture [Video]. YouTube. https://youtu.be/DGqzRUfH52o.)

신체적, 생태적 영역에서 풍요로운 삶을 살도록 힘쓴다."[25]

창업자의 가치관은 회사 이름인 모틀리풀 Motley Fool(얼룩덜룩한 옷을 입은 광대라는 의미 - 옮긴이)에도 반영되어 있다. 톰 가드너는 자사 홈페이지에 회사명을 다음과 같이 설명했다. "셰익스피어 문학에 등장하는 인물, 곧 왕과 왕비에게 진실을 말하고도 목이 잘리지 않을 수 있었던 궁정 광대에게 경의를 표한 것이다. 그 옛날 광대는 교훈이 담긴 유머로 궁정 사람들을 즐겁게 했다. 무엇보다 사회적 통념에 의문을 제기하는 일을 두려워하지 않았다." 모틀리풀는 자사 광대들(직원들을 가리켜 '풀Fools'이라고 부른다 - 옮긴이)이 셰익스피어의 희곡에서 결정적 역할을 맡았던 광대처럼 두려움 없이 독창적이고 솔직하게 행동하기를 기대한다. 이 같은 배경을 생각하면 모틀리풀 직원들이 자사의 기업문화를 평가할 때 가장 먼저 '신뢰'를 꼽은 이유를 알 수 있다.

| 신뢰 |

모틀리풀이 직원들을 얼마나 신뢰하는지는 근무 일정을 조율하는 데서도 드러난다. 직원들은 근무 장소와 시간을 유연하게 조정할 재량권을 가진다. 톰 가드너는 이렇게 설명한다. "인재가 잠재력을 발휘하고 회사가 성장하려면 통제를 해제하고 되도록 근무 일정을 유연하게 해야 한다."[26] 이러한 신뢰는 1993년(회사 출범 첫해)부터 시행된 모틀리풀의 무제한 휴가 정책에도 반영되어 있다. 모틀리풀 직원의 휴가 기간은 대체로 3~4주인데 커뮤니케이션 매니저를 담당했던 로리 스트리트 Laurie Street는 "업무를 완수하는 한 인사팀에서 휴가 일수를 따지는 사람은 없다"라고 말한다. 시차 적응이 힘들어 휴가를 하루

더 연장하든 휴가철이 아닌 시기에 여행을 계획하든 이를 결정할 권한도 직원들에게 있다. 모틀리풀은 직원들이 회사의 신뢰를 저버리지 않고 현명하게 판단할 것이라고 전제한다.

병가에도 비슷한 정책이 적용된다. 가드너 형제는 병가 일수를 따로 정해야 한다고 생각하지 않는다. 이들이 정한 원칙은 간단하다. "아프면 집에서 쉬어야 한다. 이것은 상식이다. 직원들은 어린아이가 아니다."[27] 병가 일수에 상관없이 집에서 쉬도록 하는 것은 해당 직원의 건강한 삶을 챙기는 일이며, 나머지 직원들의 건강한 삶도 챙기는 일이다. 몸이 아픈 상태로 출근하는 것은 다른 직원들을 위험에 빠트리는 일이기 때문이다. 만약 이 정책을 누군가 악용한다면 정기적으로 수행하는 업무 성과 평가 때 이를 고려하면 된다. 하지만 가드너 형제는 병가를 악용하는 횟수가 많을 것이라고 걱정하지 않는다. 조직이 추구하는 의미나 목적이 분명하다면 직원들이 회사에 나와 일하고 싶을 것이고, 그런 사람들에게는 집에서 쉬라고 권유하기가 오히려 더 어려울 것임을 알기 때문이다. 한번은 눈보라가 심해 일부 직원에게 며칠간 집에 머물라는 조치를 내린 적이 있었는데, 한 직원이 이 조치에 불만을 토로했다고 한다. "저도 회사에 출근해서 다른 광대들을 보고 싶다고요!"

톰 가드너는 기존의 병가 정책을 이렇게 평가한다. "저성과자들을 기준으로 하는 전형적인 관리 방식이다. 결코 좋은 정책이 아니다. 이런 정책은 모든 직원의 사기를 떨어뜨린다. 직원이 감기로 며칠씩 병가를 내는 것보다 회사가 직원들을 불신하는 것이 회사로서는 더 위험하다."[28] 모틀리풀은 출산휴가와 육아휴직 기간도 넉넉한데, 아이가 태어난 첫해에 4개월까지 휴가를 쓸 수 있다.

모틀리풀의 업무 공간에는 온갖 종류의 장난감과 피트니스 장비, 보드게임이 곳곳에 배치되어 있어 흡사 놀이터 같다. 최고인사책임자 리 버비지Lee Burbage는 이렇게 묘사한 적이 있다. "내 책상에서 둘러보면, 수영장에서 사용하는 대형 물놀이 장난감들(백조, 범고래, 상어, 바다코끼리, 거북이), 장난감 총, 휴식시간에 직원들이 만든 여러 공예품, 보드게임 다섯 종류, 마법사의 체스판, 지팡이, 해리포터 빗자루(파이어볼트와 님버스), 광대 고자 열두 개가 보인다."29 장난감 같은 것이 주변에 있다고 해서 업무 효율성이 떨어지지 않는다. 오히려 효율성이 올라간다. 톰 가드너는 "자유분방함의 핵심은 신뢰 문화 구축에 있다"라고 말한다. 그 안에서 직원들은 행복해하고 채용률과 직원 유지율이 증가하고, 건강한 사무실 환경이 조성된다.

가드너 형제에 따르면, 신뢰를 쌓는 목적은 그것이 올바른 행동이기도 하지만 사업이 성공하는 길이기 때문이다. "신뢰가 곧 업무 처리 속도를 결정한다는 사실을 간과하는 이가 많다. 업무상 신뢰는 생산성 및 업무 성과와 밀접한 관련이 있다. 동료 간 신뢰가 깊을수록 의사결정이 빠르게 이뤄지고, 직원들이 긴밀하게 협력하며, 더 많은 재량권을 발휘한다. 신뢰가 높은 관계에서는 미래를 내다볼 수 있고, 모든 일이 더 신속하게 진행된다. 말실수도 이해받을 여지가 있다. 실수를 저질러도 빠르게 수습할 수 있다. 팀원들이 서로 돕기 때문이다. 신뢰가 낮은 관계에서는 과거의 일에 얽매이고 지난 실수를 반복해서 들추는 경우가 많다. 서로 적절한 말을 고르고 번복하느라 시간을 낭비한다. 미래를 내다보고 목표에 집중하며 앞으로 나아가는 것보다 자신을 방어하는 일이 더 중요해지고 동료 간에 서로를 비난한다."[30] 《신뢰의 속도》의 저자 스티븐 코비Stephen Covey도 수십 년 동안 리더들과 함께 일하면서 이 사실을 발견했다. 코비는 "성과를 높이고 싶은 이들이 가장 많이 무시하고, 오해하고, 활용하지 못하는 자본이 바로 신뢰다"라고 지적했다.

가드너 형제는 고용주들에게 이렇게 조언한다. "기업문화를 바꾸고 싶다면, 그러니까 문화를 긍정적인 방향으로 강화하고 재구축하고 재편하려 한다면, 재미 요소가 아닌 신뢰 구축에 중점을 둬야 한다." 신경경제학자 폴 자크Paul Zak도 이 말에 동의할 것이다. 그는 뇌의 협력 네트워크를 켜는 화학물질인 옥시토신을 측정해 신뢰를 정량화한 결과, 신뢰도가 낮은 회사보다 신뢰도가 높은 회사의 직원들이 스트레스가 74퍼센트 더 적고 생산성이 50퍼센트 더 높으며 직원 몰입도가 76퍼센트 더 높다는 사실을 발견했다.[31]

가드너 형제는 직원들의 건강을 중요하게 여겨 2013년에는 최고건강책임자를 채용했다.

## | 건강한 삶 |

톰 가드너는 앉아서 일하는 업무 특성상 직원들이 갈수록 체중이 증가하고 있음을 깨달았다. 현재 최고건강책임자인 사만다 화이트사이드Samantha Whiteside는 직원들이 입사 후 체중이 평균 6.8킬로그램 늘었다고 밝혔다.[32]

가드너 형제는 직원들의 건강과 행복을 챙기는 일에 투자하기 시작했다. 먼저 탄산음료와 사탕, 초콜릿 자판기를 모두 없앴다. 그리고 퇴사하고 헬스 트레이너가 되려는 직원 한 명을 회사에 남아 하루에 일정 시간을 할애해 모틀리풀 직원들을 대상으로 개인 수업과 그룹 수업을 진행해달라고 설득했다.

화이트사이드가 모틀리풀에서 최고건강책임자로 일하게 됐을 때 도입한 것이 지금의 '풀포커스FoolFocus' 프로그램이다. 운동, 영양, 건강 증진과 질병 예방, 뇌 건강 이렇게 네 가지 범주에서 직원들의 건강을 돌보는 프로그램이다.[33] 이에 따라 모든 직원은 '체력 단련Foolish Fitness' 수업(신병훈련소 방식), 요가 수업, 줌바 수업을 받을 수 있다. 또 일주일에 두 번 체육관 활동에 참여해 농구, 플로어 하키, 축구, 배구를 한다. 따로 개인 트레이닝을 받을 수도 있고, 주 2회 마사지 서비스도 받을 수 있다. 마사지는 개인이 비용을 조금만 부담하면 나머지 비용은 회사에서 지불한다. 풀포커스 프로그램을 도입하고 처음 2년 동안 직원 중 89퍼센트가 다양한 수업에 참여했고, 이 비율은 계속 증가했다. 화이트사이드는 1개월 단위로 단체 도전 과제를 설정해 1년 안에 달성하는 프로그램을 시행하기도 했다. 일례로, 직원들이 단체로 한 달에 팔굽혀펴기 10만 회를 달성하는 과제를 시행했다. 또 건강 프로그램의 '범주'를 자선활동 영역으로 넓혀 직원들의 봉사 시간과 기부금을 꾸준히 점검하고 공동의 목표를 달성하도록 격려했다.

화이트사이드는 직원들의 뇌 건강에도 중점을 두고 스트레스 관리에 필요한 자원을 적극적으로 지원한다. 그 일환으로 1년에 최소 두 차례 외부 상담사를 초빙한다. 각 직원은 1년에 6회 무료로 고민 상담을 받을 수 있다. 또한 직원들이 활발한 지적 활동으로 두뇌 건강을 지키도록 돕기 위해 존 맥키John Mackey 같은 세계적으로 유명한 기업가나 사업가를 초청하는 북클럽 및 강연 프로그램과 직원들에게 무료로 책을 제공하는 '부키 몬스터Bookie Monster' 프로그램도 마련했다.

모틀리풀은 직원들이 번아웃에 걸릴 위험성을 인지하고 있기에 10년 이상 근무한 직원에게 4~8주의 안식년 휴가도 제공한다. 최소 1년 이상 근무한 직원에게 휴가 기회를 제공하는 '광대들의 임무Fool's Errand' 프로그램도 있다. 매달 추첨을 거쳐 당첨자를 선정하며 1000달러를 지급한다. 당첨금은 당첨자가 원하는 곳에 사용할 수 있지만 조건이 하나 붙는다. 당첨 후 4주 내에 2주간 직장에서 벗어나 업무와 완전히 단절한 채 지내야 한다. 이 제도는 당첨자에게 뜻밖의 휴가를 선물한다. 또한 이는 한 직원이 병에 걸리거나 가족에게 긴급한 상황이 발생하는 등 갑작스러운 불운으로 자리를 비우게 될 때, 동료들이 그 공백을 메우고 업무를 차질 없이 수행하는 연습을 해보는 기회가 된다.

모틀리풀은 건강한 식습관을 장려하고자 냉장고에 유기농 간식을 가득 준비한다. 직원들은 누구나 무료로 이용할 수 있다. 구내식당의 건강식 역시 무료이거나 최대 90퍼센트까지 회사에서 비용을 보조한다. 체중을 관리하는 '더블유더블유Weight Watchers' 프로그램은 회사에서 비용을 50퍼센트 보조한다. 건강한 식습관에 관심 있는 직원들을 대상으로 영양사를 초빙해 강연도 진행한다. 또 1년에 수차례, 주로 성과를 축하할 일이 있을 때 푸드카트 업체를 불러 직원들에게 맛있는 간식을 배달한다. 매년 전 직원에게 일정 금액의 건강 보조금도 지급한다. 직원들은 이 돈을 자전거나 등산화 같은 건강 관련 물품 구입이나 수영, 영양학 강의, 명상 수업 등의 활동에 쓴다.[34]

풀포커스 프로그램의 주된 목적은 건강을 챙기는 것이지만 직원들은 이 프로그램 덕분에 협업하며 동료애도 키울 수 있다고 설명한다. 어려운 도전 과제를 수행하고 극복하는 과정에서 직원들은 서로 힘을 합치며 더 가까워진다. 가드너는 15년 전부터 건강코디네이터를 고용했더라면 더 좋았을 것이라고 아쉬워한다. 가드너는 건강코디네이터를 '생산성을 향상시키고 건강보험 비용을 줄이고, 직원 만족도를 높이는 편리한 솔루션'이라고 평했다.[35]

| 모틀리풀 신입사원 환영식: 풀리엔테이션 |

모틀리풀은 '풀리엔테이션Foolientation' 프로그램을 도입해 신입사원을 공동체에 융화시키려고 많은 노력을 기울였다. 매니저들은 신입사원에게 전화를 걸어 축하 인사를 건네고 궁금한 점이 있는지 물어본다.[36] 신입사원은 근무를 시작하기 전날 그를 환영하는 이메일을 받는데 흔히 예상하는 환영 인사와는 다르다. 흥미롭게도 이메일에는 배우자나 가족 또는 친구와 외식할 수 있는 기프트 카드나 사무실 책상을 꾸미는 데 사용할 수 있는 자금이 포함되어 있다. 모틀리풀은 신입사원이 첫날부터 기분 좋게 일을 시작하기를 바란다. 회사가 직원을 '돌보고 챙기는' 하나의 방법이다.[37]

신입사원은 입사 전에 좋아하는 음식, 스포츠, 영화, 후가지, 취미 등에 대한 설문지를 작성하는데, 출근 첫날 자신의 선호도가 반영된 물품으로 책상이 꾸며져 있는 것을 보게 된다. 예를 들면 한 신입사원의 자리에는 형형색색 스타버스트 젤리로 그의 이름이 적혀 있었고, 그 옆에 사탕이 가득 담긴 가방과 동물원 관련 책 두 권 그리고 모틀리풀 로고 상품이 한 바구니 놓여 있었다. 또 다른 신입사원의 책상에는 LA다저스 로고가 새겨진 안전모 여러 개와 재미있는 운세 게임, (손금을 읽는 법이 적힌) 고무 손바닥, 특대형 젤리 봉지가 있었다. 이렇듯 개인의 기호를 고려한 선물은 신입사원에게 재미를 선사할 뿐 아니라 동료들에게도 신입사원의 성격과 관심사를 파악할 기회가 된다.

신입사원은 첫날 '선물 꾸러미'를 받은 뒤, 직속상사와 여러 사무실을 둘러보면서 모틀리풀의 생산성을 이끄는 원동력인 조직문화를 소개받는다. 점심시간에는 타 부서 직원들과 구내식당에서 식사를 하며 자연스럽게 안면을 튼다. 그러고 나서 부서 사람들과 파티를 하고, 100달러가 든 봉투를 받는다. 봉투에는 이렇게 적혀 있다. "자신에게 한 턱 쏘세요." 풀리엔테이션 둘째 날에는 여러 사무실을 둘러보고 대화를 나누면서 각 사무실이 어떻게 운영되는지 배우는 시간을 가진다. 신입사원에게는 '풀버디Fool Buddy'가 배정된다. 모틀리풀에서 오래 근무한 직원이 신입사원을 정기적으로 만나 궁금증을 해결해주는 역할을 하는 것이다. 또 신입사원은 '광대들의 보물찾기Foolish Scavenger Hunt' 놀이를 하면서 수수께끼를 풀고 모틀리풀 공동체에 대한 단서를 찾으며 회사를 깊이 파악한다.

| 공동체와 협업 |

톰 가드너와 데이비드 가드너는 경영진과 직원들 사이에 공동체 의식을 구축하려고 많은 노력을 기울인다. 회사에 출근해 동료들과 즐겁게 일하는 열정을 구성원 모두가 공유하기를 바라기 때문이다. 모틀리풀은 직원들이 유대감을 쌓을 수 있게 지역 소프트볼팀 활동

에서 주말 콘서트 관람에 이르기까지 사교활동과 스포츠활동 프로그램 같은 다양한 수단을 마련한다. 모틀리풀을 창립할 때부터 함께했고 (미국 기업 중 최초로) 최고협업책임자chief collaboration officer라는 직책을 맡은 토드 에터Todd Etter는 조금 색다른 방법으로 직원들의 단합을 유도한다. 그가 사용한 방법 중에는 수십 년간 즉흥연기 강사로 일하며 배운 기법도 있다. 에터는 팀워크 다지기 훈련, 전 직원이 참여하는 퀴즈 게임, 구내식당에서 일주일에 최소 세 차례 진행하는 보드게임 등을 도입했다. 모틀리풀의 모든 직원은 자유롭게 모여 게임하는 동안 서로를 알아가면서 친분을 쌓고, 협업하는 법을 배운다.<sup>38</sup>

모틀리풀은 기분 좋은 방법으로 직원들의 교류를 촉진하기 위해 10달러짜리 스타벅스 상품권을 제공하면서 조건을 하나 달았다. 동료 직원(기왕이면 친하지 않은 직원)에게 커피를 대접할 때만 이 상품권을 써야 한다는 것이다. 모틀리풀은 직원들이 동료와 커피를 마시고 함께 시간을 보내면서 동료가 진행하는 프로젝트를 이해하게 되기를 바란다. 다시 말해, 프로젝트를 효과적으로 진행하는 방법이나 모범 사례를 파악하고, 함께 아이디어를 모색하며 도전 과제를 해결하기를 바라는 것이다. 전 직원이 참여하는 장기자랑 대회 역시 멋진 손글씨부터 탁월한 퀴즈풀이 실력이나 요리 실력에 이르기까지 직원들의 능력을 발견하는 계기가 된다. 한번은 요리사로 변신한 직원이 고기를 손질하는 법으로 많은 갈채를 받았다.

모틀리풀 직원들에게 가장 기억에 남는 대회가 하나 있다. 더 좋은 기업문화를 만드는 데 공동체 의식이 중요하다고 생각한 가드너 형제는 구성원들이 전 사원의 이름을 외우면 20퍼센트 보너스를 제공하겠다고 선언했다. 그리고 한 사람이라도 대회에 참여하지 않으면 보너스를 받을 수 없다는 조건을 달았다. 직원 모두 이 도전에 응했고 결국 보너스를 받았다.

모틀리풀은 카주Kazoo에서 제공하는 성과 관리 소프트웨어로 동료 간에 칭찬을 주고받을 수 있게 했다. 이를테면, 프로젝트를 도와주거나 중요한 마감 일정을 맞추거나 적절한 조언을 제공하는 등 칭찬할 만한 동료에게 (나중에 현금이나 상품권으로 전환할 수 있는) '골드' 점수를 부여한다. 직원들은 카주 플랫폼에서 제공하는 실시간 피드 기능 덕분에 구성원들이 작성한 칭찬 글을 모두 읽을 수 있다. 이 플랫폼은 동료에게 피드백을 제공하고, 칭찬을 장려하고, 직원 몰입도를 끌어올리는 수단 가운데 하나다.

모틀리풀은 공동체 의식을 쌓고 이를 돈독하게 유지하고자 다양한 종류의 사교 모임과 행사를 연다. 모든 직원에게 의미 있는 기념일마다 선물과 풍선을 증정한다. 특별한 기념일(5주년, 10주년, 15주년, 20주년)은 풍선 장식으로 이를 알린다. 직원들의 생일축하 행사도 매월 개최한다. 성과를 인정받은 소수의 직원을 달마다 선정해 축구 경기, 콘서트, 예술 행사 등 근사한 외부 행사에 초대한다. 어떤 행사든 행사에 참석한 직원들 간에 동료애를 돈독히 하는 데 의의가 있다. 회사의 연례 수련회인 풀라팔루자Foolapalooza는 아직 잘 모르는 직원들과 새롭게 친분을 쌓을 기회다. 직원들은 다양한 비즈니스 모임에 참석하고 현지 레스토랑에서 만찬을 나누며 자축하는 것으로 일정을 마무리한다.

## 포용성과 형평성

톰 가드너가 내게 들한 바에 따르면, 초창기 설문조사 결과, 직원의 80퍼센트가 업무에 몰입한 것으로 나타났다. 톰 가드너는 이 정도면 문제없다고 여겼다. 이는 업계 평균을 훨씬 상회하는 수준이었다. 하지만 곰곰이 생각하다가 달리 해석할 여지가 있음을 깨달았다. 열에 여덟이 열심히 노를 저으며 목표를 향해 나아가는데 둘은 노를 대충 휘두르고 있거나 진로를 방해하는 상황으로도 볼 수 있었다. 그러니까 열에 둘은 공동목표를 이루는 데 도움이 되기는커녕 온갖 문제를 일으킬 위험성이 있었다. 그때부터 톰 가드너는 직원들이 어떤 기분으로 일하는지 즉, 소속감을 느끼는지 또는 경영진이 자신들의 의견을 경청한다고 느끼는지 점검하는 데 힘을 쏟았다. 모틀리풀은 전화나 컴퓨터로 수시로 신속하게 설문조사를 실시하는데, 이 설문조사가 직원들의 사고방식과 직원 몰입도를 추적하는 데 큰 도움이 됐다. 이 간단한 설문조사 데이터를 인구통계 변수에 따라 분석한 결과는 특히 놀라웠다. 자기 소신을 밝힐 때 심리적 안전감을 느끼는 직원 비율은 회사 전체로 보면 놀라울 정도로 높았지만, 여성 직원만 놓고 보면 그 수치가 현저히 낮았다. 조직 내 특정 집단의 심리상태에서 확연한 차이를 확인한 경영진은 이를 개선하는 일에 착수했다. 일례로, 임금 협상이 성별 임금 격차에 미치는 영향을 연구 결과로 확인하고, '임금 인상 요청Ask for a Raise Day' 프로그램을 도입했다. 연구 결과, 역사적으로 남성이 여성보다 더 자주 임금 인상을 요청하고, 남성의 요청이 더 자주 받아들여지는 것으로 나타났다. 여성은 임금 인상을 요청하는 것만으로도 온갖 반발을 감수해야 했다.[39] 모틀리풀 경영진은 외향성과 내향성, 젠더, 인종, 문화에 관계없이 모든 사람이 안심하고 임금 인상을 요청할 수 있기를 바랐다. 톰 가드너는 팀원이나 이해관계자의 성공에 걸림돌이 될 수 있는 편견을 줄이고 싶어서 다른 임원들에게 이렇게 제안했다. "협상 여부를 정하지 말고 아예 모든 직원이 연봉 인상을 요청하도록 만들면 어떨까요?"**40**

모틀리풀의 인적자원분석people insights 부사장 카라 챔버스Kara Chambers와 최고인사책임자인 버비지는 자사 팟캐스트에서 '임금 인상 요청' 프로그램을 이야기하며 직원들의 참여를 독려하고 관련 아이디어를 공유했다. 버비지는 자신의 가치를 평가하는 훌륭한 방법을 한 직원에게서 배웠다고 말했다. 그 직원은 '내가 이 회사에 없다면 또는 내가 지금 하는 일을 하지 않는다면 어떤 일이 벌어질지' 생각해보라고 권유했다. '임금 인상 요청' 프로그램에 참여할 직원은 상사를 만나 협상하기 전에 먼저 챔버스가 이끄는 팀에게 도움을 요청해 자신이 회사에서 어떤 위치에 있는지 또 그에 맞는 합당한 연봉이 얼마인지 추산할 수 있다. 가드너 형제는 여기에 좋은 조건을 하나 더 제시했다. 원하는 만큼 임금을 인상하거나 승진하면 좋겠지만 그러지 못하더라도 일단 임금 협상 프로그램에 참여한 직원에게는 무조건 200달러를 지급했다. 그 결과 모틀리풀 직원의 절반 정도가 이 프로그램에 참여했고, 임금 인상을 요청한 직원들의 젠더 구성비는 회사 전체의 젠더 구성비와 비슷해졌다. 이 프로그램에 참여한 직원들은 대체로 3퍼센트에서 최대 10퍼센트까지 연봉을 인상했다. 협상에 실패하고 200달러만 받고 돌아간 사람은 3분의 1에 불과했다. '임금 인상 요청' 프로그램 도입 후 실시한 정기 설문조사에서 '나는 정당한 보수를 받는다'는 항목에 긍정한 이들이 13퍼센트 증가한 것으로 나타났다. 이 프로그램을 시행하는 데는 그리 큰 비용이 들지 않았고, 실제 직원 이직으로 인해 발생하는 비용을 절감하는 효과도 얻었다.[41]

버비지는 내게 이렇게 말했다. "회사가 제공하는 특전 때문에 직원 몰입도가 올라간다고 생각하지 않는다. 경영진이 직원들을 아끼고 직원들이 행복하게 일하려면 무엇이 필요한지 파악하고 챙긴다는 사실을 직원들이 실감할 때 직원 몰입도가 올라간다." 메리어트인터내셔널과 모틀리풀 등 지금까지 인용한 많은 사례에서 알 수 있듯이, 단단한 공동체 의식을 구축할 때 직원 몰입도가 증가하고, 이는 높은 성과와 수익으로 이어진다. 이 같은 상관관계를 설득력 있게 뒷받침하는 연구 결과도 많다. 공동체 의식을 구축할 때 얻는 효과는 이처럼 경제적 가치로도 정량화할 수 있으며 숫자로 환산하기 어려운 이점도 많다.

## 구성원을 배려하는 문화를 구축할 때 얻는 이점

사람들은 어느 장소에 들어가는 순간 그곳의 배려 문화를 곧바로 느낄 수 있다고 말한다. 배려심이란 뚜렷이 감지되는 것이다. 시갈 바사데Sigal Barsade와 올리비아 오닐Olivia O'Neill이 '동료애'를 바탕으로 조직문화를 형성한 기업을 연구했을 때도 이를 확인했다. 이들은 동료애를 '타인에 대한 애정, 연민, 배려, 다정함'으로 이루어진 감정으로 규정하면서 이 감정이 크게 관찰되는 여러 방식으로 나타난다고 말한다. 다시 말해, 직원들은 서로 관심과 애정을 표현하고, 상대의 감정이 상하지 않게 노력하고, 일이 잘 풀리지 않을 때 연민과 다정함을 보인다. 이들은 한 의료센터 직원의 말을 예로 들었다. "우리는 가족이다. 직급에 상관없이 모든 직원이 서로 아끼고 배려한다." 다발성경화증 진단을 받은 직원 하나는 동료 직원들이 자신을 어떻게 대했는지 묘사했다. "동료들은 내가 생각지도 못한 큰 사랑과 연민을 보여줬다. 애당초 다발성경화증에 걸리지 않았으면 더 좋았겠지만, 이토록 많은 사랑을 받고 또 목격할 기회도 포기하고 싶지 않다."[42]

바사데와 오닐은 직장생활에서 동료애가 미치는 영향을 수치로 측정할 수 있는지 알고 싶었고, 대규모 비영리 요양병원의 직원 185명, 환자 108명, 환자 가족 42명을 대상으로 설문조사를 실시했다. 이들은 리더와 관리자들이 구성원 간에 유대를 강화할 때 더 큰 성과를 거둘 것이라고 예측했다. 실제로도 그랬다! 태도, 정서, 행동, 건강 영역에서 측정 가능한 변수를 살피고, 그것들을 16개월 간격으로 두 시점에서 평가한 결과, 바사데와 오닐은 동료와 유대감을 느끼고 동료가 자신을 배려한다고 느끼는 직원이 업무에 더 몰입하고 더 높은 성과를 낸다는 사실을 발견했다. 그렇지 않은 이들보다 정서적 피로감이 낮고, 결근하는 날이 더 적고, 팀워크가 더 좋고, 만족도가 더 높았다. 동료애가 두터운 조직문화는 환자들에게도 긍정적인 영향을 미쳤다. 환자들은 기분이 더 나아졌고, 삶의 질이 좋아졌으며, 건강이 호전됐고, 응급실을 찾는 횟수가 줄었다. 사랑 또는 동료애가 돈독한 문화는 요양병원에 대한 보호자들의 만족도로 이어졌다. 가족이 병원에서 양질의 보살핌을 받는다고 느꼈기 때문이다. 따라서 다른 사람들에게 해당 병원을 추천하겠다고 대답한 보호자도 증가했다.[43] 연구진은 이러한 결과가 다른 환경에도 동일하게 적용될지 궁금했다. 연구진은 금융 서비스부터 부동산 중개업에 이르기까지 7개 산업 분야의 직원 3201명을 대상으로 설문조사를 실시했고, 이전 연구와 비슷한 결과를 확인했다. 구성원들 간에 거리낌 없이 애정과 연민을 표현하고 배려한다고 느낄수록 조직에 대한 만족도와 헌신도가 높았다.[44]

공동체 의식과 배려심을 강조하고 장려하는 것이 광범위한 효과를 발휘하는 이유는 구성원들의 행동과 감정이 관계망 안에서 확산되고 전염돼서다. 니컬러스 크리스태키스와 제임스 파울러James Fowler는 저서 《행복은 전염된다》에서 한 사람이 느끼는 행복과 안녕(또는 불행)이 우리 눈에 보이는 것보다 훨씬 더 영향력이 크다고 밝혔다. 그 사람의 친구들에게만 영향을 미치는 것이 아니라 그 친구들의 친구들은 물론, 그 너머의 인맥에까지 영향을 미치기 때문이다. 이는 조직 성격에 상관없이 모든 공동체에서 발생하는 효과로, 그 영향을 정량화할 수 있다. 연구 결과, 자신과 가까운 사람이 행복하면 나 역시 행복해질 확률이 약 15퍼센트 상승한다. 내가 느끼는 행복이 친구의 친구의 친구에게 영향을 미칠 가능성은 6퍼센트로 나타났다. 크리스태키스와 파울러는 행복의 전염성은 사적으로 가까운 관계의 테두리 안에만 머물지 않는다고 설명한다. 프로 크리켓 남자 선수 33명을 대상으로 (최장 5일간 이어지는) 경기 중에 휴대용 컴퓨터를 이용해 하루 네 차례 선수들의 기분을 기록한 결과, 경기 상황과 관계없이 선수 개인의 행복과 동료 선수들의 행복 사이에 강한 연관성이 있음이 밝혀졌다. 나아가 동료 선수가 행복할수록 선수들의 경기력이 향상됐다.[45] 그렇다면 사무실이나 기타 업무 환경에서 행복의 전염성이 가져올 효과도 자명하다.

## 배려하는 문화를 구축하는 법

메리어트인터내셔널과 모틀리풀은 배려하는 문화를 구축한 훌륭한 표본이다. 메리어트인터내셔널이 지닌 방대한 자원이나 모틀리풀 창업자들이 지닌 기발함과 장난기, 독창성을 갖추지 못했더라도 이러한 문화를 조성할 방법은 많다. 비용을 크게 들이거나 첨단 기법을 동원하지 않고도 합리적 수준에서 공동체 의식과 유대감을 촉진할 수 있는 방법 몇 가지를 소개한다. 각각의 방법이 서로 성격이 전혀 다르게 보일 수 있지만, 타인을 향한 존중에 초점을 둔다는 점에서는 차이가 없다.

### | 가능한 한 얼굴을 맞대고 소통한다 |

직장에서는 많은 업무를 이메일로 처리하기 때문에 대면 소통의 가치를 간과할 때가 많다. 그러나 진정한 의미에서 다른 사람과 심리적으로 접촉하려면, 눈 맞춤, 시선 방향, 표정 등의 사회적 몸짓 단서로 맥락을 파악해야 한다. 워싱턴대학교 학습과뇌과학연구소 Institute for Learning and Brain Sciences의 공동책임자인 패트리샤 쿨Patricia Kuhl은 직접 대면할 때만 인간의 뇌가 이 단서를 포착할 수 있다고 말한다. 쿨은 동료들과 함께 생후 9개월 유아와 대면 접촉하며 제2외국어(중국어 또는 스페인어)로 말을 걸었을 때 유아가 화자에게 주의를 집중한 다음 나중에 그 말소리를 알아차린다는 사실을 발견했다. 그러나 똑같은 말소리라도 오디오나 영상으로 들은 유아는 나중에 그 말소리를 알아차리지 못했다.[46] 쿨은 이렇게 설명했다. "화자를 직접 대면한 그룹에서는 학습이 이뤄졌지만 상대방의 신체를 보지 못하는 방식으로는 학습이 전혀 이뤄지지 않았다."[47] 기업에서 중국어를 가르치려고 애를 쓰지는 않겠지만, 쿨의 언어 습득 연구를 보면 인간에게는 타인과 의미 있는 관계를 맺고 싶은 욕구가 있음을 알 수 있다.

쿨에 따르면, 대화 상대와 다른 공간에서 소통할 때는 몸짓 단서(얼굴을 맞대고 소통할 때 사람들이 흔히 하는 눈 맞추기, 고개 끄덕이기, 중간에 끼어들기, 시선 바꾸기)를 전달할 방법을 찾고 대화에 주의를 집중하고 있다는 신호를 보내야 한다. 코로나 대유행 기간에 수많은 이가 새삼 깨달았듯이 화상통화 도구를 이용하면 경청의 신호를 전달할 수 있다. 목소리가 들릴 뿐 아니라 표정과 비언어적 요소도 보이기 때문이다. 연구실 직원들과 직접 만나지 못하고 영상통화로 소통하던 쿨은 직원들이 무릎에 아기를 올려놓고 아기를 흔들어주거나 자녀 침실에서 통화하는 모습을 보며, 이전과 방식은 다르지만 직원들을 더 잘 알게 됐음을 깨달았다. 쿨은 "비대면 소통이긴 하지만 각자 새로운 모습을 발견하는 계기가 됐다"라고 말한다.[48]

사회적 유대를 형성하고픈 욕구는 인간과 마찬가지로 동물도 가지는 원초적 욕구이고, 먹을 것을 갈망하는 욕구만큼이나 기본적인 욕구다. 신경과학자인 레베카 색스Rebecca Saxe와 동료 리비아 토모바

Livia Tomova는 24시간 동안 사회적 소통이 완전히 차단되면 성인의 뇌가 어떻게 달라지는지를 자기공명영상장치로 촬영했다. 피험자의 신경 활동 패턴을 분석해보니 하루 종일 금식한 사람의 뇌와 거의 비슷했다. 사회적으로 고립된 사람은 배고픈 사람이 음식을 갈망하듯 사회적 상호작용을 갈망한다.[49]

설문조사에 따르면 직장에서 동료들과 교류할 기회가 있는 사람들은 소속감을 더 강하게 느낀다. 따라서 동기부여 효과도 더 크고 직원 몰입도 역시 더 높다. 사소한 종류의 상호작용도 영향력이 있다. 일례로, 직원 1000명을 대상으로 한 조사에서 응답자의 39퍼센트가 동료가 개인적으로나 업무적으로 안부를 물을 때 소속감을 크게 느낀다고 답했다.[50]

"어떻게 지내세요?"라든지 "제가 어떻게 도와드릴까요?" 같은 사소한 인사가 큰 힘이 된다. 상대와 의견이 다를 때 상대의 관점에 흥미를 보이고 그것을 표현하는 것도 상대를 존중하는 표현 방법이다. 상대의 의견에 동의할 수 없을 때는 논쟁을 벌이는 대신 상대방의 생각을 더 자세히 말해달라고 요청하거나 그런 관점에서는 생각해보지 못했다고 표현하는 것이 좋다. 또한 자신이 직면한 어려움을 동료에게 알릴 기회를 찾는 것도 좋다. 자신의 약점을 숨기지 않는 것은 사람들과 친밀한 관계를 형성하는 방법 중 하나다.

이러한 방식대로 소통할 때 직장에서 긍정적인 관계를 형성하고 나아가 우정을 맺을 가능성이 크다. 톰 래스Tom Rath와 갤럽 조사에서 일터에 절친한 동료가 있는 사람은 업무에 긍정적으로 몰입할 가능성이 7배나 높게 나타났다.[51] 이 연구 결과는 직장 내 인간관계가 성과를 예측하는 주요 지표임을 보여준다.

| 경험을 공유한다 |

직원들이 경험을 공유하며 공동체 의식을 형성할 방법을 개발해야 한다. 유튜브 '음악구독 파트너십music subscription partnerships' 책임자인 산제이 아민Sanjay Arrin은 팀원들에게 사적인 이야기를 나누며 같은 음악 앨범을 듣거나 함께 요리하자고 제안하곤 한다. 이외에도 다양한 활동을 제안하는데 모든 활동은 자발적 참여로만 이뤄진다. 아민은 '비밀이 없는 사람'처럼 자신의 취약성도 숨기지 않고 허심탄회하게 얘기하려고 노력한다. 팀원 모임 전날에는 참가자들에게 심층 질문지를 보내고, 그 질문지로 모임을 시작한다. 모임에서 답변 내용을 공유하는 것은 전적으로 선택 사항이지만 팀원들은 자신의 생각이나 경험, 감정을 이야기하고 공유할 기회를 가지게 된다. 아민은 팀원들이 이 시간에 서로의 인간미를 느끼고 유대감을 다졌다고 설명했다.

| 이메일에 들이는 시간을 줄인다 |

쏟아지는 이메일에 묻혀 사는 사람이 많다. 매일 이메일 2000억 통 이상이 오간다.[52] 대부분 업무 관련 이메일이다. 직원들은 업무시간의 평균 23퍼센트를 이메일에 소비하고, 시간당 36회 내지는 그 이상 받은 편지함을 확인한다. 한 연구에서 실제 이메일 사용 시간과 관계없이 이메일이 정서적 피로를 높이고 건강한 삶은 물론 업무 성과에 부정적 영향을 미치는 것으로 나타났다. 다시 말해, 이메일을 사용하지 않을 때도 언제 도착할지 모를 이메일에 신경을 써야 하는

것 자체가 스트레스를 유발한다.[53] 이메일에 소비하는 시간은 대면 소통과 다르고 전화 통화에 할애하는 시간과도 다르다. 이메일을 몇 번이고 주고받는 것보다 짧게 통화하거나 5분 정도 마주 앉아 이야기하는 편이 훨씬 더 효율적이고 효과적이다. 사실 사람들은 이메일을 쓸 때 공들여 쓰기보다는 급하게 서둘러 작성할 때가 많아서 대면 소통보다 더 혼란이 야기될 때가 많고, 결국 더 많은 시간을 소비하게 된다.

프랑스를 대표하는 IT기업 아토스Atos의 최고경영자인 티에리 브레통Thierry Breton은 디지털 메시지의 폭주를 공해에 비유했다. 브레통은 이메일 공해를 제거하는 대대적인 청소가 필요하다고 주장하며 이렇게 말했다. "우리는 엄청난 양의 데이터를 생산하는데, 이들 데이터가 우리 업무환경을 빠르게 오염시킬뿐더러 사생활 영역까지 침범하는 지경에 이르렀다. 산업혁명 후 여러 조직이 환경오염을 줄이고자 다양한 대책을 실행에 옮겼던 것처럼 우리도 이메일 공해 문제를 바로잡고자 행동에 나설 것이다." 브레통의 요청에 따라 아토스는 일련의 프로젝트를 실행해 사내 의사소통을 능률적으로 개선해나갔다. 2010년 브레통은 3년 내에 사내 이메일 발송 건수를 0건으로 줄인다는 목표를 세웠다. 거창한 목표가 대개 그렇듯 이 목표를 달성하는 데는 실패했지만 전혀 소득이 없었던 것은 아니다.[54] 전체 이메일 사용량이 60퍼센트나 줄었다.

그 3년 사이 아토스의 영업이익률은 6.5퍼센트에서 7.5퍼센트로 증가했고, 주당 순이익은 50퍼센트 이상 증가했으며, 관리 비용은 13퍼센트에서 10퍼센트로 감소했다. 이메일 사용량 감소가 모든 성

과지표를 향상시킨 원인이라고 할 수는 없지만, 상관관계가 매우 높은 것은 분명하다.[55]

과도한 이메일 사용이 인간의 인지능력을 떨어뜨린다는 연구 결과가 속속 발표되고 있다. 이메일 사용량 감소는 스트레스 감소와 상관성이 클 뿐만 아니라 업무 만족도 및 생산성 향상과 밀접한 관련이 있다. 사내 이메일 사용과 관련된 정신적 부담을 인정하고, 하루 중 특정 시간에만 이메일을 사용하도록 방침을 정한 조직도 있다.

| 회의에 쓰는 시간을 줄인다 |

회의 역시 이메일 못지않게 시간을 많이 잡아먹는 원흉이다. 회의는 대면 소통으로 이뤄지는데도 동료 간 유대감이나 생산성 증가에 효과적이라는 사실이 입증된 연구가 없다. 오히려 사람들을 불행하고 지치게 하는 요소로 보인다. 스티븐 로겔버그Steven Rogelberg는 저서 《회의의 놀라운 과학The Surprising Science of Meetings》에서 일반 직원들은 일주일에 평균 8회 회의에 참석하는 반면, 관리자들은 12회 참석하며, 회의는 대개는 1시간 정도 이뤄진다고 밝혔다. 직급이 올라갈수록 문제는 더욱 심각해져 최고경영자는 근무시간 중 약 60퍼센트를 회의에 할애한다!

대다수 사람은 회의, 특히 꼭 필요해서 열리는 회의가 아니라 습관적으로 열리는 정기회의를 싫어한다. 2014년에 여론조사기관인 해리스폴Harris Poll이 실시한 설문조사에서 응답자의 50퍼센트가 정기회의(정보 업데이트 기반)에 참석하느니 "전혀 즐겁지 않은 업무"를 하는 편이 더 낫다고 응답했다. 한 통신회사 경영자는 이전 같으면 회의를 열어서 전달했을 메시지를 5분짜리 녹화 영상에 담아 전달하는 방식으로 회의 횟수를 절반으로 줄였다.

회의에 참가할 인원을 최소한으로 줄이도록 노력해야 한다. 그저 가만히 듣는 것밖에 할 일이 없는 사람은 회의에 참석시킬 필요가 없다. 회의에서 다룰 내용과 관련 있는 사람만 참석해야 한다. 로겔버그에 따르면, 직원들은 회의에서 배제되는 상황을 염려하기도 한다. 그렇다고 해서 관련 없는 사람을 회의에 참석시킬 필요는 없고 (소외감을 느끼지 않도록) 회의가 끝난 직후 내용을 공유하는 것이 좋다고 로겔버그는 제시한다.[56]

몇몇 연구 결과를 보면, 회의시간을 줄여도 의사결정이 잘 이뤄지며 오히려 업무 만족도는 증가한다. 따라서 반드시 필요한 회의인지 신중하게 생각하고, 꼭 필요한 회의라도 길게 할 필요가 있는지 고민해야 한다. 통상적인 60분 회의를 고집하기보다 명확한 의제와 목표를 정하고 20분, 30분 또는 40분 안에 회의를 끝내는 것이 좋다. 또는 '작전회의'처럼 10분에서 15분 정도 짧게 하고, 그 대신 더 자주 모이는 것도 좋다.[57] 직원들의 시간을 가치 있게 여겨야 한다. 회의를 열면 회의에 참석하는 시간뿐 아니라 회의가 시작되기 이전부터 직원들의 시간을 빼앗게 된다. 연구 결과, 사람들은 회의가 시작되기 1시간 전부터 업무 처리량이 22퍼센트 감소하는 것으로 나타났다. 사람들은 똑같은 자유 시간이라도 바로 뒤에 어떤 작업이나 약속 일정이 있을 때 그 시간을 더 짧게 느낀다. 정해진 작업이나 약속 시간이 가까워질수록 사람들은 남은 시간을 생산적으로 활용하지 못한다.[58]

회의가 효과적으로 이루어지고 있는지도 주기적으로 평가해야 한다. 회의를 이끄는 리더는 구성원들이 생각하는 것보다 회의가 효과적이라고 과대평가하는 경향이 있다. 회의를 개선할 방법을 물어 사람들의 의견을 경청하고 방법을 변경하는 것이 좋다. 인텔Intel의 최고경영자였던 앤디 그로브Andy Grove처럼 어떻게 좋은 회의를 진행할지 직원들을 교육하는 것도 좋다. 한 연구에 따르면, 조사 대상자의 75퍼센트가 어떻게 회의를 진행해야 하는지 또는 어떻게 회의에 참여해야 하는지 교육을 받은 적이 없는 것으로 나타났다.[59]

조직문화를 개선하려면 어떻게 해야 할까? 구성원들이 공동체 의식을 더 깊고 단단하게 다질 기회를 제공하면 직원들이 혜택을 보고, 이는 조직과 주주의 이익으로 이어진다. 모틀리풀과 메리어트인터내셔널 사례에서 보듯이, 직원을 배려하고 동료애가 넘치는 조직문화를 만들면 조직 성과도 오른다. 직원들의 건강한 삶을 돌보고 우선시하는 문화를 구축하는 데 반드시 엄청난 자원이 필요한 건 아니다. 구성원을 아끼는 진심이 드러나는 사소한 행동도 효과가 크다. 그리고 이 긍정적인 효과는 전염성이 있어서 공동체 전체에 영향을 미친다.

# 제2부 '나'부터 시작하기

모든 사람이 세상을 바꿀 생각을 하지만, 정작 자기 자신을 바꿀 생각을 하는 사람은 없다.

**레프 톨스토이**(Lev Tolstoy)

누구나 긍정적이고 희망에 차 있는 사람으로 가득한 공동체의 일원이 되고 싶어 한다. 그런 공동체에서는 서로 배려하며 돕고, 동료가 품은 야망을 비판하지 않고 그 꿈을 달성하도록 응원하고 격려한다. 하지만 이 욕구를 충족하는 이는 많지 않다. 그런 공동체를 찾아보기 힘들기 때문이다.

그러면 어떻게 해야 할까? 우리가 원하는 변화를 직접 주도해나가면 된다. 제2부에서는 구성원들이 번영할 수 있는 환경을 조성하려면 무엇이 필요한지 살필 것이다. 인간의 잠재력을 최고도 끌어올리는 방법을 네 가지, 즉 신체 건강, 정신 건강, 휴식과 회복, 긍정적 사고방식 측면에서 살피고자 한다. 토니 슈워츠와 나는 조직의 리더들이 자신의 잠재력을 끌어내는 데 솔선하고 직원들이 번영하도록 격려할 때 승수효과가 일어난다는 사실을 발견했다. 개인이 잠재력을 최대한 발휘하는 것이 조직과 공동체를 발전시키는 길이다. 제2부에서 이 승수효과를 일으키는 요인을 확인하고, 공동체에 기하급수적인 효과가 나타나는 과정을 살펴보겠다.

승수효과를 일으킨 사람 중에 니나 바카Nina Vaca가 있다. 바카는 5남매 중 셋째로 에콰도르 키토에서 태어났고, 부모님이 여행사를 운영할 때 로스앤젤레스에서 자랐다. 열다섯 살에 가족 회사에서 일하기 시작해 열일곱 살에 아버지가 돌아가신 후 회사 운영을 책임지게 됐다. 이후 대학에 진학했고, 가족 중 최초로 대학을 졸업하고 뉴욕으로 이주하여 기술 분야에서 경력을 쌓았다.

바카는 1996년 스물다섯 살에 댈러스의 작은 아파트 거실에서 피나클그룹Pinnacle Group을 설립했다.[1] 피나클은 여성 한 명뿐인 IT 인재 채용 회사로 시작해, 글로벌 인력 솔루션 강자로 성장했다. 통신, 금융 서비스, 운송, 기술 등 다양한 기업에 인재 채용 서비스와 급여 관리 서비스, 기타 IT 자원을 제공하고 있다. 피나클은 《잉크》가 선정한 '가장 빠르게 성장하는 500대 기업' 또는 '5000대 기업' 목록에 13회나 이름을 올렸다.

바카는 중남미계 여성들의 사회적 지위를 높이는 일에 앞장설 뿐만 아니라 자선활동가로서 지역사회 사업도 활발하게 주도한다. 피나클의 모토는 '공동체가 곧 우리 사업'이다. 바카가 이 같은 목표를 추구하는 건 "성공을 좇는 사람이 되지 말고 가치를 좇는 사람이 되라"는 모친의 가르침 덕분이다. 피나클은 다양한 단체에 기부하며 불우한 이웃을 돕는다. 장애인 퇴역군인, 노숙인, 암과 싸우는 아이들과 그 가족, 보호소에서 지내는 가정 폭력 피해 여성과 어린이는 물론, 저소득층 학생과 학부모 및 교사의 삶을 개선하는 일에 헌신한다. 특히 STEM(과학, 기술, 공학, 수학) 분야에서 성인 여성과 여학생의 진출 기회를 늘리고, 비즈니스 분야에서 여성과 히스패닉계의 진출 기회를 확대하는 데 주력한다.

바카는 네 아이를 키우는 엄마로서 어떻게 이 모든 일을 해낼 수 있을까? 나는 텍사스에서 열린 '여성 컨퍼런스Conference for Women'에 참석하기 전에 바카와 저녁 식사를 하면서 바카가 품은 에너지를 직접 느낄 수 있었다. 내가 알기로 바카가 지닌 열정의 핵심은 자신을 '기업형 선수Corporate Athlete'로 여기고 돌보는 데 있었다. 바카는 《하버드 비즈니스리뷰》에서 짐 로허Jim Loehr와 토니 슈워츠가 쓴 논문 〈기업형 선수 만들기The Making of a Corporate Athlete〉를 읽은 후 이 개념을 매우 중요하게 여겼다. 두 저자는 논문에서 신체, 정신, 정서, 영성의 차원에서 운동선수처럼 철저하게 자신을 관리해야 리더에게 요구되는 회복탄력성과 에너지를 기를 수 있다고 설명한다. 바카는 이 논문에 담긴 메시지를 이해했다. "기업에서 제대로 일하려면 반드시 에너지 수준을 높이고, 신체를 건강하게 유지하고, 정신 상태를 안정되게 해야 한다. 그래서 이 같은 관리가 중요하며, 나도 프로 선수들처럼 나 자신을 관리하는 일을 강조하는 것이다."[2]

현재 바카는 건강한 생활방식을 구축하는 데 집중하지만, 예전에는 강도 높은 업무와 스트레스를 견뎠고 일에 치여 사무실 소파에서 잠을 청한 적도 많았다. 지금은 규칙적인 운동, 마음챙김 식사법(저당 식단, 규칙적인 식사, 소식, 가공식품 섭취 금지), 충분한 수면을 다른 무엇보다 중요하게 여긴다. 운동(과 지역사회에 기부하는 일)에도 열심이어서 여러 철인 3종 경기에 참가했다. 에콰도르 대지진 이후 주택 재건 기금 마련을 위해 열린 3종 경기, 하프 철인 대회를 비롯해 다발성경화증 환자를 후원하는 274킬로미터 자전거 대회에도 참가했다. 바카는 고객들과 함께 또는 비즈니스 파트너가 될 가능성이 있는 사람들과 함께 여러 스포츠 행사에 참가했다. 바카는 "누군가와 함께 진흙탕을 헤치고, 벽을 넘고, 언덕을 오르고 나면 끈끈한 유대감을 형성하게 된다"고 장담했다.[3]

바카의 건강관리법에서 수면은 가장 중요한 요소다. 바카는 "수면을 중요하게 챙기기 시작하면서 개인으로서는 물론 사업가로서도 더 나은 사람이 됐다"고 말한다.[4] 정신, 정서, 영혼의 건강과 행복에 초점을 맞추면서 사업 성공이라는 당장의 목표를 넘어 장기적 관점에서 가치를 창출할 힘을 얻었다. 운동선수가 돈이나 명성보다 팀이나 가족처럼 더 중요한 가치를 위해 경기할 때 흔히 더 나은 성과를 올리는 것과 마찬가지다. 바카는 "우리가 더 중요한 가치를 추구할 때 번아웃 위험성이 감소하고 더 많은 활력을 얻는다. 이는 더 나은 성과로 이어진다"고 말한다.

바카가 자신의 건강한 삶을 유지하는 일에 열정을 다하는 데는 직원들에게 솔선하는 모습을 보여주고 싶은 이유도 있다. 최고경영자가 건강한 신체와 삶을 우선시하는 모습을 보이면 피나클 직원들도 자극을 받아 건강한 신체와 삶을 가장 중요하게 챙기게 될 거라고 믿기 때문이다. 바카는 체력 단련과 건강한 생활방식의 중요성을 강조하고 그 본보기가 됐을 뿐만 아니라, 이것을 피나클 조직문화의 중심축으로 삼았다. 회사에서 직원들에게 제공하는 간식을 건강식으로 바꿨고, 직원들이 함께 즐길 수 있는 건강한 취미나 운동 프로그램을 마련하고, 다양한 도전 과제를 제시해 체력 증진을 도모했다.

건강한 삶을 유지하는 일이 순탄치만은 않았다. 바카는 2014년 심각한 충수염으로 치료를 받고 예기치 못한 후유증으로 병원에 몇 달간 입원했다. 바카는 '언제나 활동적이고 건강한 생활방식을 유지하는 데 힘써왔기에 매우 충격적인 사건이었다"고 말했다. 그래도 이전부터 적용했던 원칙을 고수했고, 그 덕분에 건강을 빠르게 회복했다. 바카는 가능한 한 빨리 재활운동을 시작했다. 처음에는 집 앞에 있는 우체통까지만 천천히 다녀왔고, 그다음에는 골목 끝까지 갔다. 그다음에는 우리 집 구역을 한 바퀴 돌았고, 이어 두 바퀴 도는 식으로 매일 재활하고 한 단계씩 강도를 높여 결국 건강과 기운을 회복했다. 바카는 체력이 완전히 돌아왔다고 느낄 때까지 꼬박 1년 동안 재활에 전념했다. 그리고 인간의 회복력을 몸소 보여주고자 이 과정을 직원들과 공유했다. 바카는 이렇게 말했다. "내가 건강을 회복하고 예전의 생활방식을 되찾은 과정을 공유한 이유는 우리가 생각보다 훨씬 강한 존재라는 사실을 스스로에게 또 직원들에게도 증명하고 싶어서였다. 또 우리가 노력하면 애초 가능하다고 여겼던 것보다 더 많은 일을 해낼 수 있다는 걸 보여주고 싶었다."

**주장의 역할**

바카처럼 조직을 이끄는 수장만이 구성원들에게 영향을 미치는 것은 아니다. 우리 모두는 자신이 속한 팀에 영향을 미칠 수 있다. 이는 샘 워커Sam Walker가 세계 최고의 스포츠팀들을 연구하면서 발견한 사실이다. 워커는 저서 《캡틴 클래스》에서 역사상 최고의 스포츠팀 16개를 선정해 살펴보고 깜짝 놀랄 만한 사실을 발견했다. 좋은 의미에서든 나쁜 의미에서든 특정 선수의 합류와 이탈에 따라 성적이 달라진 팀이 한두 팀이 아니었다. 모든 팀이 그랬다. 워커는 이렇게 말했다. "이상하리만치 규칙성 있는 패턴이 나타났는데 특정 유형의 선수가 주장이거나 결국 주장이 됐다." 주장의 리더십은 선수들에게 지시를 내리는 방식이 아니라 선수들에게 영감을 주고 의욕을 북돋우며 유대감을 쌓는 방식에서 비롯된다. 주장에게는 실질적 권력이 없기 때문이다. 주장이 지닌 권위라는 것은 동료 선수들에게 존경을 얻을 때 비로소 생긴다.

여러 조직과 협업하면서 나 역시 다음과 같은 사실을 깨달았다. 조직에서 가장 높은 자리에 올라야 사람들에게 영향을 미칠 수 있는 게 아니다. 중간 관리자나 평사원도 팀원들에게 얼마든지 영향을 미칠 수 있다. 이 사실을 잘 보여주는 사람이 바로 카를라 피네로 서블렛Carla Piñeyro Sublett이다. 나는 바카를 만났던 텍사스 여성 컨퍼런스에서 서블렛을 만났다. 우루과이 출신인 서블렛은 라틴아메리칸 특유의 다정함과 활력을 자신이 일하는 조직에 불어넣었다.

서블렛은 기술 업계에서 20년 넘는 세월 동안 글로벌 영업팀, 운영팀, 마케팅팀을 이끌며 경험을 쌓은 끝에 IBM의 수석부사장 겸 최고마케팅책임자가 됐다. 하지만 그러한 중책을 맡기 전부터 서블렛은 직책에 상관없이 한 개인이 조직문화에 큰 영향을 미칠 수 있다는 사실을 깨달았다. 서블렛이 델Dell 영업부에서 콜센터를 감독할 때였다. 그는 콜센터 직원들이 건강하지 않다는 사실을 금세 알아차렸다. 델의 건강관리팀이 직원들을 대상으로 실시한 건강검진 결과에서 콜센터 직원들은 실제 나이보다 신체 나이가 10년 이상 늙게 나왔다. 게다가 직원들이 콜센터에서 근무를 시작하고 한 달 사이에 체중이 평균 6.8킬로그램 증가한다는 사실도 알게 됐다! 첫 달에 서블렛 자신도 4.5킬로그램 이상 불었고, 엉덩이를 붙이고 앉아서 일해야만 하는 문화 때문에 다른 신입사원들도 똑같은 어려움을 겪고 있었다. 서블렛이 보기에 이는 비인간적이었다.

간식 서비스 업체가 컵케이크며 칩과 칠리콘케소를 비롯해 살찌기 쉽고 영양가는 없는 간식을 콜센터에 공급한 이후 문제가 더욱 악화됐다. 또 다른 업체가 케이크볼을 제공하자 서블렛은 인내심이 한계에 도달했다. 서블렛은 "케이크볼은 안 돼요!"라고 소리쳤다. 서블렛은 사비로 주스, 스무디, 현지에서 생산하는 과일과 채소로 구성된 간식을 사왔다. 파격적인 새 정책도 발표했다. 운동하고 싶은 사람은 누구나 점심시간 외에 1시간 더 휴식을 가지게 한 것이다. 하루에 세 번 체력 단련 세션을 진행할 트레이너도 채용했다. 서블렛은 이 프로그램을 '내 돈으로 내 시간에on my dime and my time'라고 불렀다. 서블렛 본인도 이 프로그램에 참여했는데 처음에는 겨우 1.6킬로미터만 뛰어도 주차장 공기를 모조리 들이마실 기세로 숨을 헐떡였다고 회상했다.

서블렛이 콜센터 직원들을 대상으로 건강 관련 프로그램을 도입했을 때, 외부 시선은 그리 곱지 않았다. 일부 임원은 서블렛이 '번영Thrive'이라고 명명한 프로그램의 일환으로 직원들에게 운동할 시간을 준다는 생각 자체가 '선을 넘었다'고 평했다. 그 시절만 해도 그런 프로그램을 도입한 부서가 없었기 때문이다. 하지만 서블렛은 해당 프로그램이 효과를 내고 있음을 확인했다. 직원들이 운동하느라 책상에 앉아 있는 시간이 줄었는데도 콜센터 생산성은 25퍼센트나 증가했다. 직원 2명은 45킬로그램 이상 감량했고, 75명 이상이 6.8킬로그램 이상을 감량했다. 운동과 담 쌓고 살던 이들이 장거리 달리기를 시작했다. 나이가 지긋한 직원은 1600미터를 6분대에 돌파하고는 마라톤에 도전해 자신의 열정을 발견했다. 서블렛은 그 직원의 모친을 만나게 되었는데, 80세 노모가 아들의 건강을 챙겨주어 고맙다는 인사를 전했다고 한다. 번영 프로그램은 큰 인기를 끌었고, 그 소문은 빠르게 퍼져 다른 부서 직원들도 프로그램 참가 여부를 문의하기 시작했다.

서블렛은 번영 프로그램을 실행하면서 뜻하지 않게 얻은 효과를 하나 이렇게 소개했다. "이 프로그램이 위계구조를 무너뜨렸다. 리더와 직원 사이에 소통이 활발해졌다. 권력과 지위의 장벽이 사라진 것이다." 사람들은 직급에 상관없이 나란히 뛰고, 서로에게 배우는 과정에서 친구가 됐다. 회사도 이득이었다. 영업부 생산성이 향상됐고, 수익성이 48퍼센트나 증가했기 때문이다. 서블렛은 2015년에 델을 떠났지만, 그가 만든 번영 프로그램은 지금도 운영되고 있다.

∴

이어지는 제7장에서는 서블렛처럼 승수효과를 일으킨 몇몇 사례를 소개한다. 소개할 조직의 리더와 스포츠팀 주장들은 자기 관리 철학에 따라 자신의 건강과 행복을 지켰을 뿐 아니라 동료들의 건강과 행복에도 긍정적인 영향을 미쳤다. 아울러 살아남는 것을 넘어 모든 구성원이 함께 번영하는 데 성공한 조직과 공동체 사례도 소개한다.

# 자기인식

더 잘 알 때까지 최선을 다해야 한다. 더 잘 알면 더 잘하게 된다.

마야 안젤루(Maya Angelou)

이전 장에서 소개한 아만 부타니는 매우 유능한 리더임이 분명하다. 하지만 익스피디아에서 일하던 어느 날 그는 자신에게 업무 효율을 떨어뜨리는 습관이 있음을 깨달았다. 부타니는 누군가에게 요청을 받으면 비교적 평범한 사안도 매우 시급하게 다루었다. 특히 최고경영자처럼 중요한 사람에게서 요청을 받을 때면 더욱 그랬다. 부타니는 요청을 받으면 당일 아니면 적어도 이튿날까지 답변을 해야 직성이 풀렸다. 사안에 따라 다르지만 어떤 때는 무려 150명에게 이메일을 보내 관련 정보를 요청하기도 했다. 그런데 모두에게서 답장을 받으려면 며칠씩 걸리다 보니, 부타니는 답장을 받기도 전에 스스로 정보를 찾아 요청 사안을 해결할 때가 많았다. 그래서 부타니에게 답변을 제공하느라 많은 C가 들인 시간과 노력은 결국 헛수고가 되고 말았다.

부타니는 여러 사람에게 연락하며 부산하게 일을 처리하는 방식이 비생산적이고, 차분하게 대응할 때 본인이 훨씬 생산적으로 일한다는 사실을 깨달았다. 부타니의 모친은 40년간 과학과 영성에 관심이 많은 열성적인 독자였다. 그 덕분에 부타니는 마음챙김과 명상의 이점을 일찌감치 배웠다. 부타니는 이렇게 말했다. "흥분이나 부정적 감정이 일어나면 이 감정적 반응을 바꿔야 한다. 창의적으로 생각하려면 마음을 고요하게 가라앉혀야 한다." 부타니는 자신이 흥분해서 정신없이 반응하고 있지는 않은지 알아차리고 그 상태를 벗어나도록 노력하겠다고 굳게 결심했다. 차분하고 사려 깊게 반응하는 것이 에너지를 낭비하지 않는 길이었다. 그의 행동이 조직 구성원들에게 연쇄적으로 영향을 미치기 때문에, 그가 습관을 고친다면 본인뿐 아니라 직원들에게도 유익할 터였다. 어떻게 해야 차분하게 반응하는 습관을 제대로 기를 수 있을까, 이것이 부타니가 풀어야 할 숙제였다. 우선 일터에서 불필요하게 감정 에너지를 소모하는 순간마다 자기를 알아차려야 했다. 그래야 무슨 조치든 취할 수 있으니 말이다.

부타니는 데이터를 근거로 움직이는 사람이므로 문제 행동을 보일 때마다 그 상황을 엑셀 파일에 기록해 자신의 문제를 추적했다. 부타니는 "엑셀 파일에 문제의 순간들을 기록해보니 일주일에 4~5회 정도 긍정적이든 부정적이든 지나치게 흥분할 때가 있다는 사실을 알았다"고 말했다. 5~6개월 관찰해서 격정적인 반응을 추스르고 차분한 상태가 되기까지 24~48시간이 걸린다는 것도 확인했다. 부타니는 이렇게 분석한 데이터를 눈앞에 놓고 습관을 바꿔나갔다. 답을 찾으려고 팀원들 수십 명에게 서둘러 이메일을 보내기보다 속도를 늦추고 차분하게 대응하면 스스로 해답을 찾을 수 있음을 깨달았다. 혼자 해답을 찾지 못할 때는 누가 도움을 줄 수 있을지 신중하게 생각해 한두 명에게만 이메일로 도움을 요청했다. 부타니는 문제가 되는 반응을 기록하기 시작한 이후로 정신없이 이메일에 쏟는 시간과 에너지를 제한하려고 주의를 기울였고, 불필요하게 에너지를 소모하는 일에 팀원들을 끌어들이지 않도록 신경 썼다.

부타니는 문제를 개선하려면 아직 갈 길이 멀지만 본인을 비롯해 여러 직원이 평가하기에 그 노력이 보상을 받고 있는 듯하다고 말한다. 이번 장에서는 자기인식을 성취하는 방법을 살필 생각이다. 부타니가 보여준 방법은 여러 사례 중 하나다. 부타니가 사용한 방식을 가리켜 나는 '데이터로 문제 추적하기'라고 부른다. 부타니의 표현을 빌리자면 이는 '자기인식에 체계적으로 도달하는 방법'이다. 먼저, 부타니는 엑셀 파일에 입력한 데이터를 살펴 문제를 '이해하기 쉽게' 만들었다. 숨겨진 규칙성을 찾아 자신의 문제를 알아차렸다. 그런 뒤에는 어떤 변화가 생겼는지 기록했다. 이 과정을 반복하면서 행동을 수정해나갔다. 이 과정에서 자기인식도 깊어졌다. 이 모든 과정은 과학적 방법론을 신뢰하는 부타니의 소신과 일치한다. 부타니는 쉽지 않은 작업이지만 그만큼 노력할 가치가 있다고 말한다.

자기인식을 높이려면 엑셀 파일을 이용해야 한다는 말이 아니다. 자기인식을 정의하는 방법만큼이나 자기인식을 높이는 방법도 다양할 것이다. 자기인식을 어떻게 정의하고 어떻게 높이든지 간에, 21세기에 성공하려면 반드시 갖춰야 할 자질 중 하나가 자기인식 능력이다. 메드트로닉Medtronic의 최고경영자였던 빌 조지Bill George가 생각하는 리더십 또한 자기인식에서 출발한다. 자기인식 능력이 있는 사람은 거짓 없이 일관되게 자신을 평가하고 관리하기 때문에 다른 사람들과 공동체를 이끄는 데 능숙하다.[1] 자기인식 능력이 있으면 자신이 잘하고 있는지 못하고 있는지 객관적으로 파악할 수 있다. 이는 특히 리더들에게는 중요한 자질이다. 자기인식 능력이 없는 리더는 성과를 내지 못할 때 불편한 심기를 드러내며 직원들에게 부정적인 영향을 미칠 가능성이 크다.

자기인식 능력이 중요하다는 사실은 대부분 공감하지만, 자기인식이 무엇이냐는 질문에는 의견이 일치하지 않을 때가 많다. 자기인식에 대한 정의는 사람마다 다르다. 자기인식은 어떤 이들에게는 깊은 내면의 탐구를 거쳐 도달한 정점을, 또 어떤 이들에게는 뚜렷한 목적의식과 거기에 이르는 방향 감각을 의미한다. 또 어떤 이들에게는 자신이 가족과 친구, 동료, 공동체와 어떻게 상호작용하고 있는지 또 어떤 영향을 미치는지 의식하는 감각이다. 또 많은 이가 자기 분야에서 탁월해지기 위해 자신이 어떤 사람인지 아는 것, 즉 자신의 장단점을 객관적으로 파악하는 것을 자기인식으로 여긴다. 이번 장에서 소개할 사람들의 이야기는 각자 다르지만 이들의 자기인식 능력에는 공통점이 많다. 우리는 이들을 보며 자기인식이 무엇인지 알 수 있을 것이다. 이들이 어떻게 자기인식을 얻었는지, 또 자기인식이 높은 사람은 본인과 자신이 속한 공동체에 어떤 영향을 미치는지 알아보자.

## 자기인식의 유니콘

자기를 제대로 인식하고 있는지 어떻게 알 수 있을까? 이렇게 자문해보자. 내가 어떤 사람인지 아는가?(내적 자기인식) 타인이 나를 어떻게 생각하는지 아는가?(외적 자기인식) 타샤 유리크Tasha Eurich가 전 세계 수천 명에게서 수집한 데이터를 보면, 무려 95퍼센트가 자기인식 능력이 있다고 믿었다. 하지만 실제로 자기인식 능력을 지닌 사람은 몇 퍼센트였을까? 유리크는 10~15퍼센트라고 평가했다.

자기가 어떤 사람인지 알고 남들이 자기를 어떻게 생각하는지 아는 능력을 가진 사람은 10~15퍼센트 정도다. 그런데 사람들은 대체로 자신이 이 소수에 속한다고 생각하며 자기인식 능력을 대수롭지 않게 여긴다. 《자기통찰》의 저자인 유리크는 당사자가 평가한 내적 자기인식과 주변 사람들이 평가한 외적 자기인식을 비교한 후, 사람들의 80~85퍼센트가 자기를 제대로 인식하지 못한다는 결론을 내렸다. 이 사실을 듣고 아마 당신도 그동안 자신을 잘 안다고 착각한 것은 아닌지, 가까운 지인도 과연 당신의 생각에 동의할지 의문이 들지도 모른다. 유리크와 연구진은 70개 항목으로 심층 설문지를 만들고 사람들이 자기 자신을 얼마나 제대로 인식하는지 스스로 평가하도록 했다. 대표적인 문항은 다음과 같다. '나는 내게 가장 중요한 가치가 무엇인지 명확히 규정할 수 있다', '나는 인생에서 무엇을 원하는지 알고 있다'(내적 자기인식), '나는 내가 주변 사람에게 어떤 영향을 미치는지 알고 있다'(외적 자기인식). 설문 응답자는 사실에 부합하는 정도에 따라 강한 긍정에서 강한 부정까지 단계별 보기 중 하나를 선택했다. 응답자를 잘 아는 지인에게도 비슷한 질문지를 제공해 응답자를 평가하도록 했다. 그런 다음 연구진은 응답자의 자기인식 정도와 지인의 평가가 얼마나 일치하는지 또는 불일치하는지 비교해 응답자의 자기인식 수준을 평가했다. 유리크는 자기인식이 높은 사람들이 어떻게 해서 그 같은 인식에 도달했는지 알아내고 싶었다. 그래서 조사 결과 자기인식이 정확한 것으로 드러난 사람들을 인터뷰했다. 그리고 이들 대부분이 자기인식 능력을 타고난 것으로 보인다고 결론 내렸다. 자기를 인식하는 것은 이들에게 너무나 자연스러운 일이었다. 이들은 어떤 과정을 거쳐 자기인식 능력을 개발했는지 설명하지 못했다. 유리크는 자기인식 능력을 타고나지 않은 사람이 그 능력을 어떻게 개발할 수 있는지를 이해하고 싶었기에, 이런 결과에 다소 실망했다.

실망한 연구진은 자기인식 능력을 타고나지 않은 사람, 그러니까 처음에는 자기인식 수준이 낮거나 평범한 수준이었으나 점차 자신을 정확히 인식하는 법을 배운 사람을 찾아 나섰다. 철저한 조사 끝에 50명을 찾았고 그 수가 너무 적어서 일명 '자기인식의 유니콘(이하 유니콘)'이라 불렀다. 유리크의 연구진과 수많은 연구가 입증한 사실에 따르면, 유니콘이 매우 드물긴 하지만, 자기인식 능력 자체는 누구나 배우고 기를 수 있는 기술이다.[2] 애초에 능력을 타고난 사람만이 자기인식에 도달하는 것은 아니다. 하지만 자기인식 능력을 기르려면 강력한 동기와 적극적이고 지속적인 노력이 필요하다.

그렇다면 이 유니콘들은 어떻게 해서 자기인식의 대명사가 됐을까?

**| 더디지만 꾸준하게 자기인식 능력을 갈고 닦았다 |**

유리크와 연구진은 이들 50명에게서 두 가지 인상적인 사실을 발견했다. 첫째, 이들은 점진적으로 정확한 자기인식에 도달했다. 유리크가 내게 설명한 바에 따르면, 사람들은 대부분 자기인식에 이르는 과정을 신비한 체험으로 여긴다. 그러니까 어느 날 문득 자신이 이 세상에 태어난 이유를 깨우치는 특별한 사건으로 생각한다. 하지만 이 유니콘 대부분은 신의 계시를 받은 것처럼 갑자기 자기인식에 도달한 것이 아니다. 이들은 매일 조금씩 자기를 바꾸는 일에 힘썼고 그 결과 자신을 깊이 인식하게 됐다. 여기에 신비한 체험은 전혀 없다. 유리크가 언급했듯이 자기인식을 높이는 과정은 규칙적으로 헬스장에서 몸을 단련하는 과정과 같다. 자기인식을 높이는 데 필요한 근육을 차근차근 확실하게 기르고, 이들 근육이 약해지지 않도록 꾸준히 사용해야 한다.

**자기인식을 높이는 길은 노력뿐이다**

이들은 유니콘이 되기까지 대다수 사람들보다 훨씬 더 열심히 노력했다. 자기인식에 도달하는 지름길은 없다. 유리크는 이렇게 말했다. "유니콘들은 자기를 정확히 파악해야겠다고 결심하고 규칙적으로 자신을 탐구하는 습관을 길렀다. 그들은 자신을 깊이 알아가는 일에 호기심이 있다. 무한한 우주를 탐구할 때처럼 자신을 알수록 모르는 것이 더 많다고 느낀다."

유니콘을 보면서 우리가 배울 점이 또 하나 있다. 이들은 자기를 정확히 인식할 뿐 아니라 그 모습을 있는 그대로 받아들인다. 유리크는 이 점을 이렇게 강조했다. "자기 모습을 부정하지 않고 있는 그대로 받아들이면 배움을 계속하며 자기 행동을 교정할 수 있다. 이들은 실수했다고 해서 자신을 못난 사람으로 비하하지 않는다. 이번에 중요한 사실을 배웠으니 앞으로 개선해나가면 된다고 생각한다."

**따끔한 충고와 조언을 바란다**

유니콘도 자기인식이 부족한 사람들과 마찬가지로 적극적으로 자신에 관한 피드백을 요청했다. 하지만 자기인식이 부족한 사람들과 달리 피드백을 요청할 대상을 신중하게 골랐다. 이들은 평균 셋에서 다섯 사람들에게 피드백을 구하는 경향이 있었다. 이들은 첫째, 모든 피드백이 유익한 것은 아니라는 사실을 알았다. 둘째, 모든 피드백이 좋은 의도로 제공되는 건 아니라는 사실을 알았다. 이런 이유로 첫째, 진심으로 자신이 잘되기를 바라는 사람들에게서 피드백을 받았다. 둘째, 매우 솔직하게 피드백을 제공할 사람들에게서 피드백을 받았다. 유니콘에게 이렇게 피드백을 제공하는 사람을 가리켜 유리크와 연구진은 '사랑의 비평가'라고 불렀다.[3]

모르는 사람이 다가와서 요청하지도 않은 피드백을 제공하려고 할 때, 이를테면, 회의가 끝나고 누군가가 다가와서 "당신에게 조언을 잠깐 해도 될까요?"라고 말할 때, 유니콘은 이렇게 불쑥 건네지는 피드백이 유익하지 않을 수 있음을 안다. 특히 여태껏 들어본 적 없는 조언이거나 자신이 아는 사실에 부합하지 않는 조언일수록 쓸모없는 조언일 가능성이 크다. 그래서 유니콘은 다른 의견이 듣고 싶을 때 자신을 아끼는 사람들에게 비평을 요청한다. 예를 들면 이렇다. "어떤 사람이 내게 회의 중 사람 말을 끊고 자기주장만 한다고 말했다. 당신은 내가 조언이 필요할 때면 항상 진실을 이야기했고, 앞으로도 그럴 거라고 믿는다. 그래서 하는 말인데, 내가 그렇게 행동하는 것을 본 적이 있나?"

### 정서적 민첩성이 높다

내가 연구진과 함께 발견한 또 다른 사실은 유니콘은 정서적 민첩성이 높다는 것이다. 수전 데이비드Susan David는 저서 《감정이라는 무기》에서 이 정서적 민첩성을 감정에서 자신을 '분리하는' 능력이라고 설명했다. 요컨대 유니콘들은 강도 높은 스트레스를 참고 좌절감을 견딜 줄 안다. 그 과정에서 일에 몰입하고, 자신의 모습을 있는 그대로 수용하고, 다른 사람들의 비판을 경청하는 열린 자세를 취한다. 데이비드는 《감정이라는 무기》에 이렇게 썼다. "이들은 인생이 뜻대로 되지 않는다는 사실을 알면서도 자신이 소중히 여기는 가치를 지키려고 노력하고 장기적 관점에서 원대한 목표를 실현하고자 힘쓴다."[4] 이들도 목표를 이루지 못했을 때나 혹독한 비평을 들었을 때 보통 사람들처럼 분노하고 슬퍼하고 실망하고 좌절한다. 하지만 데이비드가 내게 설명한 바에 따르면 차이점이 있다. 유니콘들은 어려움에 직면할 때 부정적 감정에 휩쓸리거나 자신의 꿈을 쉽게 포기하지 않는다. 이들은 자기 비하에 빠지는 대신 자기를 연민하고, 호기심을 잃지 않고 문제를 들여다보며 어떤 비판이든 수용한다.

데이비드는 정서적 민첩성은 자기를 탐구하고 인식하는 여정에서 매우 중요하다고 강조한다. 그는 이렇게 썼다. "무섭고 괴롭고 혼란스러운 감정을 느낄 때, 그 감정을 알아차리고 있는 그대로 수용하고 자신과 그 감정을 분리한다면 '긴 안목'을 갖게 된다. 이럴 때 장기적인 목표와 가치에 따라 생각과 감정을 조절해 새롭고 더 나은 방법으로 목표에 이르는 길을 찾을 수 있다."[5] 정서적으로 민첩한 사람은 어려움을 만났을 때 힘든 상황을 그대로 수용할 뿐 아니라 도전에 맞서며 설렘과 열정, 활력을 느낀다.[6] 유리크가 명쾌하게 지적했듯이, 더 대담하면서도 더 현명한 사람이 되기로 선택해야 한다. 유리크는 이렇게 말했다. "나는 자기인식행 열차표를 구입하려고 한다. 그리고 그 기차에 영원히 머무를 생각이다. 경치도 좋고 즐거운 여행이 될 테니까 말이다."

### '왜'가 아니라 '어떻게'를 묻는다

유리크가 보기에 자기인식이 부족한 사람들은 자신을 성찰할 때 '왜'라는 질문을 자주 던지는데 그러면 함정에 빠지게 된다. 자신을 성찰하며 '왜'라는 질문을 던질수록 결과는 부정적이 되기 때문이다! 자기를 이해하려고 무의식적 사고와 감정, 동기를 들여다보지만 많은 부분에 접근할 수가 없으므로 결국 답을 얻지 못하고 실망하게 된다. 연구 결과를 보면, '왜'라는 질문을 던지는 사람은 비생산적인 생각에 휩쓸려 길을 잃거나, 우울과 불안감, 무력감에 빠질 때가 많다. 예를 들어, 사람들은 연인과 싸웠을 때 "세상에, 왜 이런 일이 일어났을까? 왜 우리 관계가 나아지지 않을까? 왜 잘못된 선택을 했을까?"라고 묻는다. 승진 명단에서 빠졌을 때는 "내가 왜 승진하지 못한 거지?"라고 묻는다. 그 일을 딛고 앞으로 나아가는 데 유용한 질문을 던지지 않고

'왜'라고 질문하며 원인을 찾다 보면 결국 자기를 비하하고 자학하는 것으로 끝날 가능성이 크다.

유니콘들은 스스로에게 다양한 질문을 던졌다. 유리크와 연구진은 수백 쪽에 달하는 인터뷰 녹취록을 면밀히 검토한 끝에 '왜'라는 단어는 150번 미만 등장한 반면, '어떻게'라는 단어는 1000번 이상 등장한 것을 발견했다. 예컨대, 연인과 다툴 때 '어떻게'라는 질문을 던지면 "이 관계를 어떻게 발전시켜야 할까?" 또는 "앞으로 어떻게 해야 이런 일이 다시 발생하지 않을까?", "다음에도 똑같은 문제가 발생하면 어떻게 해야 할까?" 하고 객관적 사실과 미래에 초점을 맞추게 되고, 답을 찾는 과정에서 통찰을 얻고 문제를 개선할 힘을 얻게 된다.

## 자기인식이 개인과 공동체에 미치는 영향

자기인식이 높은 사람은 그렇지 않은 사람보다 더 행복하고 자신감이 넘치며 의사소통에도 더 능숙하다. 자기인식이 높은 사람일수록 직장과 가정에서 더 깊고 단단한 관계를 형성한다. 자기인식이 높은 사람은 더 행복한 결혼 생활을 유지하며, 이들이 키운 아이들은 자기중심적이지 않고 의젓하게 행동한다.[7]

자기인식이 높은 사람들이 모인 공동체 역시 다른 공동체보다 훨씬 번창한다. 자기인식이 높은 사람들은 직장에서 업무 성과가 더 좋고, 더 성공적인 경력을 쌓고, 더 혁신적이고, 더 좋은 리더가 되는 경향이 있다.[8] 한 연구에 따르면, 자기인식이 높은 직원이 많은 회사는 더 수익성이 높은 반면 자기인식이 낮은 직원이 많은 회사는 수익이 저조할 가능성이 79퍼센트 더 높았다. 또 다른 연구에서는 자기인식이 높은 리더가 이끄는 회사는 그렇지 않은 회사보다 더 높은 수익을 올리는 것으로 나타났다.[9] 자기인식이 높은 사람을 채용하고 싶다면 면접 때 자신이 옳다고 확신했다가 생각을 고친 경험이 있는지를 물어보자. 또는 이전 직장에서 그리 친하지 않았거나 사이가 좋지 않았던 사람이 있었는지 확인하고, 그 사람이 지원자를 어떻게 평가하리라 생각하는지 물어보자. 자기인식이 높은 사람이라면 질문에 해당하는 이전 동료를 떠올릴 것이고, 그가 (직장 동료들에게 가끔씩 피드백을 요청했을 것이므로) 그 동료와 어떻게 일했는지 설명하는 것을 들으면 그의 자기인식 수준을 짐작할 수 있다.

유리크와 나는 여러 조직의 리더와 그들의 부하 직원 수백 명을 조사한 결과, 자기인식이 높은 리더가 조직을 이끌면 그 리더 덕분에 조직이 여러 혜택을 누린다는 사실을 발견했다. 유리크의 기준에 따라 평가했을 때 자기인식이 높은 리더는 효과성 면에서 높은 점수를 받았고 직원들과의 관계도 좋았다. 자기인식이 높은 리더 밑에서 일하는 직원들은 (그렇지 못한 직원들보다) 그들의 상사와 그들이 맡은 업무에 높은 만족감을 보였다. 또 조직에 대한 충성심과 소속감, 애착심을 더 강하게 느꼈다.

유리크는 이렇게 말한다. "자기인식을 중요하게 생각하는 사람이 거의 없는 건 다들 자기를 정확히 인식한다고 착각하기 때문이다. 연구 결과를 보면 알 수 있지만, 점진적으로 자기인식 능력을 기를 때 삶의 모든 영역이 좋아진다." 유리크는 3년간 연구한 결과를 2017년에 세상에 발표했고, 이로써 우리는 자기인식이 다른 사람들의 삶에 얼마나 많은 영향을 미치는지 알게 됐다.

무엇보다 자신이 얼마나 성장하고 있는지 스스로 인식하는 감각(자신이 끊임없이 성장하고 있음을 알고 활력을 느끼는 상태)이 중요하다. 이러한 자기인식에서 나오는 긍정적인 에너지가 팀이나 공동체에 전염되며 강력한 영향을 미친다. 조직에서 번영하는 사람은 날이 갈수록 자신이 성장하고 발전한다고 느낀다. 반면 그렇지 못한 사람은 성장이 정체되고 에너지가 고갈됐다고 느낀다. 내가 연구한 바에 따르면, 개인의 성장이 팀의 성장과 팀의 성과에도 영향을 미친다. 하지만 개인이 어떻게 팀에 활력을 불어넣는지(또는 더 중요한 질문이겠지만, 개인이 어떻게 팀의 활력을 죽이는지) 아는 사람은 거의 없다. 사실은 (제3장에서 설명한 것처럼) 개인의 사소한 행동 때문일 때가 많다.

IT 기업의 임원인 로라Laura의 사례를 들어보자. 로라는 자신이 정체되고 에너지가 고갈됐다고 느꼈을 때 자신이 팀원들에게 부정적 영향을 퍼뜨리지 않도록 노력했다. 그만큼 자기인식이 높은 사람이었다. 로라는 오랫동안 자기 일을 사랑했지만 어느 순간 자신이 더는 성장하지 못하고 있음을 알아차렸다. 몸과 마음이 지쳤고 조직에 해를 끼치는 이사 한 명과 갈등을 빚어 사기가 떨어진 상태였다. 게다가 회사에서 곧 정리해고를 단행할 계획이어서 두려움도 있었다. 정리해고 대상에는 자신이 아끼는 동료가 포함됐는데, 동료에게 그 사실을 귀띔할 수도 없는 처지였다. 로라는 조직이 대대적인 변화를 단행할 것이고, 그 변화의 상당 부분을 자신이 책임져야 한다는 사실을 고려한 끝에 퇴사를 결심했다. 로라는 작가 존 고든이 말한 '에너지 흡혈귀'가 되고 싶지 않았다. 물론 '에너지 흡혈귀'가 되어가는 이 상황이 자신이 초래한 것은 아니었지만, 자신의 이익과 자신이 아끼는 사람들의 이익을 고려해 사임해야겠다고 판단했다. 로라는 이 결정이 본인에게는 물론 조직 공동체에도 잘된 일이었다고 내게 말했다. 로라의 후임자는 이 전환기를 성공적으로 이끌었고, 이후로도 IT 업계에서 좋은 성과를 내며 경력을 쌓았다. 후임자는 회사의 기존 문제나 해로운 문화에 영향을 받지 않은 상태였고 매우 열정적이고 활력이 넘치는 사람이었다.

알렉산드라 게르바시Alexandra Gerbasi, 앤드루 파커Andrew Parker와 함께 내가 연구한 바에 따르면, 팀이 제 기능을 못 하도록 역량을 저하시키는 데는 아무 의욕이 없는 팀원 한 사람이면 충분할 때도 있다. 그 사람이 리더 위치에 있다면 말할 것도 없다. 이 경우에 팀원들의 몰입, 협업, 성과, 직무 만족도는 모두 떨어질 수 있다.[10] 그리 오랜 시간이 걸리지도 않는다. 롭 크로스Rob Cross, 그레첸 스프레이처와 함께 조직 내 대인관계와 상호작용을 조사한 결과를 보면 장기 근무한 고성과자들이 회사에서 더는 성장하지 못하고 정체될 때 공동체 전반에 부정적 에너지가 급속하게 퍼졌음을 확인할 수 있다(제3장에서 이미 그 근거를 살폈으니 참조하기 바란다).

| **자기인식과 성장을 촉진하는 방법** |

자기인식 능력을 키우고 싶은 사람 또는 조직의 리더로서 팀원들의 자기인식 능력을 강화할 방법을 찾는 사람에게 몇 가지 검증된 전략을 소개하니 활용하기 바란다.

**피드백을 요청하고 제공한다**

피드백을 요청할 때는 먼저 자신의 포부가 무엇인지 생각해본다. 예를 들어, 5년 안에 최고경영자가 되는 것이 목표라면 피드백을 요청할 사람들과 그 목표를 공유한다. 그러면서 그 목표를 어떻게 달성해야 할지 구체적으로 질문해야 한다. 다음 단계에서 할 일은 무엇일까? 목표 달성 가능성을 높이려면 어떤 기술을 보완해야 할까? 방해 요소는 무엇일까? 어떤 변화가 필요할까?

리더에게는 솔직하고 좋은 피드백이 특히 중요하다. 연구 결과에 따르면, 지위와 자기인식 능력은 반비례한다. 처음에는 자기인식이 낮지 않았더라도 지위가 올라갈수록 자기인식이 낮아지는 경향이 있다. 또한 경험이 많은 관리자일수록 경험이 적은 관리자보다 자신의 리더십이 미치는 효과를 평가할 때 정확도가 떨어진다. 서로 다른 직급과 업종에서 일하는 관리자 3600명 이상을 대상으로 한 연구에서, 하위 직급 관리자보다 상위 직급 관리자가 제3자가 평가한 것보다 자신들의 능력을 더 과대평가하는 것으로 나타났다. 연구진은 정서적 자기인식, 자기 평가의 정확성, 공감 능력, 신뢰성, 리더십 성과를 비롯해 20개 역량을 측정했는데 이 가운데 19개 역량에서 이러한 패턴이 나타났다.[11]

그 이유가 무엇일까? 첫째, 고위급 관리자일수록 솔직한 피드백을 받을 상관의 수가 적다. 둘째, 관리자가 직급이 높고 영향력이 클수록 부하 직원들은 자신들의 경력에 해가 될까 봐 건설적인 피드백을 제공하길 꺼린다. 인사 담당 부사장 한 명은 내게 직급이 올라갈수록 현실과 동떨어진(그리고 도움이 되지 않는) 피드백을 받는 사람들이 안타

갑다고 말했다. 셋째, 리더십 전문가인 제임스 오툴James O'Toole이 지적했듯이, 사람들은 지위가 올라갈수록 다음 두 가지 이유로 피드백을 꺼린다. 하나는 자신이 부하 직원들보다 더 많이 안다고 생각해서다. 또 하나는 솔직한 피드백을 요청하면 행여 너무 많은 대가를 치르게 될까 걱정해서다.

노스캐롤라이나대학교 여자 축구 감독 앤슨 도런스가 그랬듯이 조직의 리더는 본인의 자기인식뿐 아니라 팀원들의 자기인식도 키워야 한다. 제4장에서 소개한 것처럼 도런스는 전국 챔피언십에서 22회나 우승했다. 도런스는 팀을 이끌면서 총 열세 가지 핵심 가치를 강조했다. 강인함(징징대지 않는다), 배려(팀원으로서 그리고 인간으로서 서로 배려한다), 품격(모든 사람을 존중한다)이 대표적이다. 선수들은 1년에 두 차례 평가 시간을 가진다. 핵심 가치를 얼마나 잘 실천했는지 최하 1점에서 최대 5점으로 점수를 매기고, 동료 선수들이 자신을 어떻게 평가했는지 확인한다. 이 시스템 덕분에 선수들은 동료 선수들의 자기인식을 높일 수 있다. 선수들은 필요에 따라 구체적인 피드백을 제공해 문제 행동을 고정하도록 도우며 서로에게 적절한 코치 역할을 한다.[12]

도런스는 이 시스템이 조직문화를 변화시켰다고 내게 말했다. 처음부터 동료 평가 점수를 공유했던 건 아니다. 도런스는 선수들이 매긴 점수를 오랫동안 혼자만 알고 있었다. 부정적인 피드백을 들으면 선수들이 상처받을까 봐 우려했기 때문이다. (선수들을 배려한 행동이었으나 사실은 선수들에게 허가 되는 파괴적 공감이었다.) 그러던 어느 날 도런스는 큰 실망을 안긴 한 선수와 일대일로 만나 팀원들이 얼마나 낮은 평점을 줬는지를 공유했다. 그리고 나서 그 선수에게 물었다. "내가 이 사실을 알려주길 잘했다고 생각하나?" 그 선수는 기어들어가는 목소리로 그렇다고 대답했다. 도런스가 이유를 묻자, 그 선수는 도런스를 바라보며 "이제 내가 변해야 한다는 것을 알았기 때문"이라고 답했다.

도런스는 그토록 극적인 변화는 본 적이 없었다. 그 선수는 자신을 방어하거나 대화를 거부할 수도 있었다. 혹독한 평가에 좌절하거나 화를 낼 수도 있었다. 부정적인 감정에 휩싸이고 위축되어 경기장 안팎에서 더욱 자신의 역량에 턱없이 못 미치는 모습을 보일 수도 있었다. 하지만 이 선수는 비범한 정서적 민첩성을 발휘하며 피드백을 마음에 새겼고, 자신이 깨달은 점들을 개선해나갔다. 도런스는 말썽꾸러기였던 이 선수가 연말에 했던 연설이 자신이 들어본 연설 가운데 가장 훌륭했다고 말했다. 이 일을 경험하고 도런스는 동료 선수들이 매긴 평점을 공유하는 것이 얼마나 가치 있는 일인지 깨달았다며, "선수들의 인성을 개발하려고 여러 방법을 써봤지만 이 방법이 가장 좋았다"고 말했다.

우리를 잘 아는 사람들이 제공하는 피드백은 우리가 성장하고 앞으로 나아가도록 촉진한다. 솔직한 피드백은 귀한 선물이다. 물론 피드백을 듣는 순간에는 기분이 상해 그 가치를 느끼지 못할 수도 있다. 하지만 정확한 피드백은 자기인식을 높이고, 비교적 짧은 기간에 개인의 잠재력을 최대한 끌어올리는 촉진제 역할을 한다. 도런스가 말한 선수는 가을 시즌에 놀랍도록 달라졌다. 좋은 피드백은 개인뿐 아니라 팀이나 공동체 전체에 큰 영향을 미친다.

### 코치를 고용한다

심층적인 피드백을 실시간으로 받기를 원한다면 피드백을 제공할 사람을 고용하는 것이 좋다. 이미 자기 일을 잘하고 있더라도 더 발전할 여지는 있는 법이다. 아툴 가완디Atul Gawande는 뛰어난 외과 의사이자 하버드 의대 교수이며《뉴요커》에 기고하는 뛰어난 작가이다.《뉴욕타임스》베스트셀러도 여러 권 집필했다. 하지만 10년 전, 외과의 경력 8년 차에 접어들었을 때 자신이 더는 앞으로 나아가지 못하고 있다는 의심이 들었다. 가완디는 자신이 더 성장할 수 있다고 믿었고, 다른 분야의 전문가들은 어떻게 정체기를 극복했는지 살펴보다가 르네 플레밍Renée Fleming과 이츠하크 펄먼Itzhak Perlman 같은 정상급 뮤지션이나 올림픽대표 선수들이 코치를 두고 있다는 사실을 깨달았다. 라파엘 나달Rafael Nadal을 비롯해 전 세계 거의 모든 엘리트 테니스 선수에게 코치가 있는데, 의사라고 코치를 두지 못할 이유는 없었다. 가완디는 그렇게 생각했다.[13]

그래서 코치를 한 명 고용했다. 전공의 시절 자신을 훈련시켰던 스승이자 당시 은퇴해서 쉬고 있던 외과 의사 로버트 오스틴Robert Osteen을 찾아가 자신이 이미 좋은 성과를 내고 있는 일들을 비롯해 수술 기법을 개선할 수 있도록 자신을 관찰하고 충고해달라고 부탁했다.

가완디는 오스틴이 관찰하는 가운데 수술을 끝내고 나서 처음으로 들은 조언에 적잖이 놀랐다. 가완디가 이때의 경험을《뉴요커》에 기고한 글에 따르면, 오스틴은 가완디에게 이렇게 말했다. "앞으로 진행할 수없이 많은 수술에서 단 한 번도 문제가 발생하지 않기를 바란다면 사소한 것들에도 주의해야 하네."**14** 오스틴은 가완디에게 팔꿈치에 주의를 더 기울이라고 충고했다. 정밀하게 수술하려면 팔꿈치가 너무 들리지 않아야 한다면서 외과의는 팔꿈치를 항상 편안한 자세로 옆구리에 붙여야 한다고 말했다. "팔꿈치를 높이 들어 올리고 싶은 마음이 들면 발을 움직여 위치를 바꿀 때이거나 다른 도구를 사용할 때라고 생각을 고쳐먹어야 하네." 오스틴은 가완디를 관찰하며 느낀 점들을 수첩에 정리했는데 그 목록이 깨알 같은 글씨로 빼곡했다.**15**

오스틴은 다른 맹점들도 지적했다. 가완디가 수술용 드레이프로 환자를 덮는 방식은 본인이 수술하기에는 좋지만 수술대 건너편에 있는 조력자들의 시야를 가렸다. 이런 문제는 가완디의 눈에는 보이지 않던 것이었다. 또 가완디는 확대경을 이용해 수술하는데 이 확대경 때문에 주변 시야가 제한돼 마취전문의가 모니터링하고 있는 혈압 문제를 인지하기 어렵다는 점도 짚어줬다. 가완디는 기고문에서 오스틴과 20분가량 대화를 나눴을 뿐이지만 "지난 5년간 스스로 개선했던 것보다 훨씬 많은 문제점을 알게 됐다"라고 말했다.**16**

이후 오스틴은 수술 기법뿐 아니라 팀에 배정된 전공의들과 협업하는 방식에서도 개선할 점을 지적했다. 그는 가완디에게 어떤 작업을 도와달라고 전공의에게 요청할 때 그들이 헤매더라도 적어도 30초는 기다려줘야 한다고 제안했다. 가완디는 기고문에 이렇게 썼다. "나는 일이 빠르게 진행되지 않으면 곧바로 구체적인 지시를 내리는 편이었다. '그거 말고, 디바키 포셉을 써야지'라고 말하거나 '리트랙터 위치를 먼저 변경해'라고 지시하는 식이다. 오스틴은 내게 '전공의들에게 생각할 시간을 주라'고 조언하며 '그때 그들이 비로소 배움을 얻는다'고 말했다."[17]

가완디는 수개월 동안 오스틴에게 코칭을 받았다. 한번은 오스틴이 참관한 가운데 가완디가 수술하다가 잘못 판단하는 바람에 위기 상황이 벌어졌다. 순간적으로 전략을 바꿔서 상황을 수습했고 환자는 무사히 회복했지만, 가완디는 오판한 자신이 부끄러웠다. 실수한 것이 수치스러워 오스틴을 보기가 껄끄러웠지간 코칭받는 것을 중단하지는 않았다. 오스틴의 조언으로 문제를 몇 가지씩 개선했고, 그 결과 합병증 발생률이 감소했기 때문이다. 심각한 합병증을 예방하면 한 사람의 생명을 구할 수 있다. 이때 절감되는 의료비는 평균 1만 4000달러에 이른다. 코칭을 받으면서 수술 후 합병증 발생률이 낮아졌을 뿐 아니라 많은 부분에서 실력이 향상됐기 때문에 오스틴을 코치로 고용한 것은 그만한 가치가 있었다. 다만 이런 결과를 얻으려면 자신의 취약성이 그대로 노출되는 것을 허용해야만 한다. 실력을 제대로 발휘하지 못한 순간의 모습까지 코치에게 보여줘야 한다. 이는 자존심에 큰 상처를 입을 수 있음을 의미한다.

의료 분야만이 아니라 피드백을 요청할 수 있는 모든 분야에서 이 원칙은 똑같이 적용된다. 코칭을 받으면 자신이 그동안 보지 못했던 자기를 알게 된다. 당연히 이 과정은 고통스러울 것이다. 하지만 칭찬만 가득한 피드백을 받는다면 피드백을 받을 이유가 없다. 가완디가 그랬듯이, 도런스가 지도한 젊은 선수가 그랬듯이, 실수 후에 피드백을 받아들이는 것이 배움을 얻고 우수한 성과를 올리는 길이다.

### 동료들을 코치로 삼자

직장 동료는 유용한 피드백을 제공하는 원천임에도 제대로 활용하는 경우가 드물다. 2013년 매사추세츠대학 메모리얼헬스케어Memorial Health Care의 최고경영자로 채용된 에릭 딕슨Eric Dickson은 혁신을 장려하는 조직문화를 조성하고자 노력했다. 딕슨은 부임하고 처음 5년 동안 조직문화를 조금씩 개선해나갔지만 기대만큼 빠르게 바꾸지는 못했다. 딕슨은 사람들이 편하게 자기 의견을 말하고 개선점을 제시할 정도로 자유로운 조직문화가 조성되지 않았다고 결론 내렸다. 요컨대, 직원 개개인이 회사에서 존중받는 조직문화를 구축해야 했다. 하지만 어떻게 그런 문화를 형성해야 하는지 알지 못했다. 비서실장 겸 전략사업부 부처장인 앨리슨 르메이Allison Lemay가 딕슨을 찾아와 모든 직원이 수긍할 만한 예절 평가 기준을 마련하는 일에 중점을 두자는 아이디어를 제시했다. 르메이는 직원 6000명을 대상으로 자신이 언제 존중받는다고 느끼는지 설문조사를 실시하고, 수많은 답변을 정리해 여섯 가지 '직장 예절 기준Standards of Respect: SoR'을 마련했다. 인정, 경청, 소통, 반응, 협력, 친절이 그것이다.

매사추세츠대학 메모리얼헬스케어는 직장 예절 기준을 교육하는 프로그램의 후속 조치로 '직장 예절 교육: 매니저 피드백'이라는 단계별 프로그램을 마련했다. 관리자가 예절 평가 기준을 제대로 준수하는지 피드백을 제공해 자기인식을 높이도록 하기 위해서였다. 각 관리자가 자신을 평가할 사람을 몇 명 선정한 뒤 익명으로 피드백을 제공받는 방식이다. 평가자들은 해당 관리자가 어떤 기준에서 잘하는지 또는 어떤 행동을 개선해야 하는지 설문지에 답하고 개선 방안도 함께 제안한다. 평가자들은 여섯 가지 직장 예절에 비추어 관리자 행동에 점수를 매긴다. 경청을 예로 들어보자. 평가자들은 다음 문항들에 점수를 매긴다. '하던 일을 멈추고 화자에게 집중하는가? 명확한 질문을 던져 제대로 이해하려 하고 자신이 이해한 바를 표현하는가? 다른 사람이 이야기할 때는 핸드폰 등과 같은 기기 사용을 중단하는가? 모든 구성원의 의견을 듣고 반영하는가? 기계적으로 반응하지 않고 충분히 생각하고 나서 대답하는가?' 평가자는 같은 동료나 부하 직원 또는 상사일 수 있다.

직장 예절 교육 첫 번째 단계에서 피드백을 받고 단점을 파악하고 나면, 두 번째 단계에서 대안이 되는 행동을 실천에 옮겨 문제를 교정한다. 예를 들어, 무례한 어투를 고쳐야 한다는 피드백을 받은 리더는 다음과 같은 행동을 실천해야 한다. '화가 치밀 때는 그 자리를 떠났다가 나중에 다시 대화한다', '말할 때 자신의 말투가 무례하지 않은지 주의한다', '환자와 그 가족이 보는 앞에서 병원 직원에게 함부로 말하지 않는다.'

세 번째 단계에서는 동료 코치를 한 명 지정한다. 관리자, 부하 직원, 친구, 가족 중 누구라도 좋다. 코치가 할 일은 두 번째 단계에서 정한 대안 행동을 제대로 실천하고 있는지 매주 점검하는 것이다.

동료 평가 설문지 앞장에는 이 모든 단계를 거쳐 성취하고자 하는 목표가 적혀 있다. "매사추세츠대학 메모리얼헬스케어에서 직원들 간에 상호 존중하는 문화를 만들고, 각 리더의 필요에 맞춰 구체적인 대안 행동을 제공하여 동료를 존중하는 '힘'을 기르고, 무례한 실수를 저지르지 않도록 돕는 것"이다. 이 직장 예절 교육 프로그램은 메모리얼헬스케어의 조직문화를 근본적으로 바꿔놓았다.

딕슨은 내게 이렇게 말했다. "직장 예절 교육 프로그램은 환자 만족도를 크게 높이고, 직원 몰입도를 올리고, 프로젝트 실행 방식을 개선하고, 사람들을 존중하는 태도를 기르는 데 핵심적인 역할을 했다. 성과도 눈에 띄게 증가했다." 또 이렇게 덧붙였다. "직장 예절 기준이 없었으면 어떻게 해야 할지 몰랐을 것이다." 무엇보다 동료를 코치 삼아 피드백을 받는 과정이 이 같은 결과를 창출하는 데 한몫했다.

**진실의 저녁 식사**

타샤 유리크는 '진실의 저녁 식사'라는 방법으로 피드백을 받는 것도 좋아한다. 이는 커뮤니케이션학 교수인 조시 마이스너 Josh Misner가 개발한 방법으로 더 대담하지만 더 현명한 사람이 되기로 선택해야 한다는 유리크의 소신에 부합한다. 친한 사람 중에 관계를 돈독히 하고 싶은 사람을 저녁 식사에 초대하고 피드백을 요청하는 것이다. 이를테면 이렇게 물어본다. "내 행동 중에 가장 짜증나는 행동이 무엇인지 말해줄래요?" 그리고 상대방이 통찰력 있는 조언을 제공할 때 주의 깊게 경청한다. 상대방이 비판하는 행동을 정당화하거나 변명하며 자신을 방어하면 안 된다. 피드백을 귀담아들으면서 그런 행동이 문제가 됐던 예를 들어달라거나 갈수록 그 행동이 심해졌는지 물어 문제를 정확히 들여다봐야 한다.

유리크는 자신의 경험을 들려줬다. 유리크는 친구 중에서도 일부러 가장 까칠한 마이크를 식사에 초대했다. 마이크에게 피드백을 부탁하면 이런 말을 들을 것 같아서였다. "그렇게 물어봐주니 기쁘군. 안

그래도 해주고 싶은 말이 산더미였는데." 저녁 식사를 앞두고 며칠간 유리크는 마이크가 어떤 비판을 쏟아낼지 두렵기까지 했다. 하지만 용기를 내서 질문을 던졌을 때 마이크 입에서 나온 말은 상상만큼 나쁘지 않았다. 마이크는 잠시 생각한 후 이렇게 말했다. "얼굴 보고 소통할 때는 당신이 좋은데 소셜미디어에서 만나는 당신은 싫다." 좀 놀란 유리크는 무슨 의미인지 물었다. 마이크에 따르면, 유리크는 직접 대면할 때는 상대방에게 주의를 집중한다. 필요할 때 정보를 제공하고, 어떤 식으로든 상대방에게 도움을 준다. 하지만 소셜미디어에서는 그렇게 행동하지 않는다. 유리크는 자신과 자신의 브랜드에만 정신이 팔린 것처럼 보인다. 한마디로 시종일관 '자기' 얘기만 한다. 마이크는 "당신답지도 않을뿐더러 그런 모습을 보면 짜증이 난다. 당신의 독자들이나 다른 사람들도 아마 이렇게 느낄 것이다"라고 말했다.

유리크와 마이크는 함께 식사하며 어떻게 하면 이 문제를 개선할 수 있을지 이야기를 나눴다. 이후로 유리크는 현재를 의식하고 주의를 집중하려고 애썼고, 특히 겸손을 가장하며 자기를 자랑하는 행동을 경계했다. 이제 유리크는 게시물을 올리기 전에 게시물을 올리려는 목적이 무엇인지 먼저 자문한다. 자신이 얼마나 멋진 사람인지 보여주고 싶은 것이 목적이라고 판단되면 그 게시물을 올리지 않는다.

유리크는 그 후로도 수차례 지인을 초대해 저녁 식사 자리에서 솔직한 피드백을 요청하며 자기인식을 높였다. 그 덕분에 사람들과의 관계가 돈독해졌다. 피드백 내용은 그가 생각지 못한 놀라운 것들이었지만 대체로 긍정적이었다. 유리크는 2009년에 데이브Dave와 결혼했는데 3년 전에 남편에게 피드백을 요청한 일이 있다. 그때 데이브는 이렇게 말했다. "당신은 사람을 무시할 때가 있다." 그러면서 데이브는 너무 기쁜 소식이 있어서 그 기쁨을 유리크와 나누려고 학수고대했던 순간을 떠올렸다. 당시에 데이브가 유리크에게 기쁜 소식을 전했지만 유리크는 이메일로 업무를 처리하느라 바쁜 나머지 별 감정을 드러내지 않았다고 했다. 그 이야기를 들은 유리크는 상처를 받았지만 자신이 마땅히 들어야 했던 조언이었다고 내게 말했다. 그리고 남편에게 받은 피드백은 유리크에게 상처가 아니라 큰 도움이 됐다.

많은 사람이 비슷한 경험을 공유한다. 일례로, 어떤 이는 다섯 살 난 아들과 이 실험을 해봤다고 유리크에게 이메일을 보냈다. 용감한 엄마였다. 어린아이에게 피드백을 달라고 요청하면 무슨 말이 튀어나올지 누가 알겠는가? 그 여성의 아들이 한 말을 조금 보태면 대략 이렇다. "엄마가 자기 자신을 위한 시간을 갖지 않아서 짜증이 나요. 엄마는 항상 저를 돌보거나 아빠를 돌보죠. 그래서 저는 엄마가 걱정이 돼요."[18] 유리크는 "우리가 무슨 말을 듣게 되든 그 말이 유익하리라는 데는 의심의 여지가 없다. 우리가 두려워하는 최악의 시나리오가 실현되는 일은 거의 없을 것이다"라고 덧붙였다.

### 자신에게 맞는 자기 관리 비법을 찾자

제4장에서 언급한 《실리콘밸리의 팀장들》의 저자이자 훌륭한 코치인 킴 스콧은 구글에서 일할 때 프레드 코프먼Fred Kofman에게서 배운 것을 설명해줬다. 코프먼은 화이트보드에 바퀴를 하나 그렸다. 그리고 스콧에게 말하길, 그 바퀴 중심에 '나 자신'이 있다고 했다. 바퀴

가 앞으로 잘 굴러가기를 바랄 테지만 바퀴가 제대로 정렬되어 있지 않으면 그 중심에 위치한 '나'는 업무를 제대로 처리하지 못하고, 리더십을 발휘하지 못하고, 좋은 성과를 내지도 못한다. 스콧은 바퀴의 중심에서 균형을 잡고 성장하려면, 자신에게 맞는 자기 관리 비법을 찾아야 한다고 말한다.

자기 관리 비법은 사람마다 다르다. 나처럼 자연을 찾거나 운동을 좋아하는 사람도 있지만, 그렇지 않은 사람도 있다! 명상을 좋아하는 사람이 있는가 하면, 싫어하는 사람도 있다. 스콧은 자신만의 자기관리 비법을 공유했다. "나는 9시간 자고, 1시간 운동하고, 적어도 20분은 사랑하는 사람과 대화를 나눈다. 이 세 가지를 날마다 할 수 있으면 세상이 아무리 흔들려도 견고한 지반 위에 서 있는 느낌이다. 하지만 이 세 가지를 할 수 없다면 세상이 아무리 단단해 보여도 불안하다. 자신에게 맞는 자기 관리 비법을 찾아 그것을 날마다 실행에 옮기는 것이 중요하다."[19]

자기 관리 비법을 구성하는 재료를 어떤 순서로 배치하고 언제 실행해야 하는지 궁금한 사람도 있을 것이다. 다니엘 핑크Daniel Pink는 《언제 할 것인가》에서 타이밍에 따른 영향을 과학적으로 추적했다. 예를 들어, 나 같은 사람에게는 아침에 운동하는 것이 하루를 활기차게 시작하는 데 중요하다. 짐 로허에게 영감을 받아 그레첸 스프레이처와 트라키 그랜트Trac Grant가 설계한 '에너지 진단Energy Audit' 기법은 자기에게 맞는 자기 관리 비법을 발견하고 다양한 활동(과 그 타이밍)의 효과를 추적하는 데 매우 유용하다. 먼저 며칠 동안 자신을 관찰하면서 자신이 한 활동과 그때 느낀 기분을 시간대별로 작성한다. 하루

이틀만 작성해도 효과를 파악할 수 있지만, 일주일 정도 넉넉히 추적해보는 것이 좋다. 하루쯤은 자기답지 않게 또는 평상시와 전혀 다르게 보낼 수도 있기 때문이다.

차트를 작성하고 나면 거기서 일정한 패턴을 찾는다. 활력이 치솟은 때가 언제인가? 활력이 떨어진 때는 언제인가? 어떤 행동을 했을 때 업무 성과나 행복감이 크게 향상했는가? 그러한 향상이 가장 두드러진 때는 언제인가? 자신이 실행한 활동과 그로 인해 생긴 활력이 다른 사람에게 미치는 파급 효과(좋든 나쁘든)도 함께 기록하면 좋다. 한 컨설턴트는 자신이 집에서 휴식을 취하고 저녁 식사 전후에 20분이라도 산책을 하면 기분이 훨씬 좋아진다는 사실을 발견했다. 산책 후에는 더 차분해졌고 더 참을성 있게 자녀들을 대할 수 있었다. 내게서 이 에너지 진단 기법을 소개받은 MBA 출신 관리자와 임원들도 이를 실천하고 나서 몰랐던 사실을 깨달았다며 놀랐다. 한 임원은 토요일과 일요일마다 핸드폰과 온라인 접속을 철저히 차단했다. 그는 아내와 합의를 거쳐 토요일 아침 일찍과 일요일 밤늦게 아주 잠시만 이메일을 사용하기로 했다. 오프라인에서 보내는 시간에 충실하기 위해서였다. 자신에게 맞는 관리법을 찾고 나서 두 사람은 개인으로서 또 부부와 가족으로서 얼마나 더 발전하고 성장할 수 있는지 깨달았다.

### 매일 점검한다

하루를 마감할 때마다 그날을 점검하는 일은 모두가 할 수 있으며 매우 유익하다. 유리크는 지나치게 하루를 곱씹지 말고 다음과 같이 가볍게 복기할 것을 권장한다.

1. 오늘 어떤 일이 잘 풀렸는가?
2. 오늘 어떤 일이 잘 풀리지 않았는가?
3. 내일 어떻게 하면 더 현명하게 행동할 수 있을까?

매일 하루를 점검하고 자기인식을 높인다면 대인 관계를 개선하는 데 유용한 깨달음을 얻게 된다. 자신이 발전하고 성장하고 있을 때 주변 사람들에게 어떤 영향을 미치는지 관찰해보자.

### '자기 사용 설명서'를 작성한다

흥미로운 자기인식 기법이 하나 있다. 동료 직원들이 자신을 어떻게 대하는 것이 좋은지 쉽게 이해하도록 자신의 선호도와 특이 사항을 기술한 사용 설명서를 작성하는 것이다. 나는 MBA 출신 관리자와 임원들을 컨설팅할 때 이 과제를 부여하며 관리자로서 자신의 장점과 단점을 한 장에 요약할 것을 요청했다. 동료에게 자신의 장단점을 대신 요약해달라고 요청하거나 자신이 작성한 초안을 보고 피드백을 달라고 부탁해 자신의 맹점을 보완하는 것도 좋다. 이는 공동체 구성원들과 유대감을 형성하고 더 나은 관계를 구축할 수 있는 효과적인 방법이다. 또 '자기 사용 설명서'를 작성하는 당사자는 자신이 다른 사람들과 어떻게 상호작용하는지 성찰하게 되므로 자신이 어떤 사람인지 파악할 수도 있다.

이를테면 다음과 같은 사항을 점검한다. 사무실 문을 항상 열어두는가, 아니면 항상 닫아두는가? 사람들과 일정 거리를 두고 이메일로 소통하기를 선호하는가, 아니면 일대일 면담을 선호하는가? 문제가 있을 때 모든 문제를 직접 살피는 것을 좋아하는가, 아니면 상관이 지시하는 우선 사항에 따라 문제를 살펴보는가? 주로 개인 사무실에서 시간을 보내는가, 아니면 직원들이 일하는 사무실을 둘러보고 간단한 대화도 나누며 관계를 돈독히 다지기를 선호하는가? 의사결정이 빠른 편인가, 느린 편인가? 성격이 급한 편인가, 인내심이 많은 편인가? 이렇게 개인적 특성을 성찰하면 자신의 리더십 역량 중에 장점이 무엇이고, 보완이 필요한 단점은 무엇인지 명확히 알 수 있다. 또 리더로서 어떤 종류의 조직문화를 구축하고 싶은지, 구성원들이 어떤 관행을 따르기를 바라는지 자신의 의도를 선명하게 이해하는 데도 도움이 된다.

론 B. 굿스피드Ron B. Goodspeed 병원장은 성과 향상을 담당할 부원장을 구하는 와중에 자기 사용 설명서를 작성했다. 그는 설명서에서 자신이 장황하게 말할 때는 요점만 말해달라고 요청할 것을 주문했다. 자신이 명확하지 않은 비유를 사용할 때는 더 구체적으로 설명해달라고 기탄없이 말하라고도 썼다. 또 자신이 잘못된 길로 가고 있다면 경고해줄 것을 당부했다. 될수록 많은 정보를 제공하고, 미리 사정을 살피거나 검열하지 말고 솔직하게 개인 의견을 개진하라고 적었다.[20] 굿스피드는 이렇게 작성한 사용 설명서 초안을 동료 5명과 공유하고 피드백을 요청했다. 최고운영책임자는 굿스피드에게 "어떤 아이디어가 마음에 들지 않을 때 통계 자료와 연구 데이터를 자주 언급하는 버릇이 있다"라고 덧붙일 것을 제안했다. 이 사용 설명서는 성과향상팀 부원장에 지원하는 이들뿐 아니라 다른 직원들에게도 도움이 됐다. 예전에는 회의 때 소극적이었던 직원들이 굿스피드에게 더 많이 질문하기 시작했고, 장황한 이야기를 자제하고 요점만 명확히 얘기해달라고 요청하기도 했다. 그러한 요청들 덕분에 굿스피드는 업무를 더 효율적으로 처리할 수 있었다.[21] 굿스피드는 원래 상사와 부하 직원에게서 피드백을 적극적으로 요구하던 사람이어서 그러한 피드백을 반겼다. 성과향상팀 부원장 지원자들에게 제공하려고 자기 사용 설명서를 작성했는데 결과적으로 굿스피드 본인의 성과를 개선하는 결과를 얻었다.

내가 함께 일했던 리더들 중에 일대일 면담 시에 자기 사용 설명서를 공유하거나 나중에 팀의 리더로서 자기 사용 설명서를 팀원들과 공유한 리더들은 도두 효과를 봤다. 팀원들이 리더를 알아가는 시간이 단축됐고, 서로 유대를 쌓을 접점이 풍부해졌기 때문이다. 팀원들은 자신의 약점을 솔직하게 드러내고 자신이 어떤 사람인지 투명하게 공개하는 리더를 높게 평가한다.

∴

당신은 조직 내에서 성장하고 있는가? 아니면 그저 하루하루 버티고 있는가? 수많은 연구 결과가 보여주듯이 우리는 실제보다 더 긍정적으로 자신을 바라크는 경향이 있다. 저명한 경영 코치이자 베스트셀러 작가인 마셜 골드스미스Marshall Goldsmith는 과대평가하는 경향을 가리켜 '성공한 순간만 편집'하는 것이라고 지적한다.[22]

이미 달성한 일에 만족하지 않고 자신이 보완할 점을 파악해 계속 성장하고 싶다면 성공한 순간만 편집된 기억에서 벗어나 자신의 맹점을 살피는 것이 좋다. 주변 사람들에게 피드백을 요청하는 것은 자기인식을 높이는 데 반드시 필요한 일이다.

자기인식을 키우는 방법은 다양하다. 아만 부타니처럼 데이터를 수집하거나 매일 하루를 점검하며 개인적으로 문제점을 추적하는 방법도 있지만, 많은 사람에게서 피드백을 받는 것이 특히 효과적이다. 이는 도런스 감독과 그의 선수들이 확인한 사실이고, 내 동생 마이크가 더마이티에서 확인한 사실이며, 클리블랜드클리닉이 공유진찰제에서 확인한 사실이다. 이외에도 스포츠, 비즈니스, 다이어트, 중독, 신체 및 정신 건강 등 여러 분야에서 수많은 사람이 피드백의 효용성을 확인했다. 비슷한 생각을 지닌 사람들이 공동의 목표를 추구하고자 소규모 모임을 형성해 서로 격려하며, 친밀하고 개방적이고 심리적으로 안전한 환경을 조성할 때, 이는 개인이 성장하기에 더할 나위 없이 좋은 발판이 된다. 공동체 구성원들이 행동을 꼼꼼히 관찰하고 제공해주는 피드백은 우리에게 자신을 돌아보고, 행동을 조정할 기회가 된다. 자기인식을 기르는 목적은 결국 하나로 귀결된다. 그것은 바로 '변화'다.

# 건강한 신체

가족과 세상에 줄 수 있는 가장 큰 선물은 건강한 '나'다.

조이스 마이어(Joyce Meyer)

마크 베르스테겐Mark Verstegen과 그의 아내 에이미Amy는 1999년에 엘리트 운동선수들의 수행능력을 향상시킬 목적으로 애슬리츠퍼포먼스Athletes' Performance 훈련시설을 설립했다. 2006년 베르스테겐과 그의 팀은 운동에만 주력했던 사업을 확장했다. 미 해군 및 특수부대와 협력해 파병 군인들이 신체를 단련하고, 부상에서 회복하고, 군복무를 마친 뒤 민간 생활에 적응하는 과정을 도왔다. 이후로 베르스테켄 팀은 전 세계적으로 42만 5000명이 넘는 수병을 훈련시켰고, 5000명에 이르는 체력 단련 교관을 양성했다. 교관은 군인들의 건강을 지키고 군부대의 체력 단련 프로그램을 효율적으로 운영할 인재들이었다.

2013년에 베르스테겐은 다시 사업을 확대해 다른 분야에서도 사람들의 수행능력을 향상하는 일에 초점을 맞췄다. 그리고 이러한 변화에 맞춰 회사명도 엑소스EXOS로 바꿨다. 회사 웹사이트에 명시된 바와 같이 엑소스는 대기권에서 가장 높은 층을 가리키는 단어 엑소스피어exosphere에서 유래했다. 이 회사의 사명은 모든 사람이 더 나은 성과를 창출하도록 돕는 데 있다. 다시 말해, 엑소스는 운동선수와 군인뿐 아니라 다양한 업무 환경에서 일하는 사람들을 돕고 각 연령대와 체력 단계에 맞춰 모든 이를 지원한다. 엑소스의 최종 목표는 사람들이 자신의 건강을 관리하여 무슨 일을 하든 그 분야에서 성공하도록 돕는 것이다. 몸과 마음이 건강해지고 더 나은 컨디션을 유지하게 되면 누구나 일과 생활에서 그 효과를 보기 마련이다. 이번 장에서는 제6장의 내용을 바탕으로 건강한 신체를 유지하는 일이 어떻게 삶의 질을 향상하는지 구체적으로 설명한다. 건강한 사람일수록 더 강인하고 에너지가 넘치며 집중력이 올라가고 더 행복하다. 물론 가정과 직장에서 생산성도 높다. 이 책 제2부에서는 '나'를 바꾸는 법을 다루고 있다. 조직을 바꾸고 싶은 리더라면 자신이 먼저 역할 모델이 되어야 하고, 아울러 조직공동체가 더 건강해지도록 이끌 방법을 모색해야 한다. 그저 하루하루 살아남는 길이 아니라 함께 성장하고 번영하는 길로 나아가야 한다.

　　인생에서 성공하고 삶의 질을 높이도록 돕는 일은 베르스테겐의 전문 분야다. 두어 해 전 어느 봄날 오후, 나는 피닉스에 위치한 아담한 크기의 엑소스 사무실에 앉아 있었다. 사무실 곳곳에는 월드컵에서 우승한 독일 축구팀 선수들의 사인 유니폼과 유명 육상선수들의 사인 스파이크 운동화, 축구·농구·야구·육상 기념품들이 즐비하게 전시되어 있었다. 사두실 벽면과 코르크보드에는 선수들과 팀 매니저들이 보낸 감사 쪽지가 여기저기 붙어 있었고, 선수들이 혹독하고 격렬하게 훈련받는 장면이 담긴 사진과 트로피라든가 올림픽 메달을 받는 기사 사진들이 있었다. 베르스테겐은 선수들을 정상의 자리에 올려놓는 데 헌신하며 수십 년을 보낸 사람치고는 놀라우리만치 한결같았다. 그는 예전과 똑같이 겸손하고 안정적이고 진실하고 친절했다.

내가 베르스테겐 부부를 만난 것은 대학을 졸업한 이듬해 여름, 인터내셔널매니지먼트그룹International Management Group의 스포츠아카데미인 IMG아카데미에서 일을 시작했을 때다. 베르스테겐은 대학 미식축구 선수 출신으로 다양한 과학을 결합해 스포츠 활동을 연구하는 분야의 선구자이다. 스포츠과학 석사학위를 받은 후 IMG아카데미의 퍼포먼스인스티튜트Performance Institute를 출범시키는 책임자로 일했다. 그는 약 34평 공간에서 일을 시작했다. 한쪽 방에는 러닝머신과 기타 운동기구가 놓여 있었고, 또 다른 작은 방에 웨이트볼과 케틀벨, 스트레칭을 할 수 있는 작은 공간이 있었다. 한두 해 지나고 내가 이직할 즈음 베르스테겐은 바로 옆에 근사한 돔형 구장을 지어 시설을 확장했다. 그 잔디구장에서 우리(나를 포함한 퍼포먼스인스티튜트 직원들과 베르스테겐의 친구들)는 자신감이 차고 넘치던 IMG아카데미 테니스 강사들과 직원들을 상대로 추수감사절 축구시합을 벌인 적도 있다. 내가 이직하고 2년 후에 IMG아카데미에서 함께 일했던 베르스테겐 역시 IMG아카데미를 나와 애슬리츠퍼포먼스를 설립했다. 그 이후로 베르스테겐은 계속 새로운 모험에 도전하면서 그에 맞는 사업을 구축하고 확장해나갔다.

베르스테겐은 과학적 방법론과 데이터 분석을 기반으로 운동 수행능력을 향상시키는 데 천재적인 재능을 보였다. 그는 프로를 꿈꾸는 재능 있는 선수들을 맡아 그들에게 최고의 역량을 끌어내는 지도 방식으로 빠르게 이름을 떨쳤다. 선수의 잠재력을 최대한 끌어낼 수 있도록 베르스테겐이 설계한 시스템이 성공의 원동력이었다. 베르스테겐은 힘과 지구력보다 기능과 균형에 중점을 둔 훈련을 특히 강조했다. 여러 연구 결과 운동기능장애와 불균형이 부상을 일으키는 주요 원인으로 나타났기 때문이다. 그의 지도 방식은 (그가 네 개의 기둥이라고 부르는) 운동 관리, 영양 관리, 회복 관리, 마음 관리를 결합해 전인적 방법론을 취한다는 점에서 독특했다. 그는 높은 수준의 성과만이 아니라 지속 가능한 성과를 원했다. 따라서 그가 운영하는 훈련 프로그램에서는 선수들의 경기력 향상만이 아니라 부상을 당하는 이유와 부상으로부터 선수들을 보호하는 방법에도 주의를 기울인다. 그의 목표는 선수들을 '준비시키고 회복시키는' 것이다. 엑소스의 창업자이자 사장인 베르스테겐은 20년 가까이 NFL선수협회의 퍼포먼스 책임자로서 선수의 안전과 복지 증진에 변함없이 힘쓰고 있다.

그런데 그 봄날, 베르스테겐의 사무실에서 내가 그와 나눈 대화는 선수나 코칭에 관한 것이 아니었다. 나는 베르스테겐이 엑소스에서 자신의 사명을 어떻게 정의하는지 더 자세히 알고 싶었다. 베르스테겐은 많은 이가 체력 관리에 소홀해 자기 역량을 최대로 발휘하지 못하는 현실을 오래전부터 안타깝게 생각했다. 이에 어떻게 하면 사람들이 더 건강하고 행복하게 살도록 도울 수 있을지 고민했다. 이것이 엑소스를 설립한 이유 중 하나였다. 베르스테겐은 건강한 삶의 관점에서 볼 때 미국이 크나큰 위기에 봉착했다고 여기는데, 이 위기는 숫자로도 증명되고 있다. 미국 질병통제센터는 건강 악화와 비만으로 미국 기업들이 매년 2250억 달러의 손실을 보고 있으며, 이 수치는 빠르게 증가하고 있다고 밝혔다.[1]

베르스테겐은 이렇게 말한다. "사후약방문식 의료 서비스는 제 기능을 상실했다. 현재 의료 서비스 시스템을 괴롭히는 건강 문제 가운데 70퍼센트가 생활 습관과 관련이 있다. 나쁜 생활 습관을 없앨 수만 있다면, 사람들이 애초에 병에 걸리지 않게 시스템을 만드는 것이 모두에게 이득이다."[2] 엑소스의 목표는 사람들이 '사후약방문식 의료 서비스'에 의존하지 않고, 즉 해로운 생활 습관 때문에 건강이 망가지고 나서 뒤늦게 복구하는 대신 적극적인 건강관리로 애초에 질병을 예방하도록 돕는 것이다. 베르스테겐은 가능한 한 많은 사람의 삶을 질적으로 향상시켜 모든 사람이 경기장에서든 사무실에서든 자신이 하고 싶은 일을 하며 꽃을 피우고 열매를 맺게 돕고자 한다. 하지만 대다수는 프로 운동선수 유망주가 아니므로 고강도 러닝머신 운동이나 중량 운동은 해결책이 되지 못한다. 그래서 베르스테겐 부부는 오래전부터 운동선수들과 함께 일하면서 배운 것을 활용해 대중의 요구에 맞게 사업을 전환하고 확장할 방법을 깊이 고민했다.

엑소스는 사업을 다각화하고 건강관리의 대중화에 힘쓰면서 성과를 창출했다. 2014년에는 메드핏MediFit을 인수했다. 메드핏은 기업과 호텔, 리조트, 주민센터에서 헬스장을 운영했는데 이 가운데 상당수가 성인과 노인의 건강을 적극적으로 돌보는 시설이었다. 이 인수합병 덕분에 엑소스는 기업과 지역사회로 빠르게 사업을 확장할 수 있었다. 베르스테겐은 이들 헬스장에 자사의 체력 단련 트레이너와 프로그램을 배치했고, 메드핏이 이미 형성한 풍부한 네트워크를 활용해 여러 건물과 캠퍼스, 주민센터에서 더 많은 사람을 만났다. 아디다스와 휴마나Humana, 인텔, 구글, 링크드인, 월그린Walgreens 등 《포춘》 선정 500대 기업이 급증하는 의료비 지출을 최소화하고 직원들의 건강과 체력을 최고 수준으로 끌어올리고자 엑소스의 문을 두드렸다.

엑소스는 고객사의 직원들에게 '개인 맞춤 운동 계획'을 제시한다. 필요에 따라 트레이너와 요리사를 파견하기도 하고, 고객사의 구내식당이나 카페와 협력해 식단을 설계하기도 한다. 엑소스는 메이오 클리닉Mayo Clinic과 협력해 '3D 운동 지수3D Movement Quotient' 프로그램도 개발했다. 생체역학과 동영상 분석기법으로 신체 동작의 질을 즉시 평가하는 프로그램이다. 개인의 필요에 맞춰 운동 능력을 향상하고 통증을 완화하거나 예방하는 운동 계획을 설계하는 것이 목표다.

현재 엑소스가 진행하는 사업 가운데 상당 부분은 업무 생산성을 높이기 위해 건강을 증진하고 싶은 개인에 초점이 맞춰져 있다. 베르스테겐이 운동선수 출신이고 오랫동안 엘리트 선수들과 함께 일했던 터라 엑소스의 프로그램은 운동선수들이 쓰는 용어로 되어 있다. 프로그램 참가자에게는 전인적 관점에서 맞춤식 '운동 계획'과 그들을 지도할 '코치' 또는 전문가 팀이 제공된다. 비슷한 목표를 지닌 참가자들과 '한 팀'을 이루어 서로 피드백을 공유하고 협력하도록 한다. 그리고 '득점판'에 운동량을 수량화해서 기록함으로써 참가자가 무엇을 성취했는지 또 어느 부분을 개선해야 할지 파악하도록 한다.

엑소스는 신체를 단련하고 건강을 유지할 때 직종에 관계없이 일상 업무에서 자신의 역량을 최대로 발휘하고 질적으로 더 나은 삶을 누린다는 사실을 입증했다. 베르스테겐은 이러한 역량을 고성능 DNA라고 부른다. 베르스테겐은 개인은 행동의 총합이고, 행동의 90퍼센트는 긍정적이든 부정적이든 습관이 결정한다고 설명한다. 그래서 그는 습관을 바꾸는 것, 즉 나쁜 습관을 고치고 규칙적인 운동과 같은 새로운 습관을 형성하는 데 주력한다.

이번 장에서 나는 개인과 공동체가 운동과 영양 관리로 자기와 공동체 안에 있는 고성능 DNA를 활성화하고 그 결과로 어떤 이익을 얻었는지 여러 사례와 사례 연구를 살핀다. 조직 공동체가 그 구성원들에게 투자할 때 그 혜택은 개인과 조직, 양쪽 모두에게 돌아간다.

회사에 건강관리에 중점을 둔 프로그램이 없다면 비록 가용 자원이 넉넉하지 않더라도 팀원들의 건강을 어떻게 관리할지 속히 방법을 찾아야 한다. 뜻이 맞는 사람들끼리 모임을 만들게 하여 주말에 하이킹을 하거나 조깅을 하거나 자전거를 타게 해도 좋다. 아니면 점심 시간에 틈을 만들어 빨리 걷기나 산책을 하도록 팀원들을 장려할 수도 있다. 매일 체력 단련 과제에 참여할 직원들을 모집하는 방법도 있다. 하루에 한 번 이상 20~30분간 운동하기처럼 쉬운 과제부터 시작하면 된다. 아니면 1~2시간 간격으로 타이머를 설정해 쉬도록 장려하는 방법도 있다. 몇 분간 스트레칭이나 심호흡을 해도 좋고, 당면한 업무 이외의 것에 주의를 돌리며 쉬는 것도 도움이 된다. 이렇게 간단한 방법에는 따로 비용이 들지 않는다. 큰돈을 투자하거나 특별한 장비를 구입할 필요도 없다.

## 엑소스 방식으로 고성능 DNA를 활성화한다

 직원들이 자신의 건강을 챙길 방법을 배우면 직원 자신들뿐만 아니라 그들이 속한 팀과 조직 공동체에도 이롭다는 사실은 엑소스가 금융회사, 물류창고, 병원 등 다양한 고객사와 일하며 이룬 성과를 보면 알 수 있다. 금융업계는 스트레스가 높은 환경에서 고강도 업무량을 처리하느라 번아웃 위험성이 큰 것으로 악명이 높다. FS인베스트먼트FS Investments의 회장이자 최고경영자인 마이클 포먼Michael Forman은 아침 8시부터 회사를 지키는 직원들이 저녁 8시부터는 가족과 함께 시간을 보내는 문화를 조성하고 싶었다.[3] 포먼은 업무 환경을 개선해 직원들이 일터에서 신체를 단련하고, 좋은 식단을 섭취하고, 더 빠르게 회복하도록 하면 가정과 직장에서 생산성이 올라가고 더 건강하고 행복해지리라 판단했다. 이에 FS인베스트먼트는 엑소스 프로그램을 도입했다. 여기에 자원한 직원 327명(그중 55명은 원격근무자다) 가운데 22퍼센트는 과체중 또는 비만이었고, 74퍼센트는 통증을 호소했다. 43퍼센트는 운동하는 날이 일주일에 3일 미만이었고, 53퍼센트는 심혈관에 문제가 있었고, 85퍼센트는 식습관이 좋지 않은 상태였다.

 엑소스는 포먼의 의뢰를 받아 직원들의 체력과 수행능력을 증진하는 프로그램을 개발했다. FS인베스트먼트는 이 프로그램에 따라 개별 맞춤형 운동 계획과 직원들의 운동 활동을 기록하고 추적할 디지털 도구를 제공했다. 건강한 음식과 간식을 무료로 제공하는 카페를 운영하고, 마음 관리 훈련법도 제공하고 지원했다. 그 결과는 인상적이었다. 더 건강하고 회복탄력성이 높은 근무 환경이 조성됐을 뿐 아니라 직원들의 신체 능력이 향상돼 1인당 연간 2052달러의 의료비가 절감될 것으로 추산됐다. 프로그램에 참여한 첫해에 직원들은 체지방이 평균 10퍼센트 감소했다.[4] 직원들 가운데 80퍼센트 이상이 스트레스가 줄고, 활력이 증가하고, 신체 단련의 필요성과 방법을 더 깊이 이해하게 됐다고 답했다. 프로그램 참가자의 70퍼센트 이상이 이 프로그램 덕분에 생산성이 향상됐다고 답했고, 다른 회사로 옮기지 않고 계속 근무할 가능성이 높아졌다고 답했다. 참가자 중 과체중이었던 직원의 비율이 16퍼센트로 줄었다. 통증을 겪는 이들은 74퍼센트에서 무려 17퍼센트로 떨어졌다. 일주일에 운동하는 날이 3일 미만이라고 답한 비율은 13퍼센트로 떨어졌고, 심혈관에 문제가 있다고 답한 비율은 53퍼센트에서 13퍼센트로 감소했다. 건강 위험도가 높거나 중간 범주에 속했던 참가자 중 42퍼센트가 건강 위험도가 낮거나 전혀 없는 범주로 이동했다.[5] 고위험군 참가자 모두 신체 활동이 증가했고, 대다수는 스트레스가 감소했다.[6]

한 직원은 엑소스 프로그램에 참가하고 "FS인베스트먼트뿐 아니라 가족에게도 더 나은 사람으로 성장하게 됐다"고 소감을 밝혔다. 또 다른 직원은 "집에서도 할 수 있는 간단한 동작으로 스트레스를 해소하는 방법은 물론, 일상에서 소소한 부상이나 통증이 있을 때 이를 해소하는 법을 알게 됐다"라고 말했다. 또 다른 참가자는 영양 관리로 얻은 이점을 강조하며, "구내식당에서 식사량을 줄인 덕분에 회사 밖에서도 식사량을 줄이고, 더 건강한 음식을 먹게 됐다"고 말했다.[7] FS인베스트먼트의 엑소스 프로그램 관리자는 프로그램이 직원들에게 도움이 되었으며, 직원들이 프로그램에 참여할 기회를 제공한 회사에 고마움을 느끼게 됐다고 말했다. 이 프로그램 덕분에 직원들은 사기가 올랐다. 회사가 자신들의 노고를 인정하고, 자신들을 아끼고, 자신들에게 투자하고 있음을 실감했기 때문이다.

2017년 엑소스는 체력과 지구력을 요구하는 산업 현장 근로자, 그중에서도 물류창고에서 지게차나 특수 장비로 상품을 찾고 나르는 근로자를 대상으로 프로그램을 만들었다. 이들이 겪는 부상과 통증, 사고 건수를 줄이고, 생산성을 향상하고, 부상으로 인한 병가를 단축하고, 출근율과 직원 유지율을 높이고, 직원들의 사기를 올리는 것이 목적이었다. 엑소스는 12주 건강 증진 프로그램에서 일대일 코칭, 영양 상담, 맞춤형 식단을 제공하고, 매주 성과를 점검하고 평가했다. 또 앞서 말한 네 가지 범주에서 신체 능력을 향상하는 법을 교육하고, 건강한 음식과 음료를 제공하는 공간을 직장 내에 조성했다. 작업 요구 사항에 맞는 체력 단련 목표도 설정했다. 이를테면 무거운 짐을 들어 올리는 동작과 자세를 개선하고, 건강한 습관을 형성하도록 했다.

전문 프로그램이나 담당 코치가 없어도 건강 증진에 유익한 습관을 기를 수 있다. 그렇게 하는 데 꼭 많은 자원이 필요한 것도 아니다. 베르스테겐에 따르면, 연구에 참여한 직장인의 70퍼센트가 탈수 증상을 보였다. 그는 사람들에게 아침을 건강하게 시작하라고 말한다. 일어나서 물을 한 잔 마시고, 간단한 세 가지 동작으로 몇 분간 몸을 풀거나 스트레칭을 하고, 오늘 하루를 생각하고 남은 인생을 생각하는 사고방식을 갖추라고 강조한다. 그리고 수분을 충분히 섭취하고 (깨끗한 물일수록 좋다), 자주(3시간마다) 깨끗한 음식(간식)을 섭취하라고 조언한다.

물류 작업자들에게 프로그램을 실시한 전후 차이를 비교한 결과, 체력이 13퍼센트 향상됐다. 한 참가자는 이렇게 말했다. "생산성이 15~20퍼센트 향상됐다. 예전에는 집에 가면 바로 곯아떨어졌는데 지금은 가족과 많은 시간을 보낸다." 또 다른 참가자는 이렇게 말했다. "10시간을 근무한 후에도 근육통을 느끼는 횟수가 줄었다. 잠을 깊이 자게 됐고, 퇴근 후 개인생활에도 여유가 생겼다. 긍정적인 태도를 갖게 되니 업무 수행력도 올라갔다." 물류 작업자들은 대부분 체성분(지방 대 근육 조직 비율)이 개선됨에 따라 더 건강해지고 생산성이 향상됐다. 이직률은 이전 12개월보다 123퍼센트 감소했는데 이는 이직으로 발생하는 비용 약 130만 달러를 절감하는 효과를 가져왔다. 통증을 동반하는 부상이 눈에 띄게 감소한 덕분에 관련 손실 비용은 연간 230만 달러나 절감됐다. 조사 결과 물류 작업자들은 활력이 49퍼센트 증가했고, 수면의 질이 74퍼센트 향상했고, 생산성이 21퍼센트 향상한 것으로 나타났다. 12주 건강 증진 프로그램 가운데 마지막 30일간의 기록만 따로 살펴보면 생산성이 35퍼센트 증가했고, 보고된 부상 건수는 0건이었으며, 신규 채용자의 유지율은 93퍼센트 이상이었다(업계 평균 유지율은 30퍼센트였다).

의료 기관에서 환자를 돌보는 사람들은 어떨까? 이들도 엑소스가 제공하는 프로그램으로 혜택을 누릴 수 있을까? 사람들은 의료인들이 건강 전문가이니 자기 관리에 문제가 없을 거라 생각할 테지만, 이들은 보통 사람들은 감당하기 힘들 정도로 육체적으로나 정서적으로 매일 엄청난 스트레스를 받고 있다. 이 같은 환경이 의료인들의 건강에 미치는 악영향은 시간이 갈수록 축적된다. 이런 이유로 아메리카

암치료센터Cancer Treatment Centers of America는 일주일에 3일 미만으로 운동하는 의료인들을 파악했고, 엑소스는 이들을 대상으로 12주 프로그램을 설계했다. 프로그램을 실시한 후에 조사했더니 참가자 116명이 눈에 띄게 건강해졌다. 정신적으로나 육체적으로 평균 23퍼센트 활력이 증가했고 통증이 급감했다. 체지방이 감소하고 몸이 아파서 결근하는 일이 감소했다. 컨설팅 회사에 의뢰해 엑소스 프로그램을 실행한 성과를 금전적 가치로 환산해보니 85만 달러 이상을 절감한 효과가 있었다. 다른 동료들을 챙기는 모습도 더 자주 보였다. 부인종양과 과장은 "외과 의사는 몸이 유연해야 하는데, 어깨 부상으로 통증이 있어 수술에 어려움을 겪었다"면서 트레이너에게 맞춤식 관리를 받은 덕분에 상태가 호전돼 "움직임의 범위를 늘리고 통증을 줄일 수 있었다. 그 덕분에 환자들을 잘 돌볼 수 있게 됐다"고 말했다. 한 방사선과 보조원은 "평생 이런 경험은 처음이다. 활력이 넘치고 근육이 붙으며 힘이 세졌다. 나이가 들면 흔히 겪는 통증과 불편함이 있는데 이것도 줄어들고 있다. 관절에도 도움이 되는 것 같아서 정말 좋다"고 말했다.[8]

## 웨그먼스

뉴잉글랜드와 중부 대서양 지역(미국 대서양에 접한 여러 주 - 옮긴이)에서 손꼽히는 슈퍼마켓 체인점인 웨그먼스푸드마켓Wegmans Food Markets 역시 직원들의 건강한 삶에 투자하는 것이 얼마나 가치 있는 일인지 알게 됐다. 2007년 웨그먼스는 의료비용이 치솟고 있었다. 경영진은 의료보험을 포함해 회사가 제공하는 전반적인 복리후생 제도를 직원들이 어떻게 평가하는지 알고 싶어서 설문조사를 의뢰했다. 그 결과 직원들이 다른 복지보다 건강보험 혜택을 높이 평가한다는 사실을 확인했다. 구직자들은 건강보험 혜택 때문에 웨그먼스에 들어오고 싶어 했고, 기존 직원들은 건강보험 혜택 때문에 이직하지 않고 웨그먼스에서 계속 일하고 싶어 했다. 비상근 근로자들에게도 기본 건강보험 혜택을 제공하려면 1인당 107달러의 비용이 필요하므로 회사가 150만 달러를 투입해야 하지만, 직원들이 받는 혜택은 화폐로 환산하면 총 3250만 달러의 가치가 있었다. 웨그먼스는 기회비용 분석 기법으로 가치를 따져보기 위해 건강보험 혜택 및 보상금 '패키지'를 여러 가지로 설계했고, 직원들이 어느 쪽을 선택하는지 분석하고 총 가치를 계산했다.9 웨그먼스의 매장 운영을 총괄하는 부사장 잭 드피터스Jack DePeters는 C 전 장에서 언급한 구글의 리워크 컨퍼런스에서 이러한 분석 결과와 그에 따라 웨그먼스가 단행한 조치를 설명했다. 웨그먼스는 현재 다양한 복리후생(유급 휴가, 육아 서비스 및 노인 돌봄 서비스, 법률 상담 서비스 재무 계획 수립 지원 등)과 보장 범위가 넓은 건강보험을 지원한다. 이뿐 아니라 혈압 측정, 독감 예방주사, 금연 프로그램은 물론, 혈압과 콜레스테롤 수치, 체중, 체질량 지수를 측정하는 연례 건강검진을 비롯해 다양한 건강관리 서비스를 무료로 제공한다. 웨그먼스에서 실시하는 '식습관 개선Eat Well Live Well' 프로그램은 식습관과 신체활동 습관을 바꾸는 데 중점을 두고, '혈압 확인Know Your Numbers' 프로그램은 혈압 관리에 중점을 둔다. 또 약사와 영양사를 두고 직원들을 지도하고 안내하며, 사내 요가 강좌를 제공한다. '사내 체중 감시자Weight Watchers at Work' 모임, 헬스 회원 할인권, 직원과 배우자 무료 금연 프로그램도 제공한다. 2008년에 웨그먼스는 전 매장에서 담배류 판매를 중단했다.

2008년부터 2013년까지 수집한 데이터에 따르면 웨그먼스 직원 4만 4000명 가운데 고혈압이 있는 직원은 24퍼센트에서 14퍼센트로 감소했고, 지방의 양을 추정하는 체질량 지수가 높은 직원의 비율도 비슷한 수준으로 감소했다.[10] 같은 기간에 정상 체중인 직원 비율은 29퍼센트에서 40퍼센트까지 증가했고, 비만인 직원 비율은 32퍼센트에서 25퍼센트로 감소했다.[11]

웨그먼스는 한 걸음 더 나아가 사업장이 있는 지역사회의 복지를 증진하는 일에도 투자한다. 사회적 책임을 강조하는 경영 철학이다. 식품 업계를 선도하는 최고경영자 대니 웨그먼Danny Wegman은 비만과 당뇨를 비롯해 여러 사회문제를 해결하는 데 기여하도록 업계 전반에 협력을 촉구한다. 웨그먼은 마크 베르스테겐과 마찬가지로 사회문제로 떠오른 비만과 당뇨와의 싸움에서 지고 있다고 판단하고, 회사 차원에서 이 문제를 해결할 방안을 제시했다. 그는 '가족 건강 여권Passport to Family Wellness' 프로그램을 만들어 지역주민들이 활발하게 운동에 참여하도록 독려한다. 웨그먼스는 시에서 후원하는 레크리에이션과 체력 단련 프로그램 및 공원 보존 단체들과 협력해 지역에서 하이킹 코스를 즐기려는 가족들을 위해 인증 수첩으로 쓰는 '여권'을 제작했다. 이 여권에는 지도와 체력 단련 팁, 하이킹 코스를 완수할 때 받게 되는 상품이 적혀 있어 운동 욕구가 자극된다. 일례로, 뉴욕의

제네시 밸리 그린웨이Genesee Valley Greenway의 경우 웨그먼스 여권에는 하이킹 코스 열네 곳의 지도가 포함되어 있다. 하이킹 코스 구간은 짧게는 3킬로미터에서 길게는 12킬로미터에 이른다. 각 코스에는 도중에 도장을 찍는 지점이 있고, 참가자들은 여권에 도장을 찍어 하이킹을 완료했음을 입증한다. 하이킹 코스 6개를 완주한 사람은 웨그먼스 제품과 교환할 수 있는 쿠폰을 받는다. 10개 코스를 완주한 사람은 '엠파이어 패스포트Empire Passport' 추첨에 참여할 자격을 얻는데, 여기에 당첨되면 뉴욕주 모든 공원의 차량 입장료가 1년간 면제된다.[12] 또 다른 지역에서는 6개 하이킹 코스를 완주한 여권을 가져오는 사람에게 웨그먼스가 준비한 티셔츠를 준다. 또 웨그먼스는 지역사회에 놀이시설을 짓고, 걷기 대회와 달리기 대회를 비롯해 청소년 스포츠를 후원해왔다.

자사 직원들은 물론 지역사회 주민들의 건강을 관리하는 일에 헌신하는 웨그먼스는 《포춘》 선정 '일하기 좋은 100대 기업'에 23년 연속 선정됐으며, 2020년에는 3위에 올랐다.[13] 미국의 내로라하는 대기업을 제치고 시간제 근로자가 많은 지역 식료품 소매기업이 이 목록에 오른 것은 매우 이례적이다. 2019년에는 미 여론조사기관 해리스 폴이 발표한 기업평판지수 조사에서 100대 기업 중 1위에 선정됐다. 웨그먼스는 언론에 종종 긍정적으로 보도될 뿐만 아니라 웨그먼스에서 제공하는 여권과 건강 증진 프로그램을 이용하는 지역사회에서도 두터운 팬층을 확보했다. 또한 고객 만족도 부문에서 미국 내 식료품 체인 중 가장 높은 평가를 받고 있다.[14] 지금은 고인이 된 로버트 웨그먼Robert Wegman 회장이 남긴 유명한 말이 있다. "먼저 직원을 챙길 줄 알아야 고객을 챙길 수 있다."[15] '사람이 먼저'라는 경영 철학은 메리어트인터내셔널과 사우스웨스트항공의 기업문화에서도 찾아볼 수 있었다. 경영주의 이 같은 철학은 회사에 대한 직원들의 높은 충성도와 만족도로 이어졌고, 이는 웨그먼스를 찾는 고객들의 만족도와 애정으로 이어졌다.

## 운동: 몸과 마음을 건강하게 하는 만능열쇠

엑소스의 전략 담당 수석부사장인 앨리슨 스쿱Allison Schoop은 "엑소스가 추구하는 목표가 사람들의 잠재력을 해방시키는 것"이라고 말했다. 사람들의 성장을 방해하는 요소를 찾아내야 직원들이 자기 안에서 최고를 끌어내고 온전한 자기 역량을 발휘할 수 있기 때문이다. 엑소스가 여러 조직과 협력해 조직 구성원들에게 건강 증진 프로그램을 실행하면서 거듭 입증했듯이, 운동은 최고의 자아를 끌어내는 데 도움이 된다. 이는 토니 슈워츠와 내가 다양한 산업과 조직에서 일하는 직장인을 2만 명 넘게 조사한 연구를 비롯해 수많은 연구에서도 확인된 사실이다.

운동은 뇌 기능을 향상하고, 스트레스[16]와 스트레스 질환을 줄이는 데 매우 효과적이다.[17] 규칙적으로 운동할 때 자율신경계 기능이 개선돼 투쟁-도피 반응이 감소하고 신경계가 균형을 이루게 된다.[18] 운동을 하면 각성 효과, 집중력, 인지능력이 촉진되므로 운동 후에는 학습 효율이 는다. 규칙적으로 운동하는 사람들은 기억력, 추론력, 주의력, 문제해결능력, 심지어 유동지능(새롭고 낯선 문제를 해결하는 능력 - 옮긴이) 같은 인지능력이 크게 향상한다.[19]

운동을 하면 행복감도 커진다.[20] 오랫동안 규칙적으로 운동하면 보상 체계가 재구성되며 우울증이 완화되고 사소한 것에도 기쁨을 느끼게 된다. 운동할 때 근육이 수축하는 과정에서 '희망 분자(마이오카인)'가 분비되므로 근육은 희망 분자를 제공하는 약국과도 같다.[21]

《움직임의 힘》을 쓴 저자이자 심리학자인 켈리 맥고니걸Kelly McGonigal은 규칙적으로 운동할 때 내면에도 큰 변화가 인다고 말한다. 직접적 신체 경험이 자신에 대한 뿌리 깊은 신념마저 흔들어놓는 것은 새로운 감각이 오래된 기억과 서사를 압도하기 때문이다.[22]

운동을 하면 자기 의심을 떨쳐낼 수 있다. 운동을 하면서 목표를 달성하고, 장애물을 극복하고, 한때는 벽처럼 느껴졌던 것을 무너뜨렸다고 자기 자신(과 다른 사람들)에게 증명할 수 있어서다.

맥고니걸은 운동을 하면 용기를 키울 수도 있다고 강조했다. 자기 안에서 용기를 찾은 사람은 공동체 안에서 긍정적 변화를 일으킨다. 지독하게 솔직한 피드백을 제공할 수 있고, 위험을 무릅쓰고 자신의 생각이나 아이디어를 피력하거나 공유할 수 있다. 또 대담한 목표를 세우고 도전할 수 있다. 사람들이 용기를 묘사할 때 흔히 신체적 경험과 연관 짓는 것은 자연스러운 일이다. 우리는 용기를 내어 불 속으로 걸어가고, 무거운 짐을 짊어지고 앞으로 나아가고, 서로 끌어주며 어려움을 극복한다. 우리는 모두 자기 몸을 단련하는 전사들이다. 주로 주말에 운동하는 이도 있고, 시간이 날 때 운동하는 이도 있다. 일단 운동화 끈을 단단히 묶고 몸을 움직일 때 우리의 언어와 마음이 달라지고, 자신이 꿈꾸는 '나'를 향해 전진하게 된다. 맥고니걸은 이렇게 말한다. "마음은 본능적으로 신체 활동의 의미를 이해한다. 때로는 실제로 산을 올라야 하고, 힘든 일을 혼자서 해내야 하고, 함께 무거운 짐을 나르며 자기 안에 있는 용기와 인내심을 알아차려야 한다."

나 역시 이 사실을 몸소 체험했다. 일이나 사생활에서 어떤 일에 실패하거나 실망스러운 결과를 얻으면 위축되곤 한다. 이런 순간에 운동이 피난처가 된다. 운동을 하면서 다시 마음을 추스른다. 운동은 쥐구멍에서 나를 끌어내준다. 운동을 하면서 얻는 성공 경험은 내 삶의 모든 영역에 영향을 미치고, 이렇게 쌓은 성취감은 내 정체성을 형성한다.

우리가 매 순간 느끼는 자신감은 신체 활동에 영향을 받는다. 무거운 역기를 들어 올리면 힘이 훨씬 세졌다고 느낀다. 달리기를 하면 활력이 솟구친다. 요가나 필라테스를 하면 균형감을 느끼고 자기를 제대로 돌보고 있다는 느낌이 든다. 이전에 겁이 나서 하지 못했던 운동 수업(종류는 상관없다)에 용기를 내어 참여하는 것도 두려움을 극복하는 한 가지 방법이다. 이 모든 신체 활동은 자신을 새로 규정하는 언어가 된다. 나약하고, 기운 없고, 균형을 잃고, 주눅 들어 있던 사람이 아니라, 강하고, 자기를 관리하고, 균형 잡히고, 의지력 있고, 용감한 사람으로 거듭난다. 맥고니걸은 "신체 활동으로 얻는 성취감은 자신을 바라보는 관점을 바꾸고 자기 효능감을 바꾼다"면서 그 효과를 결코 과소평가해서는 안 된다고 강조한다. 몸이 건강할 때 직장에서 일하는 모습이 달라지는 이유가 여기에 있다. 규칙적으로 운동을 하면 목적의식이 뚜렷해진다.[23]

엑소스의 최고경영자인 사라 롭 오헤이건Sarah Robb O'Hagan은 나이키Nike에서 임원을 지내고, 고급 피트니트 센터인 이퀴녹스Equinox에서 사장으로 일했다. 플라이휠스포츠Flywheel Sports의 최고경영자를 역임하는 등 주로 피트니스 업계에서 경력을 쌓았다. 신체 건강과 정신 건강을 지키는 열쇠는 운동이라고 여기는 오헤이건은 맥고니걸과 많은 부분 생각이 비슷하다. 오헤이건은 저서《한계를 넘어선 당신Extreme You》에서 신체를 단련하며 자기를 밀어붙일 때 더 높은 성과를 올릴 수 있다고 주장했다. 오헤이건은 신체 단련 과제, 영양 상담, 자기계발 코칭으로 구성된 6주 프로그램을 개발해 신체 단련이 정신력 강화로 이어지는 원리를 사람들이 활용하도록 돕는다. 가령, 난관을 어찌 헤쳐 나갈지 답이 보이지 않을 때면 운동을 하며 마음을 다잡으라고 제안한다. 작든 크든 신체 단련 과제를 하나 정하고 이 사실을 주변 사람들에게 선언하면 그 목표를 달성할 가능성이 훨씬 커진다. 그리고 실제로 목표를 달성할 때 강력한 추진력에 마법처럼 시동이 걸리는 순간을 느낄 수 있다. 오헤이건은 이렇게 말한다. "체력 단련 목표를 성취하는 순간 참으로 놀랍게도 우리 안에서 강렬한 의욕이 샘솟는다. 이 의욕은 삶에서 겪는 어려움을 이겨내는 원동력이 된다."[24]

운동은 다른 사람들과 함께하는 즐거움을 배가시키고 공동체 의식을 촉진하기도 한다. 엔도르핀이 분비되면 기분이 좋아진다. 이는 유대감을 형성하고 관계를 강화하는 데 도움이 된다.[25] 한 연구 결과, 부부가 함께 운동하면 상대에게 사랑받고 격려받는 기분이 들고 애정이 깊어지는 것으로 나타났다.[26] 사람들이 운동한 날에 친구나 가족과 더 긍정적으로 상호작용한다는 연구 결과도 있다.[27]

## 공동체에 좋은 연료

음식은 우리 몸과 두뇌에 연료를 공급한다. 건강한 식습관을 유지하면 몸과 마음이 편안해지고 일터에서는 더 건강하고 생산성이 높은 노동자가 된다(제6장 참조). 그런데 건강한 식습관을 유지하는 일은 매일 200가지 이상의 결정을 내려야 하는 복잡한 문제이다. 그중에는 잘못된 결정도 상당하다. 우리가 구매하는 식품의 약 60퍼센트가 고도로 가공되거나 너무 달고 기름지고 짜기 때문이다.[28] 이는 미국의 비만율이 심각하게 증가한 원인이기도 하다. 미국 질병통제센터에 따르면, 최근 수십 년 사이에 비만율이 눈에 띄게 증가했다. 2017~2018년 기준으로 비만율이 42퍼센트가 넘었다(20년이 안 되는 사이에 10퍼센트 넘게 증가했다). 또한 미국 기업은 직원들의 의료비용으로 연간 2250억 달러를 지출한다. 비만은 이 비용을 차지하는 주된 요인일 뿐 아니라 수십만 명의 조기 사망을 초래하는 원인이기도 하다.

비만율 증가세를 억제하는 방안을 찾고자 수많은 연구가 진행됐다. 리처드 탈러Richard Thaler와 캐스 선스타인Cass Sunstein은 《넛지: 똑똑한 선택을 이끄는 힘》에서 명령이나 지시보다 간접적 유도와 긍정적 강화가 더 효과적일 수 있다는 사실을 밝혔다. 올바른 결정을 내리기 쉽게 만드는 것도 효과적인 '넛지' 전략 중 하나다. 구글을 포함해 많은 기업이 《넛지》에서 제시한 원리에 따라 직원과 방문객들이 현명한 식생활을 유지하기에 효과적인 사업장을 조성한다. 비만과 과체중으로 인한 비용(의료비 증가는 물론, 결근율 증가와 업무 성과 저하 등)은 고용주 입장에서는 심각한 문제이기 때문이다.

구글 식품팀은 사내에서 건강한 간식을 제공해 구글 직원과 방문자가 더 나은 선택을 하도록 유도했다. 과거에는 건강에 좋지 않은 M&Ms 초콜릿(회사에서 인기 있는 간식)을 대용량으로 두고 양껏 담아가도록 종이컵을 비치했는데, 소포장해서 제공하는 것으로 바꾸었다. 그 결과 평균 1회 제공량이 308칼로리에서 130칼로리로 58퍼센트 감소했다. 또한 쿠키와 크래커, 기타 간식을 휴게실 음료 냉장고에서 멀리 떨어진 곳에 두면 사람들이 음료를 마실 때 간식도 함께 챙길 가능성이 줄어든다는 사실을 발견했다. 1000명 이상의 직원을 대상으로 실험한 결과, 냉장고가 스낵바에서 5.3미터가량 떨어진 곳보다 2미터가량 떨어진 곳에 있을 때 스낵을 함께 가져갈 확률이 50퍼센트 더 높았다. 이는 남성의 경우 매일 커피 한 잔을 마실 때마다 연간 약 454그램의 지방이 증가하는 결과로 이어진다.[29] 또한 구글은 채소를 제공하는 식품 코너 옆에 '오늘의 채소'(콜리플라워, 브뤼셀 스프라우트, 비트 같은 비인기 채소)를 소개하는 천연색 포스터를 부착하여 직원들의 주의를 환기시켰다. 그 결과 추천 채소를 먹는 직원 수가 74퍼센트 증가했고, 채소 제공량도 64퍼센트 증가했다.

건강식을 무료로 제공할 여력이 없는 기업도 많다. 슈워츠와 내가 2만 명이 넘는 직원을 조사해보니 21퍼센트만이 직장에서 건강한 음식이나 간식을 제공한다고 답했다. 하지만 사람들이 건강한 음식을 더 쉽게 선택하도록 회사가 할 수 있는 일은 많다. 일례로, 제1장에 소개한 저명한 의학 전문가인 마크 하이먼은 사탕 대신 과일과 견과류, 탄산음료 대신 향미가 첨가된 생수를 제공할 것을 기업에 조언한다.[30]

## 소방관처럼 함께 식사하기

구글을 비롯한 많은 기업이 구내식당을 운영하며 직원들에게 무료로 식사를 제공하거나 보조금을 지원한다. 이러한 공동 식사 공간을 제공하는 데는 여러 이유가 있겠지만 대개는 건강한 식습관을 장려할 수 있고, 식사하려고 외부로 나가는 데 들이는 시간을 줄여 생산성을 높일 수 있다고 믿어서다. 또 다른 이유로는 구내식당에서 함께 식사하는 시간이 사업장에서 더 큰 협력과 협업으로 이어질 수 있다고 기대해서다. 앞서 야외용 그릴 전문회사 트레이거를 소개할 때 다뤘는데, 이 회사가 추구하는 다섯 가지 가치 중 하나가 바로 '함께 요리하기'이다. 이곳 직원들은 월요일부터 금요일까지 함께 식사한다.

공동 식사가 오랜 전통으로 자리 잡은 대표적인 곳을 뽑으면 소방서가 있다. 소방관들은 보통 10시간, 12시간 또는 14시간 교대 근무를 하고, 식사 때도 소방서를 떠날 수 없기 때문에 대체로 함께 요리하고 식사한다. 물론 집에서 도시락을 싸 오거나 외부에서 음식을 사 가지고 오기도 한다. 하지만 함께 요리하고 식사하는 문화가 깊게 뿌리내렸고, 또 소방관들이 소중하게 여기는 전통이어서 여기에 참여하는 것이 규범으로 자리 잡았다. 소방서에는 보통 냉장고, 가스레인지, 싱크대 등 조리 시설은 갖춰져 있다. 하지만 음식은 제공되지 않기 때문에 소방관들이 돈을 모아 식재료를 구입하고, 식단을 짜고, 요리를 하고, 식사 후 설거지까지 분담한다. 이러한 공동 식사가 유쾌한 일상이 됐음은 잘 알려진 사실이다. 케빈 나이픈Kevin Knifen은 소방관의 아들이자 코넬대학교 연구원이며 〈소방서에서 함께 식사하기Eating

Together at the Firehouse〉라는 논문의 주 저자이다. 나이픈은 공동 식사 문화가 업무 성과에 실제로 어떤 영향을 미치는지 조사했다.**31**

나이픈은 연구의 일환으로 미국 대도시 소방서 13곳을 방문해 소방관과 그 상관을 인터뷰하고 그들의 경험을 물었다. 비용을 절감하거나 시간을 절약하는 차원에서 함께 요리하고 식사한다고 말한 소방관은 아무도 없었다. 이들은 함께 식사하는 문화가 가족 같은 우애를 다지고, 팀을 효율적으로 운영하는 데 중요하다고 말했다. 소방관들은 식탁에 둘러앉아 함께 식사하면서 끈끈한 동료애를 느끼고 서로 신뢰를 쌓을 수 있다고 믿는다. 소방관들은 위험한 상황에 놓일 때가 많은데, 이때 서로 아끼고 의지할 수 있다는 확신이 때로는 생과 사를 가르기도 한다. 소방관들은 공동 식사 문화가 더 많은 생명을 구하는 데 실제로 도움이 된다고 입을 모은다. 소방관 집안 출신인 밥Bob은 한 가지 예를 들었다. 하루는 동료인 도미닉Dominic이 점심을 먹다가 이런 얘기를 털어놓았다. "이거 아무도 모르는 이야기긴데, 제가 어렸을 때부터 높은 듯을 무서워했어요. 지금도 무서워요." 밥은 이 말에 놀랐다. 소방관에게서 이런 말을 들으리라고는 생각도 못 했다. 4시간 후 화재 경보가 울렸고, 밥은 팀원을 배치할 때 도미닉에게 들은 정보를 전략적으로 활용했다. 도미닉이 화재 현장에서 높은 곳에 올라갈 일이 없도록 관련 업무에서 배제하는 대신 그가 더 잘할 수 있는 역할에 배치했고, 밥의 지휘 아래 팀원들은 성공적으로(그리고 안전하게) 화재를 진압했다.**32**

팀장급 이상 관리자 395명을 대상으로 한 후속 설문조사에서 우리는 공동 식사의 가치를 높이 평가하는 소방관들의 생각을 확인했다. 팀원들이 함께 식사하는 문화와 팀의 성과 사이에는 실제로 긍정적인 상관관계가 나타났다. 팀장급 이상 관리자들은 함께 식사하는 팀원들의 경우가 그렇지 않은 팀원들보다 협력 행동이 약 2배 더 많이 나타난다고 평가했다.[33] 소방관들의 공동 식사 문화에 포함된 여러 협력 행동(즉, 함께 돈을 모으고, 식단을 짜고, 식재료를 사고, 요리하고, 청소하는 것) 역시 긍정적인 효과를 강화했을 것으로 보인다. 이 모든 협력 행동은 업무 수행력을 향상하는 데 기여했다.[34] 나이폰은 논문에 "함께 식사하는 것은 함께 엑셀 파일을 들여다보는 것보다 더 친밀한 행동이다. 이러한 친밀감은 업무에 긍정적 효과를 미친다"라고 썼다. 공동 식사는 일종의 '사회적 접착제'인 것이다.[35] 이 연구는 기업 관점에서 구내식당에 투자하고 공동 식사를 장려하는 것이 가치 있는 일임을 시사한다. 하지만 토니 슈워츠와 내가 2만 명 넘게 직장인들을 조사해보니 혼자 책상에서 끼니를 때우지 말고 동료들과 어울려 식사하도록 장려하는 리더는 23퍼센트에 불과했다. 구내식당을 설치하거나 식비를 보조할 자원이 없거나 경영진이 공동 식사 문화를 지원하지 않더라도 팀장급 이상 관리자는 직원들이 함께 식사할 방법을 찾을 수 있다. 팀원들과 회의실에 모여 외부에서 사온 음식을 함께 먹어도 좋고, 근처에서 함께 식사하고 산책하면서 브레인스토밍을 해도 좋다. 아니면 간단히 샌드위치와 수프를 함께 먹으며 친교를 다질 시간을 마련해도 좋다. 요리 모임 같은 친교 모임을 조직해 꽤 까다로운 요리를 함께 만들면서 색다른 주제로 문제를 함께 해결하는 방법을 익히는 것도 좋다.

나는 운이 좋게도 모임에서 이런 경험을 했다. 15년 전의 일인데도 기억이 생생하다. 디시간대학교 경영대학원에서 열린 긍정조직학 행사에 참석했을 때다. 오전에는 전문가들의 주제 발표를 들었고, 징거맨에서 제공한 맛있는 점심을 먹었으며(제4장 참조) 오후에는 발표 주제를 놓고 소모임에서 활발하게 토론을 이어갔다. 무엇보다도 저녁 행사가 기억에 남는다. 기획력이 좋은 미시간대학교답게 그날 저녁 행사도 예상을 뛰어넘었다. 참가자들은 세 그룹으로 나뉘어 앤아버에 사는 교수 세 명의 집으로 향했다. 거기서 함께 식사 메뉴를 정하고 요리할 예정이었다. 우리 팀은 어둑한 작은 숲을 지나 근사하고 따뜻한 집에 도착했다. 헛간을 개조한 건물이었다. 그곳에 도착하자 교수가 우리를 주방으로 안내해 풍부한 식재료를 제공하며 무엇을 요리할지 선택하라고 말했다.

주방 조리대에는 울긋달긋하고 신선한 각종 채소와 과일, 큼직한 양상추가 쌓여 있었고, 농가 분위기가 물씬 풍기는 식탁에는 감자, 파스타, 토르티야, 올리브유, 밀가루, 버터 같은 기본 식재료가 있었다. 식사 메뉴를 정하는 동안 우리는 각자 자신의 능력에 맞는 일을 찾아 나섰다. 한 사람은 요리에는 젬병이라며 설거지를 하겠다고 농담조로 말했다. 몇 명이 자신이 좋아하는 요리를 만들겠다고 제안했다. 우리는 순식간에 음식 종류를 정하고 역할을 분담했다. 음식을 만들면서 우리 모두 연구하느라 정신이 없어 직접 음식을 해본 게 언제인지 까마득하다고 털어놓았다. 특히 종신 교수가 되려는 이들은 주요 학술지에 논문을 발표하는 일을 비롯해 경력에 꼭 필요한 일이 아니면 아예 시간을 쓰지 않는 편이었다. 쇼핑이나 요리는 고사하고 시리얼 한 그릇 이상으로 손이 가는 음식을 만들어 먹는 일을 다들 버거워했다.

함께 요리를 준비하며 속내를 나눈 그 시간은 제1장에서 소개한 공유진찰제의 집단치료 시간과 비슷했다. 조원들이 서로 위로하고, 자신이 경력을 쌓으며 어려움을 이겨낸 방법을 공유하는 시간이라 더없이 좋았다. 조원들은 모두 내가 존경하는 동료이자 멘토였고, 학계에서 인정받는 실력자였다. 그런데 이들도 나처럼 불안하고 힘들어한다는 사실을 털어놓았다. 때로는 무력감에 빠져 아무것도 할 수 없는 기분을 느끼는 사람이 나 혼자만이 아니라는 사실을 깨달은 것은 큰 위로가 됐다.

함께 저녁을 준비하는 시간은 뜻밖에도 조원들이 마음의 문을 활짝 열고 소통하는 시간이 됐다. 조원들은 직업상 가장 두려워하는 것이 무엇이고 또 가장 희망하는 것이 무엇인지 털어놓았다. 우리는 양초로 식탁을 밝히고 맛있는 샐러드와 야채볶음을 곁들인 파스타를 먹으며 어떤 사람이 되고 싶은지 또 이 일을 하면서 어떻게 사회에 기여하고 싶은지 깊이 있는 대화를 나누었다. 식사를 끝내고 초콜릿 디저트를 포장해서 숲길을 느릿느릿 걸어 다시 캠퍼스로 돌아갔다. 그리고 세 팀이 모두 모여 서로 만든 디저트를 나눠 먹으며 즐거운 시간을 보냈다. 그날 저녁 내내 우리는 혼자가 아니라는 유대감을 느꼈고 덕분에 사이가 돈독해졌다. 대부분 처음 보는 사람들과 조를 이루어 무슨 일이 일어날지 궁금해하며 손전등을 들고 낯선 숲길을 걸었던 일은 여러 해가 지났지만 지금도 선명하다. 한 가지 분명한 사실은 그날 나는 함께 배우고 성장하고 아픔을 공유할 공동체를 발견했다는 것이다.

# 건강을 챙기는 몇 가지 제안

## | 산책하며 일하기 |

산책 회의를 도입하는 것도 직원들에게 필요한 신체 활동을 제공하는 방법 중 하나다. 이 시간은 전염병처럼 번져가는 외로움을 해소하는 일에도 도움이 된다. 사람들이 하루에 의자에 앉아서 보내는 시간은 평균 9시간 18분이다.[36] 이 주제를 다룬 수많은 기사에서 지적했듯이, 오랜 좌식 생활은 흡연 못지않게 해롭다. 산책 회의는 직원들이 의자에서 일어나 움직이게 한다. 또 즐거운 경험을 공유하기 때문에 관계도 돈독해진다. 산책 회의로 얻는 효과는 건강을 챙기고 관계가 돈독해지는 것에 그치지 않는다. 연구 결과, 사람들은 산책할 때 창의력이 60퍼센트 증가했고, 산책을 마친 후에도 그 영향력이 유지되는 것으로 나타났다.[37] 디자인 회사인 엔비비제이NBBJ는 사무실에 앉아서 안건을 회의하는 방식에서 벗어나 산책 회의로 전환했다. 이를 위해 산책 경로를 미리 정해 일정표도 만들었다.[38] 이처럼 산책 회의를 도입해 사람들이 야외로 나가거나 사무실을 벗어나 걸어 다니도록 장려해야 한다. 스탠딩 데스크와 러닝머신 책상을 설치하는 것도 좋다.

## | 운동 공간 확보하기 |

회사에 전용 헬스장이 없더라도 스트레칭, 러닝머신 달리기, 웨이트 트레이닝, 요가 또는 필라테스를 하고 싶은 직원들을 배려해 회의실에 별도의 공간을 마련할 수 있다. 운동할 공간만 있으면 사람들이 그 공간을 이용할 것이다.

## | 개인 트레이너 채용하기 |

개인 트레이너가 있는 건강 프로그램은 여러 복지 중에서도 직원들이 특히 만족스러워하는 혜택이며 인기도 무척 높다. 제6장에서 소개한 톰 가드너는 모틀리풀 직원들에게 개인 트레이너를 붙여준 것이 "생산성을 향상시키고, 건강보험 비용을 줄이고, 직원만족도를 높이는 편리한 솔루션"이었다고 설명한다.[39]

## | 자기 관리를 중시하는 조직문화 구축하기 |

메리어트인터내셔널 사례에서 보듯 건강한 삶을 중시하고 실천하는 일을 앞장서서 전파하는 관리자나 책임자를 선정하는 것이 좋다. 이런 일을 전담하는 사람이 있으면 신체 및 정신 건강, 정서 건강을 중시하는 조직문화를 구축하는 데 도움이 된다. 이들은 사내에서 체력 단련 모임을 조직하거나 정신 건강에 도움이 되는 마음챙김 수업이라든지 명상 강좌 등을 진행한다. 또 자기 관리에 힘쓰는 구성원들이 서로 도움을 주고받도록 소규모 모임을 구성하고 운영하기도 한다. 이러한 모임과 수업은 구성원들이 건강을 챙기는 일에 재미를 느낄 수 있도록 한다. 동료애를 쌓기도 좋다.

## | 건강관리의 날 |

하루를 지정해 건강한 신체를 만드는 일에 투자하도록 장려하는 방법을 추천한다. 2019년, 노스페이스 North Face는 지구의 날(4월 22일)

을 세계 여러 나라에서 공휴일로 인정하기를 바라며 이를 장려하는 캠페인의 일환으로 이날 모든 직원에게 유급 휴가를 줬다. 노스페이스는 본사와 113개 매장 문을 닫고, 모든 직원에게 업무와 철저히 단절한 채 야외활동을 즐기거나 지역사회에서 봉사활동을 하도록 권고했다. 이후 직원들은 노스페이스의 사내 소셜미디어에 무슨 활동을 했는지 공유했다. 이는 회사가 추구하는 가치가 무엇인지 또 아웃도어 브랜드로서 어떻게 그 가치에 헌신하고 있는지 보여주는 방법이기도 하다.

미국의 아웃도어 장비 소매 협동조합인 레이REI 역시 직원들의 야외활동을 장려하는 것을 기업 정책으로 삼고 있다. 레이는 2015년부터 연중 가장 바쁜 때인 블랙프라이데이에 매장 문을 닫는다. 이날을 '#옵트아웃사이드데이#optoutside day'라고 부르며 직원들이 자연으로 나가기를 권장하는 이유는 직원들이 건강한 삶을 유지하는 일을 돕기 위해서다. 이뿐 아니라 레이는 회사 홈페이지에 명시하듯, 직원들에게 1년에 두 번, 그러니까 6개월에 한 번 '예이데이Yay Days'를 제공하여 직원들이 야외에 나가 놀고, 자신이 좋아하는 야외활동에 참여해 자연에서 영감을 얻는 기회를 갖도록 장려한다.

∴

엑소스의 전략파트너십 및 인사이트 담당 수석부사장으로 2003년부터 자사의 영양 프로그램과 연구를 다수 이끈 아만다 칼슨-필립스Amanda Carlson-Phillips는 내게 이렇게 말했다. "리더가 건강 증진 프로그램을 제공하면 일부 직원들은 참여하겠지만, 리더가 건강 증진 프로그램을 제공할 뿐만 아니라 솔선해서 조직문화로 구축한다면 직원 대부분이 당연히 참여할 것이다." 칼슨-필립스의 말을 빌리면 다행히 "그 같은 변화를 이끌어내는 데 최고급 운동 시설이 꼭 필요한 것은 아니다."

어떻게 하면 건강한 신체를 단련하는 일을 조직문화에 융합할 수 있을까? 무엇보다 습관이 중요하다. 사소한 행동에서 시작해 유의미한 개선 효과를 얻을 수 있는 방법은 많다. 베르스테겐은 이런 말을 자주 한다. "간단한 일을 철저하게 수행하라." 쉬운 일부터 시작하면 된다. 간단한 운동이라도 시작하고 나면 추진력이 생긴다. 베르스테겐은 전인적 관점에서 건강한 삶을 구축하고 업무 수행능력을 높이는 네 기둥을 강조했다. 지금까지 운동 관리와 영양 관리를 살폈고, 다음 장에서는 나머지 두 기둥(회복 관리, 마음 관리)을 자세히 살핀다. 이 두 기둥은 제트 엔진과 같아서 변화를 가속화할 것이다.

# 09 회복

잠자는 시간은 내일 필요한 에너지를 충전하기 위한 투자다.

**톰 래스**(Tom Rath)

젠 피셔Jen Fisher는 2001년 세무 및 금융 컨설팅 회사인 딜로이트Deloitte에 수석마케팅코디네이터로 합류했다. 이후 승진하여 최고운영책임자의 참모가 되었고(이 최고운영책임자는 나중에 최고경영자로 승진한다), 나중에는 최고마케팅책임자와 협업하게 됐다.[1] 피셔는 고위 경영진과 일하면서 활력을 얻고 배우고 성장했다. 시간이나 장소에 상관없이 언제 어디서나 일했으며, 하루 19시간 근무할 때도 많았다. 그래도 운동 시간을 따로 정해두었기 때문에 건강을 잘 챙기고 있다고 자부했다. 마이애미대학교에서 여자 축구선수로 활약했던 피셔는 하루 1시간을 '나만의 시간'으로 정해 이를 엄격히 지켰다. 피셔는 하루 서너 시간만 자도 충분하다고 믿었다. 건강한 식단을 유지하긴 했지만 너무 바빠서 식사를 거를 때가 많았다. 프로젝트 마감일까지 '불도저처럼 밀어붙이는' 방식으로 일했는데, 한동안은 효과가 있는 것처럼 보였다. 하지만 시간이 지남에 따라 이 혹독한 일정이 건강에 타격을 주기 시작했고, 그를 아끼는 사람들이 이를 알아차렸다.[2]

먼저 이상 징후를 알아차린 사람은 남편이었다. 남편이 건강에 신경 쓰라고 말했지만 피셔는 그런 조언을 받아들일 준비가 되어 있지 않았다. 조언하는 사람이 남편이라면 더더욱 그랬다. 피셔는 이렇게 말했다. "배우자에게서 잔소리를 듣는 것은 싫다. 당연히 그 사실을 받아들이고 싶지 않았고 부정했다. 그 말을 인정하는 것은 실패를 의미하기 때문이다. 내가 이 모든 일을 감당할 수 없다는 뜻이고, 모든 순간에 모든 사람에게 완벽한 사람일 수 없다는 의미이니, 한마디로 슈퍼우먼은 될 수 없다는 것이었다."[3]

하지만 피셔가 느끼는 압박감은 직원들과의 관계에도 부정적인 영향을 미쳤다. 피셔와 친한 부하 직원 한 명은 팀을 떠나면서 피셔와 일하는 것이 너무 힘들기 때문이라고 퇴사 이유를 친절하고도 솔직하게 털어놓았다. 그런데도 피셔는 자신에게 문제가 있다는 사실을 인정하고 싶지 않았다. 하지만 동료와 멘토를 비롯해 그를 아끼는 사람들이 몸을 너무 혹사한다고 지적하는 일이 늘자 피셔도 문제의 심각성을 인지하기 시작했다. 딜로이트의 최고마케팅책임자인 다이애나 오브라이언Diana O'Brien은 피셔의 멘토이기도 했다. 오브라이언도 피셔가 정상 컨디션이 아니라는 사실을 알아차렸다. 피셔가 새로 맡길 역할이 무엇인지 물었을 때 오브라이언은 "얼마간 휴식을 취하고 어떤 사람이 되고 싶은지 성찰하는 것"이라고 대답했다. 피셔는 처음에 그 제안이 마음에 들지 않았다. 피셔는 속으로 "휴가는 필요 없다. 다음 역할을 수행할 준비를 마쳤다"고 생각했다.[4]

하지만 오브라이언은 피셔에게 '휴가 명령'을 내리고 건강한 삶의 의미를 성찰하기를 요청했다. 그가 생각하는 건강한 삶이란 무엇인지, 건강한 삶을 중요하게 여기는지 아니면 무시하고 있는지, 건강한 삶을 유지하는 일이 왜 중요한지 생각하라는 것이었다. 피셔는 업무 전화를 모두 차단하고 나서야 자기 몸이 얼마나 피로한 상태였는지 깨달았다. 피셔는 집에 돌아가자마자 곯아떨어졌고, 이후 3주간 거의 잠만 잤다. 그는 자신의 건강 습관과 수면 습관만 살핀 것이 아니라 삶의 전반적인 방향을 제고했다.[5]

직장에 복귀한 후 피셔는 처음 몇 달간 업무에 천천히 적응해나갔다. 몸을 회복하는 데 집중하면서 일상과 직장에서 삶의 리듬을 되찾았다. 그러면서 자신에게 중요한 것이 무엇이고 또 어떤 사람이 되고 싶은지 성찰하는 일에 소홀하지 않았다. 피셔는 그동안 자신이 건강한 삶을 너무 협소하게 정의하고 있었음을 깨달았며 이렇게 말했다. "당시에 나는 쉬지 않고 일해도 매일 운동만 하면 괜찮을 거라고 믿었다. 하지만 실제로는 수면이나 회복, 인간관계 같은 삶의 중요한 영역을 모두 무시하고 있었다는 걸 쉬면서 깨달았다. '건강한 삶'이라는 것이 신체뿐만 아니라 정신, 정서, 인간관계도 포함한다는 사실을 알게 된 것이다."[6] 헬스장에서 보내는 시간도 필요하지만 휴식, 사색, 독서, 명상하는 시간도 필요했고, 소파에 누워 아무것도 하지 않는 시간도 필요했다. 피셔는 자신에게 필요한 것이 무엇인지 깊이 알아갈수록 다른 사람들도 자신에게 필요한 것이 무엇인지 발견하도록 돕고 싶어졌다. 피셔는 자기 일에 품은 열정이 아무리 대단하더라도 휴식하며 체력을 회복하는 시간 없이는 결국 기력이 소진되고 만다는 사실을 확실히 깨달았다.7

번아웃을 경험한 뒤 피셔의 삶은 달라졌다. 번아웃이란 성공에 도달하려면 반드시 치러야 하는 대가가 아니었다. 피셔는 더 의미 있는 삶을 살려면 바쁜 삶을 자랑스럽게 여기는 태도를 버려야 한다는 사실을 배웠다.8 그는 이 메시지를 다른 사람들에게도 전하고 싶다는 의욕이 솟았고, 경영 코치가 되거나 그것과 비슷한 일을 하고 싶다는 생각이 들었다. 딜로이트에는 그런 일을 할 직무가 없었기에 피셔는 회사를 그만두어야겠다고 마음먹었다. 그는 오브라이언을 만나 새로운 꿈을 좇아 회사를 떠나겠다고 말했다. 오브라이언의 반응은 피셔를 놀라게 했다. "여기 있는 직원들도 그 메시지를 들을 필요가 있지 않을까요? 회사를 떠나지 않아도 됩니다. 우리 회사에 그런 직무가 존재하지 않는다고 해서 그런 직무가 필요 없다는 의미는 아니니까요. 우리는 늘 새로운 직무를 개발해왔어요."

오브라이언은 피셔에게 딜로이트 공동체의 성과와 수익을 향상하는 데 건강한 삶이 어째서 중요한지 그 이유를 객관적인 데이터로 증명하고 경영진을 설득하라고 주문했다. 피셔는 그 말대로 했다. 그 결과 딜로이트 경영진은 2015년 6월에 최고웰빙책임자라는 직무를 새로 만들어 그 자리에 피셔를 앉혔다.

피셔가 새로운 직무를 맡고 나서 가장 먼저 한 일은 종합적인 웰빙 전략을 수립하는 것이었다. 그 일은 건강 관련 앱이나 도구, 프로그램을 개발하는 것으로 끝나지 않았다. 새로운 변화가 일상에 깊이 뿌리내리도록 조직문화를 혁신해야 했다. 피셔는 딜로이트 직원들과 소통하며 그들의 필요를 파악한 뒤, 건강한 삶을 실현할 만병통치약은 없음을 깨달았고 그 깨달음을 바탕으로 혁신 계획을 수립했다. 2015년 말, 피셔는 딜로이트의 건강관리 프로그램인 임파워드웰빙Empowered Well-being을 개발하고 출시했다. 딜로이트 구성원들이 성공의 의미를 정의할 때 업무 성과와 재정적 수익뿐만 아니라 개인의 건강한 삶까지 포함하도록 그 의미를 확장하는 것이 피셔가 세운 목표였다. 피셔는 이렇게 말했다. "직원들이 건강한 삶을 살도록 지원하지 않고서는 그들의 잠재력을 제대로 활용할 수 없다. 전문 회계법인인 딜로이트는 복잡한 문제를 분석해야 하는 만큼 직원이 최고의 역량을 발휘하도록 해야 한다."[9]

임파워드웰빙 프로그램은 정신 건강과 정서 건강, 개인적 포부, 재무 건강을 비롯해 한 사람의 삶 전체를 고려한다. 이 프로그램을 통해 딜로이트는 유연 근무제, 안식년 휴가, 마음챙김 명상, 요가, 회의 중 휴식, 하루 동안 전자기기를 사용하지 않는 웰빙데이를 제공한다. 또한 영양 관리, 스트레스 관리, 긍정성 기르기, 현대 기술이 건강한 삶에 미치는 영향 등을 주제로 강좌를 연다.

피셔는 딜로이트의 웰빙 프로그램이 여느 기업의 것과 달리 정신 건강을 중시한다는 점에 특히 자부심을 느낀다. 또 수면과 휴식을 바라보는 사람들의 인식과 태도를 바꿔 수면과 휴식이 업무 수행력을 향상시키는 원천임을 깨닫도록 교육하는 데 중점을 둔다.[10] 한 해의 마지막 주에 딜로이트 전 직원이 업무와 단절하는 '집단적 단절Collective Disconnect' 프로그램도 직원들의 건강한 삶에 도움이 된다. 직원들은 언제라도 유급휴가를 사용할 수 있지만, 그것과 별개로 이 프로그램 덕분에 모든 구성원이 동시에 휴식과 회복에 주력할 수 있다. 기발한 발상이다.

    2016년 5월, 새로운 직책을 맡은 지 몇 달 만에 피셔는 유방에 혹이 자라는 것을 느꼈다. 그리고 며칠 후 유방암이라는 사실을 알게 됐다. 그는 충격을 받았다. 평소 건강했고 유방암 가족력도 없었기 때문이다. 딜로이트 공동체에 필요하고 유의미한 일을 갓 시작한 시점에 어쩌면 자신이 죽을 날이 멀지 않았다는 생각이 들었다. 그는 자신이 직무를 계속 수행할 수 없다고 판단했다. 피셔는 그의 상관인 인사책임자 마이크 프레스턴Mike Preston에게 유방암 진단 사실을 알리고, 최고 웰빙책임자는 건강한 사람이 맡아야 마땅하기에 자신이 그 자리에서 물러나겠다고 사의를 밝혔다. 그때 잊지 못할 일이 벌어졌다. 피셔는 그 말을 하고 난 이후의 일을 이렇게 기억한다. "프레스턴은 잠시 아무 말도 하지 않았다. 나에게는 그 시간이 거의 1시간이나 되는 것 같았다. 프레스턴은 믿을 수 없을 정도로 사려 깊고, 배려심이 많고, 너그러운 사람이다. 그는 침묵을 깨고 '당신은 내가 아는 사람 중 가장 똑똑한 사람인데 방금 당신이 한 말은 내가 들어본 말 중에 가장 멍청한 말'이라고 말했다." 이어 프레스턴은 이렇게 덧붙였다고 한다. "당신은 이 병을 이겨낼 것이고, 이 위기를 이겨내고 나면 전혀 다른 관점에서 건강한 삶이 무엇인지 말할 수 있는 위치에 서게 될 것이다. 건강 문제로 고생한 적도 없는 사람이 무대에서 사람들에게 건강한 삶을 챙기라고 이야기하는 것과는 차원이 다를 것이다. 겪지도 않은 일에 대해 말하기는 쉽다. 신체 건강이든 정신 건강이든 건강 문제로 실제 어려움을 겪어본 사람은 자기 경험을 토대로 조언할 수 있다." 피셔는 "그래서 계획이 완전히 바뀌었다. 암 투병에 임하는 각오도 달라졌다. 전화를 끊고 나자 암을 이겨낼 수 있다는 기분이 들었다"라고 당시를 떠올렸다.

프레스턴 덕분에 피셔는 기운을 얻었을 뿐 아니라 새로운 목적의식이 생겼다. 즉 암과 싸우는 것만이 아니라 암과 싸운 경험을 사람들과 공유하며 유대를 형성하고 그들에게 건강을 관리하는 법을 알려주고 싶어졌다. 피셔는 자신이 새로 맡은 일에 열정이 넘쳤으므로 항암치료를 받으면서도 평소와 다름없이 업무에 몰입할 수 있으리라 생각했다. 앞으로 겪을 일들을 고려할 때 자신이 직무를 유지하는 것이 어쩌면 더 가치 있는 일을 만들 수 있으리라 판단해 사임 의사를 접었다. 피셔는 치료 기간 동안 더 유연하게 일할 수 있도록 직무를 재설계했다. 그는 회복에 우선순위를 두었다. 수면 시간을 늘렸고 일정 사이사이에 휴식 시간을 넣었다. 낮잠을 자는 동안에는 '방해 금지'라는 팻말을 걸어두었다. 또 자기에게 필요한 것을 솔직하게 요구했다. 피셔는 자신이 경계를 명확하게 설정하면 사람들도 그 경계를 존중한다는 사실을 알게 됐다.

피셔는 두 번의 수술과 화학 요법, 방사선 치료를 포함해 8개월간의 암 치료를 성공적으로 마쳤다. 피셔 본인도 2016년 9월에 딜로이트가 도입한 프로그램의 혜택을 받았다. 유급 가족 휴가 프로그램은 새로운 부모가 되거나 노부모나 아픈 가족을 돌보는 등 휴가가 필요한 가족 간병인에게 16주간의 유급 휴가를 제공하는 프로그램이다. 피셔의 남편도 딜로이트 직원이기 때문에 치료 기간 동안 유급 휴가

를 써서 아내를 돌볼 수 있었다.[11]

피서는 항암치료를 경험한 덕분에 특히 회복 측면에서 건강한 삶에 대한 깊은 통찰을 얻었다. 그런데 건강을 되찾고 나니 치료 중에 실천했던 건강한 습관 몇 가지를 지키지 않고 있음을 깨달았다. 그중 하나가 치료 기간 동안 건강 회복을 최우선으로 두고 관련 일정을 모두 직원들에게 공개한 것이었다. 치료를 마쳤는데도 일정을 모두 공개하는 게 이기적인 행동으로 비칠까 염려되었기 때문이다. 하지만 곰곰이 따져보니 아플 때는 건강을 챙기는 행동이 괜찮고 건강할 때는 용납되지 않는다고 생각할 이유가 없었다. 건강을 최우선으로 돌보는 일은 피서가 딜로이트 직원들에게 강조하는 중요한 메시지 중 하나가 됐다. 몸이 아플 때만 휴식과 회복에 시간을 투자할 게 아니라 일상생활에서도 휴식과 회복에 시간을 투자해야 한다.

다행히 피서 곁에는 그가 기력을 소진하지 않도록 신경 쓰고 도움을 준 멘토와 리더, 팀원들이 있었다. 피서는 "스트레스는 직장생활과 일상에서 피할 수 없는 요소이지만 그렇다고 스트레스를 방치해서는 안 된다"라고 강조한다. "번아웃을 예방하는 데 조직이 더 적극적으로 나설 수 있고 마땅히 그렇게 해야 한다."[12] 또한 회사가 직원들의 건강한 삶을 적극적으로 지원하는 것에 대해 이렇게 말했다. "회사가 적극적으로 지원하면 직원들이 매일 업무에 임하는 태도가 눈에 띄게 달라진다. 생산성도 눈에 띄게 달라진다. 고객들의 반응 또한 그렇다. 하루를 마치고, 또 한 주를 마치고 집으로 돌아가는 직원들의 발걸음 역시 눈에 띄게 달라진다."[13]

이번 장에서는 기업이 직원들의 건강한 삶을 중시해야 하는 이유를 다룬다. 그렇게 하는 것이 이타적으로 올바를 뿐 아니라 회사의 수익 증대에도 긍정적인 영향을 미치기 때문이다. 피서가 자기 관리에 소홀하면 어떤 피해를 입는지 배운 것처럼, 기업 역시 직원들의 건강을 관리하지 않을 때 그 피해가 공동체 전체로 퍼지며 부정적인 효과가 크게 확산되고 증폭된다는 사실을 배워야 한다.

심신 회복 관리는 직원들의 건강한 삶과 업무 효율성을 유지하는 데 아주 중요하다. 직장에서 어떻게 몸과 마음을 회복시켜야 할지 관리자들이 참고할 만한 실용적인 방안도 많다. 마크 베르스테겐의 말처럼 심신 회복 관리의 핵심은 균형이다. 우리는 매일 스트레스에 노출되고 그만큼 몸과 마음도 악영향을 받는다. 따라서 일상에서 심신을 회복하는 시간을 마련해야 한다. 심신 회복에 도움이 되는 습관을 유지하면 회복탄력성이 높아져 스트레스를 받아도 빠르게 안정을 되찾을 수 있다.

## 수면은 건강의 열쇠다

건강을 챙기는 데 가장 기본이 되는 것부터 시작하자. 알람시계를 곁에 두지 않아도 제시간에 눈을 뜨고, 곧바로 카페인을 찾지 않아도 가뿐하게 아침을 시작하던 때가 언제인지 기억하는가? 만약 당신이 선진국에 사는 성인 3분의 2 이상에 포함된다면 하루 7~9시간이라는 권장 수면 시간을 지키지 못하고 있을 가능성이 크다. UC버클리에서 신경과학 및 심리학을 가르치는 교수이자 인간수면과학센터 Center for

Human Sleep Science 소장이며 베스트셀러 《우리는 왜 잠을 자야 할까》의 저자인 매슈 워커Matthew Walker는 이렇게 말한다. "오늘날 수면은 건강 논의에서 배다른 자식처럼 소홀하게 대접받는다. 식단과 운동이 건강에 필수라고 수많은 이가 강조한다. 그리고 수면이 식단과 운동 다음으로 건강을 지탱하는 세 번째 기둥이라고 말한다. 하지만 나는 수면이 나머지 두 기둥을 지탱하는 초석이라고 생각한다."[14]

수면이 건강의 초석이라면 무너져가는 초석을 튼튼히 다지기 위해 할 일이 많다. 1910년 기준으로 미국 성인의 하루 평균 수면 시간은 8.25시간이었다. 현재는 6.75시간이다. 그리고 대규모 연구 결과, 미국인의 29.9퍼센트는 하루 수면 시간이 6시간 미만인 것으로 나타났다.[15] 한국, 핀란드, 스웨덴, 영국에서 실시한 연구에 따르면 수면 부족은 전 세계적인 문제다.[16] 수면 부족이 미치는 영향은 광범위하고 대단히 파괴적이다.

알츠하이머병에서 암, 심혈관 질환과 뇌졸중, 당뇨, 비만에 이르기까지 선진국에서 죽음을 초래하는 모든 주요 질병은 수면 부족과 관련이 있다.[17] 따라서 건강한 공동체를 원한다면 수면을 중시해야 한다.

수면 시간은 기업의 수익성에도 크게 영향을 미친다. 하버드 의과대학의 로널드 케슬러Ronald Kessler는 수면 부족으로 인한 미국 기업의 생산성 손실은 연간 632억 달러에 달한다고 밝혔다.[18] 수면 부족에 관한 랜드연구소RAND 보고서에는 수면 부족으로 발생하는 손실이 미국, 영국, 독일, 일본, 캐나다, 5개국에서 매년 최대 6800억 달러에 이른다고 적혀 있다.[19] 수면 시간이 부족하고 수면의 질이 떨어지면 직무 만족도가 감소하고,[20] 의욕이 줄어들고,[21] 전두엽 집행기능이 저하되고,[22] 혁신적 사고가 약화되고,[23] 업무 성과가 하락한다.[24] 수면 부족은 안전사고 및 업두상 사고로 이어질 수도 있다.[25] 수면이 부족하거나 수면의 질이 낮은 경우 결근이 잦아지고,[26] 정보를 조직화하는 뇌 기능이 감소하고, 조급증이 생기고, 업무 시간에 딴짓하거나,[27] 무례하게 행동하고,[28] 심지어 비윤리적인 행동을 저지르기도 한다.[29]

하루 평균 수면 시간이 6시간 미만인 사람은 다른 사람들보다 사망 위험률이 13퍼센트 더 높다.[30] 수면 부족으로 면역 체계가 약해지기 때문이다. 한 실험에서 참가자들의 수면 시간을 하루 4시간으로 제한한 결과, 면역계의 자연살해세포(NK세포: 질병의 초기 징후를 감지하고 제거하는 면역계의 비밀 요원 역할을 하는 세포) 활동이 70퍼센트 감소했다. 워커는 이러한 상태를 가리켜 우려할 만한 면역 결핍 상태라고 말했다. 이 면역 결핍 개념은 만성 수면 부족과 대장암, 전립선암, 유방암 등의 발병 위험 사이에 나타나는 상관관계를 설명해준다. 실제로 수면 부족과 암 발생 간에 상관관계가 매우 높기 때문에 세계보건기구는 모든 형태의 야간 근무를 발암물질로 규정하고 있다.[31] 워커는 "진실은 간명하다. 수면 시간이 짧을수록 수명이 짧아진다. 수면 시간이 부족하면 어떤 원인으로든 사망할 가능성이 더 높을 것으로 전망할 수 있다"고 말했다.[32]

더 나쁜 소식도 있다. 나이가 들수록 기억력이 감퇴하는 이유는 나이가 들수록 수면의 질이 떨어지기 때문이라는 연구 결과가 있다. 일부 연구에서는 수면의 질과 양이 좋지 않으면 치매와 알츠하이머병에 걸릴 가능성이 높은 것으로 나타났다.

좋은 소식도 있다. 충분한 수면이 인지 기능에 도움이 된다는 사실이다. 워커에 따르면, 수면의 주요 기능은 낮 동안의 기억을 재정비하는 것이다. 사람의 뇌는 수면 중에 독특하고 새로운 정보, 기억할 가치가 있는 정보와 잊어도 그만인 정보나 잊고 싶은 정보를 분류한다. 잠자는 동안 우리 뇌는 저장 공간을 정리하고 필요한 정보를 새로 저장할 공간을 만든다. 수면 중에 이뤄지는 이런 작업은 생존 가능성을 높이는 방법 중 하나다.[33]

## 수면은 끈끈한 공동체 의식을 형성한다

공동체 관점에서 수면의 역할을 고려할 때 흥미로운 점이 있다. 사람들과 관계를 형성하는 데 수면이 매우 중요하다는 것이다. 워커와 에티 벤 사이먼Eti Ben Simon은 수면 시간과 수면의 질이 각기 다른 1350명 이상의 참가자를 대상으로 연구를 수행했다. 연구진은 참가자들에게 어떤 사람이 그들을 향해 걸어오는 영상을 보여주며 자기공명영상장치로 그들의 뇌에서 일어나는 일을 살폈다. 연구진은 숙면한 참가자들에게서는 '마음 이론' 신경망이라 불리는 곳이 활성화되는 것을 발견했다. 이는 다른 사람의 심리를 이해할 수 있게 해주는 신경망으로, 다른 사람과 유대를 형성하는 능력의 토대가 된다. 따라서 이 영역의 활성화는 친사회적 반응을 의미했다. 수면이 부족한 사람들은 그 영상을 시청할 때 친사회적 신경망이 차단됐다. 그 대신 다른 신경망이 작동해 자신에게 접근하는 사람에게서 위험 가능성을 포착했다. 이는 수면이 부족할 때 다른 사람과 유대감을 형성하는 능력이 떨어짐을 의미한다. 다시 말해, 수면 부족이 직장생활(아울러 삶의 다른 많은 영역)에서 동료와 협업하는 일에 악영향을 미칠 것을 암시한다. 연구진은 수면의 질로 다음날 사회적 상호작용 정도를 예측할 수 있다고 밝혔다. 워커는 이렇게 말한다. "사람은 하루간 푹 자도 더 외향적이고 친사회적 행동을 보이고, 심지어 더 매력적으로 보인다."[34]

수면이 부족하면 공동체에서 다른 사람과 유대감을 형성하는 능력이 크게 감소한다. 워커는 "인간은 사회적 동물이다. 수면을 박탈당하면 인간은 사회성을 상실할 수도 있다"고 말한다.[35] 이어서 이렇게 지적했다. "인간은 혼자 지내도록 설계되지 않았다. 수면은 생리적으로나 심리적으로 우리를 한 종으로 묶어주는 끈이다. 그런데 아이러니하게도 수면은 사회적 활동을 중단시키는 활동으로 여겨질 때가 많다. 사실은 정반대다. 잠을 충분히 잘 때 친구, 동료, 파트너와 유대를 맺고, 나아가 낯선 사람과도 상호작용하는 것이 가능해진다."[36]

수면이 부족하면 기분과 감정을 조절하는 데 어려움을 겪기에 공동체에 큰 피해가 초래된다.[37] 수면 부족은 좌절감, 조급함, 적대감, 불안감과 관련이 있다. 수면 부족은 리더와 부하 직원의 관계에 부정적 영향을 미친다.[38] 서로 돕기보다 이기적으로 행동할 가능성이 높기 때문이다.[39]

이처럼 수면 부족은 많은 문제를 초래한다. 하지만 다행히 수면 부족은 치료 가능한 문제다. 수면 부족 문제는 우리가 우선순위를 정하고 습관을 바꿔나가면 개선할 수 있다. 워커와 같은 전문가들은 잠을 잘 자는 것이야말로 뇌와 신체 건강을 회복하기 위해 우리가 매일

할 수 있는 가장 효과적인 행위라고 강조한다. 좋은 수면 습관을 형성하는 방법을 알고 싶다면 수많은 서적(워커와 아리아나 허핑턴Arianna Huffington이 쓴 《수면 혁명》을 포함해)이나 잡지, 신문의 건강 칼럼, 여러 건강 관련 웹사이트에서 그 정보를 쉽게 찾을 수 있다. 의사나 심리학자와 상담할 수도 있다. 이 장의 뒷부분에서는 고용주가 직원들에게 건강한 수면을 권장하고 이를 실천할 수 있는 환경을 조성하려면 무엇을 해야 하는지 설명할 것이다.

## 적은 노력으로 더 많은 성과 달성하기

주당 근무시간이 짧아지면 사람들은 더 행복해지고 생산성은 향상한다는 사실은 여러 연구에서 확인됐다. 경제협력개발기구OECD의 통계를 보면, 장시간 근무가 만연한 국가일수록 시간당 생산성과 시간당 국내총생산GDP이 저조할 때가 많다.

토니 슈워츠와 내가 2만 명이 넘는 직원을 대상으로 실시한 설문조사에서도 비슷한 결과가 나왔다. 근무시간이 많을수록 사람들은 불행하게 느꼈고, 업무 성과도 저조했다. 반대로 노동시간이 일주일에 40시간 이하인 직원들이 집중력, 참여도, 만족도, 긍정 에너지가 가장 높은 것으로 나타났다.

우리가 연구해보니 직원들이 하루에 틈틈이 휴식을 취할수록 업무 성과가 향상했다. 약 90분마다 휴식을 취한 직원은 하루 동안 집중력이 30퍼센트 가까이 증가한 것으로 나타났다. 휴가도 생산성을 높인다. 휴가 일수를 최대한 사용하는 직원일수록 일할 때 업무에 더 집중하고, 몰입도도 더 높았다.

언스트앤영Ernst & Young이 실시한 연구에서는 직원이 휴가 기간을 10시간 더 사용할 때 상관의 연말 평가 점수가 8퍼센트 증가한 것으로 나타났다.[40] 휴가를 자주 사용하는 직원들은 회사를 떠날 가능성도 현저히 낮다. 세계 최장기 종단연구 중 하나인 헬싱키 비즈니스맨 연구Helsinki Businessman Study에서 1919~1934년에 태어난 남성 임원 1222명을 수십 년에 걸쳐 추적 조사한 결과, 휴가를 자주 사용한 사람일수록 장수할 가능성이 더 높았다.[41]

그러나 휴가 기간이 길수록 생산성이 향상한다는 연구 결과가 미국 노동자들에게는 닿지 못한 듯싶다. 미국여행협회U.S. Trave Association, 옥스퍼드이코노믹스Oxford Economics, 입소스Ipsos가 실시한 새로운 연구 결과에 따르면, 미국 노동자들이 2018년에 사용하지 않은 휴가 일수는 7억 6800만 일에 달했다. 정해진 휴가 기간을 전부 사용하지 못했다고 답한 노동자가 절반 이상(55퍼센트)이었다. 아마도 더 많은 성과를 내야 한다는 압박감 때문인 것으로 추정되는데, 실제로는 일을 줄이면 더 나은 성과를 낼 수 있었을 것이다.

## 휴식과 재충전은 팀 전체의 책임이다

이 책에서 내가 계속 언급하는 협력자인 토니 슈워츠는 컨설팅 회사인 에너지프로젝트의 창업자이자 최고경영자다. 이 회사는 개인과 조직이 에너지를 효율적으로 관리하며 번아웃을 피하도록 돕는다. 슈워츠는 회계법인 언스트앤영을 컨설팅하며 한 팀과 협력했던 경험을 들려줬다. 회계사들은 1월부터 4월까지 이어지는 세무신고 기간에 제일 바쁘다. 업무 강도도 세다. 2018년, 언스트앤영의 한 팀은 가장 바쁜 기간에 특히 어려운 프로젝트를 수행했고 그 결과 팀원들이 기력이 소진되고 사기가 크게 떨어졌다. 이후 대다수 팀원이 이직하는 사태가 발생했다.

40명으로 구성된 이 팀은 침체된 분위기를 쇄신하고 2019년도 세무신고 기간을 대비하려고 에너지프로젝트와 협력해 '회복탄력성 부트 캠프Resilience Boot Camp' 프로그램을 도입했다. 에너지프로젝트는 일주일 내내 하루 12~13시간씩 엄청난 강도로 일해야 하는 세무신고 기간에 팀원들이 더 자주 쉬고 양질의 휴식을 취하며, 신체·정신·정서 면에서 에너지를 관리하도록 교육하는 데 중점을 뒀다. 에너지프로젝트에서 제안한 다섯 가지 핵심 행동은 다음과 같다.

1. 사무실에 도착해 가장 중요한 업무를 60~90분 동안 중단 없이 한다. 그러고 나서 휴식한다.
2. 점심시간에는 적어도 30분 동안 책상에 앉지 않는다. 어떤 종류의 운동이든 해서 몸을 움직인다.
3. 90분간 일하고 매번 5분 이상 휴식한다. 여의치 않다면 1분간 심호흡이라도 한다.
4. 하루 일과가 끝나면 정신적으로나 정서적으로 업무와 확실히 단절하고 일상으로 전환하는 자기 나름의 루틴을 수행한다.

5. 취침 전과 취침 시간에 수행할 루틴을 만들어 규칙적으로 실행하고 7시간 이상 숙면을 취한다.

세무신고 기간 첫날에는 에너지프로젝트가 해당 팀원들을 대상으로 하루 종일 세션을 진행하며 에너지를 관리하는 원리와 실천 방안을 가르쳤다. 팀원들은 이후 세무신고 기간 14주에 걸쳐 에너지프로젝트가 격주로 1시간씩 진행하는 그룹 세션에 참가했다. 그룹 세션에서 팀원들은 어려움과 문제점들을 논의하고 심신을 회복할 새로운 루틴을 배우며 서로를 격려했다. 팀원들은 짝을 이루어 그룹 세션 이외의 시간에도 도움을 주고받고, 정한 목표를 실행하도록 격려했다.[42]

에너지프로젝트의 컨설팅을 받은 언스트앤영 팀원들은 습관을 개선한 덕분에 더 효율적으로 일하게 됐고, 이전보다 더 짧은 시간 안에 업무를 마쳤다. 그 덕분에 이들은 매주 주말 하루는 쉴 수 있었다. 많은 팀원이 지난해 세무신고 기간 때보다 훨씬 일찍 퇴근했다. 슈워츠에 따르면 팀원들은 이러한 변화 덕분에 주당 근무시간을 12~20시간이나 단축하면서도 동일한 업무량을 소화했다.

세무신고 기간이 끝날 무렵 팀원들은 지난해 세무신고 기간을 마쳤을 때보다 몸 상태가 훨씬 좋다고 느꼈다. 언스트앤영 팀의 리더는 "프로그램대로 주의를 집중하며 자기 몸을 돌보고 관리하는 일이 참으로 엄청난 가치를 생산하는 것을 목격했다"고 말했다. 세무신고 기간이 끝나면 기력을 소진하고 번아웃이 와서 회사를 떠나는 경우가 많았는데 그 기간이 끝나고 5개월 후에도 이 팀의 직원 유지율은

97.5퍼센트였다. 이는 전년도와 현저한 차이였다.[43]

슈워츠는 이 팀을 컨설팅하고 나서 '가장 크게 느낀 점'이 공동체의 힘이었다고 말했다. 에너지프로젝트는 다른 기업을 컨설팅할 때도 휴식과 재충전이라는 원칙에 따라 좋은 성과를 올렸다. 하지만 특히 언스트앤영의 회계팀이 기하급수적 성과를 거둔 이유는 팀원들이 서로를 적극 지원하며 끈끈한 공동체 의식을 발휘한 덕분이었다.

## 휴식과 재충전을 촉진하는 방법

### 충분한 수면을 권장한다

헬스케어 회사 애트나Aetna의 사장을 역임하고 이어 2010~2018년에 최고경영자를 역임했던 마크 베르톨리니Mark Bertolini는 수면의 중요성을 신봉한다. 베르톨리니는 이렇게 말했다. "지금 이 순간에 집중하고 준비 태세를 갖추어야 일을 빠르게 처리할 수 있다. 피곤해서 졸릴 때는 아무 일도 제대로 준비할 수가 없다. 우리가 가장 중시하는 조직 문화는 지금 현재에 집중하고 더 나은 결정을 내리는 것이다."[44] 베르톨리니는 이 말을 실천하는 데 많은 돈을 투자했다. 그가 경영하는 동안 애트나는 직원들에게 20일 연속 하루 7시간 이상 잠을 자면 하루 25달러, 그러니까 연간 최대 500달러의 보너스를 지급했다. 큰돈은 아니었지만 이러한 조치로 직원들에게 분명한 메시지를 전달했다. 더욱이 최고경영자가 이 같은 조치를 내렸기에 그 효과는 더 컸다.

경영진이 메시지를 실천하는 것도 중요하다. 라스무스 호가드

Rasmus Hougaard와 재클린 카터Jaqueline Carter는 리더 3만 5000명을 대상으로 조사하고 250명 이상과 인터뷰를 나눈 결과, 직급이 높을수록 수면 시간이 더 많다는 사실을 발견했다.[45]

따로 소개할 필요가 없을 정도로 유명한 고위 경영진 상당수가 수면을 우선시하는 것으로 밝혀졌다. 제프 베조스Jeff Bezos는 하루 8시간, 빌 게이츠Bill Gates는 7시간, 아리아나 허핑턴은 8시간을 잔다.[46] 마이크로소프트Microsoft의 최고경영자인 사티아 나델라Satya Nadella는 8시간 수면을 취하겠다고 공약하고 마이크로소프트의 모든 직원에게 그 모범을 보이고 있다.[47]

### | 낮잠 시간(과 낮잠 장소)을 제공한다 |

직원들이 충분한 휴식을 취하는지 염려하는 기업은 직원들이 낮잠을 자도록 장려한다. 나이키, 시스코, 구글, 벤앤제리스Ben&Jerry's, 자포스Zappos는 건강한 삶과 업무 수행력을 끌어올리는 데 낮잠이 상당히 효과적이라는 사실을 알고 있다. 구글처럼 직원들에게 1만 3000달러짜리 수면 캡슐을 제공할 여력은 없더라도, 직원들이 졸릴 때 잠시 낮잠을 잘 수 있도록 조용하고 어두운 공간을 마련하는 일은 대부분 가능하다.

### | 짧은 휴식을 장려한다 |

리더가 직원들에게 규칙적으로 휴식을 취하라고 장려하는 일은 다른 어떤 조치보다 직원들의 스트레스를 크게 낮추는 효과가 있다. 휴식 시간은 길지 않아도 된다! 특히 의자에서 일어나서 몸을 움직인다면 5~10분 정도만 휴식해도 충분한 효과가 있다. 참고로 이렇게 자리에서 일어나는 것은 다리의 심부정맥이 혈전으로 막히는 심부정맥 혈전증을 예방하는 데도 도움이 된다.⁴⁸

| 휴식 시간에 우선순위를 둔다 |

우리가 조사한 바에 따르면, 업무 중에 틈틈이 휴식하며 재충전하는 시간, 저녁 시간과 주말에 업무와 단절하는 시간, 충분한 수면 시간, 휴가 기간 등을 비롯해 에너지를 회복하는 시간은 모두 회사 수익에 긍정적인 영향을 미친다. 하지만 앞서 언급했듯이 실질적으로 휴가를 마음껏 사용하지 못하는 직원이 많기에 기발하고 독특한 방법으로 휴가를 장려하는 기업도 있다. 연락처 관리 앱 개발사인 풀콘택트FullContact는 미국 기업 가운데 가장 근사한 휴가 정책을 제공하는 곳으로 꼽힌다. 풀콘택트는 1년 차 직원에게 유급 휴가 외에 휴가비로 7500달러를 지급한다. 다만 조건이 붙는다. 업무용 이메일을 확인하거나 슬랙Slack 메신저를 사용해서는 안 되고 프로젝트 작업을 진행해도 안 된다. 업무와 철저히 단절해야 한다. 그리고 실제로 휴가를 떠나야만 휴가비를 지급한다.⁴⁹

| 안식년 휴가를 제공한다 |

안식년 휴가를 제공하는 것도 재충전을 장려하는 방법이다. 6개월여의 안식년 휴가는 특히 그 기간 내내 업무와 철저히 단절한 채 지낼 경우, 직원들의 스트레스를 크게 줄이는 효과가 있다.⁵⁰ 직원들이 일상 업무에서 벗어나 1~3개월 동안 비영리단체나 열악한 지역의 사

업주에게 자신의 전문성을 제공하는 미니 안식년 제도를 도입하는 기업이 많다.

기술 업계의 한 리더는 "두 달간 안식년을 보내고 나니 직장에서 쌓였던 부정적인 생각이 대부분 사라졌고, 그 덕분에 머릿속이 조용해졌다"고 말했다. 그는 업무와 철저히 단절한 채 지낼 수 있는 시간과 공간을 회사에서 제공해준 덕분에 자신이 추구하는 목표가 무엇인지 분명히 알게 됐다. 그는 직원들이 유대감을 형성하도록 돕는 것이 자신이 할 일임을 깨달았다. 휴가를 즐기며 활력을 회복하고 업무에 복귀한 그 리더는 직원들과 유대감을 형성할 루틴을 개발했고, 공동체에서 소외됐다고 느끼는 직원이 없도록 살피며 끈끈한 유대감을 형성하는 데 힘썼다. 그 리더는 아침과 저녁에 시간을 정해두고 명상하거나 산책하는 등 활력을 유지하는 데 도움이 되는 몇 가지 루틴을 꾸준히 실천한다.

## | 팀원들이 업무와 단절한 채 휴식하도록 돕는다 |

멀티태스킹은 업무 만족도를 떨어뜨리고 인간관계에 지장을 주며 기억력과 건강에 부정적 영향을 미친다.[51] 오늘날 사무환경에서는 다양한 기기가 멀티태스킹을 지원하고 더욱 부추긴다. 회의시간에 동료가 말하는 중에도 자기 핸드폰을 들여다보는 풍경이 더는 낯설지 않다. 하지만 우리가 인지하지 못하는 사이에 우리는 대가를 치르고 있다. 한 연구에 따르면, 핸드폰은 우리의 주의력을 빼앗는다. 심지어 핸드폰 전원을 끄고 화면이 보이지 않도록 뒤집어 놓아도 핸드폰이 눈에 들어오는 거리에 있으면 인지능력과 전반적인 뇌 기능이 현저히 감소한다. 또 다른 연구에서는 핸드폰이 책상 위에 놓여 있는 것만으로도 실험 참가자의 작업 기억력이 10퍼센트 떨어지고, 유동지능이 5퍼센트 감소하는 것으로 나타났다.[52] 다행히 핸드폰을 다른 방에 두었을 때는 기존의 핸드폰 의존도와 관계없이 모든 실험 참가자가 인지능력 테스트에서 정상 수준을 회복했다.[53]

하버드 경영대학원 교수이자 《스마트폰과 함께 잠들기 Sleeping with Your Smartphone》의 저자 레슬리 펄로 Leslie Perlow는 보스턴컨설팅그룹 BCG에서 디지털 기기와의 단절이 사람들에게 미치는 영향을 심층적으로 연구했다. 처음에는 BCG의 분주하고 강도 높은 업무 환경에서 일하는 팀원 6명과 이 실험에 회의적이었던 관리자 1명이 참여하는 소박한 실험으로 시작했다. 그런데 이 실험은 팀원들의 직장생활, 팀이 업무를 처리하는 방식, 궁극적으로는 당시 협업하던 고객사에 큰 변화를 가져왔다. 이를 계기로 글로벌 프로젝트가 출범했다. 4년 후, 5개 대륙 30개국에서 900개가 넘는 BCG팀이 이 프로젝트에 참여했다. 펄로에 따르면, 매주 정기적으로 휴대용 기기와 단절한 채 업무와 무관한 활동을 즐기며 시간을 보낸 컨설턴트들이 더 열린 자세로 소통하고 더 많이 배우고 성장했다. 이들은 다른 이들보다 사내 의사소통에 더 능통했고, 학습 능력이 증가했고, 고객사에 더 나은 서비스와 결과물을 제공했다. 이 직원들은 업무는 물론 일과 삶의 균형에서도 다른 이들보다 더 높은 만족도를 보였다. 그 덕분에 BCG를 떠나는 직원이 감소하고 입사하려는 지원자가 증가했다.

언스트앤영의 에너지프로젝트가 공동의 노력으로 강력한 동력을 얻었던 것처럼, BCG 역시 협업과 상호 지원 덕분에 높은 성과를 거뒀다고 펄로는 믿는다. 업무와 철저히 단절한 채 휴식을 취하는 것이 가능했던 건 팀원들이 매주 동료의 휴가 일정$_{\text{Precictable Time Off}}$(이하 PTO)을 확인하고 이에 동의했기 때문이다. 나머지 팀원이 휴가를 떠난 팀원을 대신해 고객사에 대응했다. 펄로는 이렇게 말한다. "서로 공백을 매우는 법을 배우는 것이 관건이다. 오늘 한 사람이 쉬고 내일 또 한 사람이 쉬고…. 휴가를 떠나면 핸드폰도, 업무용 컴퓨터도 전혀 사용하지 않고 업무와 철저히 단절한다. 이메일이나 문자도 받지 않는 것이 중요하다. 업무 내용을 들여다보고 싶은 충동을 누르고 휴가 중에는 본인이 원하는 활동을 하며 온전히 자유를 누려야 한다." 팀원들은 다른 팀원이 휴가를 보내는 동안 지원하고, 각 팀원이 휴가를 떠나 제대로 쉬고 있는지 정기적으로 논의하고, 필요할 때는 휴가 일정을 변경하는 것에 유연하게 대처했다. 이러한 작은 변화는 큰 성과로 이어졌다.

- PTO를 도입한 팀의 51퍼센트가 아침에 출근하는 것이 즐겁다고 답한 반면, 그렇지 않은 팀은 그 비율이 27퍼센트에 그쳤다.
- PTO를 도입한 팀은 72퍼센트가 자신의 업무에 만족한다고 답한 반면, 그렇지 않은 팀은 그 비율이 49퍼센트에 그쳤다.
- PTO를 도입한 팀은 54퍼센트가 일과 삶의 균형에 만족한다고 답한 반면, 그렇지 않은 팀은 그 비율이 38퍼센트에 그쳤다.
- PTO를 도입한 팀은 그렇지 않은 팀보다 훨씬 더 많은 팀원이 업무를 진행할 더 서로 협력하고, 일이 효율적이고 효과적으로 진행됐다고 답했다.[54]

요컨대, 업무와 철저히 단절돼 휴가를 즐길 때 직장생활에 더 만족할 뿐 아니라 더 효과적이고 효율적으로 업무를 처리했다. 다행히 이러한 변화를 끌어내는 데 조직 개편이나 최고경영자의 지원까지 필요하지는 않았다. 작은 변화라도 일으키고 싶은 동료들끼리 협업하면 됐다.

연락을 해도 되는 시간과 피해야 하는 시간을 분명히 밝혀두는 것도 리더 자신과 팀원 모두에게 도움이 된다. 예를 들어, 젠 피셔는 딜로이트에서 일할 때 긴급한 용무 외에는 되도록 주말에는 이메일을 보내지 말라고 직원들을 지도했다. 또 딜로이트에서 근무하던 야-팅 리프Ya-Ting Leaf는 평일 오후 4~6시에 온라인을 차단하기로 선택했다.

### | 모범을 보인다 |

고위 경영진부터 모범을 보인다면 효과가 더할 나위 없이 좋다. 메리어트의 최고경영자였던 소렌슨은 회의실에서 전화와 컴퓨터, 그 외 각종 휴대용 기기를 일체 쓰지 않고 몇 시간 동안 회의를 진행했다.[55] 리더는 자신의 행동이 다른 직원들에게 미칠 영향을 과소평가하면 안 된다. 인류학자 라이오넬 타이거Lionel Tiger는 개코원숭이를 연구하면서 개코원숭이들이 평균 20~30초마다 우두머리 수컷을 쳐다보며 지도를 받는다는 사실을 발견했다. 인간도 크게 다르지 않다. 사람들은 주어진 상황에서 가장 힘이 센 사람을 쳐다보며 어떤 행동이 허용되는지 또는 허용되지 않는지 단서를 찾는다.

| 일과 삶의 균형을 중시한다 |

일과 삶의 균형을 유지하는 일은 리더가 본을 보일 때 매우 효과적으로 변화를 일으킬 수 있다.

댄 헬프리치Dan Helfrich는 딜로이트컨설팅Deloitte Consulting의 최고경영자다. 헬프리치는 두 가지 직업을 가지고 있는데, 최고경영자이자 조지타운대학교 남자축구팀의 장내 아나운서다. 대학선수 출신이자 대학 졸업 후에는 방송계에 취직할 뻔했을 정도로 스포츠에 열정을 지닌 그는 지난 16년 동안 이 대학팀의 경기를 중계해왔다. 두 가지 역할 모두 헬프리치에게 중요하다. 두 일정이 겹친다면 헬프리치가 당연히 최고경영자 일을 우선할 것으로 짐작할 테지만, 실제로는 그렇지 않다. 딜로이트에서 실행하는 웰빙 프로그램에서는 조직의 목표뿐만 아니라 개인의 목표를 추구하도록 장려한다. 헬프리치 본인도 두 가지 목표에 충실한 구성원으로서 모범을 보인다. 그에게는 중계방송 일도 중요하기 때문에 그 일을 결코 소홀히 취급하지 않는다.

헬프리치는 한 인터뷰에서 이렇게 밝혔다. "내가 최고경영자로서 성공하는 데 필요한 에너지와 추진력을 갖추려면 가족과 더불어 만족스러운 삶을 살아야 하고, 업무 외적으로도 활력을 느낄 수 있어야 한다. 그래야 직장에서 성과를 낼 수 있다. 나한테는 중계방송이 바로 그런 일이다. 그래서 나는 가을이 되면 5만 6천 명에 달하는 직원들에게 수요일 오후 2시 30분에 중요한 업무 회의와 경기가 겹치면 경기 중계를 선택하겠다고 미리 말해둔다. 직원들에게 미리 밝히는 이유는 직원들도 업무 외적으로 자기를 실현하려면 무엇을 해야 하는지 스스로 선택할 권한을 주기 위해서다."[56] 헬프리치는 솔선해 직원들에게 일과 삶의 균형을 중시해야 한다는 메시지를 전달하는 것이 리더의 책무라고 생각한다. 헬프리치는 축구 경기 중계를 하면서 회사에 거짓말한 적이 없다. 몸이 아프다거나 가족을 돌봐야 한다고 핑계를 댄 적도 없다. 그 일이 자신한테 중요하다고 분명하게 밝혔다. 다른 사람들도 그렇게 하길 바라기 때문에 직원들에게도 본인의 삶에서 무엇이 중요한지 우선순위를 정하고 그 사실을 다른 이들에게 알리라고 항상 격려한다.

사람들도 헬프리치의 의도를 알아차렸다. 젠 피셔는 "그는 신참내기 컨설턴트 시절부터 최고경영자가 되기까지 내 역할 모델"이었다면서, "그는 한 번도 목적의식을 잃은 적이 없고, 일관된 메시지를 전달했다"고 말했다.

피셔는 팀원들에게도 이처럼 균형 잡힌 삶을 적극적으로 장려한다. 새로운 프로젝트를 시작할 때면 팀원들을 모아놓고 대화를 나눈다. 이를테면, 6~8주간 이어질 강행군과 업무를 놓고도 이야기를 나누지만, 그 기간에 팀원들이 건강한 삶을 유지할 방안도 논의한다. 펄로가 연구했던 BCG 컨설팅팀과 마찬가지로 피셔가 이끄는 팀원들도 본인에게 가장 중요한 게 무엇인지 처음부터 분명하게 밝힌다. 축구 리그에 참가하기 때문에 목요일 밤에는 일찍 퇴근해야 하는 사람도 있고, 자녀의 졸업식 때문에 먼 도시에 있는 대학에 가야 해서 마감일 직전에 주말 휴가를 내야 하는 사람도 있을 수 있다. 어떤 경우든 프로젝트 시작 단계부터 이런 대화를 나누면 강도 높은 업무량을 소화해야 하는 상황에서 모든 구성원이 일정을 조정할 수 있다.

야-팅 리프는 딜로이트에서 근무하는 동안 회사가 일과 삶의 균형을 강조한 덕분에 직원들이 일과 삶의 경계를 명확히 구분할 수 있었다면서 "균형을 우선시하는 정책이 큰 변화를 가져왔다"고 언급했다. 개인 차원이 아니라 공동체 차원에서 모든 팀원이 함께 모여 각자 우선순위를 공유했다는 점도 중요하다. 리프는 "공동체는 매우 중요하다. 우리는 고립된 섬이 아니다"라고 강조했다. 팀원이든 조직을 이끄는 리더든 섬처럼 고립되어 일하는 사람은 아무도 없다는 사실을 유념해야 한다.

## 비전이 있는 교육부 장관과 꿈을 좇는 젊은 여성

지금까지는 다양한 기업의 크고 작은 팀들이 함께 협력하는 사례를 다뤘다. 이번에는 국가가 나서서 개인의 건강한 삶을 지키려고 노력한 사례를 살펴보자. 높은 국민총행복지수로 세상에 널리 알려진 나라인 부탄 이야기다. 부탄은 마음챙김에 기초한 감성 지능을 기르는 기술을 교사와 공무원에게 가르쳐 국민이 건강하고 행복하게 살도록 한다. 부탄의 교장과 교사는 교실에서 그 기술을 어린 학생들과 공유한다.[57] 이 모든 일은 2017년 당시 부탄의 교육부 장관이었던 노르부 왕축Norbu Wangchuk이 《너의 내면을 검색하라》의 저자 차드 멩 탄Chade-Meng Tan의 기조연설을 들은 것에서 비롯됐다. 왕축은 신경과학에 기초한 마음챙김 접근법에 흥미를 느꼈고, 이 기술을 가르치는 내면검색연구소Search Inside Yourself Leadership Institute, SIYLI 프로그램에 관심을 가졌다. 그는 내면검색연구소 최고경영자인 리치 페르난데스Rich

Fernandez와 내면검색 자격증을 지닌 강사 이자오 장Yizhao Zhang이 진행하는 프로그램에 참여해 평온하고 명료한 마음을 얻는 데 유용한 호흡법과 정신 습관을 배웠다. 그 후 왕축은 두 사람을 부탄에 초청해 부탄 교사들과 이틀간 연수를 진행했다. 농경 생활 방식을 유지해온 사람들이 현대화 과정에서 급격한 변화를 겪으며 스트레스를 많이 받았다. 왕축은 이 스트레스를 관리하는 데 자신이 배운 기술이 도움이 되리라고 생각했다.

히말라야 산맥 동쪽, 인도와 중국 사이에 위치한 부탄은 작은 불교 왕국이다. 부탄은 유구한 전통과 문화유산, 수도원과 요새, 아열대기후 지역의 평원과 냉대기후 지역의 가파른 산과 계곡에 이르는 극적인 자연환경으로 유명하다. 이 나라는 최근까지도 세계 대부분의 국가와 교류가 없었다. 그런데도 스트레스, 고립감, 외로움, 자살 등 현대사회의 문제점들은 부탄의 지역공동체에 침투하기 시작했다. 아이들에게 중요한 역할을 하는 교사들은 스트레스를 가장 많이 받는 사람 중 하나였기에 마음챙김 캠페인의 주요 대상이었다. 왕축은 마음챙김 캠페인에서 가르치는 정신 습관이 교사들이 회복탄력성을 높이고 끊임없이 변하는 세상에 적응하는 데 일조하리라고 봤다. 왕축은 이 캠페인이 부탄의 '미래에 대비하는'[58] 좋은 방책이라고 여겼다.

왕축은 '미래에 대비하는' 노력의 일환으로 부탄 어린이들에게도 내면검색연구소 프로그램에서 배운 심리 기술과 감성 지능 기술을 가르쳐야 한다고 생각했다. 아이들도 다른 사람의 입장에서 생각하고 친절을 베푸는 공감 능력을 비롯해 내면검색연구소가 가르치는 여러 기술을 배울 수 있을 터였다. 내면검색연구소가 가르치는 가치(공감 능력뿐 아니라 관용과 상호의존성)는 왕축도 지적했듯이 2500년 간 이어져온 부탄의 전통에 이미 깃들어 있었다. 부탄의 교사들은 그 전통적 가치를 새로운 방식으로 제시할 방법을 모색했다. 내면검색 연구소 프로그램으로 교육받은 교사들은 유구한 역사를 지닌 부탄의 전통적인 마음챙김 명상과 신경과학을 융합한 시도가 매우 좋다고 인정했다.

교육부 소속 지역 교육 담당관이자 교사 출신인 타시 남걀Tashi Namgyal은 교사들이 느끼는 압박감을 설명하며 이렇게 말했다. "교사에 대한 사회적 기대치가 매우 높고, 업무 특성상 교사들은 근무시간이 지나도 업무가 이어지기도 해서 벅차다고 느낄 때가 많다. 교육 서비스를 제공하고 싶어도 몸이 감당하지 못할 것 같은 느낌도 든다. 아이들은 교사에게 직접적으로 영향을 받는다. 교사들은 아이들에게 무엇을 가르쳐야 하는지 고민하고 자세히 들여다본다. 그러면 어떤 아이는 1년 내내 곁에서 가르친다 해도 나아질 게 없고 학업을 따라오지 못할 거라는 사실을 깨닫기도 한다." 남걀은 그 같은 무력감과 압박감이 교사에게 타격을 입힌다고 지적하며 이렇게 덧붙였다. "이는 번아웃 증후군으로 이어질 수 있고, 그러면 교사는 불행해진다. 교사가 불행하면 아이들도 불행해진다."[59]

겔레푸중학교Gelephu Middle School의 왕모Wangmo 교장이 들려준 경험담은 타시 남걀이 지적한 점을 여실히 보여준다. 왕모는 이렇게 말했다. "스트레스가 너무 심해서 우울증에 걸릴 뻔했다. 그래서 시간이 필요하다고 말하고 조용히 학교를 떠났다. '도대체 내가 왜 이러지?' 하고 고민하며 밤마다 울고 뜬눈으로 밤을 지새울 때가 많았다." 왕모는 지나치게 일에 치여 살았던 것이다. 그는 "사생활이 있다는 사실조차 잊을 만큼 일에 완전히 중독됐었다. 하루 종일 일에 매달려 살았다. 휴일에도 학교를 비운 적이 없다"고 고백했다.

왕축은 내면검색연구소의 마음챙김 프로그램을 부탄에서 시행할 책임자로 이자오 장을 초청했고, 이자오 장은 그 제안을 기쁘게 받아들였다. 중국 베이징 출신인 이자오 장은 열네 살 때부터 마음챙김 명상을 가르쳤다. 전 세계 유명한 그루들을 만나 50회 이상 명상 수련과 교육에 참여한 후, 자신이 전수받은 지혜를 사람들과 공유해야 한다는 사명감을 품었다. 그는 유럽에서 11년을 보내고 동남아시아로 건너와 구글에서 만든 '내면검색' 리더십 프로그램의 일환으로 마음챙김과 감성 지능 강좌를 가르치며 4년을 보냈다. 2018년에 비행기를 타고 부탄에 내렸을 때, 장은 자신의 꿈을 실현한 기분이었다. 구글 싱가포르 사무소에서 근무하던 2013년에 장은 구글 직원들과 부탄에서 봉사활동을 한 적이 있었다. 부탄 영유아보육발달센터에서 아이들을 만나 함께 그림을 그리고 노래를 부르고 서로 다른 문화에 대해 이야기를 나눴다. 이때의 경험은 나중에 다시 돌아와 아이들에게 마음챙김 프로그램을 가르치는 계기가 됐다. 장은 아이들에게 주의를 기울이는 방법, 공감하는 법, 기계적으로 대응하지 않고 차분하게 반응하는 법(반응하기 전에 잠시 멈추고, 숨을 쉬고, 성찰하기) 등을 가르치고 싶었다. 그때로부터 거의 5년이 지난 시점에 부탄에 다시 발을 디딘 장은 자신의 바람이 이루어진 듯했다. 비록 짧은 여행에 불과하겠지만 어쨌든 부탄에 다시 오게 된 것에 감사했다. 이때만 해도 장은 교육부 장관이 원대한 계획을 구상하고 있음을 전혀 알지 못했다. 이틀 일정이었던 내면검색연구소의 마음챙김 워크숍은 곧 대규모 캠페인으로 확대됐다. 부탄 교사 1만 명을 전부 교육하는 것이 목표였다. 내면검색연구소는 장의 지휘 아래 먼저 부탄의 각 지역사회에서 온 교사 125명을 교육했다. 이들은 부탄의 수도 팀푸에서 5일간 대면 교육을 받은 후, 각자 지역으로 돌아가 9개월에 걸쳐 원격 교육을 받고 다시 수도로 와서 추가로 대면 교육을 받았다.

약 1년간의 연수를 마친 교사들은 현장에 파견되어 부탄 전역의 나머지 교사들에게 자신들이 배운 것을 전했고, 그 교사들은 이를 부탄 전역의 학교에서 학생들과 공유했다. 장이 교사들에게서 가장 많이 들은 말은 "진작 이런 교육을 받았더라면, 어렸을 때 감성 지능 기술과 마음챙김을 배웠더라면 얼마나 좋았을까"였다.

장은 마음챙김 캠페인을 실시하기 전후로 교사 3000명에게 두 차례 설문조사를 실시했고, 한 달 후 추가로 설문조사를 실시해 이들의 답변을 분석했다. 그 결과로 추적 관찰한 모든 항목에서 긍정적 변화가 확인됐다. 마음챙김 프로그램에 참여한 교사들은 자기인식, 자기 관리, 연민, 공감, 리더십, 회복탄력성, 만족도가 증가한 것으로 나타났다. 일례로, 왕모는 이렇게 말했다. "삶에는 여전히 행복한 요소가 많다는 사실을 깨달았다. 내 삶은 조금도 무의미하거나 불행하지 않다." 한 교사는 숙제를 하지 않은 학생과 '마음챙김' 대화를 나눈 이야기를 들려줬다. 그 학생과 이야기를 나누던 중 학생의 부모가 전날 이혼했다는 사실을 알게 됐고 그 학생이 숙제를 하지 못한 이유를 이해했다. 그 일을 계기로 그는 교사의 역할은 가르치는 것만이 아니며, 먼저 학생을 이해하려는 자세로 다가가는 등 다양한 역할이 있음을

깨달았다.⁶⁰

　마음챙김 캠페인에 대한 열기가 부탄 전역으로 확산되기까지는 그리 오랜 시간이 걸리지 않았다. 약 1년 후 부탄의 지도자들은 공무원 2만 8천 명에게 마음챙김 교육을 실시하기로 결정했다. 장과 내면 검색연구소는 의료, 농업, 임업, 사법부 등 10개 부처, 71개 공공기관과 협력하여 부탄의 모든 공무원에게 교육을 실시하고 마음챙김을 실천하도록 권했다.

　부탄의 지도자들은 마음챙김 프로그램에 지속적으로 투자해 신입 공무원은 물론, 60세가 되어 퇴직하는 공무원에게도 참여 기회를 제공한다. 공무원 은퇴자 중에는 부탄의 여러 도시와 큰 마을에서 근무하다가 은퇴 후 고향으로 돌아가는 이가 많다. 은퇴자들은 마음챙김 프로그램 덕분에 인생의 전환기를 맞을 때 마음을 다스릴 수 있는 도구를 갖게 됐다.

※※※

　자원이나 기술에 접근이 용이한 다른 국가나 지역공동체에서는 마음챙김 프로그램을 더 쉽게 시행할 수 있지 않을까? 마음챙김이 몸과 마음에 어떤 유익을 주는지 이미 수많은 연구로 입증됐다. 일례로, 마음챙김 프로그램에서는 자신의 호흡이나 신체, 주변 환경에 주의를 집중하는 법, 상대의 말을 궁금해하고 경청하는 법, 자신의 감정을 받아들이고 자신에게 연민을 느끼는 법, 상대방에게 공감하는 법 등을 훈련한다. 연구에 따르면 마음챙김은 이타주의,⁶¹ 직원의 건강,⁶²

몰입도,[63] 생산성,[64] 리더십 효과성[65]에 도움이 된다. 명상은 불안과 우울증을 줄이고, 집중력을 향상하는 경향이 있다는 최근 연구 결과도 있다. 또 마음챙김 훈련은 면역 체계를 강화하고,[66] 혈압을 낮추고,[67] 심박수를 낮추는 효과가 있다.[68]

사람들은 더 잘 자고,[69] 스트레스를 덜 느낀다.[70] 매일 짧게라도 마음챙김 명상을 수행할 때 뇌 구조가 달라지고 뇌 기능이 좋아져 자기인식이 향상된다.[71] 한 연구진이 실리콘밸리에 위치한 글로벌 IT 기업에서 실험한 결과, 매일 10분씩 5주간 마음챙김 명상을 수행해도 자기인식이 최대 35퍼센트 향상됐다.

주목할 점은 마음챙김 프로그램과 기타 관련 프로그램들을 실시한 조직들 가운데 건강상의 혜택뿐 아니라 비용 절감 혜택까지 얻은 사례가 적지 않다는 사실이다. 듀크 의과대학의 연구 결과를 보면, 애트나 보험사의 직원들은 일주일에 1시간씩 요가를 수행해 스트레스 수준을 3분의 1로 줄였고, 이 덕분에 회사는 연평균 2000달러의 의료비를 절감했다.[72] 마크 베르톨리니는 2008년 애트나에서 사장으로 일할 때 마음챙김 훈련이 직원들에게 미친 영향을 조사한 적이 있다. 마음챙김 명상은 직원들의 스트레스를 줄이고 수면의 질을 개선하고 신체적 통증을 관리하는 데 도움이 됐다. 2012년에 애트나는 의료비용을 7퍼센트 절감했는데 이는 명상과 요가를 도입해 스트레스가 해소된 덕분이라고 베르톨리니는 말했다.[73]

2018년 헬스케어 기업 CVS헬스CVS Health는 애트나를 인수한 후 마음챙김 프로그램에 '마음챙김 챌린지Mindfulness Challenge'를 추가해 마음챙김을 주제로 4주간 교육을 진행했다. 회사는 이 프로그램에 별다른 보너스를 제공하지 않았지만 건강한 삶에 관심 있는 직원들이 8천 명 이상 참여했다. 마음챙김 프로그램을 진행한 결과, 직원들은 스트레스가 18퍼센트 감소했고, 직원 몰입도는 4퍼센트 증가했으며, 이 프로그램을 다른 사람에게 추천한 직원은 87퍼센트에 달했다.[74]

　

리더라면 직원들이 에너지를 회복하며 번아웃 증후군에 걸리지 않도록 많은 노력을 기울여야 한다. 직원들이 피로감, 집중력 부족, 우울감, 적대감, 절망감을 드러낼 때 이 신호에 주의를 기울여야 한다. 직원들이 신체, 정신, 감정 차원에서 에너지가 충분한지 주기적으로 확인하는 것이 좋다. 업무량에 한계를 정해야 한다. 마감일이 언제이고 그 일을 처리할 역량이 되는지 팀원들과 대화를 나누며 점검하는 것이 좋다. 불합리하거나 무례한 고객, 환자 또는 의뢰인들의 무리한 요구로부터 직원들을 보호해야 한다.

직원들이 휴식하고 재충전하는 시간을 갖도록 독려하자. 휴가를 제대로 활용하라고 격려하고, 휴가 기간에 회사와 연락을 철저히 끊고 에너지를 재충전하도록 해야 한다.[75] 토니 슈워츠와 내가 조사해보니 직원들이 휴식과 재충전 시간을 갖도록 권장하며 지속 가능한 업무 방식을 장려하는 리더는 20퍼센트에 불과했다.

다시 말하지만, 직원들에게 장려하고 싶은 행동이 있다면 리더가 그 행동을 솔선하는 역할 모델이 되는 것이 그 메시지를 전달하는 데 가장 효과적이다. 슈워츠는 리더를 가리켜 '최고 에너지 책임자'라고 부른다. 리더가 발산하는 에너지는 (좋든 나쁘든) 전염성이 매우 강하기 때문이다. 하지만 직원들이 보기에 건강하고 지속 가능한 업무 방식을 솔선하는 리더는 25퍼센트가 채 되지 않았다. 휴식과 재충전을 솔선하지 않는 리더 밑에서 일하는 직원들은 게으르다는 평가를 받을까 봐 지속 가능한 업무 방식을 실천하기를 주저했다. 반대로 지속 가능한 업무 방식을 솔선하는 리더 밑에서 일하는 직원들은 휴식하고 재충전하는 시간을 당당하게 요청했다. 그리고 이러한 직원들은 직장을 옮기지 않고 계속 근무할 가능성이 91퍼센트 더 높았고, 업무에 집중하고 우선순위를 정하는 능력이 85퍼센트 더 나았으며, 건강한 삶 측면에서 71퍼센트 더 높은 점수를 받았다. 또 상사에 대한 신뢰도도 2배 이상 높았다.

리더가 건강한 업무 방식을 장려하고 솔선할 때 그 효과는 매우 강력하다. 그런 환경에서는 직원들이 이직하지 않고 계속 근무할 가능성이 1.2배 더 높았고, 직원 몰입도가 55퍼센트 더 높고, 업무 집중력이 53퍼센트 더 높았다.

요컨대, 회사에서 직원들의 건강한 삶을 우선시할 이유는 많다. 리더는 조직 전체에 큰 영향을 미친다. 젠 피셔, 토니 슈워츠, 레슬리 펄로가 딜로이트, 언스트앤영, 보스턴컨설팅그룹과 협업한 사례를 들면서 언급했듯이 직원들이 심신을 회복하는 시간과 절차를 마련하고 조직 전체가 동참해 이를 지원할 때 그 효과는 증폭된다.

## 10 사고방식

> 그 누구도 더러운 발로 내 마음속을 지나가게 두지 않겠다.
>
> 간디(Gandhi)

마크 베르스테겐에 따르면, 사고방식mindset은 건강한 삶을 지탱하는 네 기둥 중 하나다. 베르스테겐은 사고방식을 '매일 아침 눈을 뜨는 이유이자 계속 전진하도록 장려하는 촉매제'라고 정의한다.[1] 사고방식은 가치관과 포부, 미래상을 향해 나아가도록 돕는다. 스트레스가 심하거나 일에 차질이 생기거나 어려운 도전에 직면할 때, 사고방식에 따라 그 반응이 달라진다. 열정과 인내심을 길러 장애물을 만나도 개의치 않고 장기 목표를 추구하기도 한다.

장기 목표를 추구하는 열정과 인내심을 기르고, 그러한 사고방식을 주변 사람들에게 전염시킨 사례 하면 제일 먼저 떠오르는 사람이 있다. 몇 년 전 연례 리더십 행사에 발표자로 나서게 돼 신시내티대학교 의료센터UC Health를 방문했을 때다. 그날 아침 일찍 리더들은 샤론빌컨벤션센터Sharonville Convention Center에서 제스 토우스Jess Toews라는 여성이 도착하기를 기다리며 설렘과 기대감에 들떠 있었다. 그때까지만 해도 나는 그 여성의 이름조차 들어본 적이 없었다. 그들은 그 여성이 도착하면 즐거운 시간을 보내게 될 것이라고 내게 장담했다.

환한 얼굴로 샤론빌컨벤션센터에 도착한 토우스는 볼에 깊게 파인 보조개가 매우 인상적인 명랑하고 따뜻한 성품의 소유자였다. 토우스는 켄터키의 작은 마을에서 자랐고 학교를 단 하루도 빠지지 않고 다닌 행복하고 건강한 청년이었다. 모어헤드주립대학교를 졸업하자마자 대학 시절 남자친구였던 팀Tim과 결혼했고, 졸업 후 켄터키주 윈체스터에서 은행원이 됐다. 행복한 신혼살림을 꾸리며 침례교 어린이 사역에 참여해 봉사활동도 했다. 아메리칸 드림을 이룬 듯했다.

하지만 2009년에 심한 두통을 앓기 시작했다. 뇌에서 경련이 일어난 것만 같았다. 다리에 생긴 근육 경련은 마사지로 해결할 수 있지만, 뇌에 발생한 통증은 어찌할 도리가 없었다. 병원에 갈 때마다 그는 부비동염이라는 진단을 받았다. 이와 동시에 왼쪽 청력이 떨어지기 시작했는데 마치 통이나 물속에 있는 듯 소리가 둔탁하고 왜곡돼 들렸다. 의사들은 토우스를 중이염 환자로 여기고 치료했지만, 토우스는 뭔가 다른 문제가 있다고 느꼈다. 결국 의사 한 명을 설득해 자기공명영상MRI 검사를 받았다. 이튿날 의사에게서 MRI 결과가 나왔으니 보호자와 함께 내원하라는 연락이 왔다.

의사는 청각 신경에 양측성 청신경종(비암성 종양)이 있다고 말했다. 제스 토우스는 신경 조직 부위에 종양이 자라는 유전 질환인 제

2형 신경섬유종증NF2 진단을 받았다. 종양은 신체 어느 부위에서나 자랄 수 있다. 청각 신경에서 종양이 자라면 균형감각, 청력, 어지럼증, 안면 마비 등의 문제가 생긴다. 켄터키주에서 제스가 찾아간 의사들은 하나같이 이 질병에는 치료법이 없지만, 청신경과 뇌간을 누르고 있는 왼쪽 종양이 생명을 위협하므로 제거해야 한다는 데 동의했다.[2] 그러나 너무 위험한 수술이어서 다들 주저했다.

신경섬유종증 진단을 받았을 때 스물다섯 살이었던 토우스는 자신이 언제든 청각을 잃거나 심하면 죽을 수도 있는 사실을 깨달았다. (단 하루뿐이었지만) 그날 온종일 울었다. 화도 나고 두려웠다. 하지만 다음날 이렇게 생각했다. '이게 내 운명인가 본데 어떻게 해야 할까? 어떻게 하면 계속 살 수 있을까?' 토우스는 다시 은행에 출근했고 교회에서 아이들을 돌보는 봉사활동을 했다.

한편 토우스의 어머니는 로스앤젤레스에서 유명한 이비인후과 전문의인 데럴드 브렉만Derald Brackmann에게 연락했다. 그는 토우스를 수술할 수 있을지 여부를 검토하겠다고 했다. 3주 후 브렉만은 토우스에게 연락해 로스앤젤레스로 와서 왼쪽 종양(토우스는 이 종양에 '버사'라는 별명을 붙여줬다)을 제거하자고 했다. 종양을 제거하면 왼쪽 청력을 잃게 된다. 그래서 종양을 제거하는 동시에 귀에 있는 신경들을 건너뛰고 전기 자극을 뇌간과 직접 연결하는 청성뇌간이식ABI 수술을 병행할 예정이었다. 그러면 소리를 들을 수 있다. 다만 한 가지 문제가 있었다. 수술비가 어마어마하다는 것이었다. 수술 후 3~4주간 입원하며 종합적인 물리치료를 받아야 하는 대수술이었기 때문이다. 하지만 그 문제도 토우스가 다니는 교회와 지역사회의 여러 단체가 협력해 병원비를 모금하면서 해결됐다(또는 해결된 것으로 보였다). 토우스는 2009년 11월에 로스앤젤레스로 떠났다.

그런데 16시간이 걸릴 것으로 예상되는 수술을 받으려고 수술실로 이동하던 중, 계획이 변경됐다는 사실을 알게 됐다. 마지막 순간에 보험사가 왼쪽 청력을 부분적으로 회복시켜줄 장치를 삽입하는 비용을 보험으로 처리할 수 없다고 했다. 오른쪽 청력이 살아 있기 때문에 '의학적으로 즉 필요한' 수술이 아니라고 주장한 것이다. 종양은 제거할 수 있지만 청력을 보완하는 장치는 추가할 수 없었다. 토우스는 일단 종양을 제거해야 했기에 평온한 마음으로 수술을 하기로 선택했다. 토우스는 남편에게 사랑한다고 말하고 수술실로 향했다.

중환자실에서 깨어난 토우스는 결연한 의지를 보였다. 직원들은 토우스가 말을 걸며 농담을 던지고 이틀 만에 걸어 다니는 것에 놀랐다. 토우스는 회복 속도가 너무 빨라서 4일 만에 퇴원했다. 한쪽 귀가 들리지 않았지만 감사하게도 일상으로 돌아왔다. 토우스는 2011년에 자녀를 입양하기로 결심했다.

그 후 몇 년 사이에 토우스의 오른쪽 귀에도 종양이 생겨 점점 커졌고 청력이 떨어졌다. 그는 입술 읽기와 약간의 수화에 의존해 자녀나 남편과 의사소통하는 법을 배웠다. 결코 쉬운 일은 아니었다. 이 시기에 토우스는 특이하고 웃긴 양말을 신기 시작했다. 그 이유를 이렇게 설명했다. "내 생각에 웃긴 양말을 신은 날엔 나쁜 일이 일어나지 않는다. 웃긴 양말은 일종의 시각적 신호여서 이걸 보고 나면 힘든 일도 견딜 수 있다."[3]

어느 날 토우스는 국립보건원NIH에서 소아과를 대상으로 임상시험이 있다는 소식을 듣게 됐고, 그 임상시험에 참여했다. 치료를 받으려고 켄터키주 윈체스터에서 메릴랜드주 베데스다까지 오가느라 힘들었지만, 종양이 줄어들고 청력이 향상됐기에 그만한 가치가 있었다. 그런데 임상시험이 끝나자 종양이 다시 커졌다. 이번에 토우스는 신시내티어린이병원Cincinnati Children's Hospital의 트렌트 험멜Trent Hummel 박사를 찾아갔다. 토우스는 '웃긴 양말'을 신은 채 28번이나 화학 요법을 받았다. 종양은 줄어들었지만 통근 시간이 너무 길어진 탓에 자녀들과 많은 시간을 보내지 못하게 돼 치료를 잠시 중단하기로 결정했고, 불행히도 종양이 다시 커져 청각을 거의 상실했다.

이즈음 토우스는 콜로라도대학병원UC Health의 라비 새미Ravi N. Samy 박사를 소개받았다. 진료실에서 새미와 처음 대면한 토우스는 아무 생각 없이 "양말을 볼 수 있게 바짓단 좀 걷어보실래요?"라고 말문을 열었다. 새미는 시키는 대로 했다. 토우스는 그가 밝고 화려한 색상의 젤리빈 양말(알고 보니 여덟 살짜리 쌍둥이 딸이 선물한 양말이었다)을 신은 것을 보고 놀랐다. 제스는 '사람을 제대로 찾아왔다'고 생각했다. 그 양말을 본 순간 다른 것은 전혀 중요하지 않았다. 새미가 시키는 거라면 뭐든지 해야겠다고 생각했다. 새미는 종양의 크기를 다시 줄이고자 방사선 치료를 하고 나서, 오른쪽 귀의 청력을 회복시킬 작은 전자 장치인 인공와우를 이식할 것을 권했다. 제스는 새미가 웃긴 양말을 신고 수술하겠다고 약속한다면 수술을 받겠다고 말했다. 새미는 그러겠다고 대답했다. 이번에는 청각을 거의 상실한 상태였기에 수술을 해도 건강보험을 적용받을 수 있었다.

우측 귀에 삽입한 인공와우를 작동시킨 날, 토우스의 귀에 처음으로 들린 말은 딸이 "사랑해, 엄마"라고 한 말이었다. 이 사연을 내게 들려주다 토우스는 독이 메어 잠시 말을 멈췄다. "아이들이 하는 말을 들을 수 있다는 것이 어떤 기분인지 … 말로 형언할 수 없다. 그렇게 또렷하고 크게 아이들 목소리를 들은 건 청각을 잃은 후 처음이었다."

다음으로 새미는 왼쪽 귀에 청성뇌간이식을 받으라고 제안했다. 토우스는 그를 신뢰했기에 이번에도 웃긴 양말을 신는다고 약속하면 수술을 받겠다고 동의했다. 6개월 후, 토우스는 다시 수술실에 실려 들어가면서 의료진에게 보여줄 것이 있다고 말했다. 그는 자신이 신고 있던 닭발 양말로 모두를 웃게 만들었다. 토우스는 수술실 분위기를 밝게 만들고 싶었고 수술은 성공적으로 진행됐다. 그날 수술실에 있던 사람들은 모두 웃긴 양말을 신고 있었다(토우스는 웃긴 양말을 신지 않은 사람이 있을 것에 대비해 여분의 양말도 가져왔다). 토우스는 며칠 후 집으로 돌아갈 수 있었다.

토우스는 청성뇌간이식을 받기로 결정한 건 의사들에게 도움이 될 거라 생각했기 때문이라고 밝혔다. 의사들은 종양이 자랄 경우 인공와우가 작동하지 않을 가능성이 크니 청성뇌간이식 수술을 해보라고 권했다. 토우스는 서로 다른 두 가지 장치를 최초로 이식받은 사람이 됐다(대다수 환자는 둘 중 한 가지 이식 수술만 받는다). 8년 동안 왼쪽 귀가 들리지 않았던 토우스는 이 수술이 효과가 있으리라고는 사실 기대하지 않았다. 그는 수술 후 모든 것이 회복될 때까지 6주간 기다렸다가 장치를 활성화하려고 다시 병원을 찾았다. 마침내 청성뇌간이식 장치를 작동시켰을 때, 토우스는 왼쪽 귀에서 삐 소리를 듣고 깜짝 놀랐다. 그 소리에 감정이 북받쳐 눈물을 쏟았고 곁에 있던 의료진도 눈시울을 붉혔다.

토우스가 리더십 컨퍼런스에 참석해 연설하던 날 사람들에게 전한 메시지는 다음과 같다. "인생은 힘들고 우리는 종종 넘어진다. 하지만 다시 일어나면 된다. 포기하지 말고, 주어진 모든 순간을 즐겨라. 그리고 인생이 바뀔 수 있으니 웃긴 양말을 꼭 신어라." 실제로 그날 토우스는 내게 주려고 웃긴 양말 한 켤레를 가져왔다. (그는 이미 다른 참석자들에게도 양말을 선물했다.) 토우스는 수술 이후 오랫동안 많은 사람에게 양말을 선물했고, 사고방식의 중요성을 강조하는 메시지를 함께 전했다.

토우스의 연설과 짧은 동영상이 끝날 즈음, 청중은 감동을 받았고 눈물을 흘리는 이들도 있었다. 웃긴 양말을 신고 토우스의 치료와 수술을 끝까지 도왔던 의료진이 그의 사고방식에 깊이 감동했음은 영상에서도 여실히 드러났다. 새미 박사는 영상에서 "한번 만나면 평생 잊지 못하는 사람이 있는데 토우스가 그런 사람이다. 절대 잊지 못할 사람이고, 생각만 해도 얼굴에 미소가 떠오르는 사람이다. 내 평생 토우스처럼 친절하고 남에게 베푸는 사람을 본 적이 없다"라고 말했다. 토우스는 간병인들에게 활력을 불어넣고 영감을 줬으며 위태롭고 힘든 치료 과정을 이겨내며 사람들에게 의미와 기쁨과 웃음을 선사했다. 토우스의 사고방식은 자신과 간병인 모두에게 중요했다. 사람들은 수술을 마친 후에도 그 모습을 오랫동안 기억했다.

토우스의 이야기는 한 사람이 지닌 사고방식이 공동체에 어떤 영향을 미칠 수 있는지를 보여준다. 또 조직의 리더가 아니어도 공동체에 변화를 일으킬 수 있음을 보여준다. 하지만 특히 조직이 힘든 상황을 이겨내야 할 때 본인이 리더라면 솔선해서 조직 내에 긍정적인 변화를 일으키려고 노력해야 한다.

힘든 시기에 공동체를 관리하는 리더는 구성원들의 두려움을 인정하고 받아들여야 하며, 난관을 헤쳐 나갈 길이 있음을 구성원들에게 알려줄 방법을 찾아야 한다. 즉 구성원이 장차 감당할 고통을 축소하지 않고 희망과 자신감을 심어줄 방법을 찾아야 한다. 현실을 인정하면서도 긍정적인 사고방식을 가져야 한다. 리더는 구성원들이 항상 리더의 심리를 읽으려 한다는 사실에 유념해야 한다. 구성원은 리더가 하는 모든 비언어적 표현을 면밀히 살피고, 그가 내뱉는 모든 단어를 분석하고, 그가 드러내는 모든 감정을 과장해서 받아들인다. 리더의 사고방식은 좋든 나쁘든 구성원들에게 전역된다. 위기의 순간은 리더가 용기가 있는지 확인하는 순간이 된다. 리더는 몸을 사리든지 과감하게 나아가든지 결단해야 한다. 구성원은 리더가 보인 모습을 모방하기 마련이다. 앞으로 살펴볼 테지만, 위기의 순간에는 세 가지 사고방식이 조직에 도움이 된다. 그것은 긍정적인 사고방식(토우스의 사고방식과 같다), 성장형 사고방식, 중립적 사고방식으로 서로 비슷한 면이 있지만 조금씩 다르다. 이 사고방식을 바탕으로 마크 베르스테겐이 말하는 '소프트웨어'가 만들어진다. '소프트웨어'란 일상에서 우리가 내리는 선택, 습관, 반복된 행위를 일컫는다. 이 소프트웨어가 자기 자신과 공동체를 앞으로 나아가게 만드는 동력이 된다. 이번 장에서는 사고방식이 얼마나 중요한지 살피고, 리더가 정신적으로 가장 좋은 모습을 공동체에 보여주기 위해 어떤 전략을 사용할 수 있는지 살펴본다.

## 중립적 사고방식

미식축구팀 시애틀 시호크스의 쿼터백이자 슈퍼볼 챔피언인 러셀 윌슨Russell Wilson은 2015년 슈퍼볼에서 역사상 가장 뼈아픈 인터셉트를 당했다. 팀이 4점차로 뒤지고 있었고 경기 종료 1분 전이었다. 1야드(약 91센티미터) 라인에 있었고, 승리가 코앞이었다. 그때 상대팀 선수가 윌슨의 공을 가로챘다.

시호크스는 대부분의 팀이 그렇듯, 승패에 상관없이 슈퍼볼 경기 후 숙소 근처 리조트에서 멋진 파티를 열 계획이었다. 파티는 예정대로 진행됐지만 라이브 음악 공연은 대폭 축소됐다. 러셀 윌슨의 형은 당시 분위기를 이렇게 설명했다. "일부 공연은 무대에 오르지도 못했다. 김이 새버린 것이다. 리조트 안을 걷는데 분위기가 착 가라앉은 게 느껴졌다. 선수들이 건물 밖에서 가족이나 친구, 사촌, 팀원과 삼삼오오 모여 있었다. 경기 마지막 순간에 일어난 대참사에 대해 얘기하고 있는 듯했다. 사실 그런 분위기에서는 아무도 밖에 나오고 싶지 않았을 것이다. 물론 트위터에 올라오는 글도 확인하기 싫었을 것이다."

그사이에 윌슨의 가족과 친구 15명 정도가 윌슨이 사용하기로 되어 있는 스위트룸으로 향했고, 그들은 거기서 윌슨을 기다렸다. 윌슨의 형은 이렇게 말했다. "그저 상태가 괜찮은지 알고 싶었다. 크게 걱정하지 않아도 되는 상태인지 눈을 들여다보면 알 수 있다. 사람들은 전부 마음이 무겁고 우울했다." 그는 동생이 장기적으로는 괜찮을 거라고 확신했지만, 경기 직후에는 밝은 표정을 짓지 못하리라고 생각했다. 하지만 곧 모습을 드러낸 윌슨은 기분이 좋아 보였다. 윌슨은 모든 사람과 포옹을 나누며 감사하다고 인사했고, 사람들에게 걱정하지 말라며 웃으며 말했다. "이런 일에는 단련돼 있어요. 충분히 극복할 수 있습니다."

윌슨의 형은 "동생이 한 말의 의미는 오랫동안 역경을 이겨내는 내성을 키워왔기에 이런 사건에 완전히 무너질 만큼 약하지 않다는 뜻이었다. 윌슨은 참담한 사건에서도 감정을 추스르는 법을 알기에 흔들리지 않았다"라고 전했다.

윌슨이 '역경에 내성을 지니도록' 도움을 준 사람은 트레버 모아와드Trevor Moawad였다. 모아와드는 《필요한 모든 수단을 써야 한다It Takes What It Takes》의 저자이자 2012년 미국 프로풋볼리그NFL 신인 드래프트 이전부터 윌슨과 긴밀하게 협력해온 정신력 코치였다. 모아와드는 선수가 패배를 경험하는 것은 피할 수 없는 일이므로, 패배한 선수들이 마음을 추스르도록 하려면 '중립적 사고'가 중요하다고 강조했다. 중립적 사고란 문제를 평가하고 위기를 분석할 때 자책하거나 감정적으로 반응하지 않는 태도다. 중립적 사고에는 현재에 집중하고 순간순간 사건이 진행되는 대로 반응하며 다음 목표를 달성할 방법을 미리 강구하는 것도 포함된다. 과거에 실패한 일들을 분석하며 너무 많은 시간을 보내거나 미래에 일어날 일들을 지나치게 걱정해서는 안 된다. 그저 그날 그 경기에만 집중해야 한다.[4]

윌슨은 모아와드에게 코칭을 받아 하루 한 경기에만 집중하는 훈련을 해왔다. 그랬기에 모아와드는 윌슨에 관해 이렇게 말할 수 있었다. "많은 사람이 최악의 미래를 상상하다가 정상에서 떨어진다. 윌슨은 부정적인 생각에 빠지지 않는다."[5] 슈퍼볼이 끝난 후 윌슨은 모아와드와 훈련하며 오프시즌을 보냈다. 모아와드는 윌슨이 정신적으로나 신체적으로 더 성장할 수 있는 훈련 계획을 수립했다. 늘 그렇듯이 지나간 일보다 앞으로 나아갈 일에 중점을 두었다. 슈퍼볼 경기에서 실패한 일을 길게 논의하지도 않았다. 모아와드는 이렇게 말했다. "그 사건은 전술적 관점에서 깊이 성찰할 필요가 전혀 없다. 인터셉트는 독립된 플레이였다. 경기를 하다보면 전술과 무관하게 행해지는 독립된 플레이를 수없이 경험한다. 좋은 플레이도 있고 나쁜 플레이도 있다. 실수했다면 다음번에 잘하면 된다."[6]

모아와드는 윌슨이 '좋은 플레이'에 집중하게 하려고 그가 4쿼터에서 눈부신 활약으로 팀의 승리를 견인했던 순간들이 담긴 짧은 영상들을 모았다. "윌슨은 자신이 그런 활약을 펼쳐야 하는 선수임을 안다. 승부를 결정짓는 능력은 고등학교 시절부터 그가 보여준 역량이자 유전자다. 윌슨은 항상 팀의 승리를 결정지었다. 그 능력은 세계 정상급이다. 윌슨은 뛰어난 선수이고 그렇기에 항상 승리를 견인했다."[7]

윌슨은 모아와드가 준비한 영상을 보고 소름이 돋았다고 말했다.

"승리했던 경기들과 그때 펼쳤던 활약들을 생각해보면 … 정말 엄청난 훈련의 결실이었다. 훈련은 몹시 힘들었지만 그렇게 훈련하면 계속 승리할 수 있으리라는 자신감도 생겼다."[8]

모아와드가 영상을 보여준 목적은 다시 강해질 수 있다는 자신감을 불어넣는 것만이 아니었다. 무엇이 문제인지 진단하려는 목적도 있었다. 모아와드는 중립적이고 분석적으로 사고하며 문제점을 파악하기를 바랐다며 이렇게 밝혔다. "우리는 윌슨이 최고의 기량을 펼쳤던 순간들을 살피고 과거에 그가 어떻게 활약했는지 세부적으로 파악해 그 같은 기량을 계속 발휘할 수 있게 할 것이다."

윌슨은 기량을 회복했을까? 이듬해 윌슨은 패스 성공률 부문에서 1위를 기록했다.

## 부정적 사고는 중립적 사고의 적이다

내가 조사한 바에 따르면, 사람들이 제 기량을 펼치지 못하게 되는 가장 큰 이유는 부정적인 사고에 빠져서다. 모아와드는 운동선수들을 코칭하면서 부정적 사고가 어떤 영향을 끼치는지 분명히 확인한 터라, 중립적 사고의 중요성을 늘 강조했다. 이는 자신의 개인적 삶에서도 일찍 깨우친 교훈이었다. 모아와드가 부정적 사고가 미치는 파괴적 영향을 깊이 이해하게 된 데는 선수가 최고의 성과를 올리도록 돕는 일로 세계적 명성을 얻은 코치이자 부친(밥 모아와드Bob Moawad)의 영향이 컸다. 그의 아버지는 그가 어렸을 때부터 부정적 사고를 멀리하게 하고 자존감을 심어주려고 힘썼다. 뉴스를 시청하거나 컨트리음악 또는 리듬앤드블루스를 듣는 것도 금했다. '할 수 없다can't'는 단어를 쓰거나 불평하는 것도 허용하지 않았다. 코치가 된 모아와드는 자연스럽게 부정적 사고를 경계하고 중립적 사고를 강조하게 됐다.

모아와드는 부정적 요소는 그 어떤 것이든 받아들이지 않도록 관리하는 것이 삶에서 역경을 헤쳐 나가는 데 중요하다고 믿는다. 2018년 말, 전직 네이비실 대원 한 명이 그 신념에 의문을 제기하자 그는 사실 여부를 검증하려고 자신의 몸을 가지고 직접 실험을 했다. 여태껏 피해야 한다고 조언했던 모든 부정적 재료로 만든 식단을 섭취한 것이다. 그는 그러한 음식이 자신의 감정과 사람들과의 상호작용 방식에 영향을 미치는지 알고 싶었다. 아울러 하루에 서너 시간씩 부정적인 외부 자극에 노출되면 뇌 기능에 부정적인 영향이 있는지도 살폈다. 일례로, 그가 가장 싫어하는 뉴스 채널(이 채널의 뉴스를 듣다보면 화가 나거나 겁이 나거나 또는 두 감정을 모두 느낄 때가 많았다고 한다)에서 흘러나오는 뉴스를 하루 1시간씩 시청했다. 또 헤비메탈 음악을 1시간 30분씩 듣고, 컨트리음악을 1시간 30분씩 들었다(그는 두 가지 음악 모두 싫어한다). 모아와드는 부정적 요소에 쉴 새 없이 노출되자 여태껏 느끼지 못했던 감정을 느꼈다고 말했다. 겁이 많아지고, 밝은 미래를 떠올리는 대신 최악의 경우를 예상하고, 낯선 상황에 직면하면 자신감이 사라지며 자신의 능력을 의심하게 됐다. 모아와드는 고속도로에서 운전하는 것이 갑자기 두려워졌다. 심지어 의사가 끔찍한 소식을 전할 것만 같았고 그 소식을 마주할 자신이 없어 진료 예약을 취소하기도 했다. 이 시기에 모아와드에게 문자를 받은 친구들은 그가 평소와 너무 달라 걱정할 정도였다. 모아와드는 일할 때나 대중 앞에서 연설할 때 마음을 다잡으려고 애썼다. 하지만 실험을 시작한 지 26일째 되는 날 그는 무너지고 말았다. 행사를 마치고 집으로 돌아오는 비행기 안에서 눈물이 쏟아졌다. 집에 돌아와서도 한밤중에 깨어 뜬눈으로 새웠다. 몸과 정신 모두 망가진 느낌이었다. 다음날 그는 실험을 종료하기로 결정했다. 몸도 마음도 지쳐버렸다.⁹

모아와드의 경험은 본인에게만 해당되는 극단적 사례이긴 하지만 부정성이 심신에 미치는 악영향을 보여주는 연구 결과는 많다.

모아와드는 일부러 부정적 요소에 자신을 노출시킨 것이어서 심각한 영향을 미치자 실험을 중단하기로 결정했지만, 대체로는 본인이 가진 부정적 성향을 없애기가 쉽지 않을 것이다. 심리학자 폴 로진Paul Rozin과 에드워드 로이즈먼Edward Royzman에 따르면, 뇌가 부정적인 해석을 고집하는 건 부정성 편향을 지녔기 때문이다. 부정성 편향은 부정적 사건이 긍정적 사건보다 더 오래 기억에 남고 영향력이 더 강하다는 의미다.¹⁰ 이들은 부정성이 미치는 영향력을 설명하고자 러시아의 오랜 속담을 인용한다. "타르 한 숟가락이 꿀 한 통을 망쳐놓을 수 있지만, 꿀 한 숟가락은 타르 한 통에 아무 영향도 미치지 못한다." 부정성 편향의 힘은 중요한 사건부터 일상적 경험에 이르기까지 모든 종류의 사건과 경험에 적용된다. 대인관계, 공동체, 심지어 학습 과정에도 영향을 미친다. 저널리스트 존 티어니John Tierney와 심리학자 로이 바우마이스터Roy Baumeister는 《부정성 편향》에서 부정성이 어떻게 관계를 파괴하고 공동체에 악영향을 미치는지 자세히 설명한다.

부정적인 말과 생각, 행동은 치명적일 수 있다. 그것이 미친 악영향은 긍정적인 말과 생각, 행동으로 쉽게 상쇄되지 않는다. '4의 법칙'은 한 가지 나쁜 일을 극복하려면 네 가지 좋은 일이 필요하다는 뜻이다.[11] 한 연구진은 여러 제조사에서 직원들의 성격을 측정하며 친화성, 성실성, 신경증 같은 특성을 기준으로 순위를 매겼다. 이들 특성이 팀의 업무 성과에 어떤 영향을 미치는지 알고 싶어서였다. 팀의 업무 성과는 팀원들이 각각 기록한 점수의 전체 평균에 비례할 것으로 예상됐으나, 팀원 중 가장 낮은 점수를 기록한 사람에 좌우됐다. 팀의 업무 성과를 끌어내리는 데는 불성실하고 게으르며 정서적으로 불안정한 구성원 한 명이면 충분했다. 그 한 명이 끼친 악영향은 훌륭한 구성원 한 명의 영향력으로 벌충되지 않았다.[12]

심리학자이자 《행복 뇌 접속》의 저자인 릭 핸슨Rick Hanson에 따르면, 부정성 편향이란 뇌가 부정적 경험에는 벨크로테이프처럼 반응해 나쁜 기억은 잘 떨어지지 않고, 긍정적인 경험에는 미끄러운 코팅처럼 반응해 좋은 기억은 쉽게 떨어져나가는 것이다. 이는 인간의 생존 메커니즘과 무관하지 않다. 뇌는 고통스러운 일을 경험할 때 과잉 학습을 하도록 진화했고, 우리는 그 덕분에 생명을 위협하는 위기 상황을 모면할 수 있었다. 핸슨은 "우리 뇌는 불길한 징후를 살피고, 그런 징후를 과도하게 주시하며, 과잉 반응을 하고, 과잉 학습을 하도록 설계됐다. 그 과정에서 인간은 점차 부정적인 소식에 민감해졌다"고 설명했다.[13] 이 민감성 때문에 사람은 과거의 부정적 경험을 떠올리게 하는 모든 것을 회피하려는 경향을 보인다. 그 결과 사람들은 어떤 방식으로든 대담하게 변화를 일으키고 행하는 일에 나서려 하지 않고 몸을 사린다.[14] 과거에는 신체적 위험으로부터 자신을 보호하는 유익했던 사고방식이 새로운 경험과 학습에 유연하고 개방적으로 대처하는 능력이 중시되는 오늘날에는 구태의연한 사고방식으로 전락해버린 것이다. 또 이 부정성 편향 때문에 사람들은 긍정적인 경험에 과소하게 반응한다. 좋은 경험들은 뇌로 빠르게 진입하지 못하기 때문에 일종의 병목현상이 발생한다. 그래서 행복한 기억을 뇌에 붙들어두기가 어렵다.[15]

사람들 중에는 부정적인 감정에 유난히 민감하게 반응하는 이가 있다. 과거 경험이 다르기도 하지만, 아드레날린이나 세로토닌, 기타 스트레스 조절물질과 신경전달물질에 대한 뇌의 민감도가 저마다 다르기 때문이다. 《사이언스Science》에 보고된 한 연구에 따르면, 삶에서 받는 스트레스가 우울증을 유발할지 여부는 대체로 그 사람의 유전자가 결정한다.[16] 사람의 유전자는 위협, 굴욕, 상실, 패배에 직면해 어떻게 반응할지도 결정한다. 요컨대, 부정적 사건에 대처할 때 다른 사람들보다 훨씬 힘들어하는 이들이 존재한다는 얘기다. 하지만 정도의 차이가 있을 뿐 누구나 부정성에 민감하고, 이 민감성은 내가 직접 조사한 연구에서도 발견했듯이, 명확하게 사고하는 능력을 비롯해 여러 면에서 악영향을 미친다.

나는 아미르 에레즈Amir Erez, 제이크 게일Jake Gale, 트레버 포크Trevor Foulk와 진행한 연구에서, 부정적이거나 무례한 표현에 노출되는 것이 사람들의 사고 과정에 어떤 영향을 미치는지 검사했다. 학부생 214명을 모집해 6개 그룹으로 나눠 정치인이나 스포츠인 또는 유명인이 무례한 태도(실험군)나 중립적 태도(대조군)로 인터뷰에 응하는 짧은 영상을 보여줬다. 예를 들어, 실험군에는 한 감독이 기자에게 무례하게 행동하는 모습을 보여줬고, 대조군에는 동일한 감독이 농구 대회에 관한 질문에 통상적이고 중립적인 태도로 대답하는 모습을 보여줬다.

참가자들은 영상을 시청한 후 다양한 작업 기억 검사를 완료했다. 그 결과 무례한 행동을 시청한 사람들이 정보를 기억하고 처리하는 데 훨씬 어려움을 겪었다. 무례한 행동을 시청한 사람들이 기억해낸 정보는 반대 그룹(대조군)보다 12퍼센트 부족했다.

다음 연구에서는 4~5명으로 구성된 그룹에 성격을 묻는 설문조사를 실시했다. 이때 무례한 일을 경험하는 실험군과 무례한 일을 경험하지 않는 대조군으로 각 그룹을 무작위로 나누었다. 참가자들이 설문지를 작성하는 동안 연구진이 고용한 배우가 지각한 척 들어와 진행요원에게 사과를 하지만, 설문조사에 참여하지 못하고 방에서 쫓겨난다. 이때 대조군에서는 진행요원이 중립적인 어조로 지각한 배우를 내보내고, 실험군에서는 "대체 뭐하는 거죠? 책임감이 없군요. 정신 차려요. 이래가지고 사회에 나가 좋은 직장에 다닐 수 있겠어요?" 하는 식으로 무례하게 말했다.

연구진은 각 상황에서 참가자들에게 다양한 수행 과제와 창의성 과제를 줬다. 연구 결과, 무례한 광경을 목격한 실험군은 어구전철(철자의 배열을 변경해서 다른 단어로 바꾸는 것 - 옮긴이) 과제에서 대조군보다 24퍼센트 더 낮은 성과를 보였고, 브레인스토밍 과제에서 창의적인 아이디어가 29퍼센트 더 적었으며, 그 아이디어들은 창의성 척도에서 23퍼센트 더 낮은 평가를 받았다. 또 다른 연구에서는 무례한 광경을 목격한 사람들이 그렇지 않은 사람들보다 중요한 정보를 놓칠 가능성이 27퍼센트 더 높게 나타났다.

연구진은 사람들이 무례를 연상시키는 단어들을 읽으면 어떤 일이 일어날지 궁금했다. 그래서 참가자들에게 문장을 만들 때 사용할 단어 목록을 먼저 제공했다. 참가자 중 절반에게는 '공격적으로, 귀찮게, 불쾌하게, 짜증나게, 방해하다' 같은 단어 목록을 제공했고, 나머지 절반에게는 이런 단어가 포함되지 않은 목록을 제공했다. 무례를 연상시키는 단어들을 읽은 참가자들이 기억해낸 단어 개수는 그렇지 않은 참가자들이 기억해낸 단어 개수에 비해 3.5배나 적었다. 게다가 이들은 어구전철 과제에서 86퍼센트 더 낮은 성적을 보였고, 브레인스토밍 과제에서 이들이 제시한 아이디어는 39퍼센트나 더 적었다. 또 그 아이디어들은 창의성 척도에서 33퍼센트 더 낮은 평가를 받았다.

마지막으로, 연구진은 무례를 연상시키는 단어들을 읽은 사람들이 집중력이 감소한다는 사실을 발견했다. 이들은 무례를 연상시키는 단어를 읽지 않은 사람들에 비해 결정을 내리는 데 훨씬 오랜 시간이 걸렸고, 답안을 작성할 때도 그랬다. 이처럼 부정적 요소는 사람들의 사고를 마비시켰다. 트레버 모아와드처럼 부정적 재료로 만든 식단을 과도하게 섭취한 게 아니라 그저 약간만 섭취하더라도 잠재력에 악영향을 받는다.

## 부정성은 전염된다

부정성은 바이러스와 같다. 생각보다 훨씬 더 파괴적이다. 부정성은 사람들의 업무 성과를 떨어뜨리고 구성원들의 상호작용을 오염시킨다. 또 여느 바이러스처럼 사람들을 감염시킨다. 우리 연구진은 약간의 부정성도 다른 팀원들에게 전염된다는 사실을 확인했다.

알렉산드라 거바시Alexandra Gerbasi와 진행한 연구 결과, 부정적 감정이 직장 내에서 사회관계망을 구성하는 모든 구성원에게 퍼진다는 사실이 밝혀졌다. 사람들은 자신의 부정적 감정이나 에너지가 다른 사람을 전염시켜 팀과 조직에 막대한 피해를 줄 수 있음을 인식하지 못한다. 하지만 부정적 감정은 실제로 악영향을 미친다. 일례로, 크리스틴 피어슨Christine Pearson과 진행한 연구에서, 우리 연구진은 경영대학원에 다니는 관리자 137명을 대상으로 부정적 감정이 미치는 영향을 분석했다. 관리자들은 부정적 감정을 느끼면 그 감정을 조직 구성원들에게 전염시켰다. 부정적 감정에 휩싸인 관리자들은 업무에 투입하는 노력이나 시간이 줄고, 직무수행능력이 떨어지고, 조직에 대한 헌신도가 낮아졌다. 또 자신의 부정적 감정을 동료나 상사, 고객에게도 전염시켰다. 직장에서 부정적 감정을 드러내면 의사소통에 문제가 생기고, 협업이 제대로 이루어지지 않고, 정보와 지식이 공유되지 않고, 생산성이 떨어진다.[17]

열악한 정신 건강은 전염병과 같다. 여러 연구진이 12년 동안 1만 7천 개 이상의 기업에서 25만 명 이상의 노동자를 조사했는데, 한 구성원의 열악한 정신 건강은 다른 구성원에게 불안, 우울증, 스트레스 관련 장애를 일으키는 것으로 확인됐다. 정신 건강에 문제가 있다는 진단을 받은 신입사원은 물론, 과거에 건강하지 않은 조직(정신 건강 문제를 자주 일으키는 조직)에 몸담았던 사원도 열악한 정신 건강을 퍼뜨리는 '전파자' 노릇을 한다. 이들은 새로운 조직 구성원들 사이에 우울증, 불안, 스트레스 관련 장애를 '전염'시킨다. 특히 관리자일수록 조직에 미치는 영향력이 크다. 관리자들은 '슈퍼전파자'로서 열악한 정신 건강을 훨씬 빠르게 퍼뜨린다.[18]

지금까지 살핀 연구만으로 부정성이 미치는 파괴적 영향력을 믿지 못하겠다면 이것은 어떤가? 최근 연구에서 노년기에 부정적 생각을 자주 할수록 인지 기능이 저하되고 알츠하이머병을 유발하는 두 가지 유해 단백질이 더 많이 축적되는 것으로 나타났다.[19]

주변 환경에서 자신이 어떤 부정적 요소를 흡수하고 있는지 돌아보자. 어떤 뉴스를 시청하고, 어떤 소셜미디어 글을 읽고, 어깨너머로 어떤 대화를 듣고 있는가? 가족과 친구, 동료, 상사로부터 어떤 피드백을 받는가? 더 중요한 질문은 이것이다. 당신이 리더라면, 현재 조직 내에서 어떤 종류의 부정적인 영향을 미치고 있는가?

## 부정적인 언행에 대응하는 방법

### | 부정적인 언행을 용납하지 않는다 |

사업장에서 무례하고, 모욕적이고, 품위를 떨어뜨리는 표현이나 욕설은 용납되지 않는다는 사실을 명시해야 한다. 이러한 경고가 빈

말이 아니라는 사실을 주지시키고, 무례한 언행에는 반드시 그에 상응하는 대가가 따를 것임을 알려야 한다.

| 말로 표현할 때는 늘 주의한다 |

부정적 언어는 서서히 영향을 미치며 그 정도가 크다. 머릿속으로 떠올리는 생각에 주의를 기울이고, 입 밖으로 내뱉는 말에 특히 주의를 기울여야 한다. 일단 내뱉은 말에는 상당한 무게가 실린다. 모아와 드는 수년 전 자신의 부친이 수행한 연구를 바탕으로 부정적인 생각을 말로 표현한 것이 그저 머릿속으로 생각만 한 것보다 건강한 삶에 10배는 더 해롭다는 사실을 깨달았다.

| 다른 관점에서 중립적으로 사고한다 |

하나의 상황을 어떤 관점에서 바라볼지 두 번 생각하자. 여태껏 본 것 중 최악이라든지 끔찍하다고 혹평하는 대신 중립적인 표현을 쓰자. 이번 상황이 꽤나 도전적이라고 말함으로써 비록 상황은 녹록지 않지만 배우고 성장할 기회라는 사실을 모두 표현할 수 있다. 자신과 팀원의 사기를 떨어뜨릴 만한 부정적 표현은 삼가면서도 현실을 인정할 수 있다. 또 그래야만 한다.

제4장에서 소개한 세컨드시티에서는 만약 연기자가 오디션이나 공연을 앞두고 떨리거나 땀이 흐를 때면 떨린다고 말하지 말고 설렌다고 큰 소리로 말하라고 가르친다. 세컨드시티는 구성원끼리 서로 응원하도록 장려한다. 공연자들은 함께 공연하기 전에 이렇게 주문을 외친다. "제가 여러분을 응원할 테니 여러분도 서로 응원해요."

직접 실험해보라. 24시간 동안 부정적인 표현을 제어해보자. 부정적인 생각이 떠오르는 것은 피할 수 없지만, 그 생각을 말로 표현하지 마라. 항상 말을 삼가고 단어를 지혜롭게 선택해야 한다. 이러한 행동이 자기 자신, 대인관계, 업무 성과에 어떤 영향을 미치는지 살필 줄 알아야 한다.[20]

| 과정을 중시한다 |

하버드 경영대학원 심리학 교수 테레사 아마빌레Teresa Amabile와 스티븐 크레이머Steven Kramer는 사람들에게 강한 동기를 부여하는 것이 무엇인지 10년 넘게 연구했다. 연구의 일환으로 창의적인 프로젝트를 진행하는 팀원들의 일기를 분석하기도 했다. 그리고 사람들은 일상에서 자신이 발전하고 있음을 실감할 때 강한 동기를 느낀다는 사실을 발견했다. 그런데 조직 안에서 개인의 발전은 눈에 잘 띄지 않을 때가 많다.[21] 높은 성과를 올리는 팀은 점수표를 작성하거나 사소한 성과라도 어떻게든 방법을 찾아 매일 축하한다. 더마이티는 사무실에 대형 화이트보드를 설치하고 게시글을 읽은 독자 수, 이벤트에 참여한 커뮤니티 구성원 수 등 다양한 지표를 나타내는 숫자를 기록했다. 직원들은 매일 그리고 매주 이 수치를 갱신하고 축하한다.

이 방법은 조직의 변화를 도모하는 시기에 특히 유용하다. 조직변화와 리더십으로 명성이 높은 하버드 경영대학원 석좌교수 로자베스 모스 캔터Rosabeth Moss Kanter에 따르면 조직이 변화를 시도할 때 중간 시기에 어려움을 겪는다. 의욕이 넘쳐 개선 프로젝트를 갓 시작할 때와 그 프로젝트를 성공적으로 마무리할 때는 활력이 넘친다. 하지만 중간에는 모든 것이 힘들고, 조직을 개선하려는 시도가 실패할 것처럼 보인다. 예측은 빗나가고 의사결정권자들은 자원을 투입하는 데 인색해진다. 일정에 차질이 생기고 그 사실이 뒤늦게 보고되며 예기치 못한 장애물도 자주 맞닥뜨린다. 중간 시기에는 사람들이 생각하는 것보다 훨씬 많이 노력해야 한다. 훌륭한 리더는 '끔찍한' 중간 시기에 공동체를 지원하고 격려하면서 그동안 어떤 진전을 이루었는지 구성원들에게 상기시킬 기회를 찾아야 한다. 리더는 힘든 시기를 만나면 구성원들이 새로운 기술과 역량을 개발할 좋은 기회로 인식하도록 도와주고, 구성원들이 앞으로 조금씩 나아가도록 만들어야 한다. 그러면 리더의 긍정적인 사고방식이 구성원들에게 전염될 것이다.[22]

리더는 팀이 중간에 어려움을 극복하도록 도울 방법을 찾아야 하는 것은 물론, 최종적으로 변화에 실패했을 경우 이를 인정하고 수습하도록 돕기도 해야 한다. 비영리단체인 공공서비스파트너십Partnership for Public Service의 부사장인 티나 성Tina Sung은 오랜 세월 직원들을 지원하고 지도하며, 조직을 개혁하고 인수합병하고 힘든 과제를 완수한 경험이 있다. 그는 인수합병으로 회사를 잃게 된 팀원들을 회의실에서 위로했던 일을 회상했다. 성은 회사를 잃은 현실을 받아들이는 것은 물론 팀원들이 그 슬픔에 머물러 있지 않도록 이끄는 것도 중요하다는 사실을 배웠다. 성은 이 교훈을 다음과 같이 표현했다. "슬픔을 느끼는 것은 좋지만 슬픔에 잠겨서는 안 된다."

## | 좋은 기억을 쌓고 노스탤지어를 이용한다 |

팀이 성과를 내지 못하고 정체될 때 그 상태에서 벗어나게 하려면 과거의 긍정적인 사건과 성과를 상기시키는 것이 좋다. 윌슨이 과거의 멋진 활약상이 담긴 영상을 보며 위기를 극복했듯이, 과거에 거두었던 승리를 떠올리면 좋다. 지난날에 대한 그리움, 즉 노스탤지어를 불러일으켜 회복탄력성을 끌어올리고 현재 직면한 심리적 위협에 맞서는 것이다.[23] 직원들이 하루 일과를 시작하기에 앞서 잠깐이나마 노스탤지어에 잠기는 건 무례한 관리자를 상대해야 하는 일을 비롯해 흔히 접하는 업무 스트레스를 적절히 관리하는 좋은 방법이다.[24]

노스탤지어는 불안과 외로움을 이겨내는 데 도움이 된다. 함께 살면서 행복했던 과거를 자주 회상하는 부부는 관계가 돈독해진다.[25] 노스탤지어에 잠길 때 사람들은 너그러워지며, 관대한 행동은 대인관계를 강화하고 공동체를 이롭게 한다. 노스탤지어는 창의적인 글쓰기에도 도움이 된다. 또 과제를 완수하고 역경을 극복하며 목표를 향해 나아갈 때도 그렇다.[26]

사회심리학자 콘스탄틴 세디키데스 Constantine Sedikides를 예로 들어보자. 그는 미국 채플 힐에서 영국으로 이주한 것과 개인적 경험 때문에 노스탤지어를 연구하게 됐고 학계에 신선한 관점을 제공했다. 그는 노스탤지어를 '머릿속에서 과거와 현재를 연결하며 미래를 낙관적으로 바라보도록 설득하는 내면의 정치인'이라고 표현했다.[27]

그는 미래에 긍정적인 생각을 떠올릴 때 사용할 수 있게 오늘 '좋은 기억'을 쌓을 것을 장려한다.[28] 세디키데스는 회사에서 좋은 기억을 많이 쌓을수록 다른 회사로 이직할 가능성이 줄어든다는 사실을 발견했다. 생일 만찬이나 기념일을 비롯해 연례 수련회나 주말여행에 이르기까지 다양한 사건에 대한 좋은 기억은 오래 지속된다. 좋은 기억을 쌓는 데 투자하는 것은 직원과 공동체에 모두 유익하다.[29]

## 성장형 사고방식

동기부여 분야에서 앞서가는 연구자이자 《마인드셋》의 저자인 캐롤 드웩 Carol Dweck은 아이들이 성공하는(또는 실패하는) 이유와 성공을 촉진하는 방법을 연구하면서 '성장형 사고방식 growth mindset'이라는 용어를 썼다. 성장형 사고방식을 지닌 사람은 좋은 전략을 쓰고 사람들에게서 피드백을 받으며 노력한다면 자신의 재능을 개발할 수 있다고 믿는다. 반면 고정형 사고방식 fixed mindset을 지닌 사람은 자신의 재능 또는 재능의 부재가 태어나면서 결정된 것이라고 믿는 경향이 있다(따라서 그것을 바꿀 힘이 자기에게 많지 않다고 생각한다).[30]

드웩을 비롯한 여러 연구진이 수십 년에 걸쳐 조사한 바에 따르면, 성장형 사고방식은 개인과 공동체에 모두 도움이 된다.[31] 성장형 사고방식은 열심히 일하려는 욕구와 열심히 노력하면 성공할 수 있다는 믿음을 낳는다.[32] 성장형 사고방식을 지닌 사람은 더 끈기 있고, 자주적으로 행동하고, 필요할 때 도움이나 피드백을 기꺼이 구하는 모습을 보인다.[33] 성장형 사고방식이 굳건한 사람은 자기 개발에 더 주도적인 자세를 보이는 경향이 있다.

2010년에 드웩의 연구진은 컨설팅 회사인 센델라니 Senn Delaney와 협업하여 성장형 사고방식이 어떻게 기업의 수익 증대에 도움이 되는지 자세히 조사하기 시작했다. 《포춘》 선정 1000대 기업 중 7개 회사에서 여러 그룹의 직원들을 대상으로 설문조사를 실시해보니 이들 기업(과 직원들)이 성장형 사고방식이나 고정형 사고방식 둘 중 한 가지 특징이 두드러지는 경향이 있음이 발견됐다. 고정형 사고방식이 두드러진 회사 직원들은 회사가 소수의 인재들만 가치 있게 여긴다고 느꼈다. 대다수 직원은 업무에 헌신적으로 매달리지 않았고 실패가 두려워 혁신적인 프로젝트를 추구하는 일이 적었다. 또한 다른 직원들보다 앞서 나가고자 정보를 공유하지 않고, 편법을 쓰고, 속임수를 쓰는 경향이 있었다. 성장형 사고방식이 두드러진 회사의 관리자는 고정형 사고방식이 두드러진 회사의 관리자보다 직원들을 더 혁신적이고 협력적이라고 평가했다. 또 이들은 직원들이 팀을 이끌 만한 역량을 지녔다고 믿을 가능성이 더 컸다. 이러한 긍정적인 감정은 서로 영향을 미쳤다. 성장형 사고방식이 두드러진 기업의 직원들은 회사에 대한 신뢰도가 47퍼센트 더 높았고, 회사의 미래에 대해 주인의식을 갖고 헌신할 가능성이 34퍼센트 더 높았다. 또 직원들이 위험을 감수하고 혁신적인 프로젝트를 시도할 때 회사가 지원하리라는 데 65퍼센트 이상이 동의했다.[34]

### | 성장형 사고방식을 키우는 방법 |
#### 리더가 성장형 사고방식을 가르치고 모범을 보인다

리더와 조직이 직원들에게 성장형 사고방식을 불어넣으면 그 혜택을 누리게 된다.[35] 마이크로소프트 사례에서 이 점을 확인할 수 있다. 2014년 사티아 나델라는 최고경영자가 됐을 때 조직문화를 개선하는 것을 사명으로 삼고 성장형 사고방식이 특징인 회사로 변모시키는 데 중점을 두었다. 그에게 최고경영자CEO의 'C'는 '문화 큐레이터 curator of culture'를 의미했다. 나델라는 저서 《히트 리프레시》에서 마이크로소프트를 개편하고 회사의 정체성을 회복하는 과정에서 가장 중점을 둔 것이 사고방식, 특히 성장형 사고방식이었다고 밝혔다. 그는 부임 후 처음 몇 달간 '모든 것을 아는' 문화가 아니라 '모든 것을 배우는' 문화가 더 가치 있음을 가르치는 데 시간을 쏟았다. 기회가 될 때마다 이 아이디어에 대해 이야기했다. 회사의 관행과 사람들의 태도를 바꿀 기회를 찾았고 그때마다 직원들이 성장형 사고방식의 효능을 실감하고 그것이 허구가 아님을 깨닫도록 유도했다.[36]

그는 스스로 모범을 보이려고 매달 영상을 제작해 직원들과 공유했다. 영상을 이용해 자신이 배운 교훈 중 가장 중요하게 여기는 것을 나누었고, 모든 팀의 구성원에게 각자 깨우친 교훈을 공유할 것을 권했다. 직원들은 실제로 그렇게 했다. 마이크로소프트는 직원들에게 성장형 사고방식에 대해 더 많은 것을 교육하려고 참여형 온라인 교육 과정을 만들고 거기에 수많은 사례를 담았다. 관리자가 팀에서 성장형 사고방식을 주제로 의미 있는 대화를 유도하는 데 도움이 되는 대화 매뉴얼도 개발했다.

### 성장형 사고방식을 실천에 옮기다

2014년, 나델라는 직원들이 더 나은 세상을 만드는 일에 더 과감하게 도전할 수 있는 환경을 조성하고자 마이크로소프트의 조직문화를 바꾸겠다고 약속했다. 그 일환으로 매년 일주일간 해커톤을 개최했다. 해킹은 컴퓨터 프로그래머들 사이에서 오랜 전통이다. 프로그래머들은 모여서 각자의 코딩 기술을 사용해 문제를 해결할 창의적인 방법을 생각해낸다. 하지만 나델라가 개최한 해커톤은 일부 프로그래머들만 참여하는 행사가 아니라 회사 전체를 대상으로 하는 행사였다. 인턴까지 포함해 모든 부서 직원을 초대해 정규 업무와 무관한 프로젝트에 그들이 지닌 기술과 아이디어를 동원하도록 한 것이다.

해커톤은 자발적인 참여로 진행됐기에 회사에서는 어떤 직원이 참여할지 알지 못했다. 첫해에 83개국에서 1만 2천 명 이상이 참가했다. 이들은 비디오 게임의 성차별 근절, 공급망 운영 개선, 난독증 아동의 학습 성과 향상 같은 다양한 목표로 3천 개 이상의 창의적인 프로젝트를 만들었다. 첫해 해커톤에서는 루게릭병과 기타 장애를 지닌 사람들이 눈동자를 움직여 휠체어부터 컴퓨터까지 다양한 기기를 조작할 수 있게 하는 시선추적기술Ability Eye Gaze이 우승 프로젝트로 선정됐다. 해커톤 행사는 큰 인기를 끌었고 점점 더 많은 직원이 참가하는 연례행사가 됐다. 그뿐 아니라 나델라가 추구하는 성장형 사고방식을 가지고 사고하고 실천하는 장으로 발전했다.

### 성장형 사고방식을 알아보다

마이크로소프트의 게임사업부를 총괄하는 부사장 필 스펜서Phil Spencer는 나델라가 강조한 성장형 사고방식을 구현한 사람 중 하나다. 그는 엑스박스Xbox 브랜드와 게임사업부에 속한 전 세계의 게임 디자인 및 개발 팀을 총괄한다. 몇 년 전 스펜서와 그의 팀은 스웨덴에 본사를 둔 모장Mojang에 관심을 갖게 됐다. 이 회사가 개발한 비디오게임 마인크래프트Minecraft가 엄청난 성공을 거두었기 때문이다. 마인크래프트는 게이머들만이 아니라 교사들에게도 인기를 끌었는데, 교사들은 그 게임이 창의력, 협업, 탐험을 장려하는 방식에 매력을 느꼈다. 나델라가 최고경영자로 부임하기 전부터 스펜서는 마이크로소프트가 마인크래프트를 인수해야 한다고 제안했지만, 당시 그의 상사는 이 제안을 추진하지 않았다. 스펜서는 포기하지 않았다. 그는 그 게임이 마이크로소프트 것이 되어야 한다고 믿었고, 모장과 좋은 관계를 유지하며 신뢰를 쌓아나갔다. 그러다가 나델라가 최고경영자로 부임한 뒤 모장이 매각된다는 문자를 받았고 그 소식을 나델라에게 알렸다. 이번에는 스펜서의 제안이 받아들여졌다. 마이크로소프트는 모장을 인수하는 데 25억 달러를 지출했다. 인수 후 스펜서와 그의 팀은 마인크래프트를 다양한 플랫폼에서 이용할 수 있게 만들었다. 이 게임은 엑스박스와 닌텐도, 플레이스테이션에서 작동할 뿐 아니라 태블릿, 콘솔, 핸드폰, PC에서도 작동한다. 현재 마인크래프트는 역사상 가장 많이 팔린 게임 중 하나가 됐다.[37]

나델라는 마인크래프트가 성장형 사고방식을 상징한다고 여긴다. 그 게임이 모바일과 클라우드 기술 분야에서 일하는 사람들에게 새로운 열정과 동기를 부여했고, 교육과 소프트웨어 분야에서 새로운 기회를 열었기 때문이다. 나델라는 마인크래프트의 인수를 추진한 스펜서야말로 성장형 사고방식을 지닌 개인이 역경을 극복하고 무엇을 이룰 수 있는지 보여주는 사례라고 말한다.

나델라가 성장형 사고방식에 집중한 결과는 어땠을까? 2001~2014

년에 마이크로소프트의 시가총액과 주가는 정체 상태였다. 하지만 나델라가 최고경영자로 부임하고 나서 회사의 시가총액과 주가가 3배 이상 올랐다.[38]

### 공동체의 학습에 투자한다

제8장에서 소개했던 엑소스의 최고경영자 사라 롭 오헤이건은 자신이 항상 재무 업무를 멀리했음을 인정했다. 사실 그는 재무 업무를 엄청 싫어했다. 하지만 과거에 게토레이Gatorade의 글로벌 사장이 됐을 때 모든 면에서 사업을 꿰뚫어볼 줄 알아야 함을 깨달았다. 그래서 자신의 부족한 점을 채우려고 상관인 마시모 다모레Massimo d'Amore에게 재무 수업을 받고 싶다고 요청했다. 그러자 다모레는 한술 더 떠 하버드 경영대학원 경영자 교육 과정에 보내주겠다고 제안했다. 오헤이건은 재무 교육 강좌를 수강하는 동안 매일 저녁 남편에게 전화를 걸어 완전히 금융 전문가가 된 것 같다고 자랑했다. 오헤이건은 이 교육을 마친 덕분에 한층 숙련되고 균형 잡힌 경영자가 됐다고 말한다. 그는 회사 재무와 관련한 대화를 이해하고 현명하게 질문을 던질 수 있었다. 질문이 좋으니 양질의 대답을 들었고 그 덕분에 회사가 처한 상황을 더 깊이 이해할 수 있었다. 그는 이렇게 말한다. "재무는 제게 더 이상 외국어가 아닙니다."[39]

## 긍정적인 사고방식

제스 토우스는 긍정적인 사고방식을 지닌 사람의 전형을 보여준다. 그는 어떤 상황에서든 생존하고 성장할 방법이 있음을 알며, 주변 사람들에게 동기를 부여하고 긍정적인 감정을 품게 만드는 재능을 지녔다. 제6장에서 소개한 메리어트인터내셔널의 글로벌 최고인사책임자 데이비드 로드리게스도 토우스 못지않게 긍정적인 사고방식을 지녔다. 그는 수십만 명의 직원이 있는 글로벌 기업에 긍정적인 사고방식을 불어넣었다.

2014년 5월, 로드리게스는 가족과 함께 휴가를 떠났다. 그는 오전에 해변 청소를 도우며 시간을 보냈고 점심에 휴식을 취했다. 그때 주치의에게서 급히 연락을 달라는 메시지를 받았다. 로드리게스가 전화를 거니 주치의는 그에게 악성종양이 있다며 즉시 존스홉킨스병원으로 오라고 요청했다. 의사는 로드리게스에게 암을 극복하고 살아남으려면 매우 공격적인 치료법을 사용해야 하고 가능한 한 빨리 치료를 시작해야 한다고 말했다. 또 치료 과정이 매우 힘들 것이라고도 했다.

로드리게스는 이때 무너질 수도 있었다. 그는 오랫동안 기다렸던 휴가를 계속 즐기며 치료 시기를 늦출 수도 있었다. 아니면 역경을 마주하는 것이 두려워 우유부단한 태도로 일관할 수도 있었다. 힘들고 괴로운 치료 요법을 받아들일 준비가 되지 않았다고 판단할 수도 있었다. 하지만 로드리게스는 의사의 조언에 따라 서둘러 집으로 돌아갔고 이튿날 병원을 찾아가 나쁜 소식을 정면으로 마주했다.

이후 로드리게스는 몇 달간 병원에서 지내며 힘든 치료를 받았다. 매일 3시간 간격으로 화학 요법을 견뎌야 했다. 이 기간에는 면역력이 약해져 있어 면회도 거의 허용되지 않았다. 그 때문에 철저히 고립된 삶을 사는 듯했다.

의료진은 그에게 병원에서 1년을 꼬박 보내게 될지도 모른다고 경고했지만, 데이비드는 그보다 일찍 집에 돌아가 통원 치료를 받게 되기를 바랐다. 그러한 바람으로 행동에 변화를 주었다. 자신이 육체적으로 강건할 뿐만 아니라 정신적으로나 영적으로도 준비가 되면 의사들이 더 빨리 통원 치료 방식으로 전환할 거라고 기대했다. 그는 체력을 강화하려고 병원 복도를 한 바퀴 도는 걷기 프로그램을 시작했다. 곧이어 병실에 점수판을 두고 자신이 몇 바퀴를 돌았는지 기록했다. 얼마 지나지 않아 병동을 돌며 매일 기록을 남기는 것을 눈여겨본 직원이 '운동 왕'이라는 별명을 붙여줬다.

면회를 극도로 제한했던 터라 고립감이 깊어졌다. 그는 이로 인해 정신 건강이 취약해지고 있음을 느꼈다. 정신 건강을 지키려면 자주 접촉하는 사람들, 즉 의료진과 더 활기차게 소통해야 했다. 유머 감각이 뛰어난 로드리게스는 힘든 상황에서도 기운을 내 자신을 돌보는 직원들에게 농담을 걸거나 재미있는 말을 한마디라도 던졌다. 정맥주사를 꽂은 채 병동을 천천히 걷기도 하고 속도를 내서 걷기도 하면서 더 많은 직원에게 말을 걸고 안면을 텄다. 로드리게스는 긍정적인 말과 농담이 자신의 건강을 되찾아주려고 헌신하는 직원들에게 줄 수 있는 선물이라고 여겼다.[40] 그렇게 대화를 나누자 고립감이 약화됐다. 그는 사람들과 관계를 형성하고 싶었고, 일상의 사소한 행동으로 사이를 가로막은 벽을 조금씩 허물었다.

조기 퇴원 여부를 결정하는 날, 로드리게스는 '오스카 수상 배우 뺨치는 연기'를 했다. 아침 일찍 잠에서 깬 그는 책상에 앉았다. 옆에는 링거대가 책상에는 노트북이 있었다. 그는 블루투스 스피커로 음악을 들으며 아이패드를 세워 이메일을 작성했다. 의사와 병원 직원들이 들어왔을 때 병실에는 퍼렐 윌리엄스Pharrell Williams의 〈해피Happy〉가 흘러나왔고, 로드리게스는 아이폰으로 친구와 웃으며 대화를 나누고 있었다. 그날 늦게 로드리게스는 퇴원해도 좋다는 연락을 받았다. 그가 예상했던 대로였다. 간호사는 그 연기가 '가석방' 결정에 영향을 미쳤다고 말했다.[41]

로드리게스가 3개월간 입원해 있으면서 배운 것 그리고 퇴원 후 9개월 동안 일주일에 두 번씩 항암치료를 받으면서 배운 것은 그 후 직장과 가정에서 큰 도움이 됐다. 불안, 우울증, 스트레스, 그 외 정신건강이 나빠졌을 때 나타나는 여러 증상 같은 부정적 감정은 전염될 수 있다는 사실을 알기에 이를 주의했다. 병원에 있을 때도 긍정적인 모습을 보여 간호사, 직원, 의사들이 받게 되는 부정적 영향을 조금이라도 덜어주려 애썼다. 이들은 환자들의 울음소리와 신음소리, 부정적인 진단을 내리거나 전달하는 일의 부담감, 환자의 사망에 따르는 심리적 충격을 일상적으로 접한다.

메리어트인터내셔널로 복귀한 로드리게스는 직원들에게 테이크 케어 프로그램을 전인적인 관점에서 고려하라고 주문했다. 그는 병원에서 지내면서 진정으로 건강한 삶은 사회적 관계까지 고려하는 것임을 배웠다. 즉, 함께 일하고 상호작용하는 직장동료, 함께 사는 가족, 더 나아가 지역공동체에 이르는 훨씬 큰 범위의 사회적 관계까지 고려해야 한다. 그가 간호사들에게 농담을 던질 때도 그랬지만, 사람은 유대감을 형성할 때 자기 안에서 에너지가 솟는 것을 느낀다.

로드리게스는 엄청나게 대단한 사건이 아니라 아주 사소한 행동이 중요하다는 사실을 배웠다. 그는 이렇게 말했다. "인생이란 우리가 통제할 수 없는 것투성이다. 하지만 우리가 선택할 수 있는 중요한 일들이 있다. 우리는 긍정적인 모습을 보여주기로 선택할 수 있다. 모든 상황에서 유쾌한 면을 바라보고 날마다 웃으며 자신을 치유하는 쪽을 선택할 수 있다. 개인적으로는 불행한 일이라도 다른 사람에게 희망을 선물하는 계기로 전환할 수도 있다."[42] 힘든 시절에 잠시 함께 웃는 순간을 공유하는 일처럼 사소한 일도 다른 사람의 삶에 변화를 가져올 수 있다. 로드리게스는 병원에서 직접 경험했기에 이 사실을 잘 안다.

흔히들 입에 올리는 '모든 것은 마음먹기에 달렸다'는 말은, 현실은 바뀌지 않으니 마음을 달리 고쳐먹으라는 의미로 쓰였다. 우리의 생각과 감정의 영향력을 무시한 말인 셈이다. 하지만 이제 우리는 마음의 내적 작용이 좋은 방향으로든 나쁜 방향으로든 현실을 변화시킬 수 있다는 사실을 안다. 이번 장에서는 긍정적인 사고방식으로 자기 자신과 공동체에 긍정적인 변화를 가져온 사람들에 대해 이야기했다.

자신의 사고방식이 팀, 가족, 조직, 공동체에 어떤 영향을 미치는지 생각해야 한다. 사고방식은 다른 사람의 기운을 북돋기도 하고 우울하게 만들기도 한다. 중립적인 사고방식을 가지면 상실감과 실망감을 이겨내는 데 도움이 된다. 감정에 휘둘리지 않고 지난 실패의 경험에서 교훈을 얻고, 더 나은 미래로 나아가는 법을 배우게 된다. 성장형 사고방식을 가지면 자신의 잠재력을 최대한 끌어내고 그 능력으로 공동체에 기여할 수 있다. 긍정적인 사고방식은 다른 이에게 선물이 된다. 이 선물은 역경을 만났을 때 자신감을 북돋우고 역경을 만난 사람들에게 영감을 준다. 부정적인 감정과 생각이 바이러스처럼 전염되듯 긍정적인 감정과 생각도 전염되기 때문이다.

데이비드 로드리게스, 러셀 윌슨, 제스 토우스, 사티아 나델라, 트레버 모아와드는 모두 사고방식을 이용해 자신의 기분을 끌어올리고 주변 사람의 삶을 더 낫게 만드는 법을 보여줬다. 개인은 팀원들의 회복탄력성을 향상시킬 수 있다. 팀원들이 침체에서 벗어나도록 도울 수 있다. 감정에 사로잡히지 않고 행동하는 법을 보여줄 수 있다. 부정적인 감정과 생각의 흐름을 완전히 차단할 수는 없지만, 현명하게 선택하면 부정적인 것들이 끼치는 해로운 영향을 줄일 수 있다. 어떤 사람을 곁에 두고 어떤 대상을 가까이할지, 어떤 사고방식을 가질지, 어떤 정보를 소비할지 현명하게 선택하여 조직에 해를 끼치는 부정적인 영향에 저항할 수 있다. 우리가 현명하게 선택하면 자신은 물론, 주변에 있는 사람들까지 더 나은 삶을 살게 된다. 앞서 소개한 사례의 주인공들처럼 어떤 사고방식을 갖느냐에 따라 우리는 공동체에서 활력소가 될 수 있다. 러셀 윌슨이 삶의 원칙으로 삼은 말이자 자신의 팀원들과 자주 공유하던 말이 있다. '최고의 순간은 아직 오지 않았다'는 것이다. 우리의 행동은 생각보다 전염성이 강하다. 우리는 다른 사람의 사고방식, 정신 건강, 잠재력에 좋은 방향이든 나쁜 방향이든 큰 영향을 미칠 수 있는 수퍼전파자다.

## 결론

## 우분투 찾기

'우분투Ubuntu'는 아프리카 말에서 인간의 본질을 나타낸다. 우분투는 인간이란 존재는 혼자서 살아갈 수 없음을 말한다. 너와 내가 연결되어 있음을 의미한다. 혼자서는 사람다운 사람이 될 수 없다. 우분투라는 자질을 갖췄다면 그는 너그럽고 아량 있는 사람이다. … 당신이 우분투 정신을 실천할 때 이 정신이 널리 퍼져 전 인류를 이롭게 한다.

데스몬드 투투(Desmond Tutu)

2007년 초가을이었다. 마케트대학교 이사회가 있던 날, 점심시간에 잠깐 쉬면서 이사 둘과 대화를 나눴다. 두 사람은 동문이었다. 한 명은 이 학교에서 사명 및 정체성 부서Mission and Identity를 담당하던 스테파니 러셀Stephanie Russell이고, 또 한 명은 당시 NBA 보스턴 셀틱스 감독인 닥 리버스Doc Rivers다.

셀틱스는 24승 58패로 우울한 시즌을 보내고 있었다. 불과 몇 주 후면 훈련 캠프를 차려야 하는데 훈련 캠프에 참가하는 선수 15명 중 9명이 새로 합류하는 선수들이었다. 리버스는 선수들을 끈끈하게 연결해줄 무언가가 간절했다.

리버스 감독이 그런 생각으로 고심하고 있을 때였다. 러셀의 입에서 한 단어가 툭 튀어나왔다. 우분투Ubuntu. 러셀이 그 말을 했을 때 리버스는 "그래 이거야. 이게 필요했어" 하고 쾌재를 불렀다.

리버스 감독에게 우분투 철학이 무엇인지 배우고 나서 선수들은 자존심을 내려놓았다. 선수들은 무슨 역할이 주어지든 순순히 받아들였다. 팀은 하나의 목표와 그 목표에 도달할 수단을 중심으로 단결했다. 리버스 감독이 말했다. "우분투가 아니었다면 우리는 전혀 다른 시즌을 보냈을 것이다. 우분투는 우리 팀에 딱 맞는 철학이었다."

2007년에 24승 58패로 시즌을 마쳤던 셀틱스는 2008년에 66승 16패로 전 시즌보다 42승이나 더 챙기며 역사상 최고의 반전을 그려냈고, 나아가 NBA 챔피언십 우승컵까지 거머쥐었다.

셀틱스의 많은 선수가 역전을 이룬 원동력으로 우분투 철학을 말했다. 선수들은 우분투를 구호로 삼아 팔찌와 티셔츠에 새겼고, 라커룸에도 적어두었으며 작전회의 때마다 이를 외쳤다.[1]

데스몬드 투투 대주교가 말한 우분투는 선수들에게 마법 같은 구호이자 그 시즌에 성취하고자 했던 모든 것을 상징하는 좌우명이었다.

'우분투'는 아프리카 반투어에서 유래한 말로 이 말에 담긴 철학을 대략 번역하면 이렇다. '우리 모두가 있기에 내가 존재한다.'

우분투 철학을 새긴다면 직장이나 공동체의 문화를 긍정적으로 혁신할 수 있지 않을까? 우분투라는 말은 많은 점을 시사한다.

- 같은 목표를 향해 모두가 힘을 합친다.
- 팀에서 각자가 맡은 역할을 이해한다.

- 서로 성공하도록 돕는다.
- 서로 존중한다.
- 피드백을 제공하며 서로 코칭한다.
- 좋을 때나 힘들 때나 변함없이 서로 응원한다.
- 승리를 축하한다.
- 패배에서 교훈을 얻는다.

어떻게 하면 일상에서 우분투 철학을 실천할 수 있을까? 작은 것부터 시작하자. 당신이 속한 조직이나 공동체의 구성원과 소통할 기회를 찾아보자. 일정 시간 전자 기기를 끄고 공동체 구성원이 하는 말을 경청하며 온전히 소통하는 것은 어떤가. 누군가와 자연에서 함께 걷는 것도 좋다. 가까운 이웃이나 조직 구성원을 도울 일이 있는지 살피고 돕는 것은 어떤가. 고마운 사람에게 감사 편지를 보내자. 가족과 친구를 찾아가 함께 시간을 보내자. 함께 요리를 하는 것도 좋다. 모임을 주최하고 행사를 기획해보자. 다른 가치보다 사람을 소중히 여겨야 한다.

기술 업계에서 20년간 잔뼈가 굵은 카를라 피녜로 서블렛(제2부에서 소개했다)은 2017년까지 2년 6개월간 랙스페이스Rackspace에서 최고마케팅책임자로 일했다. 이 기간에 경영진은 회사를 매각하기로 계획하고 준비에 들어갔다. 서블렛은 인생에게 가장 힘든 시간을 보냈고, 회사는 매각을 마무리했다. 서블렛은 이렇게 말했다. "어느 날 아침 주방에 앉아 있는데 아이들은 점심 도시락을 챙기고 남편은 아침 식사를 준비하고 있었다. 그런데 어느 누구도 서로 말을 걸지 않았다. 집에 있으면서도 유령이 된 것 같았다. 내가 바라던 삶이 아니었다. 사람들과 단절되고 길을 잃은 듯했다."

서블렛은 그날 자신의 인생에서 가장 소중한 존재와 관계를 복원해야 한다는 사실을 깨달았다. 그 존재란 당시 열네 살과 열한 살이던 아이들과 남편이었다. 서블렛은 직장을 그만두고 1년간 온전히 쉬면서 가족에게 그리고 자기 자신에게 돌아가기로 다짐했다.

서블렛은 자신이 무엇을 하고 싶은지 확신이 서지 않았다. 아스펜 인스티튜트에서 운영하는 헨리 크라운 펠로우십Henry Crown Fellowship 과정에 참여하고 있었는데, 회사를 그만두고 한 달쯤 됐을 때 그 과정의 일환으로 해당 기관에서 주최하는 글로벌 리더십 세미나에 참여하게 됐다. 참고로 헨리 크라운 펠로우십은 공동체에 긍정적 영향을 미칠 차세대 리더를 육성하는 프로그램이다. 그 세미나에서 참가자들은 데스몬드 투투 대주교와 넬슨 만델라Nelson Mandela가 강조하는 우분투 철학, 즉 '상호 연결성'이 무엇인지 배웠다.² 일주일간 리더십 세미나에 참여하면서 서블렛은 1년간 쉬면서 자신이 할 수 있는 가장 의미 있는 일이 무엇일지 고민했고, 아이들에게 '온실' 밖 세상을 보여주기로 결심했다. '온실' 안에만 있으면 이웃은 물론 훨씬 더 큰 세계의 구성원들과 서로 연결되어 있음을 깨닫지 못하기 때문이다. 서블렛은 네 차례 장기 여행을 계획하고, 가족과 인도, 부탄, 멕시코, 크로아티아, 프랑스, 이탈리아, 일본에서 시간을 보냈다. 각국의 종교 축제 기간에 여행 일정을 잡아 아이들이 색다른 문화를 체험하도록 했다. '우분투를 찾아서'라고 코토를 내건 이 여행에서 서블렛은 해외여행을 하는 동안 사실상 전자 기기를 사용하지 말자고 가족을 설득했다.

다만 노트북을 한 대 가져가서 아무 일 없이 잘 지낸다는 소식을 친지들에게 알리는 용도로만 사용했다.

서블렛은 1년간의 휴가를 돌아보며 이렇게 말했다. "일이 없을 때 '나'라는 사람은 어떤 존재인지 이해하는 기회가 됐다. 그동안 사람들이 안부를 물을 때면 언제나 해당 분기에 회사가 어떻게 돌아가는지만 생각하며 대답을 했었다. 내 마음과도 단절되어 있었다. 두뇌와 직감을 쓰며 일은 열심히 했지만, 마음은 돌아보지 않았다. 두 개의 인격을 형성한 것이다. … 일과 가정. 그 둘은 철저하게 분리되어 있었다. 한 해 동안 휴식하면서 두 인격이 하나가 됐다."

그해 서블렛이 가장 인상 깊었던 점은 아이들이 관계를 형성하는 방식이었다. 아이들은 서로 우애를 다졌을 뿐 아니라 문화와 나이에 상관없이 길에서 만난 사람들과 어렵지 않게 유대를 형성했다. 아이들은 어디를 가든, 더러는 서블렛이 생각지도 못한 방식으로 사람들과 안면을 텄다. 어느 날 저녁, 서블렛은 아들에게 인도의 올드델리와 아그라 거리를 돌아보며 무엇을 보고 느꼈는지 물었다. 아들은 거기서 공동체를 봤다고 말했다. 서블렛은 더 구체적으로 물었다. "그 골목에서 남자들이 목욕하는 모습은 어땠어?" 그러자 아들이 이렇게 대답했다. "그게 뭐 어때서요? 그 사람들에게는 그 방식이 잘 맞는 거죠." 서블렛은 그 모습이 민망했고 그 사람들이 불쌍했는데 아들은 그 사람들이 의미 있는 행위를 함께한다고 느낀 것이다. 서블렛 아이의 말처럼 그 가족은 곳곳을 여행하며 가족, 우정, 일, 음식, 재미, 종교의 역할을 목격했고, 이 모든 것이 보편적인 가치임을 깨달았다.

서블렛은 1년간 가족과 여행하면서 자신을 돌아보고 세상에서 자신의 위치를 더 깊이 이해하게 됐다. 그리고 연결성이라는 인간의 본질을 깨닫기 위해 굳이 지구 끝까지 갈 필요는 없다는 교훈도 얻었다. 자신이 사는 지역에서도 사람들과 얼마든지 유대를 형성할 수 있다. 비용도 들지 않는다. 하지만 의식적인 노력이 필요하다. 이를테면 디지털 기기 사용을 줄이고 상대방에게 온전히 주의를 집중해야 한다. 상대의 말을 경청하고, 함께 이야기하고, 함께 식사하고, 어떤 하루를 보냈는지 공유할 때 비로소 관계를 회복할 수 있다.

서블렛은 여행 중에 한 친구에게 이러한 메일을 받았다. "집을 떠나 짧게 또는 길게 여행했던 그 모든 시간을 거치고 가장 깊이 깨달은 사실은 내가 배우고 싶었던 모든 지혜가 여기 내 집 안에 깃들어 있다는 것이었어. … 우리 도두가 갈구하는 관계와 사랑이 바로 우리 안에 있음을 알았어. 나를 한층 더 성장시킬 기회가 길 건너에 있다는 사실을 또 어쩌면 거울로 대면하는 내 눈동자에 있다는 사실을 깨달았지."[3]

하지만 우분투(너와 내가 우리로 묶여 있다는 소속감과 상호 연결성)를 경험하기 어려운 사람이 많다. 우분투를 경험하는 한 가지 방법은 우분투 철학을 제대로 실천하는 조직과 공동체의 일원이 되는 것이다. 서블렛은 원래 '우분투 찾기'라는 1년간의 여정을 마치고 나면 최고경영자 자리를 찾아볼 계획이었다. 하지만 1년 뒤 평소 동경하던 회사의 최고마케팅책임자 자리를 선택했다. 그는 내게 이렇게 말했다. "여행을 하면서 깨달은 게 있다. 경력을 쌓으며 중요한 결정을 내릴 때 다른 무엇보다도 함께 일할 사람들이 누구인지 살펴야 한다는 것이다." 서블렛은 회사를 선택할 때 사람들과의 유대를 가치 있게 여기고, 공동체 안에서 변화를 이끌어낸 회사를 우선시했다.

조직과 공동체가 올바른 관점에서 운영될 때 개인과 사회 전체에 긍정적인 영향을 미칠 수 있다. 조직과 공동체는 사람들이 모여서 단결하고 서로 돕는 삶을 실천하는 곳이다. 조직과 공동체 안에서 사람들은 아주 사소한 행동이라도 구성원에게 큰 영향을 미칠 수 있음을 배우게 된다.

요컨대, 가족, 친구, 종교 단체, 직장을 비롯해 자신이 속한 여러 공동체 안에서 우분투를 실천하는 문화를 만드는 일은 우리 각자의 몫이다.

## 감사의 글

나는 훌륭한 부모와 가족, 친구, 교사, 교회, 지역사회를 두는 축복을 받았다. 이들은 나를 일으켜 세우고 번영하는 공동체의 중요성을 가르쳐줬다. 길모어, 홀리크로스대학, 노스캐롤라이나대학 채플힐에서 쌓은 경험이 내 진로와 관심사에 큰 영향을 미쳤다. 또 이 작업에 영감을 준 더마이티 커뮤니티에도 감사한다.

 수천 명이 자신의 업무 경험을 내게 자세히 들려준 덕분에 이 책에 귀중한 통찰을 생생하게 담아낼 수 있었다. 그들의 솔직한 이야기에 감사한다. 그들의 솔직한 이야기는 20년이 넘는 시간 동안 내게 영감과 깨우침을 줬다. 특히 감사의 마음을 전하고 싶은 사람들이 있다. 사라 레이Sara Ray, 마셜 골드스미스, 도리 클락Dorie Clark, 알리사 콘

Alisa Cohn, 메리앤 수메고, 토니 존스, 에이드리엔 부아시, 프랜 카츠오다스, 킴 스콧, 랄프 보이드, 베키 카니스 마르지오타, 조 맥캐넌, 로잔 해거티, 라이언 마르티네스, 게리 켈리, 휘트니 아이힝어, 라켈 다니엘스, 마이클 닉슨, 아만 부타니, 젠 오톰니, 카렌 틸만Karen Tillman, 레베카 오니, 제레미 앤드루스, 제인 월터스Jane Walters, 조던 팩Jordan Pack, 크리스 루, 스튜어트 프라이스, 매트 데일리, 켈리 레너드, 크리스타 퀼스, 크리스 오닐, 앨런 프리드먼, 에이미 담브라, 엘리 담브라Ellie D'Ambra, 킴 말렉, 진 샤론 애버트, 데이비드 로드리게스, 레아 에버트Leah Evert, 민 탐 꾸엉 티, 디앤 홉스, 요세프 라다니, 줄리안 라우리Julian Lowry, 제한 수아니코Jehan Suanico, 톰 가드너, 데이비드 가드너David Gardner, 리 버비지, 카라 챔버스, 스티븐 코비, 산제이 아민, 에릭 딕슨, 토드 와이즈먼Tod Wiesman, 로라 플린Laura Flynn, 제나 아담스Jena Adams, 캐롤 플린Carol Flynn, 타샤 유리크, 피터 심스Peter Sims, 수전 데이비드, 앤슨 도런스, 마크 베르스테겐, 에이미 베르스테겐, 사라 롭 오헤이건, 앨리슨 스쿱, 아만다 칼슨-필립스, 마이클 포먼, 알렉산드라 윅셀Alexandra Wicksell, 젠 피셔, 댄 헬프리히, 이자오 장, 제스 토우스, 라비 사미, 안야 산체스Anya Sanchez, 릭 로프그렌Rick Lofgren, 러셀 윌슨, 해리 윌슨, 트레버 모아와드, D. J. 에디슨D. J. Edison, 티나 성, 니나 바카, 카를라 피네로 서블렛, 야-팅 리프, 제프 맥헨리Jeff McHenry, 미미 웨버Mimi Weber, 매튜 데이비스Matthew Davis, 메리 멀리건 손Mary Mulligan Thorne, 조 솔렛Jo Solet, 바버라 레이놀즈Barbara Reynolds, 티나 퀸Tina Quinn. 또 리워크 컨퍼런스와 글로벌 인력 운영 회의에 초대해주신 라즐로 보크Laszlo Bock, 제니퍼 커코스키Jennifer Kurkoski, 구글에 감사한다.

플레처앤컴퍼니Fletcher&company 팀원들에게 감사한다. 훌륭한 길라잡이가 되어준 출판 저작권 에이전트 그레인 폭스Grainne Fox와 크리스티 플레처Christy Fletcher에게 감사한다. 두 사람은 책을 출판하는 과정 전반에 걸쳐 나아갈 길을 알려주고 기운을 북돋아주었다. 탁월한 편집자 베스 래시바움Beth Rashbaum을 소개해준 것에도 감사한다. 그는 지속적으로 좋은 제안을 하며 이 책의 품질을 높여줬다. 그는 지독하게 솔직한 피드백을 제공하며 이 책을 꼼꼼하게 편집했다.

이 책의 초기 구상 단계에서 피드백을 제공한 세스 슐만Seth Schulman과 레이첼 고스텐호퍼Rachel Gostenhofer에게 감사한다. 나의 멘토가 되어주고 수십 년간 함께 일할 기회를 준 크리스틴 피어슨에게 감사한다. 나는 피어슨에게서 정말 많은 것을 배웠다. 나의 멘토가 되어준 제인 더튼, 톰 베이트먼Tom Bateman, 에드 로울러Ed Lawler에게도 감사한다.

나를 믿고 이 프로젝트를 지지해줬을 뿐만 아니라 좋은 피드백을 제공하며 책이 설득력 있게 읽히도록 편집해준 그레첸 영Gretchen Young과 그랜드센트럴출판사Grand Central Publishing에 감사한다. 이 책을 검토해준 캐롤린 레빈Carolyn Levin과 원고를 꼼꼼하게 교정해준 안젤리나 크란Angelina Krahn에게도 감사한다. 헤일리 위버Haley Weaver와 그랜드센트럴출판사의 다른 직원들께도 감사한다. 여러분의 모든 노고에 감사드린다!

나와 협업했던 사람들에게도 감사의 마음을 전한다. 토니 슈워츠, 아미르 에레즈, 알렉산드라 거바시, 그레첸 스프레이처, 크리스티나 깁슨Cristina Gibson, 로버트 크로스Robert Cross, 크리스틴 컬렌-레스터Kristin

Cullen-Lester, 앤드루 파커와 여러 동료에게 감사한다. 든든한 격려와 지원을 아끼지 않은 라이언 캅스Ryan Kaps에게 감사한다. 지혜로운 말과 지원을 아끼지 않은 밥 서튼Bob Sutton에게 감사한다. 공동체의 번영에 관한 아이디어와 고견을 나눠준 사눕 루크Sanoop Luke에게 감사한다. 나를 격려하고 이 책이 나오도록 도움을 제공한 사람들이 있다. 대니얼 핑크, 마크 케네디Mark Kennedy, 애덤 그랜트, 킴벌리 퍼툴라Kimberly Perttula, 조 맥캐넌, 제이 카슨Jay Carson, 에이미 브제스니에프스키, 에이미 갤로Amy Gallo, 헤더 나이트 에이헌Heather Knight Ahearn, 로렌 조지Lauren George, 베일리 오도넬Bailey O'Donnell, 로라 헤이스팅스 페이스Laura Hastings Faith에게도 감사의 마음을 표한다.

특히 나를 성원해준 우리 부모님, 마크 포래스Mark Porath, 캐리 체리Carrie Cherry와 트립 체리Tripp Cherry, 마이크 포래스Mike Porath, 사라 포래스Sarah Porath, 조카들 그리고 친한 친구들에게 감사한다. 항상 나를 격려하고 미소 짓게 만드는 사람들이다!

## 주석

### 들어가며

1. Fox, M. (2018, May 10). Major Depression on the Rise Among Everyone, New Data Show. NBC News. https://www.nbcnews.com/health/health-news/major-depression-rise-among-everyone-new-data-shows-n873146.

2. Hadley, C. N., & Mortensen, M. (2021, Winter). Are Your Teammates Lonely? *MIT Sloan Management Review*. https://sloanreview.mit.edu/article/are-your-team-members-lonely/.

3. Twaronite, K. (2019, February 28). The Surprising Power of Simply Asking Coworkers How They're Doing. *Harvard Business Review*. https://hbr.org/2019/02/the-surprising-power-of-simply-asking-coworkers-how-theyre-doing.

4. Achor, S., Kellerman, G. R., Reece, A., & Robichaux, A. (2018, March 19). America's Loneliest Workers, According to Research. *Harvard Business Review*.

5. Ozcelik, H., & Barsade, S. (2018). No Employee on an Island: Workplace Loneliness and Job Performance. *Academy of Management Journal, 61*(6), 2, 343–66. https://doi.org/10.5465/amj.2015.1065; Barsade, S., & Ozcelik, H. (2018, April 24). The Painful Cycle of Employee Loneliness, and How It Hurts Companies. *Harvard Business*

Review. https://hbr.org/2018/04/the-painful-cycle-of-employee-loneliness-and-how-it-hurts-companies.

6   Murthy, V. (2017, September 26). Work and the Loneliness Epidemic. *Harvard Business Review*. https://hbr.org/2017/09/work-and-the-loneliness-epidemic.

7   Spreitzer, G., & Porath, C. L. (2012, January–February). Creating Sustainable Performance. *Harvard Business Review*, 92–99. https://hbr.org/2012/01/creating-sustainable-performance.

8   Ryan, R. M., & Deci, E. L. (2000). Self-Determination Theory and the Facilitation of Intrinsic Motivation, Social Development, and Well-Being. *American Psychologist*, 55(1), 68–78. https://doi.org/10.1037/0003-066X.55.1.68; and Deci, E. L., Connell J. P., & Ryan, R. M. (1989). Self-Determination in a Work Organization. *Journal of Applied Psychology*, 74(4), 580–90. https://doi.org/10.1037/0021-9010.74.4.580.

9   Totterdell, P. (1999). Mood Scores: Mood and Performance in Professional Cricketers. *British Journal of Psychology*, 90(3), 317–32. https://doi.org/10.1348/000712699161422; Christakis, N., & Fowler, J. (2009). *Connected: The Surprising Power of Our Social Networks and How They Shape Our Lives*. New York: Little, Brown; and Kensbock, J. M., Alkærsig L., & Lomberg, C. (2021, May 18). The Epidemic of Mental Disorders in Business—How Depression, Anxiety, and Stress Spread Across Organizations through Employee Mobility. Administrative Science Quarterly. https://doi:10.1177/00018392211014819.

## 제1부. 번영하는 공동체 구축하기

### 01 하나로 뭉쳐라

1   Kerr, S., & Carroll, P. (2020, April 28). NFL Draft Recap, Handling a Championship Loss, and Vulnerability in Sports with Brené Brown. *Flying Coach with Steve Kerr and Pete Carroll* [Audio podcast]. https://www.theringer.com/2020/4/28/21239564/nfl-draft-recap-handling-a-championship-loss-and-vulnerability-in-sports-with-brene-brown. Jackson, P., & Delehanty, H. (2006). *Sacred Hoops: Spiritual Lessons of a Hardwood Warrior*. New York: Hyperion.

2. Kerr, S., & Carroll, P. NFL Draft Recap, Handling a Championship Loss, and Vulnerability in Sports with Brené Brown. *Flying Coach with Steve Kerr and Pete Carroll* [Audio podcast].

3. Hoffer, R. (1996, May 27). Sitting Bull. Sports Illustrated. https://vault.si.com/vault/1996/05/27/sitting-bull-phil-jackson-may-invoke-sioux-lore-and-zen-mysticism-in-coaching-michael-jordan-co-but-the-real-message-is-play-smart-basketball.

4. Ibid.

5. Shelburne, R. (2020, April 26). How Phil Jackson Is Influencing Today's NBA Coaches. ESPN. https://www.espn.com/nba/story/_/id/29101166/how-phil-jackson-coaching-legacy-influencing-nba.

6. Hoffer, Sitting Bull.

7. Jackson & Delehanty, *Sacred Hoops*.

8. Ibid.

9. Hoffer, Sitting Bull.

10. Jackson & Delehanty, *Sacred Hoops*.

11. Ibid.

12. Kerr & Carroll, NFL Draft Recap.

13. Geller, J. (2019, April 19). Group Visit Series Part 1: Lessons from Two Decades of Group Visits. *Evolution of Medicine* [Audio podcast]. https://functionalforum.com/podcasts/podcast-group-visit-series-part-1-lessons-from-two-decades-of-group-visits.

14. Hyman, M. The Love Diet: Healing through Community, with James Maskell & Tawny Jones. *The Doctor's Farmacy* [Audio podcast]. https://drhyman.com/blog/2019/11/13/podcast-ep80/.

15. Jones, T. (2019, May 19). Group Visit Series Part 3: The Cleveland Clinic Is "Functioning for Life." Evolution of Medicine [Audio podcast].https://functionalforum.com/podcasts/podcast-group-visit-series-part-3-the-clevelandclinic-is-functioning-for-life.

16. Hyman, The Love Diet.

17. Shibuya, K., Pantalone, K., & Burguera, B. (2018, December 14). Obesity: Are Shared

Medical Appointments Part of the Answer? Consult QD. https://consultqd.clevelandclinic.org/obesity-are-shared-medical-appointments-part-of-the-answer/.

18. Cleveland Clinic. (2021, April 13). Cleveland Clinic Study Finds Functional Medicine's Shared Medical Appointments Deliver Improved Patient Outcomes at Less Cost. https://newsroom.clevelandclinic.org/2021/04/13/cleveland clinic-study finds-functional-medicines-shared-medical-appointments-deliver-improved-patient-outcomes-at-less-cost/.

19. Hyman, The Love Diet.

20. Lavoie, J. G., Wong, S. T., Chongo, M., et al. (2013). Group Medical Visits Can Deliver on Patient-centered Care Objectives: Results from a Qualitative Study. *BMC Health Services Research, 13*, 155.

21. Hyman, The Love Diet.

22. Wylie, M. (2016, March 10). Cisco's Chief People Officer Is "Breaking HR." Bizwomen, https://www.bizjournals.com/bizwomen/news/profiles-strategies/2016/03/san-jose-cisco-s-chief-people-officer-is-breaking.html?page=all.

23. For All Summit. (2019). In Conversation: Executive Leadership Team at Cisco [Video and transcript]. https://www.greatplacetowork.com/forallsummit/keynotes/in-conversation-executive-leadership-team-at-cisco.

24. Wylie. Cisco's Chief People Officer Is "Breaking HR"; and Moorhead, P. (2018, August 8). Cisco's "People Deal" Exemplifies Its Cutting Edge Commitment to Employees. *Forbes.* https://www.forbes.com/sites/patrickmoorhead/2018/08/08/ciscos-people-deal-exemplifies-its-cutting-edge-commitment-to-employees/?sh=21d2fe087ff7.

25. Moorhead, Cisco's "People Deal."

26. In Conversation: Executive Leadership Team at Cisco.

27. Ibid.

28. Segal, G. Z. (2019, April 3). This Self-Made Billionaire Failed the LSAT Twice, Then Sold Fax Machines for 7 Years Before Hitting Big—Here's How She Got There. Make It. CNBC. https://www.cnbc.com/2019/04/03/self-made-billionaire-spanx-founder-sara-blakely-sold-fax-machines-before-making-it-big.html.

29  Briody, B. (2018, June 2). Sara Blakely: Start Small, Think Big, Scale Fast. Insights by Stanford Business. https://www.gsb.stanford.edu/insights/sara-blakely-start-small-think-big-scale-fast.

30  MasterClass, Sara Blakely. https://www.masterclass.com/classes/sara-blakely-teaches-self-made-entrepreneurship.

31  Lardinois, F. (2020, February 18). Alphabet Takes the Wind out of Its Makani Energy Kits. TechCrunch, https://techcrunch.com/2020/02/18/alphabet-takes-the-wind-out-of-its-makani-energy-kites/.

32  Teller, A. (2020, February 12). Tips for Unleashing Radical Creativity. X blog. https://blog.x.company/tips-for-unleashing-radical-creativity-f4ba55602e17.

33  Teller, A. (2016, April 20). Celebrating Failure Fuels Moonshots [Entire Talk] Astro Teller. Stanford eCorner. https://ecorner.stanford.edu/videos/celebrating-failure-fuels-moonshots-entire-talk /attachment/4208/https://www.google.com/url?sa=t.

## 02 통제를 해제하라

1  Carnegie Foundation. (2017). *Becky Margiotta and Joe McCannon's 2017 Summit Keynote Video*. https://www.carnegiefoundation.org/resources/videos/becky-margiotta-and-joe-mccannons-2017-summit-keynote-video/.

2  Drabkin, D., Jamieson, J., Rao, H., Soule, S., & Sutton, B. (2016). L-30 The 100,000 Homes Campaign. https://stanford.edu/dept/gsb-ds/Inkling/100.html.

3  Ibid.

4  Ibid.

5  Foderaro, L. (1994, December 28). A Rare Mix of Tenants: Working Residents Create a New Model for Welfare Hotels. *New York Times*. https://www.nytimes.com /1994 /12 /28 /nyregion /a-rare-mix-of-tenants-working-residents-create-a-new-model-for-welfare-hotels.html; Moore, J. (2009, September 7). Taking the Homeless beyond Shelters. *The Christian Science Monitor*. https://www.csmonitor.com /The-Culture /2009 /0907/ p02s03-lign.html.

6  Carnegie Foundation, *Becky Margiotta and Joe McCannon's 2017 Summit Keynote*

*Video.*

7   Drabkin et al., L-30 The 100,000 Homes Campaign.

8   Becky Margiotta (2020, August 18). Building a Fear Free Army. *Unleashing Social Change* [Audio podcast]. http://www.unleashingsocialchange.com/2020/08/18/27-joe-mccannon-building-a-fear-free-army/.

9   Carnegie Foundation, Becky Margiotta and Joe McCannon's 2017 Summit Keynote Video.

10  Ibid.

11  Community Solutions. (2014, July 5). Campaign Reaches Goal as 100,000th Homeless American Housed. https://community.solutions/campaign-reaches-goal-as-100000th-homeless-american-housed/.

12  Carchidi, S. (2012, February 28). Herb Kelleher Shows No Fear of Flying. *Jersey Man Magazine.*

13  Fletcher, M. (2018, January 11). Ginger Hardage on How Southwest Airlines Built a Legendary Company Culture. *Game Changers with Molly Fletcher* [Audio podcast]. https://mollyfletcher.com/podcasts/ginger-hardage-southwest-airlines-culture/.

14  Freiberg, K., & Freiberg, J. (2019, January 4). 20 Reasons Why Herb Kelleher Was One of the Most Beloved Leaders of Our Time. *Forbes.* https://www.forbes.com/sites/kevinandjackiefreiberg/2019/01/04/20-reasons-whyherb-kelleher-was-one-of-the-most-beloved-leaders-of-our-time.

15  Glynn, M. (2014, May 19). Ex-Southwest Airlines CEO Offers Lessons in Leadership from Post-9/11 Crisis. *Buffalo News.* https://buffalonews.com/business/local/ex-southwest-airlines-ceo-offers-lessons-in-leadership-from-post-9-11-crisis/article_059aa2c5-381c-57e7-8471-eab9c149437c.html.

16  Gwynne, S. C. (2012, March). Luv and War at 30,000 Feet. *TexasMonthly.* https://www.texasmonthly.com/articles/luv-and-war-at-30000-feet/.

17  Sutton, R. I. (2010). *Good Boss, Bad Boss: How to Be the Best...and Learn from the Worst.* New York: Business Plus.

18  Gwynne, S. C. Luv and War at 30,000 Feet.

19  Freiberg & Freiberg, 20 Reasons Why.

20  Ballard, J. (2019, August 31). Where Will Southwest Airlines Be in 10 Years? Motley

Fool. https://www.fool.com/investing/2019/08/31/where-will-southwest-airlines-be-in-10-years.aspx.

21  Bishop, T. (2015, June 30). Expedia Has a President Again: Tech Leader Aman Bhutani Elevated to Big Role at Online Travel Giant. GeekWire. https://www.geekwire.com/2015/expedia-has-a-president-again-tech-leader-aman-bhutani-elevated-to-big-role-at-online-travel-giant/.

22  Tan, C. L. (2020, December 18). GoDaddy's New CEO on Leadership Now: "Change Is a Tiger." YahooNews (Reuters). https://news.yahoo.com/godaddys-ceo-leadership-now-change-100000900.html.

23  Ibid.

24  Heath, D. (2020). *Upstream: The Quest to Solve Problems before They Happen*. New York: Avid Reader Press.

25  Harden, G. (2020, January). Unstoppable Cultures Newsletter. https://unstoppablecultures.com/newsletters/january-2020/.

26  Lunney, J., Lueder, S., & O'Connor, G. (2018, April 24). Postmortem Culture: How You Can Learn from Failure. re:Work. https://rework.withgoogle.com/blog/postmortem-culture-how-you-can-learn-from-failure/.

27  Ancona, D., & Isaacs, K. (2019, July 11). How to Give Your Team the Right Amount of Autonomy. *Harvard Business Review*. https://hbr.org/2019/07/how-to-give-your-team-the-right-amount-of-autonomy.

28  MacArthur Foundation. (2021, April 7). Community Solutions Awarded $100 Million to End Homelessness [Press release]. https://www.macfound.org/press/article/community-solutions-awarded-$100-million-to-end-homelessness.

## 03 정중함을 갖춰라

1  Andrus, J. (2019, March–April). Traeger's CEO on Cleaning Up a Toxic Culture. *Harvard Business Review*. https://hbr.org/2019/03/traegers-ceo-on-cleaning-up-a-toxic-culture; Feldman, A. (2017, October 22). Jeremy Andrus Found Success with Skullcandy. Now He Hopes to Do It Again with Traeger Grills. *Forbes*. https://www.forbes.com/sites/forbestreptalks/2017/10/22/jeremy-andrus-found-success-with-

skullcandy-now-he-hopes-to-do-it-again-with-traeger-grills/?sh=3bf17fa417ea; and AFT Construction. (2020, July 6). *AFT PODCAST: Developing a Winning Culture* [Video]. YouTube. https://www.youtube.com/ watch?v=4QpUyY8_Sr4.

2   Johnson, W. (2020, February 11). Jeremy Andrus: Building Something of Value. *Disrupt Yourself Podcast*. https://whitneyjohnson.com/jeremy-andrus/.

3   Ibid.

4   Andrus, J. Traeger's CEO on Cleaning Up a Toxic Culture.

5   Johnson, W. Jeremy Andrus: Building Something of Value.

6   Ibid.

7   Ibid.

8   Ibid.

9   Ibid.

10  Ibid.

11  Ibid.

12  Rosenstein, A. H., & O'Daniel, M. (2008). A Survey of the Impact of Disruptive Behaviors and Communication Defects on Patient Safety. *Joint Commission Journal on Quality and Patient Safety, 34*(8), 464–71. https://doi.org/10.1016/s1553-7250(08)34058-6.

13  Cooper, B., Giordano, C. R., Erez, A., Foulk, T. A., Reed, H., & Berg, K. B. (In Press). Trapped by a First Hypothesis: How Rudeness Leads to Anchoring. *Journal of Applied Psychology*. http://doi.org/10.1037/apl0000914.

14  Riskin, A., Erez, A., Foulk, T. A., Kugelman, A., Gover, A., Shoris, I., Riskin, K. S., & Bamberger, P. A. (2015). The Impact of Rudeness on Medical Team Performance: A Randomized Trial. *Pediatrics, 136*(3), 487–95. https://doi.org/10.1542/peds.2015-1385.

15  Porath, C. (2015, December 7). How Civility Matters for You and Your Network. re:Work. https://rework.withgoogle.com/blog/how-civility-matters-for-you-and-your-network/.

16  Hathaway, B. (2016, January 11). Do the Math: Why Some People Are Jerks yet Others Are Even Nice to Strangers. YaleNews. http://news.yale.edu /2016 /01/11/research-news-do-math-why-some-people-are-jerks-yet-others-are-even-nice-strangers;

and Bear A., & Rand, D. G. (2016). Intuition, Deliberation, and the Evolution of Cooperation, *Proceedings of the National Academy of Sciences, 113*(4), 936–41. https://doi.org/10.1073/ pnas.1517780113.

17  Parker, A., Gerbasi, A., & Porath, C. L. (2013). The Effects of De-energizing Ties in Organizations and How to Manage Them. *Organizational Dynamics, 42*(2), 110–18, https://doi.org/10.1016/j.orgdyn.2013.03.004.

18  Ibid.

19  Kennedy, J., Porath, C., & Gerbasi, A. (n.d.). When Do Jerks Get Ahead? Testing and Bounding the Moral Virtue of Status Attainment [Unpublished paper]. Vanderbilt University; and Kennedy, J., Porath, C., & Gerbasi, A. (2019, July 8). Do Jerks Get Ahead? The Consequences of Incivility for Social Rank. International Association of Conflict Management Conference. Dublin, Ireland.

20  Porath, C. L. (2014, November 19). Half of Employees Don't Feel Respected by Their Bosses. *Harvard Business Review*. https:// hbr.org /2014/11/half-of-employees-dont-feel-respected-by-their-bosses; Porath, C. L. (2016) . *Mastering Civility: A Manifesto for the Workplace*. New York: Grand Central Publishing.

21  Porath, C., Gerbasi, A., & Schorch, S. (2015, September). The Effects of Civility on Advice, Leadership, and Performance. *Journal of Applied Psychology, 100*(5), 1527–41. https://doi.org/10.1037/apl0000016; and Porath, C., & Gerbasi, A. (2015, October–December). Does Civility Pay? *Organizational Dynamics, 44*(4), 281–86. https://doi.org/10.1016/j.orgdyn.2015.09.005.

22  Rozovsky, J. (2015, November 17). The Five Keys to a Successful Google Team. *The Water Cooler*. re:Work. https://rework.withgoogle.com/blog/five-keys-to-a-successful-google-team/.

23  Nazar, J., & Bhutani, A. GoDaddy CEO Shares How to Build Your Brand in a New Era of Innovation & Growth. *Entrepreneur*. https://www.entrepreneur.com/page/godaddy ceo-shares-how-to-build-your-brand?p=486101957.

24  Author interview with Ryan Martinez, September 21, 2020.

25  Porath, *Mastering Civility*.

26  Haman, K. (2015, July 27) "One Firm" Approach Treats Colleagues like Clients. *Orange County Business Journal*, https://www.ocbj.com/news/2015/jul/27/one-

firm-approach-treats-colleagues-clients/; and 2015 Best Places to Work in Orange County. Orange County Business Journal Best Places to Work. https://bestplacestoworkoc.com/2015-best-places-to-work-in-orange-county-rankings.

27. Appold, K. (2015, September). Rise of the Chief Patient Experience Of ficer. *The Hospitalist*. https://www.the-hospitalist.org/hospitalist/article/122188/rise-chief-patient-experience-officer.

28. Garcia, L. C., Shanafelt, T. D., West, C. P., et al. (2020, August 7). Burnout, Depression, Career Satisfaction, and Work-Life Integration by Physician Race/Ethnicity. *JAMA Network Open, 3*(8), e2012762. https://doi:10.1001/jamanetworkopen.2020.12762.

29. Han, S., Shanafelt, T. D., Sinsky, C. A., Awad, K. M., Dyrbye, L. N., Fiscus, L. C., Trockel, M., & Goh, J. (2019, June 4). Estimating the Attributable Cost of Physician Burnout in the United States. *Annals of Internal Medicine, 170*, 784–90. https://doi.org/10.7326/M18-1422.

30. Boissy, A., & Lee, T. H. (2017, October 12). Better Communication Makes Better Physicians. *NEJM Catalyst*. https://catalyst.nejm.org/doi/full/10.1056/CAT.17.0377.

31. Grant, A. (2020, May). Burnout Is Everyone's Problem. *WorkLife with Adam Grant* [Audio podcast]. https://podcasts.apple.com/us/podcast/burnout-is-everyones-problem/id1346314086?i=1000468645838.

32. Ibid.

33. Ibid.

34. Ibid.

35. Boissy, A., Windover, A. K., Bokar, D., Karafa, M., Neuendorf, K., Frankel, R. M., Merlino, J., & Rothberg M. B. (2016). Communication Skills Training for Physicians Improves Patient Satisfaction. *Journal of General Internal Medicine, 31*, 755–61. https://doi.org/10.1007/s11606-016-3597-2.

36. Boissy, A. (2018, October 24). How—and—Why to Listen Until Someone Feels Heard. *Stanford Social Innovation Review*. https://ssir.org/articles/entry/howandwhy_to_listen_until_someone_feels_heard.

37. Porath & Gerbasi, Does Civility Pay?

38. Porath, C. L. (2016, February 3). How to Avoid Hiring a Toxic Employee. *Harvard Business Review*. https://hbr.org/2016/02/how-to-avoid-hiring-a-toxic-employee.

39  Ibid.
40  Pennington, B. (2018, February 15). The Ski Team That Sleeps Together Wins a Lot of Gold Medals Together. *New York Times*. https://www.nytimes.com /2018 /02 /15/ sports /olympics /norway-skiing-olympics.html.
41  Leavitt, B. Developing a Winning Culture.

## 04 솔직하게 피드백하라

1  Scott, K. Radical Candor. Talk at Qualtrics.
2  Scott, K., & Spar, D. Kim Scott & Debora Spar Discuss the Intersection of Technology and Human Relationships. *Radical Candor* [Audio podcast]. https://www.radicalcandor.com/podcast/kim-scott-debora-spar/.
3  Ibid.
4  Hart, H. (2015, February 26). Yes, and...5 More Lessons in Improv-ing Collaboration and Creativity from Second City. *Fast Company*. https://www.fastcompany.com/3042080/yes-and-5-more-lessons-in-improv-ing-collaboration-and-creativity-from-second-city.
5  Scott, K. Leading with Kindness & Clarity During a Crisis. *Radical Candor* [Audio podcast]. https://www.radicalcandor.com/podcast/podcast2-ep1-leading-during-a-crisis/.
6  Mosley, E., & Irvine, D. (2020). *Making Work Human: How HumanCentered Companies Are Changing the Future of Work and the World*. New York: McGraw Hill.
7  Buckingham, M., & Goodall, A. (2019). *Nine Lies About Work: A Freethinking Leader's Guide to the Real World*. Boston: Harvard Business Review Press, 117–18.
8  Losada, M. (1999). "The Complex Dynamics of High Performance Teams." *Mathematical and Computer Modelling, 30*(9–10), 179–92; and Losada, M., & Heaphy, E. (2004). "The Role of Positivity and Connectivity in the Performance of Business Teams: A Nonlinear Dynamics Model." *American Behavioral Scientist, 47*(6), 740–65.
9  Cook C. R., Fiat A., Larson M., Daikos, C., Slemrod, T., Holland, E. A., Thayer, A. J., & Renshaw, T. (2018, February 19). Positive Greetings at the Door: Evaluation of a Low-

Cost, High-Yield Proactive Classroom Management Strategy. *Journal of Positive Behavior Interventions, 20*(3), 149–59. https://doi:10.1177/1098300717753831.

10  Kraus, M. W., Huang, C., & Keltner, D. (2010). Tactile Communication, Cooperation, and Performance: An Ethological Study of the NBA. *Emotion, 10*(5), 745–49. https://doi: 10.1037/a0019382.

11  Ibid.

12  Fonseca, T. (2017, October 27). High Fives Correlation with Team Bonding and Success. Fox Sports Stories. http://foxsportsstories.com/ 2017/10 /27/high-fives-correlation-with-team-bonding-and-success/.

13  Ibid.

14  Ibid.

15  See for a review Forer, B. (2011, June 9). Winning Touch: NBA Teams That Touch the Most Win the Most, Study Says. ABC News. https://abcnews.go.com/Health/winning-touch-nba-teams-touch-win-study/story?id=13801567; and Keltner, D. (2010, September 29). Hands On Research: The Science of Touch. *Greater Good.* https://greatergood.berkeley.edu/article/item/hands_on_research.

16  Grossman, E. (2016, October 7). The Suns Are Tracking High-Fives This Season and Sports Psychologists Are Giving Them Dap for Decision. *New York Daily News.* https://www.nydailynews.com/sports/basketball/suns-tracking-high-fives-article-1.2821334.

17  Ryan, R. M., & Deci, E. L. (2000). Self-Determination Theory and the Facilitation of Intrinsic Motivation, Social Development, and Well-Being. *American Psychologist, 55*(1), 68–78. https://doi.org/10.1037/0003-066X.55.1.68; Deci, E. L., Connell, J. P., & Ryan, R. M. (1989). Self-Determination in a Work Organization. *Journal of Applied Psychology, 74*(4), 580–90. https://doi.org/10.1037/0021-9010.74.4.580.

18  Ibid.

19  Grant, A. (2016, May 4.). Stop Serving the Feedback Sandwich. Medium. https://medium.com/@AdamMGrant/stop-serving-the-feedback-sandwich bc1202686f4e.

20  Ibid.

21  Yeager, D. S., Purdie-Vaughns, V., Garcia, J., Apfel, N., Brzustoski, P., Master,

A., Hessert, W. T., Williams, M. E., & Cohen, G. L. (2014). Breaking the Cycle of Mistrust: Wise Interventions to Provide Critical Feedback across the Racial Divide. *Journal of Experimental Psychology: General, 143*(2), 804–24. https://doi.org/10.1037/a0033906.

22   Hallowell, E. M. (2010, December). What Brain Science Tells Us About How to Excel. *Harvard Business Review*. https://hbr.org/2010/12/managing-yourself-what-brain-science-tells-us-about-how-to-excel.

23   Grant, Stop Serving the Feedback Sandwich.

24   Ibid.

25   Spreitzer, G., & Porath, C. L. (2014). Self-Determination as a Nutriment for Thriving: Building an Integrative Model of Human Growth at Work. In M. Gagné (Ed.), *The Oxford Handbook of Work Engagement, Motivation, and Self-Determination Theory*, 245–58. Oxford: Oxford University Press.

26   Workhuman. (2019, March). Conference, Nashville, TN (and email correspondence).

27   Vallance, D. (2019, April 24). Kim Scott on Why Most Work Communication Fails and How to Fix It. *Work Culture* [Blog]. DropBox. https://blog.dropbox.com/topics/work-culture/kim-scott-interview.

28   National championships won by UNC under Dorrance. The first came in 1981, in a twelve-team tournament sanctioned by the Association for Intercollegiate Athletics for Women. The remaining twenty-one are NCAA championships.

29   What Drives Winning. (2015, October 11). *Anson Dorrance: Grading Character* [Video of presentation at the What Drives Winning Conference, July 11, 2015, St. Louis, Missouri]. YouTube. https://www.youtube.com/watch?v=IpHFVu3dPGs; and author interview with Anson Dorrance, July 2021.

30   Author conversation (via Zoom) with Kelly Leonard. April 6, 2020.

## 05 일의 의미를 제공하라

1   Buchanan, R. (2018, July 2). Faces of Marketing Podcast: Kim Malek, Founder of Salt + Straw Ice Cream [Transcript]. Medium. https://medium.com/@ryanbuchanan_39941/faces-of-marketing-with-kim-malek-founderof-salt-straw-

70a73f02d06e.

2  Bloom, L. B. (2017, May 16). This Disruptor Left a 6-Figure Job to Scoop Ice Cream and Built a Sweet Success Story. *Forbes*. https://www.forbes.com /sites/laurabegleybloom/2017/05/16/this-woman-left-a-6-figure-job-to-scoop-ice-cream-and-built-a-massive-success-story/ #102673b11825.

3  Ibid.

4  Malek, K. (2015, September 25). Thank You Tribe Salt & Straw. Salt & Straw. https://saltandstraw.com/blogs/news/thank-you-tribe-salt-straw.

5  Salt & Straw. (n.d.). About Us. https://saltandstraw.com/pages/about.

6  Bloom, This Disruptor Left a 6-Figure Job.

7  Malek, Thank You Tribe Salt & Straw.

8  Ibid.

9  Ibid.

10  Mosley, E., & Irvine, D. (2020). *Making Work Human: How HumanCentered Companies Are Changing the Future of Work and the World*. New York: McGraw Hill.

11  Net Impact. (2012, May 23). Job Security and Meaningful Work in High Demand for Today's Workforce. https://www.netimpact.org/about/press-releases/job-security-and-meaningful-work-in-high-demand-for-todays-workforce.

12  Fosslien, L. (2019, June 20). Author and Professor Barry Schwartz on Meaning and Work. *Insights* [Blog]. Humu. https://www.humu.com/blog/author-and-professor-barry-schwartz-on-meaning-and-work.

13  Blue Zones Project. (n.d.). The Blue Zones Story. https://info.bluezonesproject.com/origins.

14  Beheshti, N. (2019, July 13). What Is the Happiest Profession in America? The Answer May Surprise You. *Forbes*. https://www.forbes.com/sites/nazbeheshti/2019/07/31/what-is-the-happiest-profession-in-america-the-answer-may-surprise-you/#113d2e77430b.

15  Harter, J. (2020, February 4). 4 Factors Driving Record-High Employee Engagement in U.S. Workplace. Gallup. https://www.gallup.com/workplace/284180/factors-driving-record-high-employee-engagement.aspx.

16  Schwartz, T., & Porath, C. L. (2014, June 30). The Power of Meeting Your Employees'

Needs. *Harvard Business Review*. https://hbr.org/2014/06/the-power-of-meeting-your-employees-needs.

17  Wrzesniewski, A., Dutton, J. E., & Debebe, G. (2003). Interpersonal Sensemaking and the Meaning of Work. In R. Kramer & B. Staw (Eds.), *Research in Organizational Behavior: An Annual Series of Analytical Essays and Critical Reviews*, vol. 25, Oxford: Elsevier, 93–135; and re:Work with Google. (2014, November 10). *Job Crafting—Amy Wrzesniewski on Creating Meaning in Your Own Work* [Video]. YouTube. https://www.youtube.com/watch?v=C_igfnctYjA.

18  Dutton, J. E., & Berg, J. M. (2009). Job Crafting at Burt's Bees, Global Lens Case 1-428-854; and Wrzesniewski, A. (2014). Engage in Job Crafting. In J. E. Dutton & and G. M. Spreitzer (Eds.) *How to Be a Positive Leader: Small Actions, Big Impact* (pp. 65–75). San Francisco: BerrettKoehler.

19  Zayan, L. V. (2017, January 18). How Starbucks, Honest Co., and TOMS Have Made Purpose a Vital Part of Their Culture (and You Can Too). *Talent Blog*. LinkedIn. https://business.linkedin.com/talent-solutions/blog/company-culture/2017/how-starbucks-honest-co-and-toms-have-made-purpose-a-vital-part-of-their-culture-and-you-can-too.

20  re:Work. (n.d.). KPMG: Motivating Employees through a Deeper Sense of Purpose [case study]. https://rework.withgoogle.com/case-studies/KPMG-purpose/.

21  Ibid.

22  KPMG Advisory. (n.d.). KPMG Purpose. https://advisory.kpmg.us/insights/future-hr/future-hr-purpose-culture/kpmg-purpose.html.

23  re:Work. KPMG: Motivating Employees through a Deeper Sense of Purpose.

24  re:Work. KPMG: Motivating Employees through a Deeper Sense of Purpose; and Pfau, B. (2015, October 6). How an Accounting Firm Convinced Its Employees They Could Change the World. *Harvard Business Review*. https://hbr.org/2015/10/how-an-accounting-firm-convinced-its-employees-they-could-change-the-world.

25  Pfau, B. How an Accounting Firm Convinced Its Employees They Could Change the World.

26  Grant, A. (2014). Outsourcing Inspiration. In J. Dutton & G. Spreitzer (Eds.), *How to Be a Positive Leader: Small Actions, Big Impact*. San Francisco  Berrett-Koehler.

27  Grant, A. M. (2008). The Significance of Task Significance: Job Performance Effects, Relational Mechanisms, and Boundary Conditions. *Journal of Applied Psychology, 93*(1), 108–24. https://doi.org/10.1037/0021-9010.93.1.108; Bellé, N. (2013). Experimental Evidence on the Relationship Between Public Service Motivation and Job Performance. *Public Administration Review, 73*(1), 143–53. https://doi.org/10.1111/j.1540-6210.2012.02621.x; Turner, Y. N., Hadas-Halpern, I., & Raveh, D. (2008). Patient Photos Spur Radiologist Empathy and Eye for Detail [Paper presented at the annual meeting of the Radiological Society of North America, Chicago]; Grant, A. M., & Hoffman, D. A. (2011). It's Not All about Me: Motivating Hospital Hand Hygiene by Focusing on Patients, *Psychological Science, 22*(12), 1494–99. https://doi.org/10.1177/0956797611419172.

28  Mycoskie, B. (2016, January–February). The Founder of TOMS on Reimagining the Company's Mission. *Harvard Business Review*. https://hbr.org /2016/01/ the-founder-of-toms-on-reimagining-the-companys-mission.

29  Chochrek, E. (2020, November 19). As Toms' Challenges Continue, Brand Reveals It Has Donated Almost 100M Pairs of Shoes. *FootwearNews*. https://footwearnews.com/2019/business/financial-news/toms-shoe-donations-impact-report-1202876080/.

30  For All Summit. (2019). In Conversation: Executive Leadership Team at Cisco [Video and transcript]. https://www.greatplacetowork.com/forallsummit/keynotes/in-conversation-executive-leadership-team-at-cisco.

31  Ibid.

## 06 건강한 삶을 지원하라

1  Gelfand, M., Gordon, S., Li, C., Choi, V., & Prokopowicz, P. (2018, October 2). One Reason Mergers Fail: The Two Cultures Aren't Compatible. *Harvard Business Review*. https://hbr.org/2018/10/one-reason-mergers-fail-the-two-cultures-arent-compatible.

2  Schoolov, K. (2019, August 22). How Amazon Is Fighting Back against Efforts to Unionize. CNBC. https://www.cnbc.com/2019/08/22/howamazon-is-fighting-

back-against-workers-efforts-to-unionize.html; Haddon, H. (2018, September 6). Whole Foods Workers Push to Unionize. *Wall Street Journal*. https://www.wsj.com/articles/whole-foods-workers-push-to-unionize-1536235201; Campbell, A. F. (2018). Whole Foods Employees Are Worried about New Owner Amazon—So They're Trying to Unionize. Vox, Sept. 17. https://www.vox.com/2018/9/7/17831462/amazon-whole-foods-employees-unionize.

3. Blanding, M. (2018, May 14). Amazon vs. Whole Foods When Cultures Collide. Harvard Business School Working Knowledge. https://hbswk.hbs.edu/item/amazon-vs-whole-foods-when-cultures-collide.

4. CNBC. (2016, September 23). Marriott Buys Starwood Becoming World's Largest Hotel Chain. https://www.cnbc.com/2016/09/23/marriott-buys-starwood-becoming-worlds-largest-hotel-chain.html.

5. McIlvaine, A. R. (2019, September 22). Marriott CHRO Makes Employee Wellbeing the Company's Cornerstone. *Human Resources Executive*. https://hrexecutive.com/marriotts-chro-makes-employee-wellbeing-the-companys-cornerstone/.

6. Ibid.

7. Marriott Culture Guide (2020). (Working paper).

8. Email correspondence with Michael Bush, CEO of Great Place to Work, March 15, 2001.

9. Tkaczyk, C. (2019, May 9). Inclusion from Top to Bottom. Great Place to Work. https://www.greatplacetowork.com/resources/blog/inclusion-from-top-to-bottom.

10. Hilton, J. (2019, October 31). Marriott International Is a People-First Company. *Human Resources Director* (New Zealand). https://www.hcamag.com/nz/specialisation/employee-engagement/marriott-international-is-a-people-first-company/190123.

11. Clemence, S., Frauenheim, E., & Tkaczyk, C. *Marriott International—A New Marriott for All and by All*. Marriott International and Great Place to Work. https://www.greatplacetowork.com/resources/reports/a-newmarriott-for-all-and-by-all.

12. Tkaczyk, C., Inclusion from Top to Bottom.

13. Ibid.

14 Clemence, Frauenheim, & Tkaczyk. *Marriott International.*

15 Ibid.

16 Marriott International News Center. (2020, May 6). Marriott International Ranks #1 On DiversityInc Top 50 List. https://news.marriott.com/news/2020/05/06/marriott-international-ranks-1-on-diversityinc-top-50-list; Marriott International News Center. (n.d.). Recognition. https://news.marriott.com/p/awards-and-recognition.

17 RedWeek. (2010, November 29). How Marriott Phuket Resorts Aid Sea Turtle Conservation. https://www.redweek.com/blog/2010/11/29/how-marriott-phuket-resorts-aid-sea.

18 Clemence, Frauenheim, & Tkaczyk. *Marriott International.*

19 Durbin, D. (2020, September). Marriott to Lay Off 17 Percent of Corporate Staff Next Month. AP News. https://apnews.com/article/maryland-archive-ac90f91534bcd404e4ebc6605d20adfc; and Change, S. (2021, January 16). Marriott Marquis Workers Rally for Severance and Rehire Rights Following Layoff Announcement. *Gothamist.* https://gothamist.com/ news/ marriott-marquis workers-rally severance-and rehire-rights-following-layoff-announcement.

20 Marriott International. Arne Sorenson video (emailed to author).

21 Hougaard, R., & Carter, J. (2018). *The Mind of the Leader: How to Lead Yourself, Your People, and Your Organization for Extraordinary Results.* Boston: Harvard Business Review Press.

22 McIlvaine, A. R. Marriott CHRO Makes Employee Wellbeing the Company's Cornerstone.

23 Gardner, D. (2021, May 5). Company Culture Tips, Vol. 8: The New Normal. *Rule Breaker Investing* [Audio podcast]. https://www.fool.com/podcasts/rule breaker-investing/2021-05-05-company-culture-tips-vol-8-the-new.

24 Southwick, A. (2020, May 8). Here's How the Motley Fool Landed on Inc.'s Best Workplaces List. *Workplace Culture Blog.* Motley Fool. https://culture.fool.com/2020/05/heres-how-the-motley-fool-landed-on-inc-s-best-workplaces-list/.

25 Southwick. A. (2017, October 19). Heroes of Conscious Capitalism. *Workplace*

*Culture Blog*. Motley Fool. https://culture.fool.com/2017/10/heroes-of-conscious-capitalism/. Conscious Capitalism. https://www.consciouscapitalism.org/philosophy.

26  Gardner, T. (2014, May 29). 6 Ways to Save Your Life—and Your Company. LinkedIn. https://www.linkedin.com/pulse/20140529152729-42170371-6-ways-to-save-your-life-and-your-company/.

27  Gardner, T. (2014, November 26). Time for a New Sick Policy. LinkedIn. https://www.linkedin.com/pulse/20141126204152-42170371-time-for-a-new-sick-policy/.

28  Ibid.

29  Insidemotleyfool. (2013, September 26). Core Value #4: Fun—Revel in Your Work. *Workplace Culture Blog*. Motley Fool. https://culture.fool.com/2013/09/core-value-4-fun-revel-in-your-work/.

30  The Motley Fool. (2012, September 3). A Culture of Trust. https://culture.fool.com/2012/09/a-culture-of-trust/.

31  Zak, P. (2018, May 15). Creating a High-Trust, High-Performance Culture. re:Work. https://rework.withgoogle.com/blog/creating-a-high-trust-performance-culture/.

32  Ibid.

33  Cash, K. (2017, September–October). The Motley Fool: Definitely Not Your Cookie Cutter Wellness Program. *Well-Being Practitioner*. https://foolculture-wpengine.netdna-ssl.com/wp-content/uploads/2017/10/WellBeingPractitioner-SepOct-2017.pdf.

34  Ibid.

35  Gardner, T., 6 Ways to Save Your Life—and Your Company.

36  Southwick, A. (2015, July 14). Foolientation Secrets from a Recruiter. *Workplace Culture Blog*. Motley Fool. https://culture.fool.com/2015/07/jobs-foolientation-newhire-employee-orientation-onboardinghiring/.

37  Insidemotleyfool. (2012, July 16). Foolish First Day. *Workplace Culture Blog*. The Motley Fool. https://culture.fool.com/tag/foolientation/.

38  Ibid.

39  Waldman, K. (2014, March 17). Negotiation While Female: Sometimes It Does Hurt to Ask. *Slate*. https://slate.com/human-interest/2014/03/should-women-

negotiate-for-more-pay-a-female-academic-leans-in-and-allegedly-loses-her-job-offer.html.

40  Lagorio-Chafkin, C. (2018, September 24). This Company Offered All of Its Employees $200 to Ask for a Raise. *Inc.* https://www.inc.com/christine-lagorio/motley-fool-employees-paid-to-ask-for-raises.html.

41  Ibid.

42  Barsade, S. G., & O'Neill, O. A. (2014, May 24). What's Love Got to Do with It? A Longitudinal Study of the Culture of Companionate Love and Employee and Client Outcomes in a Long-Term Care Setting. *Administrative Science Quarterly, 59*(4), 551–98. https://doi.org/10.1177/0001839214538636.

43  Ibid.

44  Barsade, S., & O'Neill, O. A. (2014, January 13). Employees Who Feel Love Perform Better. *Harvard Business Review.* https://hbr.org/2014/01/employees-who-feel-love-perform-better.

45  Totterdell, P. (2011). Mood Scores: Mood and Performance in Professional Cricketers. *British Journal of Psychology, 90*(3), 317–32. https://doi.org/10.1348/000712699161422.

46  Kuhl, P. K., Tsao, F.-M., & Liu, H.-M. (2003). Foreign-Language Experience in Infancy: Effects of Short-Term Exposure and Social Interaction on Phonetic Learning. *Proceedings of the National Academy of Sciences, 100*(15), 9096–101; https://doi.org/10.1073/pnas.1532872100.

47  Pinker, S. (2020, April 2). The Science of Staying Connected. *Wall Street Journal.* https://www.wsj.com/articles/the-science-of-staying-connected-11585835999.

48  Ibid.

49  Ibid.

50  Twaronite, K. (2019, February 28). The Surprising Power of Simply Asking Coworkers How They're Doing. *Harvard Business Review.* https: //hbr.org/2019/02/ the-surprising-power-of-simply-asking-coworkers-how-the yre-doing.

51  Rath, T. (2006). *Vital Friends: The People You Can't Afford to Live Without.* Washington, DC: Gallup Press.

52  Burkus, D. (2016, June 8). Some Companies Are Banning Email and Getting More

Done. *Harvard Business Review.*

53  Belkin, L. Y., Becker, W. J., & Conroy, S. A. (2017, November 30). Exhausted, but Unable to Disconnect: After-Hours Email, Work-Family Balance and Identification. *Academy of Management Proceedings*, (1), https://doi.org/10.5465/ambpp.2016.10353abstract.

54  Burkus, D. (2017, July 26). Why Banning Email Works (Even When It Doesn't). Inc. https://www.inc.com/david-burkus/why-you-should-outlaw-email-even-if-you-dont-succe.html.

55  Ibid.

56  Rogelberg, S. G. (2019). *The Surprising Science of Meetings*. New York: Oxford University Press.

57  Ibid.

58  Tonieto, G. N., Malkoc, S. A., & Nowlis, S. M. (2019, February). When an Hour Feels Shorter: Future Boundary Tasks Alter Consumption by Contracting Time. *Journal of Consumer Research, 45*(5), 1085–102. https://doi.org/10.1093/jcr/ucy043.

59  Rogelberg, *The Surprising Science of Meetings*.

## 제2부. '나'부터 시작하기

1  Vaca, N. Lean In. https://leanin.org/stories/nina-vaca.
2  Vaca, N. How Treating Yourself like a Corporate Athlete Drives Stronger Performance. Nina Vaca. https://www.ninavaca.com/blog/how-treating-yourself-like-a-corporate-athlete-drives-stronger-performance/.
3  Ibid.
4  Ibid.

## 07 자기인식

1  George, B., & Sims, P. (2007). *True North: Discover Your Authentic Leadership*. San Francisco: Jossey-Bass; and Hougaard, R., Carter, J., & Afton, M. (2018, January

12). Self-Awareness Can Help Leaders More Than an MBA Can. *Harvard Business Review*. https://hbr.org/2018/01/self-awareness-can-help-leaders-more-than-an-mba-can.

2   Eurich, T. (2017). *Insight: Why We're Not as Self-Aware as We Think, and How Seeing Ourselves Clearly Helps Us Succeed at Work and in Life*. New York: Currency.
3   Ibid.
4   David, S. (2016). *Emotional Agility: Get Unstuck, Embrace Change, and Thrive in Work and Life*. New York: Avery.
5   Ibid.
6   Ibid.
7   Eurich, *Insight*; Sutton, A., Williams, H. M., & Allinson, C. W. (2015). A Longitudinal, Mixed Method Evaluation of Self-Awareness Training in the Workplace. *European Journal of Training and Development, 39*(7), 610–27. https://doi.org/10.1108/EJTD-04-2015-0031; Ridley, D. S., Schutz, P. A., Glanz, R. S., & Weinstein, C. E. (1992). Self-Regulated Learning: The Interactive Influence of Metacognitive Awareness and Goal-Setting. *Journal of Experimental Education, 60*(4), 293–306. https://doi.org/10.1080/00220973.1992.9943867; Franzoi, S. L., Davis, M. H., & Young, R. D. (1985, June). The Effects of Private Self-Consciousness and Perspective Taking on Satisfaction in Close Relationships, *Journal of Personality and Social Psychology, 48*(6), 1584–94. https://doi.org/10.1037/0022-3514.48.6.1584; Fletcher, C., & Bailey, C. (2003). Assessing Self-Awareness: Some Issues and Methods. *Journal of Managerial Psychology, 18*(5), 395–404. https://doi.org/10.1108/02683940310484008; Sosik, J. J., & Megerian, L. E. (1999). Understanding Leader Emotional Intelligence and Performance: The Role of Self-Other Agreement on Transformational Leadership Perceptions. *Group and Organization Management, 24*(3), 367–90. https://doi.org/10.1177/1059601199243006; Warren, H. K., & Stifter, C. A. (2008). Maternal Emotion-Related Socialization and Preschoolers' Developing Emotion Self-Awareness. *Social Development, 17*(2), 239–258. https://doi.org/10.1111/j.1467-9507.2007.00423.x; Franzoi, Davis, & Young, The Effects of Private Self-Consciousness and Perspective Taking on Satisfaction in Close Relationships; Burpee, L. C., & Langer, E. J. (2005, January). Mindfulness and Marital Satisfaction.

Journal of Adult Development, 12(1), 43–51. https://doi.org/10.1007/s10804-005-1281-6; and Hart, D., & Sussman, R. W. (2005). *Man the Hunted: Primates, Predators, and Human Evolution*. Basic Books, 159–64.

8   Eurich, *Insight*.
9   Ibid.
10  Parker, A., Gerbasi, A., & Porath, C. L. (2013, April–June). The Effects of De-energizing Ties in Organizations and How to Manage Them. *Organizational Dynamics, 42*(2), 110–18.
11  Sala, F. (2003). Executive Blind Spots: Discrepancies Between Self- and Other-Ratings. *Consulting Psychology Journal: Practice and Research, 55*(4), 222–29. https://doi.org/10.1037/1061-4087.55.4.222.
12  What Drives Winning. (2015, October 11). *Anson Dorrance: Grading Character* [Video of presentation at the What Drives Winning Conference, July 11, 2015, St. Louis, Missouri]. YouTube. https://www.youtube.com/watch?v=IpHFVu3dPGs; and author interview with Anson Dorrance July 2021.
13  Gawande, A. (2011, September 6). Personal Best: Top Athletes and Singers Have Coaches. Should You? *New Yorker*. https://www.newyorker.com/magazine/2011/10/03/personal-best.
14  Ibid.
15  Ibid.
16  Ibid.
17  Ibid.
18  Harbinger, J. Tasha Eurich: The Surprising Truth About Insight. *The Jordan Harbinger Show*. [Audio podcast]. https://www.jordanharbinger.com/tasha-eurich-the-surprising-truth-about-insight/.
19  Mogill, M. Kim Scott—Radical Candor: How to be a Kickass Boss. *The Game Changing Attorney Podcast with Michael Mogill*. https://www.crispvideo.com/podcast/episode-25-kim-scott/.
20  Lublin, J. S. (2003, January 7). Job Candidates Get Manual from Boss: "How to Handle Me." *Wall Street Journal*. https://www.wsj.com/articles/SB1041881615563021064.
21  Ibid.

22　Goldsmith, M., & Reiter, M. (2007). *What Got You Here Won't Get You There: How Successful People Become Even More Successful*. New York: Hyperion.

## 08　건강한 신체

1　Chance, Z., Dhar, R., Bakker, M. (2016, March 3). How Google Optimized Healthy Office Snacks. *Harvard Business Review*. https://hbr.org/2016/03/how-google-uses-behavioral-economics-to-make-its-employees-healthier.

2　Heil, N. (2018, November 8). Mark Verstegen, the Smartest Man in Fitness, Wants to Solve the Obesity Crisis. *Men's Health*. https://www.menshealth.com/fitness/a24789523/mark-verstegen-interview/.

3　EXOS. (n.d.). Improving How One Firm Supports Employees in a High Performance Culture. Case Study: FS Investments.

4　Greenfield, R. (2017, September 12). An Extreme Wellness Plan That Feeds You Three Meals a Day. *Benefits Pro*. https://www.benefitspro.com/2017/09/12/an-extreme-wellness-plan-that-feeds-you-three-meal/?slreturn=20210226142455.

5　Rosenblum, J., & Carlson-Phillips, A. (2016, September 27). Personal Return on Investment: Creating an environment to support transformational change in the workplace. HERO Forum, Atlanta, GA.

6　EXOS. Improving How One Firm Supports Employees in a High Performance Culture.

7　Ibid.

8　EXOS. Case Study: Game Changing Results. Changing Stakeholder Behaviors to Give More and Cost Less.

9　re:Work. (n.d.). Understanding How Employees Value Their Benefits. https://rework.withgoogle.com/case-studies/Wegmans-conjoint-analysis/.

10　Berman, J. (2017, December 6). Wegmans Improves Its Bottom Line by Helping Employees Shrink Their Waistlines. *Huffington Post*. https://www.huffpost.com/entry/wegmans-wellness_n_3696411.

11　Orgel, D. (2013, February 4). Danny Wegman's Urgent Message on Health Initiatives. *Supermarket News*. https://www.supermarketnews.com/blog/danny-wegmansurgent-message-health-initiatives.

12  Friends of the Genesee Valley Greenway. (n.d.). The Genesee Valley Greenway Passport to Family Wellness Program. http://fogvg.org/wegmans-passport-program/.

13  Wegmans. (2020, February 18). Great Place to Work and Fortune Names Wegmans One of the 2020 Fortune 100 Best Companies to Work For, Ranking #3. https://www.wegmans.com/news-media/press-releases/great-place-to-work-and-fortune-name-wegmans-one-of-the-2020-fortune-100-best-companies-to-work-for-ranking/.

14  Johnson, H., & Taylor, K. (2019, March 6). We visited the regional grocery chain that beat out Amazon and Costco to become the most beloved brand in America. Here's what it's like to shop there. *Business Insider*. https://www.businessinsider.com/review-of-wegmans-the-best-grocery-chain-in-the-us-2017-6#wegmans-features-spacious-aisles-full-of-everything-from-paper-goods-to-champagne-6.

15  Gregory, J. Best Practices in Employee Relations: Wegmans. *ProjectHR Podcast*. https://projectionsinc.com/employee-relations-best-practiceswegmans/.

16  Ratey, J. J. (2008). *Spark: The Revolutionary New Science of Exercise and the Brain*. New York: Little, Brown.

17  Ibid.

18  McGonigal. K. (2020). *The Joy of Movement: How Exercise Helps Us Find Happiness, Hope, Connection, and Courage*. New York: Avery.

19  Ibid.

20  Ibid.

21  Harris, D. (2020, January). Making and Breaking Habits, Sanely: Kelly McGonigal. *Ten Percent Happier with Dan Harris* [Audio podcast]; and McGonigal, *The Joy of Movement*.

22  McGonigal, *The Joy of Movement*.

23  Yemiscigil, A., & Vlaev, I. (2021, April 23). The Bidirectional Relationship Between Sense of Purpose in Life and Physical Activity: A Longitudinal Study. *Journal of Behavioral Medicine*. https://doi.org/10.1007/s10865-021-00220-2.

24  O'Hagan, S. R. (2017). *Extreme You: Step Up. Stand Out. Kick Ass. Repeat*. New York:

Harper Collins.

25  Trezza V., Baarendse, P. J. J., & Vanderschuren, L. J. M. J. (2010, October). The Pleasures of Play: Pharmacological Insights into Social Reward Mechanisms. *Trends in Pharmacological Sciences, 31*(10), 463–69. https://doi.org/10.1016/j.tips.2010.06.008.

26  Yorgason, J. B., Johnson, L. N., Hill, M.S., & Selland, B. (2018). Marital Benefits of Daily Individual and Conjoint Exercise Among Older Couples. *Family Relations, 67*(2), 227–39. https://doi.org/10.1111/fare.12307.

27  Young, K. C., Machell, K. A., Kashdan, T. B., & Westwater, M. L. (2018, January). The Cascade of Positive Events: Does Exercise on a Given Day Increase the Frequency of Additional Positive Events? *Personality and Individual Differences, 120*, 299–303. https://doi.org/10.1016/j.paid.2017.03.032.

28  Federation of American Societies for Experimental Biology (FASEB). (2015, March 29). Highly Processed Foods Dominate U. S. Grocery Purchases. *ScienceDaily*. www.sciencedaily.com/releases/2015/03/150329141017.htm.

29  Chance, Dhar, Hutzis, & Bakker. How Google Optimized Healthy Office Snacks.

30  Gardner, T. (2014, May 29). 6 Ways to Save Your Life—and Your Company. LinkedIn. https://www.linkedin.com/pulse/20140529152729-42170371-6-ways-to-save-your-life-and-your-company/.

31  Kniffin, K. M., Wansink, B., Devine, C. M., & Sobal, J. (2015). Eating Together at the Firehouse: How Workplace Commensality Relates to the Performance of Firefighters. *Human Performance, 28*(4), 281–306. https://doi.org/10.1080/08959285.2015.1021049.

32  Fisher, J. Humanity in the Workplace: A WorkWell Podcast with Erica Keswin. *WorkWell*. Deloitte. https://www2.deloitte.com/us/en/pages/about-deloitte/articles/humanity-in-the-workplace.html.

33  Team Building in the Cafeteria. (2015, December). *Harvard Business Review*.

34  Chance, Dhar, & Bakker. How Google Optimized Healthy Office Snacks.

35  Kelley, S. (2015, November 19). Groups That Eat Together Perform Better Together. *Cornell Chronicle*. https://news.cornell.edu/stories/2015/11/groups-eat-together-perform-better-together.

36  Merchant, N. (2013, February). Got a Meeting? Take a Walk [Video]. TED. https://www.ted.com/talks/nilofer_merchant_got_a_meeting_take_a_walk?language=en.

37  Oppezzo, M., & Schwartz, D. L. (2014). Give Your Ideas Some Legs: The Positive Effect of Walking on Creative Thinking. *Journal of Experimental Psychology: Learning, Memory, and Cognition, 40*(4), 1142–52. https://doi.org/10.1037/a0036577; Wong, M. (2014, April 24). Stanford Study Finds Walking Improves Creativity. Stanford News. https://news.stanford.edu/2014/04/24/walking-vs-sitting-042414/.

38  Leberecht, T. (2015, September 18). In the Age of Loneliness, Connections at Work Matter. *Harvard Business Review.* https://hbr.org/2015/09/in-the-age-of-loneliness-connections-at-work-matter.

39  Gardner, 6 Ways to Save Your Life—and Your Company.

## 09 회복

1  Cohen, D. (2019, June 3). How Deloitte's Jen Fischer Became Its First Chief Well-Being Officer. *Adweek.* https://www.adweek.com/agencies/how-deloittes-jen-fischer-became-its-first-chief-well-being-officer/.

2  McHugh, A. When You Deny You're Burning Out with Jen Fisher. *Work Life Play: Hosted by Aaron McHugh* [Audio podcast]. https://www.aaronmchugh.com/podcast/when-you-deny-youre-burning-out-with-jen-fisher-169/.

3  Ibid.

4  Ibid.

5  Ibid.

6  Panwar, P. (2020, October 16). Deloitte Chief Well-being Officer Jen Fisher: 5 Ways That Businesses Can Help Promote the Mental Wellness of Their Employees. *Authority Magazine.* https://medium.com/authoritymagazine/deloitte chief-well being-officer-jen-fisher-5-ways-that-businessescan-helppromote-the-mental-1877866250e8.

7  Hopler, W. (2017, December 17). Deloitte's Jen Fisher Creates a Corporate Culture of Well-Being. Center for the Advancement of Well-Being. https://wellbeing.gmu.

edu/articles/11428.

8   Reilly, C. (2020, October 6). Chief Well-Being Officer Takes a Collective Approach to Solve Burnout. *Forbes*. https://www.forbes.com/sites/colleenreilly/2020 /10/06/chief-well-being-officer-takes-a-collective-approach-to-solve-burnout/.

9   Ibid.

10  Gonzalez, F. (2021, March). Deloitte's Jen Fisher on How Wellness Is a Work in Progress. American Way. https://www.americanway.com/articles/wellness-is-a-work-in-progress/.

11  Hopler, Deloitte's Jen Fisher Creates a Corporate Culture of Well-Being.

12  McHugh, A., When You Deny You're Burning Out with Jen Fisher.

13  UMA. (n.d.). UMA Talks with Jen Fisher, Deloitte's Managing Director of Well-Being. (n.d.). https://beboldbeuma.com/uma-talks-with-jen-fisher-deloittes-managing-director-of-well-being/.

14  Gervais, M. (2019, July 10). Dr. Matthew Walker, Professor and Sleep Expert. *Finding Mastery* [Audio podcast]. https://findingmastery.net/matthew-walker/.

15  Luckhaupt, S. E., Tak, S., & Calvert, G. M. (2010, February). The Prevalence of Short Sleep Duration by Industry and Occupation in the National Health Interview Survey. *Sleep, 33*(2), 149–59. https://doi.org/10.1093/sleep/33.2.149.

16  Park, S., Cho, M. J., Chang, S. M., Bae, J. N., Jeon, H. J., Cho, S.-J., Kim, B.-S., Chung, I.-W., Joon, H. A., Lee, H. W., & Hong, J. P. (2010, December). Relationships of Sleep Duration with Sociodemographic and Health-Related Factors, Psychiatric Disorders and Sleep Disturbances in a Community Sample of Korean Adults. *Journal of Sleep Research, 19*(4), 567–77. https://doi.org/10.1111/j.1365-2869.2010.00841.x; Ravan, A. R., Bengtsson, C., Lissner, L., Lapidus, L., & Björkelund, C. (2010, September). Thirty-Six-Year Secular Trends in Sleep Duration and Sleep Satisfaction, and Associations with Mental Stress and Socioeconomic Factors—Results of the Population Study of Women in Gothenburg, Sweden. *Journal of Sleep Research, 19*(3), 496–503. https://doi.org/10.1111 /j.1365-2869.2009.00815.x; Salminen, S., Oksanen, T., Vahtera, J., Sallinen, M., Härmä, M., Salo, P., Virtanen, M., & Kivimäki, M. (2010). Sleep Disturbances as a Predictor of Occupational Injuries Among Public Sector Workers. *Journal of Sleep Research,*

*19*(1): 207–13. https://doi.org/10.1111/j.1365-2869.2009.00780.x; and Westerlund, H., Alexanderson, K., Åkerstedt, T., Hanson, L. M., Theorell, T., & Kivimäki, M. (2008). Work-Related Sleep Disturbances and Sickness Absence in the Swedish Working Population, 1993–1999. *Sleep, 31*(8), 1169–77.

17  Ibid.

18  Kessler, R. C., Berglund, P. A., Coulouvrat, C., Hajak, G., Roth, T., Shahly, V., Shillington, A. C., Stephenson, J. J., & Walsh, J. K. (2011). Insomnia and the Performance of US Workers: Results from the America Insomnia Survey. *Sleep, 34*(9), 1161–71. https://doi.org/10.5665/SLEEP.1230.

19  Hafner, M., Stepanek, M., Taylor, J., Troxel, W. M., & Van Stolk, C. (2016). Why Sleep Matters—the Economic Costs of Insufficient Sleep: A Cross-Country Comparative Analysis. https://www.rand.org/pubs/research_reports/RR1791.html.

20  Scott, B. A., & Judge, T. A. (2006, October). Insomnia, Emotions, and Job Satisfaction: A Multilevel Study. *Journal of Management, 32*(5), 622–45. https://doi.org/10.1177/0149206306289762.

21  Baranski, J. V., Cian, C., Esquivié, D., Pigeau, R. A., & Raphel, C. (1998). Modafinil During 64 Hr of Sleep Deprivation: Dose-Related Effects on Fatigue, Alertness, and Cognitive Performance. *Military Psychology, 10*(3), 173–93. https://doi.org/10.1207/s15327876mp1003_3.

22  Nilsson, J. P., Söderström, M., Karlsson, A. U., Lekander, M., Åkerstedt, T., Lindroth, N. E., & Axelsson, J. (2005, March). Less Effective Executive Functioning After One Night's Sleep Deprivation. *Journal of Sleep Research, 14*(1), 1–6. https://doi.org/10.1111/j.1365-2869.2005.00442.x.

23  Harrison, Y., & Horne, J. A. (1999). One Night of Sleep Loss Impairs Innovative Thinking and Flexible Decision Making. *Organizational Behavior and Human Decision Processes, 78*(2), 128–45. https://doi.org/10.1006/obhd.1999.2827; and Pilcher, J. J., & Huffcutt, A. I. (1996, June). Effects of Sleep Deprivation on Performance: A Meta-analysis. *Sleep, 19*(4), 318–26. https://doi.org/10.1093/sleep/19.4.318.

24  Kessler, R. C., Berglund P. A., Coulouvrat, C., Hajak, G., Roth, T., Shahly, V., Shillington, A. C., Stephenson, J. J., & Walsh, J. K. (2011). Insomnia and the

Performance of U.S. Workers: Results from the America Insomnia Survey. *Sleep, 34*(11), 1161–71. https://doi.org/10.5665/sleep.1408.

25  Barnes, C. M., & Wagner, D. T. (2009). Changing to Daylight Saving Time Cuts into Sleep and Increases Workplace Injuries. *Journal of Applied Psychology, 94*(5), 1305–17. https://doi.org/10.1037/a0015320; Kling, R. N., McLeod, C. B., & Koehoorn, M. (2010). Sleep Problems and Workplace Injuries in Canada. *Sleep, 33*(5) 611–18. https://doi.org/10.1093/sleep/33.5.611; Salminen et al. Sleep Disturbances as a Predictor of Occupational Injuries Among Public Sector Workers; and Salo, P., Oksanen, T., Sivertsen, B., Hall, M., Pentti, J., Virtanen, M., Vaherta, J., & Kivimäki, M. (2010). Sleep Disturbances as a Predictor of Cause-Specific Work Disability and Delayed Return to Work. *Sleep, 33*(10), 1323–31. https://doi.org/10.1093/sleep/33.10.1323.

26  Salo et al., Sleep Disturbances as a Predictor of Cause-Specific Work Disability and Delayed Return to Work.

27  Wagner, D. T., Barnes, C. M., Lim, V. K. G., & Ferris, D. L. (2012). Lost Sleep and Cyberloafing: Evidence from the Laboratory and a Daylight Saving Time Quasi-experiment. *Journal of Applied Psychology, 97*(5), 1068–76. https://doi.org/10.1037/a0027557.

28  Christian, M. S., & Ellis, A. P. J. (2011). Examining the Effects of Sleep Deprivation on Workplace Deviance: A Self-Regulatory Perspective. *Academy of Management Journal, 54*(5), 913–34. https://doi.org/10.5465/amj.2010.0179.

29  Barnes, C. M., Schaubroeck, J. M., Huth, M., & Ghumman, S. (2011, July). Lack of Sleep and Unethical Conduct. *Organizational Behavior and Human Decision Processes, 115*(2), 169–80. https://doi.org/10.1016/j.obhdp.2011.01.009.

30  Ibid.

31  Walker, M. (2019, April). Sleep Is Your Superpower [Video]. TED. https://www.ted.com/talks/matt_walker_sleep_is_your_superpower?language=en.

32  Ibid.

33  Gross, T. (2018, July 20). Sleep Scientist Warns Against Walking through Life "In an Underslept State." NPR. https://www.npr.org/2018/07/20/630792401/sleep-scientist-warns-against-walking-through-life-in-an-underslept-state; and

Vedantam, S. (2018, September 21). Eyes Wide Open. *Hidden Brain*. NPR. https://www.npr.org/2018/09/20/650114225/radio-replay-eyes-wide-open.

34  Cohut, M. (2019, March 12). Sleep Loss Can Turn Us into Social Outcasts. Medical News Today. https://www.medicalnewstoday.com/articles/324678#Alienation-is-contagious.

35  Anwar, Y. (2018, August 14). Poor Sleep Triggers Viral Loneliness and Social Rejection. Berkeley News. https://news.berkeley.edu/2018/08/14/sleep-viral-loneliness/.

36  Ibid.

37  Chuah, L. Y. M., Dolcos, F., Chen, A. K., Zheng, H., Parimal, S., & Chee, M. W. L. (2010). Sleep Deprivation and Interference by Emotional Distracters. *Sleep, 33*(10), 1305–13. https://doi.org/10.1093/sleep/33.10.1305; Lim, V. K. G. (2002, August). The IT Way of Loafing on the Job: Cyberloafing, Neutralizing and Organizational Justice. *Journal of Organizational Behavior, 23*(5), 675–94. https://doi.org/10.1002/job.161.

38  Guarana, C. L., & Barnes, C. M. (2017, July). Lack of Sleep and the Development of Leader-Follower Relationships over Time. *Organizational Behavior and Human Decision Processes, 141*, 57–73. https://doi.org/10.1016/j.obhdp.2017.04.003.

39  Walker, M. (2018). *Why We Sleep: Unlocking the Power of Sleep and Dreams*. New York: Scribner.

40  Schwartz, T. (2013, February 9). Relax! You'll Be More Productive. *New York Times*.

41  Mejia, Z. (2018, August 30). New Research Finds Taking a Vacation Could Help You Live Longer. Make It. CNBC. https://www.cnbc.com/2018/08/30/new-study-finds-taking-your-vacation-could-help-you-live-longer.html.

42  Schwartz, T., Polizzi, R., Gruber, K., & Pines, E. (2019). What Happens When Teams Fight Burnout Together. *Harvard Business Review*, September 30.

43  Ibid.

44  Dean, M. (2016, June 4). Would You Pay Bonuses to Employees for Getting a Good Night's Sleep? Peakon Post. https://peakon.com/us/blog/growth-development/would-you-pay-bonuses-to-employees-for-getting-a-good-nights-sleep/.

45  Hougaard, R., & Carter, J. (2018, February 28). Senior Executives Get More Sleep Than Everyone Else, *Harvard Business Review*. https://hbr.org/product/senior-executives-get-more-sleep-than-everyone-else/H046XF-PDF-ENG.

46  Martin, E. (2017, November 9). Jeff Bezos, Sheryl Sandberg and 5 Other Business Leaders All Prioritize the Same Habit. CNBC. https://www.cnbc.com/2017/11/09/jeff-bezos-sheryl-sandberg-and-other-leaders-whoprioritize-sleep.html.

47  Gervais, M., Dr, Matthew Walker, Professor and Sleep Expert.

48  Goldhaler, S. Z. (2009, May). Do Take That Break. *Harvard Business Review*.

49  Haviland, D. (n.d.). Aetna's Mindfulness Initiative Leads to Unique Employee Engagement. Customer Strategist. https://www.ttec.com/articles/aetnas-mindfulness-initiative-leads-unique-employee-engagement.

50  Davidson, O. B., Eden, D., Westman, M., Cohen-Charash, Y., Hammer, L. B., Kluger, A. N., Krausz, M., Maslach, C., O'Driscoll, M., Perrewé, P. L., Quick, J. C., Rosenblatt, Z., & Spector, P. E. (2010). Sabbatical Leave: Who Gains and How Much? *Journal of Applied Psychology, 95*(5), 953–64. https://doi.org/10.1037/a0020068.

51  Bawden, D., & Robinson, L. (2009). The Dark Side of Information: Overload, Anxiety, and Other Paradoxes and Pathologies, *Journal of Information Science, 25*(2), 180–91. https://doi.org/10.1177/0165551508095781.

52  Ward A. F., Duke, K., Gneezy, A., & Bos, M. W. (2017, April). Brain Drain: The Mere Presence of One's Own Smartphone Reduces Available Cognitive Capacity. *Journal of the Association for Consumer Research, 2*(2). https://doi.org/10.1086/691462; and Bergland, C. (2017, June 25). Are Smartphones Making Us Stupid? *Psychology Today*. https://www.psychologytoday.com/us/blog/the-athletes-way/201706 /are-smartphones-making-us-stupid.

53  Ibid.

54  Perlow, L. A. (2012, May 14). Breaking the Smartphone Addiction. Harvard Business School, Working Knowledge. https://hbswk.hbs.edu/item/breaking-the-smartphone-addiction.

55  Carter, J., & Hougaard, R. (2018). *The Mind of the Leader: How to Lead Yourself, Your People, and Your Organization for Extraordinary Results*. Boston: Harvard Business Review Press.

56  Mendler, A. (n.d.). Thirty Minute Mentors Podcast Transcript: Interview with Deloitte Consulting CEO Dan Helfrich. Adam Mendler. https://www.adammendler.com/blog/deloitte-consulting-ceo-dan-helfrich.

57 Fernandez, R. (2020, January 7). Search Inside Yourself: SIY Field Report. https://www.garrisoninstitute.org/news/search-inside-yourself-siy-field-report/; and author interview with Yizhao Zhang, May 2021.

58 Search Inside Yourself Leadership Institute. (2019, August 7). *Bringing Search Inside Yourself to All Teachers and Government Employees in Bhutan* [Video]. YouTube. https://www.youtube.com/watch?v=u-6qA_LW_pY.

59 Ibid.

60 Ibid.

61 Iwamoto, S. K., Alexander, M., Torres, M., Irwin, M. K., Christakis, N. A., & Nishi, A. (2020). Mindfulness Meditation Activates Altruism. *Scientific Reports, 10*, 6511. https://doi.org/10.1038/s41598-020-62652-1.

62 Allen, T. D., & Kiburz, K. M. (2012). Trait Mindfulness and Work-Family Balance Among Working Parents: The Mediating Effects of Vitality and Sleep Quality. *Journal of Vocational Behavior, 80*, 372–79. https://doi.org/10.1016/j.jvb.2011.09.002; Glomb, T. M., Duffy, M. K., Bono, J. E., & Yang, T. (2011). Mindfulness at Work. In J. Martocchio, H. Liao, & A. Joshi (Eds.), *Research in Personnel and Human Resource Management*. Bingley UK: Emerald Group. https://doi.org/10.1108/S0742-7301(2011)0000030005 Hülsheger, U. R., Alberts, H. J. E. M., Feinholdt, A., & Lang, J. W. B. (2013, March). Benefits of Mindfulness at Work: The Role of Mindfulness in Emotion Regulation, Emotional Exhaustion, and Job Satisfaction. *Journal of Applied Psychology, 98*(2), 310–25. https://doi.org/10.1037/a0031313; and Marzuq, N., & Drach-Zahavy, A. (2012). Recovery during a Short Period of Respite: The Interactive Roles of Mindfulness and Respite Experiences. *Work & Stress, 26*(2), 175–94. https://doi.org/10.1080/02678373.2012.683574.

63 Leroy, H., Anseel, F., Dimitrova, N. G., & Sels, L. (2013). Mindfulness, Authentic Functioning, and Work Engagement: A Growth Modeling Approach. *Journal of Vocational Behavior, 82*(3), 238–47. https://doi.org/10.1016/j.jvb.2013.01.012.

64 Dane, E., & Brummel, B. J. (2014). Examining Workplace Mindfulness and Its Relations to Job Performance and Turnover Intention. *Human Relations, 67*(1), 105–28. https://doi.org/10.1177/0018726713487753; Reb, J., Narayanan, J., & Ho, Z. W. (2015). Mindfulness at Work: Antecedents and Consequences of

Employee Awareness and Absentmindedness. *Mindfulness, 6*(1), 111–22. https://doi.org/10.1007/s12671-013-0236-4; and Zhang, J., Ding, W., Li, Y., & Wu, C. (2013). Task Complexity Matters: The Influence of Trait Mindfulness on Task and Safety Performance of Nuclear Power Plant Operators. *Personality and Individual Differences, 55*(4), 433–39. https://doi.org/10.1016/j.paid.2013.04.004.

65   Reb, J., Narayanan, J., & Chaturvedi, S. (2014). Leading Mindfully: Two Studies on the Influence of Supervisor Trait Mindfulness on Employee Well-Being and Performance. *Mindfulness, 5*(1), 36–45. https://doi.org/10.1007/s12671-012-0144-z.

66   Davidson, R. J. Kabat-Zinn, J., Schumacher, J., Rosenkranz, M., Muller, D., Santorelli, S. F., Urbanowski, F., Harrington, A., Bonus, K., & Sheridan, J. F. (2003). Alterations in Brain and Immune Function Produced by Mindfulness Meditation. *Psychosomatic Medicine, 65*(4), 564–70. https://doi.org/10.1097/01.psy.0000077505.67574.e3.

67   Rosenzweig, S., Reibel, D. K., Greeson, J. M., Edman, J. S., Jasser, S. A., McMearty, K. D., & Goldstein, B. J. (2007). Mindfulness-Based Stress Reduction Is Associated with Improved Glycemic Control in Type 2 Diabetes Mellitus. *Alternative Therapies in Health and Medicine, 13*(5), 36–38.

68   Zeidan, F., Johnson, S. K., Gordon, N. S., & Goolkasian, P. (2010). Effects of Brief and Sham Mindfulness Meditation on Mood and Cardiovascular Variables. *Journal of Alternative and Complementary Medicine, 16*(8), 867–73. https://doi.org/10.1089/acm.2009.0321.

69   Carlson, L. E., & Garland, S. N. (2005, December). Impact of Mindfulness Based Stress Reduction (MBSR) on Sleep, Mood, Stress and Fatigue Symptoms in Cancer Outpatients. *International Journal of Behavioral Medicine, 12*(4), 278–85. https://doi.org/10.1207/s15327558ijbm1204_9.

70   Jensen, C. G. Corporate-Based Mindfulness Training in Denmark—Three Validation Studies [Forthcoming]. Neurobiological Research Unit, Copenhagen University Hospital.

71   Tang, Y.-Y., Hölzel, B. K., & Posner, M. I. (2015). The Neuroscience of Mindfulness Meditation. *Nature Reviews Neuroscience, 16*, 213–25. https://doi.org/10.1038/nrn3916.

72　Ibid.

73　Goodman, P. S. (2013, July 11). Why Companies Are Turning to Meditation and Yoga to Boost the Bottom Line. *Huffington Post*. http://www.huffingtonpost.com/2013/07/11/mindfulness-capitalism_n_3572952.html.

74　Accenture (with Marriott International). (2020). *Elevate Your People. Lift Your Business: How Modern HR Minds Can Leave Your People and Organization Net Better Off*.

75　Valcour, M. (2016, November). Beating Burnout. *Harvard Business Review*. https://hbr.org/2016/11/beating-burnout.

## 10　사고방식

1　Nokkonen, M. (2017, May 2). 4 Tips for Peak Performance. Gameplan A. https://www.gameplan-a.com/2017/05/4-tips-peak-productivity-work/.

2　Chertok, B. L. (2019, January–February). Hearing with the Brain and the Brainstem—Jessica's Unique Dual Implants. *Hearing Life*. https://www.hearingloss.org/wp-content/uploads/HL_2019_1_Chertok.pdf.

3　Ibid.

4　Moawad, T., & Staples, A. (2020). *It Takes What It Takes: How to Think Neutrally and Gain Control of Your Life*. New York: HarperOne.

5　Rodrick, S. (2015, August 26). Russell Wilson: The Chosen One. *Rolling Stone*, Aug. 26. https://www.rollingstone.com/culture/culture-sports/russell-wilson-the-chosen-one-50937/.

6　Kapadia, S. (2016, June 28). Russell Wilson Benefits from Working with a Mental Conditioning Coach. *NFL Nation* [Blog]. ESPN. https://www.espn.com/blog/seattle-seahawks/post/_/id/20547/how-russell-wilsonbenefits-from-working-with-a-mental-conditioning-coach.

7　Ibid.

8　Ibid.

9　Moawad & Staples, *It Takes What It Takes*.

10　Rozin, P., & Royzman, E. B. (2001). Negativity Bias, Negativity Dominance, and Contagion, *Personality and Social Psychology Review, 5*(4), 296–320. https://doi.

org/10.1207/S15327957PSPR0504_2.

11  Tierney, J., & Baumeister, R. (2019). *The Power of Bad: How the Negativity Effect Rules Us and How We Can Rule It*. New York: Penguin Books.

12  Barrick, M. R., Stewart, G. L., Neubert, M. J., & Mount, M. K. (1998). Relating Member Ability and Personality on Work-Team Processes and Team Effectiveness. *Journal of Applied Psychology, 83*(3), 377–91. https://doi.org/10.1037/0021-9010.83.3.377.

13  Hanson, R. (2021, May 26). Life After COVID [Webinar].

14  Hanson, Life After COVID [Webinar]; Hanson, R. (2013). *Hardwiring Happiness: The New Brain Science of Contentment, Calm, and Confidence*. New York: Harmony.

15  Hanson, *Hardwiring Happiness*.

16  Caspi, A., Sugden, K., Moffitt, T. E., Taylor, A., Craig, I. W., Harrington, H., McClay, J., Mill, J., Martin, J., Braithwaite, A., & Poulton R. (2003). Influence of Life Stress on Depression: Moderation by a Polymorphism in the 5-HTT Gene. *Science, 301*(5621), 386–89. https://doi.org/10.1126/science.1083968.

17  Porath, C. L. (2016). *Mastering Civility: A Manifesto for the Workplace*. New York: Grand Central; Porath, C. L., & Pearson, C. M. (2012, December). Emotional and Behavioral Responses to Workplace Incivility and the Impact of Hierarchical Status. *Journal of Applied Social Psychology, 42*(Suppl. 1), E326–57. https://doi.org/10.1111/j.1559-1816.2012.01020.x.

18  Kensbock J. M., Alkærsig L., & Lomberg C. (2021, May 18). The Epidemic of Mental Disorders in Business—How Depression, Anxiety, and Stress Spread Across Organizations through Employee Mobility. *Administrative Science Quarterly*. doi:10.1177/00018392211014819.

19  Marchant, N. L., Lovland, L. R., Jones R., Binette, A. P., Gonneaud, J., Arenaza-Urquijo, E. M., Chételat, G., & Villeneuve, S. (2020, July). Repetitive Negative Thinking Is Associated with Amyloid, Tau, and Cognitive Decline. *Alzheimer's & Dementia, 16*(7), 1054–64. https://doi.org/10.1002/alz.12116.

20  Moawad, *It Takes What It Takes*.

21  Amabile, T., & Kramer, S. (2011). *The Progress Principle: Using Small Wins to Ignite Joy, Engagement, and Creativity at Work*. Boston: Harvard Business Review Press.

22  Kanter, R. M. (2009, August 12). Change Is Hardest in the Middle. *Harvard Business*

　　　　*Review*. https://hbr.org/2009/08/change-is-hardest-in-the-middl.
23　Davis, F. (1977). Nostalgia, Identity and the Current Nostalgia Wave. *Journal of Popular Culture, 11*(2), 414–24. https://doi.org/10.1111/j.0022-3840.1977.00414.x.
24　Van Dijke, M., Leunissen, J. M., Wildschut, T. & Sedikides, C. (2019, January). Nostalgia Promotes Intrinsic Motivation and Effort in the Presence of Low Interactional Justice. *Organizational Behavior and Human Decision Processes, 150*, 46–61. https://doi.org/10.1016/j.obhdp.2018.12.003.
25　Zhou, X., Wildschut, T., Sedikides, C., Chen, X., & Vingerhoets, A. J. J. M. (2012). Heartwarming Memories: Nostalgia Maintains Physiological Comfort. *Emotion, 12*(4), 678–84. https://doi.org/10.1037/a0027236.
26　Sedikides, C., Cheung W.-Y., Wildschut, T., Hepper, E. G., Baldursson, E., & Pedersen, B. (2018). Nostalgia Motivates Pursuit of Important Goals by Increasing Meaning in Life. *European Journal of Social Psychology, 48*(2), 209–16. https://doi.org/10.1002/ejsp.2318; Van Dijke et al. Nostalgia Promotes Intrinsic Motivation and Effort in the Presence of Low Interactional Justice; van Tilburg, W. A. P., Sedikides, C., Wildschut, T., & Vingerhoets, A. J. J. M. (2019, April). How Nostalgia Infuses Life with Meaning: From Social Connectedness to Self-Continuity. *European Journal of Social Psychology, 49*(3): 521–32. https://doi.org/10.1002/ejsp.2519; and Sedikides, C., & Wildschut, T. (2018). Finding Meaning in Nostalgia, *Review of General Psychology, 22*(2), 48–61. https://doi.org/10.1037/gpr0000109.
27　Adams, T. (2014, November 9). Look Back in Joy: The Power of Nostalgia. *Guardian*. https://www.theguardian.com/society/2014/nov/09/look-back-in-joy-the-power-of-nostalgia.
28　Cheung, W.-Y., Hepper, E. G., Reid, C. A., Green, J. D., Wildschut, T., & Sedikides, C. (2020). Anticipated Nostalgia: Looking Forward to Looking Back. *Cognition and Emotion, 34*(3), 511–25, https://doi.org/10.1080/02699931.2019.1649247.
29　See Adams, Look Back in Joy: The Power of Nostalgia (and as discussed in Tierney and Baumeister, *The Power of Bad*).
30　Dweck. C. (2008). *Mindset: The New Psychology of Success*. New York: Ballantine Books.
31　Dweck. C. (2016, January 13). What Having a "Growth Mindset" Actually Means.

*Harvard Business Review.*

32  Helmreich, R. L., & Spence, J. T. (1978). The Work and Family Orientation Questionnaire: An Objective Instrument to Assess Components on Achievement Motivation and Attitudes toward Family and Career. *JSAS Catalog of Selected Documents in Psychology, 8*, 35; and Ames, C. (1992). Classrooms: Goals, Structures, and Student Motivation. *Journal of Educational Psychology, 84*(3), 261–71. https://doi.org/10.1037/0022-0663.84.3.261.

33  Elliot, A. J., & Harackiewicz, J. M. (1996). Approach and Avoidance Achievement Goals and Intrinsic Motivation: A Mediational Analysis. *Journal of Personality and Social Psychology, 70*(3), 461–75. https://doi.org/10.1037/0022-3514.70.3.461; Elliot, A. J., & McGregor, H. A. (1999). Test Anxiety and the Hierarchical Model of Approach and Avoidance Achievement Motivation. *Journal of Personality and Social Psychology, 76*(4), 628–44. https://doi.org/10.1037/0022-3514.76.4.628; Elliot, A. J., McGregor, H. A., & Gable, S. (1999). Achievement Goals, Study Strategies, and Exam Performance: A Mediational Analysis. *Journal of Educational Psychology, 91*(3), 549–63. https://doi.org/10.1037/0022-0663.91.3.549; Elliot, A. J., & Sheldon, K. M. (1997). Avoidance Achievement Motivation: A Personal Goals Analysis. *Journal of Personality and Social Psychology, 73*(1), 171–85. https://doi.org/10.1037/0022-3514.73.1.171; and VandeWalle, D., Brown, S. P., Cron, W. L., & Slocum, J. W., Jr. (1999). The Influence of Goal Orientation and Self-Regulation Tactics on Sales Performance: A Longitudinal Field Test. *Journal of Applied Psychology, 84*(2), 249–59. https://doi.org/10.1037/0021-9010.84.2.249.

34  How Companies Can Profit from a "Growth Mindset." (2014, November). *Harvard Business Review*. https://hbr.org/2014/11/how-companies-can-profitfrom-a-growth-mindset.

35  Porath, C. L., & Bateman, T. S. (2006). Self-Regulation: From Goal Orientation to Job Performance. *Journal of Applied Psychology, 91*(1), 185–92. https://doi.org/10.1037/0021-9010.91.1.185; and Kozlowski, S. W. J., Gully, S. M., Brown, K. G., Salas, E., Smith, E. M., & Nason, E. R. (2001, May). Effects of Training Goals and Goal Orientation Traits on Multidimensional Training Outcomes and Performance Adaptability. *Organizational Behavior and Human Decision Processes, 85*(1), 1–31.

https://doi.org/10.1006/obhd.2000.2930.

36  Nadella, S., Shaw, G., & Nichols, J. T. (2017). *Hit Refresh: The Quest to Rediscover Microsoft's Soul and Imagine a Better Future for Everyone.* New York: Harper Business.

37  Ibid.

38  Ibid.

39  O'Hagan, S. R. (2017). *Extreme You: Step Up. Stand Out. Kick Ass. Repeat.* New York: HarperCollins.

40  Rodriguez, D. (2015, June 18). Laugh Your Way Out. LinkedIn. https://www.linkedin.com/pulse/laugh-your-way-out-david-rodriguez/.

41  Ibid.

42  Ibid.

## 결론

1  CelticsLife. "I Am Because of Who We Are"—Flashback on UBUNTU. https://www.celticslife.com /2010/07/i-am-because-we-are-flashback-on-ubuntu.html.

2  Salesforce. (2021, June 22). *How IBM Hopes to Win an Oscar by Modernizing Its Marketing.* [Video]. YouTube. https://www.youtube.com/watch?v=5I3iLMRamoc.

3  Piñeyro Sublett, C. (2018 November 14). Finding Ubuntu. It's Been a Minute. https://www.findingubuntu.com/.

**커뮤니티 임팩트**

초판 1쇄 인쇄 2025년 3월 19일
초판 1쇄 발행 2025년 4월 2일

지은이 크리스틴 포래스
옮긴이 이주만
펴낸이 고영성

책임편집 유형일
저작권 주민숙, 한연

펴낸곳 (주)상상스퀘어
출판등록 2021년 4월 29일 제2021-000079호
주소 경기 성남시 분당구 성남대로43번길 10, 하나EZ타워 307호
팩스 02-6499-3031
이메일 publication@sangsangsquare.com
홈페이지 www.sangsangsquare-books.com

ISBN 979-11-94368-16-8 (03330)

· 상상스퀘어는 출간 도서를 한국작은도서관협회에 기부하고 있습니다.
· 이 책은 저작권법에 따라 보호를 받는 저작물이므로 무단 전재와 복제를 금지하며,
  이 책 내용의 전부 또는 일부를 사용하려면 반드시 저작권자와 상상스퀘어의 서면 동의를 받아야 합니다.
· 파손된 책은 구입하신 서점에서 교환해드리며 책값은 뒤표지에 있습니다.